U0450345

国际规则研究丛书

丛书单位　中国社会科学院世界经济与政治研究所
丛书主编　张宇燕

INTERNATIONAL RULES

"十四五"国家重点出版物出版规划项目

# 国际安全秩序与规则

邹治波 著

International Security Order and Rules

中国社会科学出版社

## 图书在版编目（CIP）数据

国际安全秩序与规则 / 邹治波著. —北京：中国社会科学出版社，2023.11

（国际规则研究丛书）

ISBN 978 - 7 - 5227 - 2669 - 4

Ⅰ.①国… Ⅱ.①邹… Ⅲ.①国家安全—研究—世界 Ⅳ.①D815.5

中国国家版本馆 CIP 数据核字（2023）第 200495 号

| | |
|---|---|
| 出 版 人 | 赵剑英 |
| 责任编辑 | 乔镜蕾 |
| 责任校对 | 周　昊 |
| 责任印制 | 王　超 |

| | |
|---|---|
| 出　　版 | 中国社会科学出版社 |
| 社　　址 | 北京鼓楼西大街甲 158 号 |
| 邮　　编 | 100720 |
| 网　　址 | http://www.csspw.cn |
| 发 行 部 | 010 - 84083685 |
| 门 市 部 | 010 - 84029450 |
| 经　　销 | 新华书店及其他书店 |
| 印　　刷 | 北京明恒达印务有限公司 |
| 装　　订 | 廊坊市广阳区广增装订厂 |
| 版　　次 | 2023 年 11 月第 1 版 |
| 印　　次 | 2023 年 11 月第 1 次印刷 |
| 开　　本 | 710×1000　1/16 |
| 印　　张 | 31.5 |
| 字　　数 | 452 千字 |
| 定　　价 | 159.00 元 |

凡购买中国社会科学出版社图书，如有质量问题请与本社营销中心联系调换

电话：010 - 84083683

**版权所有　侵权必究**

# "国际规则研究丛书"
# 编委会

（按姓氏笔画排序）：

王　镭　　冯维江　　任　琳　　孙　杰　　张宇燕
张　斌　　姚枝仲　　袁正清　　徐　进　　徐秀军
徐奇渊　　高凌云　　高海红

# 总　　序

张宇燕

"国际规则研究丛书"是中国社会科学院世界经济与政治研究所贯彻党的二十大精神、回应时代需求和践行职责使命，以马克思主义为指导，坚持辩证唯物主义和历史唯物主义，认识世界和理解世界的集体成果。2023年，"国际规则研究丛书"正式入选"十四五"国家重点出版物出版规划项目。

"无规矩不成方圆"。国际规则是国际社会运行所遵循的法则，一般由世界各国共同制定或公认，是国际社会开展全球治理的重要"抓手"。国际规则研究是全球治理研究的基础内容。本丛书意在检视各类国际规则的内涵与本质，为中国参与国际多边事务提供智力支撑，提高中国参与全球治理的能力和水平。

"事之难易，不在小大，务在知时"。在国际格局深刻变动的当下，围绕国际规则制定的讨论与博弈日趋激烈，是"秉承孤立主义，远离现行秩序"，还是"另起炉灶，以国内标准另立新规"，抑或是"对接规则制定，在合作中完善引领"，种种不同选择，成为诸多大国忧思所在。作为崛起中的新兴大国，中国旗帜鲜明地对接并融入国际规则制定，推动全球化朝着更加开放、包容、普惠、平衡、共赢的方向发展，有力回应了内外诉求。

从客观实际看，全球治理现状呼唤新的国际规则体系。当前，新旧全球问题不断涌现，和平赤字、发展赤字、安全赤字和治理赤字更加凸显，国际社会面临巨大的不稳定性和不确定性风险。发达国家参与全球治理的意愿和能力有所下滑，新兴市场国家和发展中国家的作用日益突出。国际规则制定与完善需要因应世界多极化的发展趋势。

从历史经验与思想积累看，中国具备参与乃至引领国际规则制定的能力。作为具有五千年文明史的国家，中国在参与国际规则制定、凝聚国际共识方面拥有深厚的思想优势，"兼爱非攻""不以兵强天下""招携以礼，怀远以德"等理念均有独到价值。中华优秀传统文化、新时代中国特色社会主义思想，能与现行国际规则体系良性互动，可为全球更加美好的未来贡献中国智慧。

近些年来，中国参与全球治理的能力大有提升，参与国际规则制定已取得重要成果。习近平总书记强调："要提高我国参与全球治理的能力，着力增强规则制定能力、议程设置能力、舆论宣传能力、统筹协调能力。"坚持把马克思主义基本原理同中国具体实际相结合、同中华优秀传统文化相结合，中国相继提出"一带一路"倡议、全球发展倡议、全球安全倡议、全球文明倡议、"数字丝绸之路"等创新理念，积极推进加入《全面与进步跨太平洋伙伴关系协定》（CPTPP）和《数字经济伙伴关系协定》（DEPA），推动世界贸易组织改革举措也不断丰富，展现了中国从理念到实践，全链条参与国际规则制定的进展。

本丛书主要关注以下五类规则。第一类聚焦全球气候变化治理规则、劳工规则等，旨在构建区别于西方的话语体系。受历史因素、发展程度差异影响，新兴市场经济体与第三世界国家在这类国际规则的制定中，普遍认同"共同而有区别的责任"，符合国际关系的平等原则。在联络其他发展中国家反对发达国家单边行动、敦促其落实气变资金援助承诺、消除所谓"蓝色壁垒"的行动中，中国有足够空间团结多数力量，构建有别于西方的话语体系。

第二类聚焦国有企业竞争中性规则、主权债务规则等，以求提升中国发展的主动性。参与国有企业中性规则制定有助于推动中国国有企业改革、促进民营经济发展。根据中国国情，加强主权债务规则研究有助于中国完善解决发展中国家主权债务问题的综合框架，提升中国综合发展的主动性。

第三类聚焦新业态知识产权规则、网络治理规则、数字贸易规则等，积极参与打造"新标准高地"。国际规则的制定能力主要包括一个国家的整体实力、领域优势和创新能力。作为网络大国、数字大国和航天大国，中国在推动新领域标准制定方面具有独特优势，因为霸权国有可能主导整体的秩序制定，但某一新兴领域的规则多由具有领域优势的其他大国完成。中国在人工智能、"互联网+"、大数据、区块链知识产权规则制定、数字贸易规则制定方面潜力极佳，具备"弯道超车"打造"新标准高地"的内在优势。

第四类聚焦国际投资规则、国际贸易规则、国际金融规则、国际税收规则等，服务中国经济双循环发展格局。在全球经济复苏乏力，多数国家谋投资、重贸易、抓税收背景下，国际投资、国际贸易、国际金融、国际税收规则的发展拥有良好机遇，有利于中国打造经济双循环发展格局。以国际税收规则为例，新冠疫情对全球经济造成重大影响，世界主要国家通过超常规财政货币刺激计划稳定经济，但经济减速导致财政减收，财政收支矛盾成为不少国家的难题，能够扩大财政收入的国际税收规则改革深受各国关注。

第五类聚焦国际安全规则，为实现永久和平提供建设性方案。东西方理念不同、文化具有差异，既是客观存在，也是中国推出新规则的借力点。在存在利益分歧的背景下，理念差异有利于打造建设性方案。以国际安全规则为例，全球安全倡议有别于美西方"安全困境""修昔底德陷阱""金德尔伯格陷阱"等传统理论，为饱受传统与非传统安全威胁的国家带来了具有中国特色的安全方案。

本丛书甄选重点问题领域的国际规则"解剖麻雀"，并针对性提出中国参与该领域国际规则的对策建议。我们希望借此为中国参与全球治理体系改革和建设提供新的思路，为最终建成持久和平、普遍安全、共同繁荣、开放包容、清洁美丽的世界尽绵薄之力。

是为序。

# 前　　言

当前，世界格局正面临百年之变局，国际秩序也处在深刻调整期，构建一个更加公正合理的国际秩序是历史演进的大方向和国际社会的普遍愿望。那么，现有国际秩序到底是什么样子，国际社会普遍流行的"基于规则的国际秩序"之说中的规则有哪些？本书将对现有国际秩序中的主体——国际安全秩序的上述两个问题给出答案，重在厘清这个秩序的整体框架、构成，分类梳理国际安全规则，使人们对现有国际安全秩序的整体概貌和各国需要遵循的具体国际安全规则有一个全面的认识和了解。

本书所指的国际安全规则中的"规则"是一个广义的概念，而非狭义的"对某一事物做出关于方式、方法或数量、质量的决定"，其是指各国认可和遵守的包括原则和具体规定在内的国际安全规范，其表现形式为约束各国政治安全行为的国际法律文书，它是构成现有国际秩序的核心要素和主要内容。

全书内容分为六个部分，首先从厘清国际安全秩序的概念和内涵开始，追踪和总结国际安全秩序演变的历史，提出现行国际安全秩序包括框架、组成与内容的整体结构，根据国际安全秩序的结构梳理国际安全秩序的规则体系，并基于国际安全秩序存在的不足和当今时代发展需求，提出未来国际安全秩序的发展目标和方向。

第一章分析了国际安全秩序的概念和内涵。本章在分析梳理中外学界有关学术观点基础上，从概念核心要义出发并结合国际秩序的历史，提出了国际秩序的三个构成要素，进而提出了基于三要素的具有普遍意义的一个清晰的国际秩序定义，并对该定义的四个方面的内涵进行了阐释。本章还提出了评判国际秩序的框架：从客观性和主观性两个维度来评判一个国际秩序良莠的方法；提出以国际秩序的有无和完备性两个标准来衡量其客观性，并给出判断国际秩序有无和刻画其完备性的指标；以合理性和稳定性作为衡量具有主观性对国际秩序良莠判断的标准，并给出国际秩序合理性和稳定性的定义及其刻画指标。在此基础上，基于国际安全秩序是国际秩序在政治安全领域的表现形式，提出了国际安全和国际安全秩序的概念和内涵，以及国际安全秩序与国际秩序的关系。

第二章追踪和总结了国际秩序主要是国际安全秩序的演变历史。本章从现有国际安全秩序的源头——17世纪中期在欧洲建立的威斯特伐利亚秩序开始，对此后的维也纳秩序、凡尔赛—华盛顿秩序和雅尔塔秩序创立的成因、主要内容及其影响等进行了分析。实际上，国际秩序的演变是国际秩序逐步升级的结果。本章最后总结提炼了国际秩序演进的五个历史规律和特征。

第三章提出了现有国际安全秩序的结构。本章基于国际安全秩序的本质和目的，根据前面提出的国际安全秩序的概念和内涵，提出了国际安全秩序体系建构方法——类比法，并根据此方法提出了现有国际安全秩序的框架、组成和内容，梳理出国际安全秩序的整个规范体系，给出了国际安全秩序一个整体概貌。需要特别指出的是，本书将国际安全规范限定于传统安全范畴，限定于涉及国家的生存、领土完整和主权安全等传统安全概念的国际规则。因为，若将非传统安全如经济安全、文化安全、社会安全、科技安全、生态安全、信息安全、资源安全和核安全等纳入本书的国际安全范畴，则国际安全秩序就应包括所有领域的国际秩序，国际安全秩序变成整个国际秩序，这显然与现有国际秩序主要是由国际政治安全秩序和国际经济秩序构成的现实不符。实际上，有关经济、社会、文化、环境等其他领域的国际规则已为本规则丛书所覆盖。

第四章至第六章则根据国际安全秩序的结构，分别梳理了各方面和各领域具体的规则。第四章专门概述了国际安全秩序的基础，即以《联合国宪章》为基本国际法、以联合国为核心的国际体系，这是其他所有领域国际规则的基础和根据。本章论述了《联合国宪章》的宗旨、目的和原则及其主要内容和联合国组织机构及其职能，并对联合国通过的旨在强化联合国作用和地位的宣言进行了阐释，它们是《联合国宪章》的延伸。本章还论述了联合国维护国际和平与安全的主要机制：集体安全机制、和平解决争端机制和维持和平行动，分析了各个机制的渊源、程序方法、运作模式、效力及其实践。

第五章梳理了现有国际安全秩序规范体系中五个领域的规则，即主权与领土安全、国际公域、和平解决争端、武装冲突与战争、反恐领域的具体国际规则。由于裁军领域的国际法律文书较多，占本书梳理的 154 个整个国际安全法律文书的近 60%，因此本书专门将裁军领域的国际规则单独作为一章即第六章进行梳理。

第六章则梳理了国际军控与裁军规则。国际军控与裁军领域的国际规则可分为军备控制、军备裁减、防扩散和建立信任措施四个方面的国际规则。根据军备控制限制的内容和目的，军备控制规则又分为限制军力发展和限制军力使用两个方面的规则。军备裁减规则按照对核武器和生化武器以及常规力量这三个方面的国际军备裁减规则进行梳理，当然最重要的是削减核武器的国际规则，它是国际军控与裁军的重要体现，攸关全球战略平衡与稳定。防扩散领域的规则按照核不扩散、生化武器防扩散和常规武器防扩散三个方面进行分类和梳理。《不扩散核武器条约》是整个国际防扩散机制的基石，而"核供应集团"、"澳大利亚集团"、《导弹及其技术控制制度》和《关于常规武器和两用物品及技术出口控制的瓦森纳协定》，则是对核物项、生化物项、导弹物项和其他常规物项进行出口控制的机制，这"一体四翼"构成了整个国际防扩散主体框架。建立信任措施领域则按照范围分为多边和双边的建立信任措施国际规则。

第七章论述了国际安全秩序的今后发展。本章基于现行国际安全秩序本身存在的不足和问题，根据当今世界和时代发展要求，提出国际安全秩序今后发展的目标、方向和行动、措施，以推动国际秩序向更加公正合理的方向迈进。具体而言，本章从三个狭义维度和两个广义维度解读了当今世界百年之变局，分析了当今时代发展的多极化和全球化两个特征，提出和平合作、公正合理、普惠共享、开放包容和多元多样这五个国际安全秩序演进的目标。本书提出，《联合国宪章》的内涵也需与时俱进地扩展，应将攸关全人类安全与福祉的环境保护（"环保"）纳入《联合国宪章》宗旨和目的，《联合国宪章》的宗旨和目的应包括"安全、人权、发展和环保"四大支柱。"合作共赢"应成为《联合国宪章》所确立的七大原则之外的第八大原则。关于联合国改革，本书提出了提高权威与效率、促进公平与民主、增强团结与共识、秉持创新与发展这四个联合国改革的原则和目标；安理会改革应把握好扩容应优先增加发展中国家的代表性、谨慎对待新增常任理事国问题、限制否决权这三个问题；提出了调整适用范围、改革组织机制和加强其侧翼这三个完善联合国集体安全机制的措施；提出了建立年度性"五个常任理事国的首脑峰会机制"（"P5首脑峰会机制"）建议。对具体各领域的国际安全规则，本章侧重对存在不足和问题较多的主权与领土安全、国际公域、武装冲突与战争、裁军这四个领域的安全规则提出了调整、补充和完善的方案、措施和建议。

  本书的创新与贡献主要有：提出了国际秩序的构成要素、定义及内涵；提出了评判国际秩序的方法和标准及框架；提出了国际安全秩序体系建构方法并据此给出了现有国际安全秩序的框架、组成和内容，梳理出国际安全秩序的整个规范体系；按照这一规范体系对主权与领土安全、国际公域、和平解决争端、武装冲突与战争、裁军和反恐这六个领域的 154 个国际安全规则进行了全面梳理；提出了国际安全秩序今后发展的目标、方向和行动、措施。特别是，提出了五个国际安全秩序演进的目标，将"环保"纳入《联合国宪章》的宗旨和目的，使其拥有"安全、人权、发展和环保"四大支柱，提出了安理会改革、完善联合国集体安全机制的具体措施，也对具体各领域的安全规则提出了调整、补充和完善的方案、措施和建议。

国际秩序、国际安全秩序是国际政治学界的大题目，要对其进行全面分析和认知是一个很困难的事情。本书对此做了些尝试和努力，也涉及一些存在分歧的学术问题，并针对其提出了一些新的观点和见解。因作者学研理论功底较浅，难免存在不足和问题，敬请广大学仁批评指正。

在本书完稿之时，在此感谢中国社会科学院学部委员、世界经济与政治研究所所长张宇燕研究员，是他具有时代大局观和洞悉当今世界大势，力主编纂一套国际规则丛书，方使我有机会对当今国际安全秩序进行全面系统的思考，完成了本书写作。也非常感谢世界经济与政治研究所这个具有很高学术声望和团结和谐氛围的光荣团队，同志们都对我这个从自然科学和外交领域转到社会科学领域的新兵给予了极大帮助和支持，使我勇于并快乐地游弋在哲学社会科学研究的大海中。

# 目　录

**第一章　国际安全秩序的概念** ……………………………………（1）
　　第一节　国际秩序的渊源 …………………………………（1）
　　第二节　国际秩序的构成要素 ……………………………（3）
　　第三节　国际秩序的定义与内涵 …………………………（8）
　　第四节　国际秩序的评判 …………………………………（13）
　　第五节　国际安全秩序的概念 ……………………………（28）
　　第六节　国际安全秩序与国际秩序的关系 ………………（38）

**第二章　国际安全秩序的演变** ……………………………………（49）
　　第一节　威斯特伐利亚秩序 ………………………………（49）
　　第二节　维也纳秩序 ………………………………………（55）
　　第三节　凡尔赛—华盛顿秩序 ……………………………（60）
　　第四节　雅尔塔秩序的形成 ………………………………（69）
　　第五节　国际秩序演进的规律和特征 ……………………（74）

**第三章　国际安全秩序的结构** ……………………………………（94）
　　第一节　国际安全秩序结构的概念 ………………………（94）
　　第二节　国际安全秩序结构的建构方法 …………………（97）
　　第三节　现有国际安全秩序的结构 ………………………（112）

**第四章　国际安全秩序的基础** ……………………………………（135）
　　第一节　《联合国宪章》 ……………………………………（135）
　　第二节　《联合国宪章》的延伸 ……………………………（142）

第三节　联合国安全机制……………………………………（152）

**第五章　国际安全秩序的规则**……………………………………（176）
　　第一节　主权与领土安全……………………………………（176）
　　第二节　国际公域……………………………………………（193）
　　第三节　和平解决争端………………………………………（211）
　　第四节　武装冲突与战争……………………………………（225）
　　第五节　反恐…………………………………………………（254）

**第六章　国际军控与裁军规则**……………………………………（267）
　　第一节　军备控制的国际规则………………………………（267）
　　第二节　军备裁减的国际规则………………………………（293）
　　第三节　防扩散的国际规则…………………………………（320）
　　第四节　建立信任措施的国际规则…………………………（363）

**第七章　国际安全秩序的发展**……………………………………（383）
　　第一节　国际安全秩序发展的方向和目标…………………（383）
　　第二节　《联合国宪章》演进与联合国改革…………………（393）
　　第三节　国际安全规则的完善………………………………（407）
　　第四节　国际军控与裁军规则的完善………………………（420）

**附录A　联合国宪章**………………………………………………（446）

**附录B　国际法院规约**……………………………………………（470）

**参考文献**……………………………………………………………（484）

# 第一章　国际安全秩序的概念

国际安全秩序是国际秩序在政治安全领域的表现形式。① 从内容规范看，当代国际秩序主要由国际安全秩序和国际经济秩序构成，和平与发展是时代的两大主题就是这种反映。但从起源和历史看，国际安全秩序是国际秩序的源头和主体，在第二次世界大战以前出现的国际秩序都基本上是安全秩序，即使对现有国际秩序而言，安全秩序也是其核心和主体。因此，要弄清国际安全秩序的概念和内涵，主要是要弄清国际秩序的概念和内涵，而这正是目前中外国际政治学界存在较大分歧的一个问题。

## 第一节　国际秩序的渊源

国际社会的产生和本质是无政府状态的。国际社会的无政府状态属性，决定了国家是利己而非利他的。② 在世界无政府状态下，各国际行为体即国家都以国家利益最大化为诉求，但由于世界疆域、资源、环境等的有限性和国际权力的零和性，就必然导致国际行为体之间的竞争、矛盾和冲突，最终的解决手段往往是战争。战争是人类社会矛盾解决的终极手段，也是推动历史演变的主要力量。世界无政府状态导致战争的历史本性得到中外学者的一致认可。阎学通认为国际体系的无序性源于国际社会缺少一个可以

---

① 本著作研究的国际安全秩序即指国际政治安全秩序。
② Jonathan Mercer, "Anarchy and Identity", *International Organization*, 1995 (2), pp. 229–252.

垄断全部军事暴力的世界政府,国家可以用军事暴力维护其利益,这使得战争不可避免。① 被誉为"国际关系学科奠基之父"的汉斯·摩根索(Hans J. Morgenthau),② 在其被我国著名国际政治学者王缉思称为西方国际政治理论界论著无出其右的《国家间政治》(*Politics Among Nations: The Struggle for Power and Peace*)中指出,这个世界本质上是一个利益对抗和利益冲突的世界,社会冲突源于人的权力欲,而国家无限扩大自己权力的欲望,会在一定条件下导致战争。③ 当代国际关系理论大师肯尼斯·沃尔兹(Kenneth Waltz)也认为,"在国家之间,自然状态就是战争状态"。④ 因此,战争一直是人类社会的常态和历史演进的主旋律。但是,因为生存是人类最基本、最重要的利益诉求,作为主要国际行为体的国家之间就不得不相互协调、妥协,建立一种被普遍接受的行为规范,各国按照这一国际行为规范发生联系、处理关系,以求在一个不得不发生关系的国际社会中减小矛盾、避免冲突和战争,从而形成一个有条不紊的状态,维持一个相对和平稳定的国际环境,这就是国际秩序建立的渊源和目的。

国际秩序之源可追溯到古代形成的一些地区性国际秩序,古代国际秩序可以西方的古希腊城邦体系和东方的朝贡体系为例。公元前8世纪到公元前6世纪,在希腊半岛上逐渐形成了许多大大小小的城邦国家,这些城邦国家均长期独立自治,都拥有独立自主的主权。各城邦国家为追求自身利益,不断相互争斗、冲突,并分化组合最后形成了以雅典为首的提洛同盟和以斯巴达为首的伯罗奔尼撒同盟。双方发生多次冲突并最终爆发了伯罗奔尼撒战争。双方虽在战争中互有胜负,但都未能取得决定性胜利,故而终于

---

① 阎学通:《无序体系中的国际秩序》,《国际政治科学》2016年第1期。
② Stanley Hoffmann, Janus and Minerva, *Essays in the Theory and Politics of International Politics*, Boulder, CO: Westview Press, 1987, p. 6.
③ [美]汉斯·摩根索:《国家间政治》,徐昕等译,北京大学出版社2012年版,第11页。
④ Kenneth Waltz, *Theory of International Politics*, Beijing: Peking University Press, 2004, p. 102.

在公元前421年缔结了《尼西阿斯和约》，维持了一段时间的相对和平，开辟了以国际条约规范各行为体的行为以维护和平之先河。① 在近代以前的两千多年历史中，东亚形成并运行着以中国为中心的朝贡体系及其秩序。与西方古代国际秩序形成原因不同的是，朝贡体系及其秩序的形成和长期稳定运行，不是通过战争实现的，而是东亚国家自愿接受的结果。在长期与中国的联系、交往中，东亚各国自愿学习、效仿、尊崇中国的文化、政治制度、礼仪规范、技术经验等，他们也慑于中央王朝的威严特别是儒家思想强调的道德权威及其强大的经济、军事实力，认可中央王朝的中心地位并按照儒家思想体系和中国模式建设自己的国家，也自愿接受秩序的安排并按照秩序的规则行事。因而，东亚各国在朝贡体系中各居其所、各守其责、各得其利，形成了古代东亚长久的和平与稳定局面。现代国际秩序无疑源自17世纪威斯特伐利亚秩序的创建。17世纪上半叶的"三十年战争"结束后，欧洲有关国家于1648年签署了《威斯特伐利亚和约》，确立了以民族国家为国际行为体，以主权、平等、不干涉等现代观念和原则并通过谈判解决国家间矛盾的行为模式，从而建立了第一个具有现代意义的国际秩序。

## 第二节 国际秩序的构成要素

要正确理解和准确定义国际秩序，弄清其中的构成要素则是关键。目前，无论是中国学界还是外国学界，对国际秩序构成要素的认识均有较大分歧。2014年7月2日，中国现代国际关系研究院召开了国际秩序的专题研讨会，学界的资深学者对国际秩序构成要素、定义等均提出了各自的见解，这些认识或定义无疑集中并代表了中国最高层次的国际政治学者有关国际秩序问题的最新

---

① 和约主要内容包括：保障双方宗教活动安全，双方互相攻击属于非法，双方若发生争端即以双方同意之法采取宣誓或法律手段解决，各城邦拥有独立自主权，条约期限为50年，等等。

看法。① 但学者们提出的有关国际秩序构成要素不仅不尽相同，而且还比较分散、宽泛，将原则和机制、价值观和道德、格局和体系、权力和权势、文明因素和经济力量等十几个因素都纳入了国际秩序构成要素中。显然，将过于分散、宽泛的因素纳入国际秩序构成要素中，使得我们一方面无法清晰准确地定义国际秩序，另一方面也无法抓住国际秩序的核心要素、把握国际秩序的本质。

阎学通在总结以上中国学者对国际秩序构成要素认识的基础上，提出国际秩序构成的三个要素：国际主流价值观、国际规范和国际制度安排。② 外国学者对国际秩序构成要素同样存在分歧。亨利·基辛格（Henry Kissinger）在《世界秩序》一书中，把一套明确规定了允许采取行为的界限且被各国接受的规则和规则受到破坏时强制各方自我克制的一种均势这两个因素视为国际秩序构成要素。③ 英国学者赫德利·布尔（Hedley Bull）则把共同利益、国际规则和制度这三个因素视为国际秩序构成要素，认为国际社会的"秩序不仅是有一组条件的结果，也是关于共同利益、行为规则和制度这三者观念的结果。共同利益的观念基于社会性的基本目标，行为规则的观念用于支持这些目标，制度的观念则有助于使规则有效率"。④ 显然，国内外学者对国际秩序构成要素的看法不尽相同。

所谓事物的构成要素就是事物存在的最基本因素，离开其中的任何一个因素，事物都不可能存在。从国际秩序的渊源和目的、国际秩序的历史演变及其实践看，本书认为，国际秩序主要有以下三个构成要素：国际行为体、一套被普遍接受的国际规范和相应的惩戒机制。首先，国际行为体是国际秩序的行为者，有它们的参加才能构成国际秩序的最基本要素，只有秩序范围内的行为

---

① 林利民：《如何认识国际秩序（体系）及其转型?》，《现代国际关系》2014年第7期。
② 阎学通：《无序体系中的国际秩序》，《国际政治科学》2016年第1期。
③ [美]基辛格：《世界秩序》，胡利平等译，中信出版社2015年版，第18页。
④ Hedley Bull, *The Anarchical Society: A Study of Order in World Politics*, Beijing: Peking University Press, 2007, p.63.

体特别是主要行为体均参加到秩序中，这个秩序才可称得上是国际秩序；其次，需要有一套为各行为体所普遍接受的国际规范以让各行为体遵守，所谓没有规矩不成方圆，这是国际秩序的核心要素；最后，也要有对违反规范的惩戒机制，以维护规范的有效性，这样才能使国际秩序真正运行，否则国际秩序就会有名无实而难以成为真正的国际秩序，这也是构成国际秩序不可或缺的要素。由此可见，国际秩序由以上的基本要素、核心要素和必需要素构成。

实际上，任何秩序的构成要素都有这种共性。比如，一个社会秩序，人的存在是前提，没有人就无所谓社会秩序。然后要有约束人行为的法规，供大家遵守。归根到底人是群居性动物，若没有法规，社会就会杂乱无章，也就没有社会秩序可言。但有了法规也不能保证社会就会有序运行，如果大家都肆意违反法规而得不到惩戒，社会仍会陷入无序状态而相当于没有秩序。这就需要有法院等机构对违反法规者进行惩戒，以维护法规的有效性，保障社会的有序状态。因此，构成一个基本的国际秩序，国际行为体、国际规范和惩戒机制这三个要素缺一不可，有了这三个要素才能形成一个完整的国际秩序。

需要指出的是，以上国际秩序的三个构成要素特别是国际规范和惩戒机制，有时是明确的或者明文规定的，有时则是无明文规定但是约定成俗、得到各行为体普遍认可、遵守的，这种情况并不妨碍这一国际秩序的形成及其有效运行。比如，在近代以前的东亚，就存在一个朝贡体系及相应的东亚秩序。在这个东亚秩序中，中国和朝鲜、日本、琉球、安南、暹罗、占城等中国的一些周边王国、部族等，是这个国际秩序的行为体，它们基本都参与到这一东亚秩序中。中国保持对其他王国、部族的宗主国地位，但并不实际干预其内部事务，各方定期或不定期向中央王朝上表纳贡，以表示在政治上认可、尊崇中央王朝的中心地位，中央王朝也以"薄来厚往"礼遇优待各方。各方在与中国的朝贡关系中，不仅可于政治上获得有力支持、经济上获得巨大利益，且文化得到极大提升，故而在朝贡体系中获得很大实际利益。这样，在很长的一段时间内，中央王朝与各周边王国、部族就形成了一种关系格局并遵循一定的行为规范。虽然各国没有就此签署法律文书，没有什么明文规定，但各国普遍接受并遵守这一东亚秩序的国际规范。一旦出现王国、部族破坏上述规范的行为，如挑战中央王朝权威、军事入侵他国、发生内乱后请中央王朝干预等，中央王朝就会凭借其强大实力对此予以干预制止，以维护朝贡体系的稳定，这就是东亚秩序的惩戒机制。虽然这一东亚体系不是现代意义上的国际秩序，但也是一个较为完整稳定的古代国际秩序，这个秩序维持了东亚地区上千年相对和平稳定的局面。

相反，具有现代国际秩序特征的凡尔赛—华盛顿秩序，虽然建立了国际联盟组织，也确定了《国际联盟盟约》这一国际规范，但从国际秩序构成要素看则存在重大缺陷：一是国际行为体参与度不足。秩序范围内的两个大国——美国和苏联这两个主要行为体没有加入国际联盟（苏联直至1934年才加入）；二是惩戒机制效力不足。虽然秩序内建立了对会员国违反《国际联盟盟约》发动战争等非法行为采取经济制裁和军事制止的集体安全机制（该盟约第十六条），但由于该盟约机制内在的相互牵制和英法大国对立的现实矛盾，该集体安全机制的执行效力大为减弱，在随后几年未能有效地对意大利侵略埃塞俄比亚、日本侵略中国等违反《国际联盟盟约》的重大行为做出惩戒反应。也正是由于存在重大缺陷，凡尔赛—华盛顿秩序最终未能阻止再次世界大战——第二次世界大战的爆发。可以说，凡尔登—华盛顿秩序构成要素的先天不足，是其失败的根本原因，这是一个不成功的国际秩序。

还需要特别指出的是，国际秩序中的惩戒机制存在效力受到限制的先天缺陷，这是由国际社会的无政府属性决定的。由于没有一个凌驾于世界各国的世界政府，也就没有一个凌驾于各国政府主权之上的强制性法律执行机构，因此，国际惩戒机制的建立和运行只能依靠各国特别是大国的参与和配合，需要他们为此提供公共产品。这样，惩戒机制的效力就由各国特别是大国的态度所决定，也就由这些国家的政治立场、利益取舍所决定，这就决定了惩戒机制效力的有限性。比如，就较为成熟完备的现有国际秩序而言，其惩戒机制是集体安全机制，由联合国安理会决定并予以实施。而安理会能否有效行使对违反《联合国宪章》、危害国际安全的行为进行惩罚的职责，则受制于大国的态度。而大国是根据其政治立场和利益进行决策的，当因某些事项对某些国家进行惩戒不符合大国利益时，特别是当大国自己就是违反宪章的行为者时，拥有安理会否决权的大国就会对此进行否决，安理会就无法对此种行为做出惩罚决议，惩戒机制就无法发挥作用，这大大影响了国际秩序惩戒机制的效力。比如，针对以色列侵占巴勒斯坦的安理会决议提案，美国均行使否决权予以否决，致使巴勒斯坦领土被以色列不断蚕食，而以色列并未因此而受到惩罚。针对美国入侵格林纳达和巴拿马、苏联入侵阿富汗等侵略行为，因为当事国是常任理事国，安理会也根本无法通过谴责和制止的决议，不能发挥制止侵略、维护国际安全的作用。根据联合国安理会的票决统计，美苏（俄）两个大国在安理会行使否决权次数占全部常任理事国否决权次数的75%，这两个大国的争斗是影响安理会效力的主要因素。

在中外学者关于国际秩序构成要素有代表性的研究成果中，如上面阎学通、布尔等著作提出的观点，都将价值观视为国际秩序的构成要素。毋庸讳言，价值观在构建国际秩序中发挥着先导和指引作用，特别是对国际秩序的核心要素——国际规范起着决定性作用。秉持一种什么样的价值观，就构成一种什么样的国际秩序，价值观决定着所建立的国际秩序的属性。但价值观属于上层建筑范畴，只有当它化为约束各行为体的具体原则、规则等，体现在具体的国际规范中，才能真正体现其宗旨和意义，这就是价值观在国际秩序中的关键作用。所谓"内化于心，外化于行"就是这个道理。因此，价值观本身并不是国际秩序的构成要素，而是指导国际秩序建立、决定国际秩序属性的因素。就像我们建造一座房子，地基、墙、梁柱、屋脊等都是房子的构成要素，要按照一种什么样的理念和目标建造房子，则不是房子的构成要素，但理念和目标指导我们建造什么样的房子，建成的房子也是这一理念和目标的体现。

## 第三节 国际秩序的定义与内涵

### 一 国际秩序的定义

国际秩序是国际政治理论研究的主要内容之一，国际政治学者发表了大量有关学术研究成果。但一直以来，学术界并没有一个关于国际秩序的统一定义，更没有一个能够用来评估国际秩序的基本框架。① 中外学界对国际秩序的定义存在较大分歧。袁鹏认为，国际秩序是国际社会通过主要国家的斗争与协调而形成的规范重大国际行为的原则、机制的总和。② 显然，这是一个针对当前国际格局和国际关系状态给出的定义，符合现代国际秩序标准，但欠缺历史格局而不具有普遍意义。蔡拓认为，国际秩序是国际行为体在国际交往中所形成的特定的规范、制度、格局与体系。③ 这一定义提出国际行为体作为国际秩序的行为者，准确把握了国际秩序定义中的一个基本要素，但将格局、体系这些与秩序具有不同含义、处于同一层面的概念纳入秩序定义则是不合适的，且存在大概念与小概念问题，如制度与规范。唐世平认为，秩序是"一个社会系统内的可预测性（可预见性）的程度，而这种可预测性通常是因为在一个社会系统内部，行为体的行为、社会交往以及社会结果均受到了一定的调控。""国际秩序就是国际系统中的秩序"。④ 这个定义引用可预测性一词描述社会系统是一个创新，但用来定义国际秩序则含义不清晰。该定义注重国际秩序存在的结果，但没有对其构成要素和其内在核心要义进行精确描述。

阎学通在总结中外学者对国际秩序定义基础上，将国际秩序定义为"国际体系中的国家依据国际规范采取非暴力方式处理冲突的状态"。并特别强调，"该定义明确了国际秩序的本质是无军事暴力行为。明确不使用暴力，可以为人们判断一个时期有无国际

---

① 唐世平：《国际秩序变迁与中国的选项》，《中国社会科学》2019年第3期。
② 袁鹏：《我们为什么探讨国际秩序变迁？》，《现代国际关系》2014年第7期。
③ 蔡拓：《全球主义视角下的国际秩序》，《现代国际关系》2014年第7期。
④ 唐世平：《国际秩序变迁与中国的选项》，《中国社会科学》2019年第3期。

第一章　国际安全秩序的概念

秩序提供最基本的标准"。① 这个定义将"国家"定义为国际秩序的行为体，符合现代国际秩序范式，将"国际规范"引入国际秩序定义，也抓住了其核心要素。但这一定义有关暴力问题的处理，存在两个问题：第一，将"采取非暴力方式处理冲突"引入定义，将暴力因素排除在国际秩序定义之外，实际上这是将现有国际秩序中不可或缺的惩戒机制排除在外，因而这一定义是不准确的；第二，将"不使用暴力"作为"有无国际秩序"的标准，则显然与历史史实不符。用第二次世界大战后建立的国际秩序作为例子，就能非常直观地看出这一定义存在的上述两个问题。现有国际秩序是以各主权国家为国际行为体，以《联合国宪章》为主要国际规范，以安理会决议及其行动作为惩戒机制的集体安全秩序。其中，安理会负责对包括武装侵略等非法使用武力的情况做出包括军事反应等强制措施在内的决议并开展行动，也就是说现有国际秩序含有暴力方式和暴力行为。若按照上述定义，就会对第二次世界大战后所建立的国际秩序产生认知偏差：一是含有暴力因素的安理会体制就不应该是构成现有国际秩序的一部分，而安理会体制恰恰是现有国际秩序最重要、最核心的组成部分。比如，在1990年8月伊拉克以武力吞并科威特这一严重违反《联合国宪章》的行为发生后，联合国安理会授权联合国会员国可以使用"一切必要手段"来执行联合国通过的各项决议。根据这一决议，以美国为首的联军出兵海湾，用武力将伊拉克军队赶出科威特，恢复了科威特主权和领土完整，维护了国际正常秩序。这是现有国际秩序采取暴力方式处理冲突的典型案例；二是因为现有国际秩序含有"使用暴力"因素，若按照阎学通的定义，那么就可以认为现在不存在国际秩序，这显然与国际政治现实不符。

布尔将国际秩序定义为"维持国家社会或国际社会的基本或主要目标的行为模式"。② 布尔的定义将国家社会也纳入国际秩序

---

① 阎学通：《无序体系中的国际秩序》，《国际政治科学》2016年第1期。
② Hedley Bull, *The Anarchical Society: A Study of Order in World Politics*, Beijing: Peking University Press, 2007, p.8. "By international order I mean a pattern of activity that sustains the elementary or primary goals of the society of states, or international society."

含义中,显然将国家内部秩序也纳入国际秩序范畴,这与当代国际关系理论研究国际秩序的目标和现实不符;同时,这一定义对维持国际社会的基本或主要目标没有给出清晰的含义,没有触及秩序含义的本质即有条不紊的状态;而且,布尔对国际秩序的定义最后归结为一种模式而非状态,没有体现国际秩序定义在内容和形式上的统一。①

为了对国际秩序提出准确的定义,首先有必要对国际秩序中的两个关键词——"秩序"和"国际"给以准确的理解。按照《辞海》的解释,"秩,常也;秩序,常度也,指人或事物所在的位置,含有整齐守规则之意"。《现代汉语词典》将"秩序"解释为"有条理、不混乱的情况"②。《韦伯斯特新大学词典》将"秩序"(order)解释为"社会政治体系的一种特定范围或方面、规律或和谐的安排"。③

"国际"一词是相对于"国家"而言的,凡是发生在国家之间的关系都应是国际关系。当然,"国家"一词是近代以来出现的,从一般国际法看,只有国家才具有承担国际法上的权利和义务的能力,是国际法的唯一主体。④ 现代国际秩序也是以国家作为国际行为体而承担国际责任和义务的。然而,我们对国际秩序的定义,不应该仅是对现代国际秩序的定义,而应从人类波澜壮阔的悠久历史的宏大角度来认识和定义,也就是说,对国际秩序的定义应具有历史格局,这样也才具有学术的普遍意义。因此,历史地看,凡是能对一定数量的居民、一定规模的领土拥有排他性管辖权的政治单元,都应看作是国际行为体。⑤ 这样,古代以前的帝国、王

---

① 阎学通:《无序体系中的国际秩序》,《国际政治科学》2016年第1期。
② 中国社会科学院语言研究所词典编辑室:《现代汉语词典》,商务印书馆1998年版,第1624页。
③ "[A] particular sphere or aspect of a sociopolitical system... a regular or harmonious arrangement," *Webster's New Collegiate Dictionary*, Springfield, Massachusetts: G. & C. Merriam Company, 1977, p. 807.
④ 朱晓青:《国际法》,社会科学文献出版社2005年版,第44页。
⑤ 这一定义是在参考国际法对"国家"定义的基础上根据世界历史变迁及其所呈现出的状态而提出的。

国、公国甚至一些较大的部族等符合这一定义的政治单元都可称为国际行为体，它们在所在地区在一定历史时期形成的秩序都应看作是国际秩序。因为，古代形成的这些秩序确实具备国际秩序的构成要素，具有国际秩序的特征。如此，就可将古代形成的多个地区性国际秩序纳入现代国际政治理论研究范畴，这扩展了国际秩序研究的宽度。广义地看，国际秩序也并非仅指作用于全球的世界性秩序，如凡尔赛—华盛顿秩序、雅尔塔秩序，以"世界贸易组织"（WTO）、"国际货币基金组织"（IMF）、"世界银行"（WB）为核心的国际经济秩序等，国际秩序也包括在各地区、在某领域内形成的各种多边秩序，如在欧洲形成的以欧盟为核心的欧洲秩序，在东南亚形成的以东盟为核心的东南亚政治经济秩序，以正在谈判并即将达成的中日韩自贸协议为核心的东北亚经贸秩序等。这样，该定义即扩展了国际秩序研究的广度。

综合国际秩序内含词语的本意和国际秩序的构成要素，本书认为秩序是相互关联、相互作用的单元共处一个体系内，按照一定规范发生关系所体现出的一种有条不紊的状态。国际秩序的定义就是："各国际行为体在其所处的国际体系内，按照普遍或共同认可的国际规范发生关系而呈现出的状态。"

### 二　国际秩序的内涵

对于一个定义，首先需要对其中词意进行深入阐释，这样才能使人对该定义有全面理解和准确把握。在上面给出的定义中，第一个关键词是"国际行为体"。前面已对"国际行为体"进行了明确定义，即能对一定数量的居民、一定规模的领土拥有排他性管辖权的政治单元，它能在所处的国际体系内拥有权利并能承担对该体系和其他政治单元的责任和义务，这是一个广义的国际行为体概念，不再局限于现代国际政治理论中的国家概念，而是将所有历史上符合这一标准的政治单元都视为国际行为体，这就扩展了考察、研究国际秩序的历史视野。

其次，需要对定义中国际行为体所处国际体系这一概念的理解。"体系"是指"若干有关事物或某些意识互相联系而构成的一个整体"。① 国际体系是指国际行为体互相联系而构成的一个整体。国际秩序是有一定范围的，既可是世界性的、全球性的，也可是地区性的、区域性的，关键要素是这些政治单元是相互联系、相互作用的，因而共处于一个国际体系内。而这个国际体系外的政治单元，并没有与体系内政治单元相互联系，则不是这个国际秩序的一部分。比如，朝贡体系内的东亚秩序，东亚地区以外的其他国家包括西亚国家、欧洲国家、非洲国家等，与东亚国家很少联系或没有保持常态性的政治经济关系，因而也就不是东亚秩序的一部分。东亚秩序是一种地区性国际秩序。

再次，需要对另一个关键词"国际规范"进行明晰定义。《现代汉语词典》对"规范"的定义是：约定俗成或明文规定的标准。② 把"规范"含义引入国际秩序概念中，"国际规范"的定义就是为体系内国际行为体所普遍接受并遵守的约定俗成或明文规定的行为标准。国际规范包括原则、规则和长期形成的国际习惯等。原则和规则一般载入相关国际法律文书，是明文规定的国际规范，这很容易理解，而国际习惯则是约定俗成的一种国际规范，一般不太好理解。但国际习惯曾一度是国际法最主要的渊源，现在仍然是国际法的主要和重要渊源之一。③ 国际习惯是一定数量的国家经过一定时间形成的具有一贯性的广泛行为（模式或标准），是国家通过其实践体现出来的、对某一或某些规则具有国际法效力的"默示"承认。一项国际习惯一旦成为国际法的一般规范，它就约束所有对之不加以反对的国家。④ 比如，前面提到的东亚秩序，虽然没有东亚国家、部族共同签署的法律文书，但中央王朝与其形成的朝贡关系格局和遵循的行为规范，却是被各方在上千年历史中所普遍接受并遵守的国际习惯，这种国际习惯就是一种

---

① 中国社会科学院语言研究所词典编辑室：《现代汉语词典》，商务印书馆1998年版，第1241页。
② 中国社会科学院语言研究所词典编辑室：《现代汉语词典》，商务印书馆1998年版，第474页。
③ 朱晓青：《国际法》，社会科学文献出版社2005年版，第17页。
④ 朱晓青：《国际法》，社会科学文献出版社2005年版，第18—19页。

国际规范。

最后，定义中国际行为体对国际规范的普遍或共同认可，也是一个不可或缺的要义。比如，被誉为现代国际秩序始端的威斯特伐利亚秩序和后来的维也纳秩序，其中的国际行为体只是欧洲等西方国家，只有他们是这种国际规范的制定者、接受者，而其他大洲包括亚洲、非洲等地区的广大国家则是局外者，这些国家从未认可、接受这种国际规范，西方国家也从未按照这种规范对待亚洲和非洲等地区的国家，因而亚非国家并不是这种秩序的国际行为体。因此，威斯特伐利亚秩序和维也纳秩序只是欧洲秩序，是一种地区性国际秩序而非世界性国际秩序。

这一定义不仅可涵盖世界上各个地区在一定历史时期内形成的多个相对稳定的国际秩序，也覆盖了当今世界在各地区、区域在各领域形成的多个多边秩序，具有历史格局和丰富含义，拓展了国际秩序定义的宽度和广度。根据这一定义，我们应承认历史上在不同地区形成的国际秩序，而非以现代国际秩序观来认识、评判古代各地区的国际秩序，这也有利于我们研究当代及未来世界不同的多边国际秩序。这应该是一个比较全面、完整而清晰的对国际秩序的定义。

## 第四节 国际秩序的评判

如何评判一个国际秩序，其核心问题是采用什么样的标准和方法对国际秩序进行评判。国际秩序的评判问题不仅关系到如何看待历史上出现的多个国际秩序，更攸关对当前国际秩序深刻演变的认知和对未来国际秩序构建的导向。

目前，专门研究国际秩序评判问题的学术成果较少，有关文献也主要从道义角度来讨论既有国际秩序的好坏，以及是什么样的国际秩序才更合乎一定的道义标准。这方面比较有代表性的研究成果是阎学通的《无序体系中的国际秩序》和唐世平的《国际秩序变迁与中国的选项》。阎学通认为，对国际秩序的判断有三个层次，即秩序的有无、秩序的稳定与否以及秩序的公平正义性如何。

秩序的有无是定性判断，以是否发生战争判断秩序的有无。秩序的稳定与否是对其程度的判断，以有无危机判断秩序的稳定与否。关于国际秩序是否具有公平正义性，则属于价值判断。① 唐世平则提出了一个国际秩序变迁的四维评估框架：第一，覆盖空间和领域的广度。覆盖的空间和领域越大，秩序建立和维持的难度越大，建立和维持的成本也会越高。第二，秩序对权力的相对集中或者垄断。秩序内权力分布的显著变化通常会导致秩序的重要变化。秩序内的权力分布与该秩序的和平与稳定并不是简单的线性关系。第三，制度化的程度。制度化程度越高，秩序的稳定性就越高，拥有该秩序的体系也越和平。当然，制度化程度越高并不一定意味着这个秩序就越好。第四，制度被内化的程度。制度被内化的程度越高，秩序越稳定。但是，制度被内化的程度更高并不意味着秩序更好。② 戴长征把道义性作为评判国际秩序的标准，认为只有符合道义的国际秩序才能维持长久。③ 这些成果在国际秩序评判研究上具有创新性，也深具学术价值。阎学通实际上提出了对国际秩序评判的三个标准，而唐世平虽然提出的是对国际秩序变迁的评估框架，但也涉及对国际秩序好坏、稳定与和平等评判标准。

在汲取已有研究成果精华和对国际秩序变迁历史研究的基础上，本书提出如下评判国际秩序的方法和标准。

## 一 国际秩序的评判维度

人们对国际秩序这一国际政治性问题的看法和评估，必然带着其价值取向并受文化理念和利益取舍的影响。具有不同文化背景、价值观和国家利益的人，可能对一个国际秩序的看法存在差别甚至完全不同，评判标准分歧较大。无论是中国学者如阎学通提出的公平正义性、唐世平提及的好否、戴长征提出的道义性等，还是西方学者以"自由、民主和人权"为原则的道德观来看待国际

---

① 阎学通：《无序体系中的国际秩序》，《国际政治科学》2015年第1期。
② 唐世平：《国际秩序变迁与中国的选项》，《中国社会科学》2019年第3期。
③ 戴长征：《道义与国际秩序》，《现代国际关系》2014年第7期。

政治问题,① 都难以对国际秩序的良莠这一主观评判取得一致的看法。因为,即使大家都同意用正义性、道义性的标准来衡量国际秩序,但因价值观、文化理念等的不同,也难以就什么是正义性和道义性内涵达成共识。虽然如此,一个国际秩序的存在状态、表现特征及其所导致的历史结果则是客观的。如果我们抛开这些涉及分歧性的主观因素标准,将国际秩序作用下的国际关系所呈现出的状态和结果与建立这个国际秩序所追求的目标相比较,以结果与目标相吻合的程度来评判这个国际秩序的良莠,则更为客观、中性,也较为理性、准确。因此,我们可从国际秩序客观性的两个维度——静态存在状态和动态表现结果来评判一个国际秩序的良莠,这样就排除了文化背景、价值观和国家利益等主观因素的影响,而能客观理性地看待、评判一个国际秩序。

通过对国际秩序客观性第一个维度即静态存在状态的衡量,我们可以国际秩序的有无和完备性两个标准来评判国际秩序的良莠。若在一定历史时期、在一定地区范围内存在一个国际秩序且这个国际秩序具有较好的完备性,我们可以说这个地区是有秩序的。我们也可把对国际秩序静态存在状态的评判称为静态评判。

对国际秩序客观性第二个维度即动态表现结果的衡量,我们用国际秩序的合理性和稳定性这两个标准来评判国际秩序的良莠。若在一定历史时期、在一定地区范围内不仅存在一个国际秩序且这个国际秩序具有较好的合理性和稳定性,则我们可以说这个地区的秩序是良好的。我们可把对国际秩序动态表现结果的评判称为动态评判。

## 二 国际秩序的静态评判

（一）国际秩序的有无

从国际秩序的静态存在状态来评判一个国际秩序,首要标准是要看有无国际秩序。国际秩序的建立是维护地区和世界有条不紊

---

① Hans J. Morgenthau: *Politics Among Nations: The Struggle for Power and Peace*, the McGraw-Hill Companies, Inc. 2005, p.292.

关系状态的基本因素。17世纪英国政治学家、哲学家托马斯·霍布斯（Thomas Hobbes）就指出，最坏的政府也好过无政府状态，这一观点得到普遍认可。

判断有无国际秩序的指标有两个：一是各行为体是否存在常态化关系，如果行为体各自处于孤立封闭状态，则谈不上国际秩序。如在近代以前的非洲、拉美等地区，各王国、部族彼此基本处于分散、隔绝状态，这种状态下就不可能形成国际秩序，也就是说在这些地区不存在国际秩序；二是在各行为体建立常态化关系情况下，看是否存在被普遍认可和接受的国际规范及惩戒机制，若不存在这样的规范和机制，则就构不成国际秩序。如在威斯特伐利亚秩序形成以前的欧洲，虽然欧洲各王国、公国等保持着一定的政治宗教和经济贸易关系，但没有形成一套被各方所认可并遵守的行为规范及相应的惩戒机制，也就没有形成一个国际秩序。

（二）完备性

从国际秩序的静态存在状态来评判一个国际秩序，第二个标准是要看国际秩序的完备性。国际秩序的完备性是指国际秩序构成要素的完整性及其三个构成要素各自的完备程度。国际秩序构成要素的完整性是指三个构成要素缺一不可，否则国际秩序就不完整。三个构成要素各自的完备程度，是指体系内行为体参与度、规范完备性和惩戒机制的有效性。

下面，本部分将对各个构成要素的完备程度指标进行刻画。

第一，体系内行为体参与度，是指体系内参与秩序的行为体力量与体系中全部行为体力量之比，这个比值越大，说明行为体参与度越高，这个国际秩序就越完备。行为体参与度实际上关系到国际秩序的一个重要标准——合法性。

合法性一词在政治学中通常用来指政府与法律的权威为民众所认可的程度。从国际法角度说，包括条约在内的国际规范之所以对体系内的国家有约束力即效力，就在于这些条约等规范是体系内国家共同意志的体现。因此，"同意"是整个国际法律制度的效力，以及某一具体国际法规范对某一具体国家效力的基础。① 因此，本书将国际秩序的合法性定义为：体系内行为体对包括条约在内的国际规范认可和接受的程度。行为体对国际规范认可程度越高，接受程度越高，则这一国际秩序的合法性就越强，反之则相反。行为体在对国际规范认可和接受这两个方面上的表现，都形成对国际秩序合法性的影响。在这里，国家对国际规范的"认可"与"接受"是两个不同的概念。"认可"表示一个国家肯定这个国际秩序所确立的包括原则、宗旨及规则在内的国际规范，而"接受"表示一个国家正式签署条约，在法律上加入这个国际秩序，承担相应的国际责任和义务。一个国家"认可"国际规范并不意味着它一定会"接受"这个国际规范；同样，一个国家"接受"国际规范并不意味着它一定是"认可"了这个国际规范。比如，第一次世界大战后美国对凡尔赛—华盛顿秩序所确立的国际规范是高度认可的，因为它体现了美国总统威尔逊的思想，这一秩序也是在美国倡导下建立的。但受国内"孤立主义"影响，美国国会拒绝批准加入《凡尔赛和约》，美国没有加入威尔逊一手缔造的"国际联盟"。这表明，美国虽"认可"了凡尔赛—华盛顿秩序的规范，但没有"接受"它。而作为战败国的德国，在《凡尔赛和约》中受到严厉惩罚，德国对此充满怨恨，虽然被迫接受了条约安排，但从此也播下了仇恨的种子，这成为德国发动第二次世界大战的重要原因。这表明，德国虽然"接受"了凡尔赛—华盛顿秩序的规范，但根本就不"认可"它。

  因此，我们可将体系内行为体的参与度以合法性刻画。合法性能在一定程度上表明国际秩序的合理性和稳定性。② 基辛格在其《世界秩序》一书中高度肯定了合法性对国际秩序成败的作用，认为"一种国际秩序的生命力体现在它在合法性和权力之间建立的平衡"。③ 需要特别指出的是，从国际秩序的历史实践看，主导性

---

① 朱晓青：《国际法》，社会科学文献出版社2005年版，第4页。
② 合法性本来是一个主观性范畴概念，但这里所提国际秩序的合法性是指国际秩序的参与度，是一种客观存在的事实标准。
③ [美]基辛格：《世界秩序》，胡利平等译，中信出版社2015年版，第75页。

国家特别是大国参与国际秩序至关重要，否则国际秩序就难以成功。

合法性 = 参与秩序的行为体力量／体系内全部行为体力量

历史经验表明，一个国际秩序的合法性至少应达到80%，这个国际秩序才算基本合法，达到90%才称得上较为合法。也就是说，只有体系内80%的国际力量参与这个秩序，国际秩序才基本合法，90%的国际力量参与这个秩序，国际秩序才称得上较为合法，当然，若体系内的所有国家行为体都参与了这个国际秩序，国际秩序就实现了100%的合法。例如，在第一次世界大战后形成的凡尔赛—华盛顿秩序，由于美国和苏联这两个主要大国没有参与这个秩序，使凡尔赛—华盛顿秩序的合法性远远达不到80%，也就是说这个国际秩序的合法性深受质疑，这也为其失败命运埋下了伏笔。

规范完备性是指秩序确立的原则、规则及国际习惯等涵盖实现秩序主要目标的程度。国际秩序确立的规范越能满足实现秩序的目标特别是主要目标，则这一国际秩序就越完备，反之同理。规范完备性的刻画指标是定性的，难以定量刻画，这可在一定实践基础上通过专家打分的方法即德尔菲法（Delphi Method）给出数值指标。①

惩戒机制有效性是指对体系内行为体违反国际规范的阻遏效力，包括威慑力、反应能力和惩罚能力。若这一机制效力不足，则国际秩序就难以有效运行。凡尔赛—华盛顿秩序之所以失败，一个重要原因是其惩戒机制的有效性严重不足。对惩戒机制有效性涉及惩戒力量的构成、决策机制和执行力，也难以定量刻画，只能通过实践来判定。

---

① 德尔菲法也称专家调查法，这是一种反馈匿名函询法，是指对所要断定的问题通过征询一定数量的专家，将获得的打分结果或意见等进行整理、统计、归纳得出一个总的结果或结论。

## 第一章 国际安全秩序的概念

行为体参与度、规范完备性和惩戒机制的有效性这三个指标可全面客观衡量一个国际秩序完备程度如何，在一定程度上可判断这个国际秩序是否是一个成熟或成功的国际秩序。用这一标准判断第一次世界大战和第二次世界大战后建立的国际秩序成功与否，就能清晰得出与历史结果相吻合的结论，从而验证这一标准的客观准确性。

第一次世界大战后建立了凡尔赛—华盛顿秩序，但按照上述标准看，则这一国际秩序存在严重缺陷。首先，从体系内行为体参与度看，当时已成为世界第一的美国因内部"孤立主义"影响而拒绝参加这一体系，另一个大国——苏联因意识形态问题被西方国家拒之体系门外。这样，在当时世界六大国家（美、英、法、德、苏、日）中，缺少了两个大国，因而这一秩序的合法性严重不足；其次，凡尔赛—华盛顿秩序的国际规范存在严重缺陷。作为主要行为规范的《国际联盟盟约》并未宣布战争为非法，它只是不允许会员国在某些情况下进行战争。因此，只要这些情况不存在，会员国仍可进行战争。① 正如雷·让（Ray Jean）所说，"这无异于默认战争仍然是解决国际冲突的途径，而且是正常的解决途径。……其中暗含着诉诸战争的原则。"② 可见，这一秩序的国际规范并没有消除战争因素，存在重大缺陷；最后，这一国际秩序的惩戒机制效力有限，前面已对这一问题进行了阐述。因此，凡尔赛—华盛顿秩序是一个不完备、不成功的国际秩序，其结果最终也没有阻止住第二次世界大战的发生。

相反，第二次世界大战后在汲取凡尔赛—华盛顿秩序失败教训基础上建立的雅尔塔秩序，则较大程度克服了凡尔赛—华盛顿秩序的重大缺陷。首先，从体系内行为体参与度看，不仅中、美、苏、英、法五大国和世界上大多数国家加入了联合国这一体系，战败国德国、日本和意大利等也随后加入了联合国，这一国际秩

---

① ［美］汉斯·摩根索：《国家间政治》，徐昕等译，北京大学出版社2017年版，第500页。

② Ray Jean, *Commentaire du Pacte de la Société des Nations*, Paris: Sirey, 1930, pp. 73-74.

序的行为体参与度非常高,到目前为止,几乎所有主权国家均加入了联合国,其合法性几乎达到100%。其次,雅尔塔秩序的国际规范较为完备。《联合国宪章》的确立和联合国的成立,标志着当代国际秩序的形成。《联合国宪章》确立了国际关系的基本原则,成为各国普遍遵守的基本行为准则和国际条约等国际法律文书制定所遵循的指导原则,是国际关系的"宪法"。而联合国则是按照《联合国宪章》要求建立的,旨在推动实现《联合国宪章》之宗旨、目的和原则的国际组织。当代国际秩序是以《联合国宪章》为国际关系的基本行为规范、以联合国为主要国际组织的国际秩序。《联合国宪章》和联合国构成了当代国际秩序的基础。最后,雅尔塔秩序的惩戒机制效力较强。这一国际秩序建立以联合国安理会为核心的集体安全机制,其在一定程度上对防止和惩戒冲突和战争起到了较好作用,至少对遏制大国冲突和战争、防止世界大战起到了有效作用。因此,相对而言,雅尔塔秩序是一个较为完备、成功的国际秩序,它也维持了自第二次世界大战以来世界总体和平与发展的局面。

### 三 国际秩序的动态评判

**(一) 合理性**

从国际秩序的动态表现结果来评判一个国际秩序,第一个衡量标准是国际秩序的合理性。国际秩序的合理性是指其在运行周期内实现秩序目标的程度。由于世界各地区文化、格局、环境及国际秩序所处历史阶段不同,若用道德范畴的属性如正义性、道义性等来衡量一个国际秩序的良莠,则很难对其做到客观准确地评判。因为,以道德观评判事务,不仅与人的价值观、文化理念有关,也与历史阶段有关,因而既不能以己之见看待他人,也不能用今天的眼光评判历史上的事物。所谓适合的就是合理的,只要一个国际秩序能在体系内在其所处的历史阶段实现其主要目标,就是一个成功的或者说是好的国际秩序。

建立国际秩序的主要目标是防止战争、避免冲突、抑制矛盾,维持体系内一个有条不紊的状态。因此,我们用战争(包括冲突)

频度和危机频度来衡量一个国际秩序的合理性。在定义战争频度和危机频度时，不仅要考虑发生战争的次数和国际秩序存续时间长度，也应将战争广度即每次战争参与的国际行为体数量和战争宽度即每次战争延续时间，以及体系容量即国际秩序所涵纳的国际行为体数量考虑进来。因为，战争广度和宽度越大，战争影响程度就越大；而体系容量越大，维持正常秩序的难度也就越大。在国际秩序存在时间内，体系内国际行为体的数量越多，战争（冲突）发生次数和危机发生次数越少，而每次参与战争（冲突）和危机的行为体数量越少，每次战争（冲突）和危机延续时间越短，那么，这个国际秩序就越成功、越好。这样就能够较全面准确反映国际秩序实现其目标的能力。

本书将战争频度定义为在本国际秩序内每个国际行为体平均每年参与战争（冲突）的次数。危机频度定义为在本国际秩序内每个国际行为体平均每年参与危机的次数。

战争频度和危机频度表达如下：

$$战争频度 = \sum W_i \times y_i / (Y \times N)$$

其中，$W_i$ 表示第 $i$ 次战争（冲突）参与的国际行为体数量，$y_i$ 表示第 $i$ 次战争（冲突）延续的年数，$Y$ 表示国际秩序存在年数，$N$ 表示该秩序内国际行为体数量。$i = 1，2，3 \cdots m$。$m$ 表示发生战争（冲突）的总次数。

$$危机频度 = \sum C_i \times r_i / (Y \times N)$$

其中，$C_i$ 表示第 $i$ 次危机参与的国际行为体数量，$r_i$ 表示第 $i$ 次危机延续的年数，$Y$ 表示国际秩序存在年数，$N$ 表示该秩序内国际行为体数量。$i = 1，2，3 \cdots m$。$m$ 表示发生危机的总次数。

从历史看，一个国家若能在 10 年内平均参加不到 1 次战争（冲突），这个国家就是相对和平的，若在 10 年内平均发生不到 1

次与他国的危机,则这个国家对外关系是相对稳定的。那么同理,若在一个国际秩序内,在10年内每个国家若参与战争(冲突)平均不到1次,则这个国际秩序维护体系和平的效能是良好的,每个国家若发生与他国的危机平均不到1次,则这个国际秩序维护体系稳定的效能是良好的,这个国际秩序是较为合理的。

为此,国际秩序的相对合理即能较好地维护国际和平与稳定的标准为:

$$战争频度 \leq 0.1$$
$$危机频度 \leq 0.1$$

需要指出的是,历史总是在发展的,人类文明的程度也在不断提升,那么对国际秩序的要求标准也越来越高,因此,这个对国际秩序合理性的刻画标准也将与时俱进地提高。

(二)稳定性

从国际秩序的动态表现结果来评判一个国际秩序,第二个衡量标准是国际秩序的稳定性。因为,一个好的国际秩序不仅应是合理的,也应该是稳定的,即能保持较长时间的运行而非转瞬即逝。当然,国际秩序也应与时俱进地不断调整完善而保持有效运行。我们用国际秩序的时间跨度即存续时间来衡量一个国际秩序稳定性的指标,国际秩序存续时间越长,说明其越稳定,反之,越不稳定。国际秩序的稳定性如何,在一定程度上能体现这个国际秩序的良莠,因为如果一个国际秩序不成熟、不成功,则很容易坍塌或被推翻,难以长久存在。

现代国际秩序的威斯特伐利亚秩序、维也纳秩序、凡尔赛—华盛顿秩序、以雅尔塔秩序为根基的现代秩序的存续时间分别为167年、104年、26年和76年,平均存续时间为93年。因此,作为一个稳定的国际秩序,其存续时间至少要大于现代国家秩序的平均存续时间,因此,我们可以100年存续时间作为一个现代国际秩序稳定性的刻画标准,若国际秩序存续时间大于100年,则说明其具有较好的稳定性,也就可以说这个国际秩序是较稳定的。需要指出的是，这是对现代国际秩序考察得出的相对现代国际秩序稳定性而言的衡量标准，而现代国际秩序都是西方主导建立的一定时期、一定范围内的国际秩序。若从世界历史看，则情况会有不同，这一点在以下国际秩序评判的实证中得以反映。

从以上分析看，我们以合理性和稳定性作为衡量国际秩序在运转过程中表现良莠的标准，能较为客观准确地评判一个国际秩序的成功与否，在很大程度上说明这是不是一个好的国际秩序。这样，我们就能摆脱意识形态分歧和历史局限，全面客观理性地看待一个国际秩序。

**四 国际秩序评判框架**

对国际秩序的静态存在状态和动态表现结果的衡量，构成了对国际秩序全面统一的评判框架，这两者既存在内在必然联系，又存在逻辑递进关系。首先，在一个国际体系内需要有国际秩序，不然国际行为体之间的关系、地区局势必然会紊乱；其次，即使有国际秩序，若这个国际秩序不完备而在构成要素上存在重大缺陷，则这个国际秩序就难以有效运转而不能发挥国际秩序的功能，难以维护地区正常国际秩序，也就是说其动态表现结果也就不可能好。

以上是从国际秩序最基本的客观存在状态进行的评判，是对国际秩序的一个基础性评判，但这个国际秩序到底是良是莠，则需要从其实际表现和运行结果上进行评判，因为实践是检验真理的唯一标准。因此，在有一个国际秩序且较为完备基础上，还需要对其在运行过程中在多大程度上实现国际秩序的功能和目标，特别是实现其最主要功能和目标——防止战争维护和平（合理性）和维持这种功能的存续时间（稳定性）进行衡量，这样才能真正看出一个国际秩序的良莠。

由此可见，在考察一定历史时期、一定地区范围内的国际秩序时，对其静态存在状态的衡量是评判国际秩序最基本的标准，若这个衡量结果不好，那么这个国际秩序就一定不是一个好的国际秩序，其动态表现结果也就不可能好。但即使静态存在状态的衡量结果较好，也并不意味着这个国际秩序就是良好的，这需要对其动态表现结果即其合理性和稳定性进行衡量，这样才能评判这个国际秩序的良莠。因此，静态存在状态的衡量是评判国际秩序的基础，或者说具备较好的完备性是一个良好的国际秩序的基本条件，而动态表现结果的衡量则是对国际秩序最主要也是最终的评判，也就是说只有具备较好的合理性和稳定性，才算是一个良好的国际秩序。由此可见，较好的完备性是良好的国际秩序的必要条件，而较好的合理性和稳定性则是良好的国际秩序的充分必要条件。

## 五 国际秩序评判的实证

下面，我们以历史上东西方同期存在的两个主要国际秩序——朝贡秩序和威斯特伐利亚秩序的完备性、合理性和稳定性做一实证比较，并由此验证以这些评判标准能否全面客观而准确地衡量一个国际秩序的良莠，即发挥国际秩序的主要功能——维持体系内有条不紊状态的能力。

（一）完备性比较

在近代以前的东亚，存在一个朝贡体系及相应的东亚秩序。首先，从合法性看，在这个东亚秩序中，中国和朝鲜、日本、琉球、安南、暹罗、占城等中国的一些周边王国等，是这个国际秩序的行为体，它们基本都参与到这一东亚秩序中。因此，这个国际秩序的合法性接近100%。其次，从规范完备性看，中国保持对其他王国的宗主国地位，但并不实际干预其内部事务，各方定期或不定期向中央王朝上表纳贡，以表示在政治上认可、尊崇中央王朝的中心地位，中央王朝也以"薄来厚往"礼遇优待各方。各方在与中国的朝贡关系中，政治上获得有力支持，经济上获得巨大利益，文化上得到极大提升，在朝贡体系中能获得很大实际利益。这样，在很长的一段时间内，中央王朝与各周边王国就形成了一种关系格局并遵循一定的行为规范。最后，从惩戒有效性看，虽然各国没有就此签署法律文书，没有什么明文规定，但各国普遍接受并遵守这一东亚秩序的国际规范。一旦出现王国破坏上述规范的行为，如挑战中央王朝权威、军事入侵他国、发生内乱后请中央王朝干预等，中央王朝就会凭借其强大实力对此予以干预制止，以维护朝贡体系的稳定，这就是东亚秩序的惩戒机制。因此，虽然这一东亚体系不是现代意义上的国际秩序，但具备国际秩序的三个构成要素，这三个构成要素也相对比较完备，是一个较为完整稳定的古代国际秩序，这个秩序维持了东亚地区上千年相对和平稳定的局面。

威斯特伐利亚秩序是第一个具有现代意义的国际秩序，虽然其体系内参与度较高即合法性较强，但在另两个构成要素上存在重大缺陷，完备性严重不足。一是，威斯特伐利亚秩序在国际规范上存在缺陷。《威斯特伐利亚和约》主要关注和解决的是国家主权、独立、平等以及疆界划分等问题，但侵略、吞并等非法使用武力这些主要引发冲突和战争的行为，则不是和约关注和处理的重点问题，和约中没有对此做出明确的、严格的法律界定和禁止，造成难以有效预防、制止武力侵略、吞并等战争行为，其规范不能满足国际秩序建立的主要目标。二是，这一秩序的惩戒机制效力明显不足。虽然和约规定"同本协议有关的每一方都必须站在受害者的一方，向他提供意见和武力，协助他还击侵害者"，但这一规定是定性的、模糊的，也就是说是非强制性的，是否对受害者提供武力协助完全取决于各国的意愿和当时的形势，没有相应组织机制来保障实施对违反者的有效惩戒。由于存在完备性的严重不足，威斯特伐利亚秩序并没有维持欧洲的稳定状态，在《威斯特伐利亚和约》达成后的一百多年中，欧洲仍然战火不断，特别是在整个18世纪，欧洲相继发生了西班牙王位继承战争、北方大战、奥地利王位继承战争、七年战争，以及波及整个欧洲的拿破仑战争等较大规模的战争。

（二）合理性验证

我们可以通过有历史记录的战争次数所体现的战争频度来考察其合理性。

从1648年威斯特伐利亚秩序建立到其1815年被维也纳秩序取

代的 167 年中，根据美国学者乔治·C. 科恩《世界战争大全》的统计，在威斯特伐利亚秩序包括英、法、西、俄、土、奥（哈）、波、荷、普（德）、瑞典、丹、意、葡、瑞士这 14 个主要国际行为体之间，共发生约 72 次较大规模的战争，平均每次战争持续约 4 年时间、约 3 个国际行为体参加。① 那么，其战争频度为：

威斯特伐利亚秩序战争频度 ≈（3×4×72）/（167×14）≈ 0.4

这说明，威斯特伐利亚秩序体系内，每个国家平均每年参加 0.4 次战争，即 10 年参与 4 次战争，远远低于国际秩序合理性标准，即能较好地维护国际和平与稳定的标准。

看看同时期的朝贡秩序的情况。由于根据《世界战争大全》的统计，从 1648 年到 1815 年在朝贡体系内战争次数较少，为从总体上能全面准确反映朝贡秩序的战争频度，我们可适当拉长历史时段以增加统计样本，为此以 1368 年明朝建立为始端，以 1840 年鸦片战争西方摧毁朝贡秩序为止，来考察朝贡秩序的战争频度。美国学者康灿雄在专门研究朝贡秩序的《西方之前的东亚》一书中，根据中国人民解放军出版社出版的《中国历代战争年表（上下册）》和乔治·C. 科恩所著的《世界战争大全》，统计出了自 1368 年到 1840 年期间中国对外战争和东亚发生的战争，中国对外战争共 12 次，东亚共发生 51 次国家间战争。② 而实际上，康灿雄把中国内部的统一战争，如 1757 年清朝政府平定准噶尔叛乱、统一西北的国家统一之战等也纳入中国对外战争，而且将新旧王朝间的战事如清朝入关等也定义为国家间的战争，③ 这是不正确的，也扩大了中国对外战争的统计次数。

按照明太祖朱元璋对子孙的《皇明祖训》，其将朝鲜、日本等

---

① ［美］乔治·C. 科恩：《世界战争大全》，乔俊山等译，昆仑出版社 1988 年版。
② ［美］康灿雄：《西方之前的东亚》，陈昌煦译，社会科学文献出版社 2016 年版，第 113—115 页。
③ ［美］康灿雄：《西方之前的东亚》，陈昌煦译，社会科学文献出版社 2016 年版，第 112 页。

15个海外国家列为"不征之国"。① 实际上这是中原王朝对朝贡体系内外国（国际行为体）的认可，这样计算则朝贡秩序共有16个国际行为体。即使按照康灿雄扩大了的统计战争数据，根据《世界战争大全》，从1368年到1840年的472年间东亚发生的51次战争中，平均每次战争约有2个国家参加、持续4年左右时间。这样，其战争频度为：

$$朝贡秩序战争频度 \approx (2 \times 4 \times 51) / (472 \times 16) \approx 0.05$$

由此可见，朝贡秩序内每个国家平均每年参加0.05次战争，即20年才参与1次战争，其战争频度比同时期的威斯特伐利亚秩序的战争频度小一个数量级，也远高于国际秩序合理性标准，即能较好地维护国际和平与稳定的标准。

若按照康灿雄的研究结论，实际上朝贡体系主要有四个国际行为体：中国、日本、朝鲜、越南，朝贡秩序主要反映在这四个国家之间的关系上。那么，在这一时期，这四个国家之间只发生了三次战争，分别是日本侵略朝鲜的壬辰战争（1592—1598年）、中国出兵越南恢复其王室的两次战争（1405—1407年、1418—1428年）。那么，其战争频度就如下：

$$朝贡秩序主要行为体战争频度 = (3 \times 6 + 2 \times 2 + 2 \times 10) / (472 \times 4) \approx 0.02$$

朝贡秩序的主要行为体之间的战争频度进一步降低，仅为威斯特伐利亚秩序的战争频度的1/20。

由此可见，朝贡秩序远比同时期的威斯特伐利亚秩序更能维护

---

① 它们分别是：朝鲜国（今朝鲜）、日本国（今日本）、大琉球国（今日本冲绳）、小琉球国（今中国台湾）、安南国（今越南北部）、真腊国（今柬埔寨）、暹罗国（今泰国）、占城国（今越南）、苏门答剌（今苏门答腊岛八昔）、西洋国（今科罗曼德尔海岸）、爪洼国（今爪哇岛）、溢亨国（今马来半岛）、白花国（今苏门答腊岛西北部）、三弗齐国（今苏门答腊岛巨港）、渤泥国（文莱）。

行为体之间的和平状态，也就更为合理。

（三）稳定性验证

从国际秩序的稳定性看，威斯特伐利亚秩序存续了167年，超过刻画现代国际秩序稳定的100年的标准，它是较为稳定的。但朝贡秩序则存续了上千年时间，其存续时间高出威斯特伐利亚秩序一个数量级。因此，朝贡秩序的稳定性也远超威斯特伐利亚秩序的稳定性。

按照现代国际政治理念和理论，具有主权独立与平等价值理念的威斯特伐利亚体系，远比具有不平等性质的朝贡体系先进得多、好得多，欧洲比东亚更应维持一个和平与稳定的状态和良好的秩序。但历史却给出了我们相反的答案，东亚朝贡体系内的秩序状态比同时代欧洲威斯特伐利亚体系内的秩序状态，反而更为和平稳定。这是因为朝贡秩序比同时代的威斯特伐利亚秩序无论在完备性还是在合理性、稳定性上都好得多。因此，评价一个国际秩序的良莠，关键是看其是否适合当时体系内的文化、格局、环境等因素，是否完备、合理与稳定。

关于对国际秩序定义和评判的研究，需要加强在两个方面的认知，一是应有历史纵深，即从源远流长的宏大人类发展历史，而非仅从国际上普遍认知的自威斯特伐利亚体系建立以来的国际关系史来认识和理解国际秩序；二是要以历史唯物主义，而非主要以西方国际政治理论来认识、评判国际秩序。这不仅关系到对国际秩序更加全面、完整、科学的认识，加强对国际秩序理论研究的学术体系，而且在当今世界格局面临百年之变局、国际秩序处在深刻演变之时，能提升我们推动构建一个更加公正合理的国际新秩序的话语权。

## 第五节 国际安全秩序的概念

安全是人类社会的首要价值，也是国际秩序形成之初和历史发展的首要目标和主要目标。在国际政治中，安全是一个基本概念，也是一种基本价值。① 美国耶鲁大学和约翰斯·霍普金斯大学著名教授阿诺德·沃尔弗斯（Arnord Wolfers）指出，安全是国际政治研究的"起点"和"落点"。② 在弄清国际秩序的概念和内涵基础上，对国际安全秩序定义和理解就变得相对容易，因为国际安全秩序是国际社会在政治安全领域的秩序。由于国际安全是指国家间的安全，为此，需要对安全、国家安全和国际安全三个概念给以准确界定和理解。

### 一 安全的定义

《现代汉语词典》对"安全"一词的定义是：没有危险；不受威胁；不出事故。③《辞海》对"安"字的第一个释义就是"安全"，并在与国家安全相关的含义上以《国策·齐策六》的"今国已定，而社稷已安矣"这句话作为引证。按照《韦伯斯特新大学词典》，安全（Security）有四个含义：安全的状态，即免于危险，没有恐惧，不被解雇；担保、确保义务的履行；所有权（债务）的证明；安全措施、安全机构。④ 关于安全概念的内涵，中外学者大概有较为一致的理解，阿诺德·沃尔弗斯（Arnold Wolfers）的说法最具有代表性："在客观意义上指不存在对已获价值的威胁，在主观意义上指不存在对这些价值会遭到攻击的恐惧。"⑤ 因此，安全是指客观上不存在威胁，主观上不存在恐惧。这既是一种客观存在，又是一种主观感觉，是客观性和主观性的统一。

### 二 国家安全的定义

国家自诞生后首要和主要面临的问题就是生存与安全，国家安

---

① 王帆、卢静：《国际安全概论》，中国人民大学出版社 2016 年版，第 10 页。
② 转引自倪世雄《当代西方国际关系理论》，复旦大学出版社 2001 年版，第 434 页。
③ 中国社会科学院语言研究所词典编辑室：《现代汉语词典》，商务印书馆 1998 年版，第 7 页。
④ 转引自刘强《国际安全战略思维史纲》，时事出版社 2016 年版，第 1 页。
⑤ Arnold Wolfers, *National Security as an International Relations*, London and New York, 1952.4, p.485.

全是其处理对外关系的主要目标。国家安全问题一直存在,但作为国际关系范畴的国家安全概念,则是在第二次世界大战期间出现的。1943 年,美国政治评论家沃尔特·李普曼(Walter Lippmann)在其专著《美国外交政策》中,首次提出"国家安全"概念。① 从此,"国家安全"就成为国际政治的一个基本概念并被广泛使用。②

虽然如此,学界对"国家安全"的定义及对其内涵的理解并没有取得一致。英国著名学者巴瑞·布赞(Barry Buzan)认为,国家安全是保卫国家和领土完整,反对敌对势力的能力,目标是寻求没有威胁,底线是生存。③ 布赞是从安全的最基本含义来理解国家安全概念的,因而将国家生存、领土完整这些核心利益,以及寻求一种不被干预、威胁的能力视为国家安全要义。美国学者哈罗德·布朗(Harold Brown)认为,国家安全就是这样一种能力:保持国家的统一和领土完整,基于合理的条件维持它与世界其余部分的经济联系,防止外来力量打断它的特质、制度和统治,并且控制它的边界。④ 布朗将国家的统一、领土完整、特征、制度、统治、控制边界、维持对外经济关系等视为国家核心利益,并明确国家安全是维护这些核心利益的能力。

中国学者也对国家安全概念做了相关阐释。李少军认为,国家安全是捍卫国家的领土、人民和战争制度等主权要素的安全。⑤ 刘跃进认为,国家安全就是一个国家处于没有危险的客观状态,也就是国家既没有外部的威胁和侵害又没有内部的混乱和疾患的客

---

① Walter Lippmann, *US Foreign Policy-Shield of the Republic*, Little Brown and Company, 1943.
② Peter Mangold, *National Security and Relations*, London and New York: Routledge, 1990, p. 2.
③ Barry Buzan, "New Pattern off Global Security in the 21$^{st}$ Century", *International Affairs*, Vol. 67, No. 3, Jul., 1991, p. 431.
④ Harold Brown, Thinking about National Security, Boulder: Westview Press, 1991, p. 16.
⑤ 李少军:《国际安全新论》,中国社会科学出版社 2018 年版,"前言"第 2 页。

观状态。① 刘强认为，国家安全分为两个层次，第一个层次是国家的生存，第二个层次是国家在生存的基础上求发展。一个主权国家能够独立自主地生存和发展，它就是安全的；反之，一个主权国家的生存和发展受到威胁，受到干涉或侵犯，它就是不安全的，面临危险或处于危机中。② 卢静认为，国家安全的基本内涵是：国家在客观上不存在外来攻击、侵略的状态和事实，在主观上不担心会有外来的威胁、不存在外来攻击的恐惧感；国家安全是国际关系的产物；国家安全是一种价值，具有规范性特征，不同国家在不同发展阶段受到的安全威胁不同，追求的安全也蕴含着不同的价值诉求；国家安全是一个动态、发展的概念，其内涵随着时代的发展而不断扩展；国家安全具有多维性，其主体是多面的，其内容是全面的。③

随着世界格局、形势的发展和新时代我国国家发展战略需要，我国对国家安全专门进行了立法。2015年7月1日，第十二届全国人大常委会第十五次会议审议通过了《中华人民共和国国家安全法》，这一国家安全法成为统领我国国家安全各领域工作的综合性、全局性、基础性的法律。对于我国的国家安全定义，我们以《中华人民共和国国家安全法》的定义为标准：

"国家安全是指国家政权、主权、统一和领土完整、人民福祉、经济社会可持续发展和国家其他重大利益相对处于没有危险和不受内外威胁的状态，以及保障持续安全状态的能力。"

为增强各界对国家法律的学习和理解，全国人大常委会法律工作委员会组织编辑了一套法律释义丛书。乔晓阳在《中华人民共和国国家安全法释义》一书中对国家安全概念进行了阐释："一般理解的国家安全，既指一个国家免于被攻击，乃至被消灭的恐惧、担心，免于严重内外危险的威胁的状态，也指国人普遍存在的安全的感觉，国家客观上不存在威胁，国人主观上不存在恐惧的状

---

① 刘跃进：《国家安全学》，中国政法大学出版社2016年版，第51页。
② 刘强：《国际安全战略思维史纲》，时事出版社2016年版，第2—3页。
③ 王帆、卢静：《国际安全概论》，中国人民大学出版社2016年版，第11—13页。

态；维护国家安全的核心是维护国家核心利益和其他重大利益的安全；国家安全既包括安全状态也包括维护国家安全的能力"。①

国家安全法对国家安全的定义及乔晓阳对此的阐释，是基于我国的国情和现有发展阶段的，也就是说是对我国的"国家安全"的定义及其内涵的阐释，针对的是我国的情况，具有国别性质，因而不是对"国家安全"具有普遍意义的定义和内涵理解。当然，这个定义也适合与我国国情和发展阶段大致相同的所有国家。

为了给出"国家安全"具有普遍意义的准确定义，也需要弄清国家安全的构成基本要素。国家安全概念有两个构成要素，一是主体是什么，国家安全的主体无疑是国家这一主要国际行为体；二是关切和维护的要素是什么，即国家在客观上被威胁、在主观上有恐惧的内容是什么，这些要素针对不同国家、在不同阶段是不同的、变化的。根据"安全"本义和学界对"国家安全"要义的理解，结合我国对"国家安全"定义的例证，本书给出如下一般意义上的"国家安全"定义：

"国家安全是指一个国家在特定历史时期其包括核心利益和重要利益等主要利益相对处于没有危险和不受内外威胁的状态。"

这一定义抓住了国家安全的核心要义，可适用于历史上的各个阶段各种不同性质的国家，具有时空、地域适应性，因而具有普遍意义。下面将对其内涵进行阐释。

### 三 国家安全的内涵

对上述"国家安全"定义所具有的含义，做如下阐释：

首先，"国家"是国家安全的主体。为使这一概念应用于各个历史阶段各地域的国际关系，使国家安全概念具有历史普遍意义，如同前面对国际秩序定义一样，这里"国家"的概念可扩展为国际行为体。这样，我们就能使用这一概念研究历史上的国家安全问题，不仅适用于研究古代的如中国战国时期的各列国、古希腊时期的城邦国家、朝贡体系的东亚国家的国家安全问题，更可用

---

① 乔晓阳：《中华人民共和国国家安全法释义》，法律出版社2016年版，第8—12页。

以研究自威斯特伐利亚体系以来直至今天雅尔塔体系下的国家安全问题，只不过国家安全关切和维护的对象发生了变化而已。

其次，将国家安全关切和维护的要素定义为"在特定历史时期其包括核心利益和重要利益等主要利益"。中外学界都对"安全"定义是"在客观上不受威胁、主观上没有恐惧"这一点具有共识，但对主体的何种因素"在客观上不受威胁、主观上没有恐惧"则没有达成一致。对此，布赞指的是国家生存、领土完整，布朗指的是国家的统一、领土完整、特征、制度、统治、控制边界、维持对外经济关系等，李少军指的是国家的领土、人民和战争制度等主权要素，刘强指的是国家的生存和发展。而国家安全法指的是国家政权、主权、统一和领土完整、人民福祉、经济社会可持续发展和国家其他重大利益。可见，不同的国家在不同的历史阶段，关切和维护的要素内容是不同的。传统上的国家安全关切和维护的要素是生存、领土完整和主权，但随着科技的飞速发展和全球化进程的深化，国家利益的内涵越来越广阔，其被侵害的来源越来越多。除军事武力入侵带来的对国家的生存、主权和领土完整造成危害这一传统威胁因素外，非传统威胁因素如生态环境恶化、国际恐怖主义兴起、大规模杀伤性武器扩散、金融危机、网络攻击、传染性流行疾病暴发等，也越来越成为威胁国家生存、安全与发展的重要因素，这些非传统安全威胁就理所当然地应被纳入国家安全范畴。因此，国家安全维护的要素是因不同国家、随着不同时代而不同的。

将"在特定历史时期其包括核心利益和重要利益等主要利益"定义为国家安全的维护要素，则能体现国家安全维护要素的不同特性，具有跨时空、跨国家的普遍意义。因为，第一，"在特定历史时期"这一定语体现了国家利益的时代性，是与时俱进的。比如，以前的国家安全概念主要针对传统安全威胁，而现代国家安全概念则涵盖传统安全威胁和非传统安全威胁，未来还可涵盖新出现的安全威胁因素。第二，"包括核心利益和重要利益的主要利益"这一用语，涵盖了国家安全关切和维护的所有要素，这样不再列举具体的要素内容而更具有普遍性；同时，这也体现了不同国家要维护要素不同的国别特性。同时代的不同国家，其国家安全关切和维护的要素也可能是不同的。比如，在我国家安全法中对国家安全的定义，除一般国家普遍维护的要素如主权、领土完整、人民福祉、经济社会可持续发展外，还特别提出将"国家政权"和"统一"这两个核心利益及其他重大利益等作为维护要素，这与我国现阶段面临西方国家和平演变、领土尚处分裂状态等国家安全威胁的客观现实是相符合的，而其他一些国家则不存在这样的国家安全威胁因素，因而这些因素也就不在他们的国家安全内涵中。因此，国家安全的这一构成要素是随历史发展、因不同国家而动态变化的，该定义对这一要素的描述则体现了这种特性。

最后，该定义将国家安全归结为一种状态，一种国家"没有危险和不受内外威胁的状态"，而没有将布赞、布朗提出的维护国家安全的"能力"和国家安全法提出的"保障持续安全状态的能力"，纳入"国家安全"定义中。这是因为，第一，不管主体为何，"安全"的本质是一种状态，是一种"客观上不存在威胁，主观上不存在恐惧的状态"，这是中外学界取得共识的；第二，所谓"能力"是力量的体现，本质上发展和拥有"能力"，是维护国家安全的一种手段而非目的，"能力"最终服务于和反映到"状态"中。"能力"大小强弱并不一定决定和反映安全"状态"如何，不然，就不会有"安全困顿"问题。① "能力"强并不意味着就一定"安全"，而"能力"弱也不意味着就一定不"安全"。"安全"状态除取决于自己的内在因素外，更取决于外在因素，因为归根到底一个国家面临的来自外部的安全威胁，是由这个国家存在与外部世界的联系及所处的外部环境所引起的。比如，在冷战时期，美苏两国各自的军事实力不可谓不强，任何一国的核武库均可具备摧毁整个地球数十次的能力，两国也均构成对对方强大而严重的核威胁，美苏均活在"核恐怖"中。美苏这种在政治与战略上

---

① "安全困境"概念是由美国政治学家约翰·赫茨（John Herz）首先提出的，其基本含义是在无政府状态的国际环境中，在互不信任甚至相互恐惧气氛下，一国为了增加自己的安全而采取加强军备以谋取军事优势之举，将会引起其他国家的担忧而也采取相应的加强军备的行动，从而引发军备竞赛的恶性循环，导致安全环境进入困顿状态。

互不信任前提下的核军备竞赛,致使双方陷入严重的"安全困境",导致双方极度的不"安全",两国均既在客观上存在严重威胁,又在主观上存在极度恐惧的状态。可见,"能力"的强大没有导致"安全"的结果,这是"能力"强而不"安全"的例证。相反,第二次世界大战时,泰国是一个弱小国家,实力非常有限,但在那种极为恶劣的安全环境中,泰国不仅没有被侵略,也没有被殖民,没有遭受绝大多数东亚国家的悲惨命运。这是"能力"弱而得"安全"的例证。

### 四 国际安全的定义和内涵

国际安全是国际政治学研究的主要领域之一,学界对使用"国际安全"一词也习以为常,但对"国际安全"到底是什么则研究不多,国内外对"国际安全"并无一致的定义。[①] 从国家安全威胁产生的来源看,其既可能产生于内部,又可能产生于外部,来自外部的安全威胁就构成国际安全问题,这是因一个国家存在与他国的相互联系而产生的。如果一个国家处于封闭孤立状态,没有与外部世界的联系、关系,它就不会面临他国的威胁问题,当然它也不会构成对他国的威胁,就不会有所谓的国际安全。

从外部威胁的来源看,一个国家面临的威胁有三个方面:一是国家间相互构成的威胁。这是国际安全的主要问题,上面已对此进行了阐释。二是各国共同面临的威胁。随着全球化的发展,人类社会越来越形成一个你中有我、我中有你的命运共同体,各国可能会面临共同的安全威胁,如气候变化带来的环境恶化,恐怖主义和流行性疾病蔓延会跨越国界等。这些不是国家间相互构成的威胁,而是全球性的威胁,都会对各国安全带来重大危害。三是国际体系处于危险状态。由于各国共处于一个体系内,如果这个体系发生重大变故,比如国际秩序遭到严重破坏甚至坍塌等系

---

① 黄昭宇、杨雪慧:《国际安全的价值内涵与实践路径》,《国际关系学院学报》2012年第5期。

统性安全问题，由此会产生对有关国家的核心利益和重大利益的损害，那么，这些国家就将面临国家安全威胁。比如，美国退出《中导条约》，破坏了维系现有国际安全秩序的基石，对世界安全局势、大国关系、国际秩序和地缘政治等都将产生重大影响，严重损害有关国家的安全。再如，A国发动对B国的侵略，与C国没有直接关系，看似这种侵略行为与C国无关，但由于他们共处于一个国际体系内，如果这种严重违反国际规范、破坏国际秩序的行为得不到有效制止，则整个国际秩序就会陷入紊乱，那么，最终C国的安全也将会深受其害。

由此可见，即使在国家之间相互不构成威胁的情况下，全球化的发展仍会使各国面临共同安全威胁，一个国家采取的单边行动因会破坏整个国际体系而给其他国家的安全带来威胁。因此，国际安全既可是国家相互构成的个体安全，也可是各国面对的共同威胁，又可是体系的整体安全，是个体安全、共同安全与整体安全的统一。

基于此，本书对"国际安全"定义如下：

"国际安全是指国际体系处于没有危险，国家之间不存在相互威胁和面临共同威胁的状态。"

"国际安全"是在"安全"和"国家安全"概念基础上引申出来的概念，是安全在国际层面的表现，是国家安全向国际体系的延伸。"安全"含义具有普遍意义，可用于各种事物安全的定义；"安全"的标准单元是主权国家，国家是安全最主要的指涉对象。[①] 从概念含义看，"国家安全"与"国际安全"既有重合又不相同。国家间相互构成的威胁，既是国家安全问题，又是国际安全问题。但由国家内部产生的威胁，一般情况下只是国家安全问题，不是国际安全问题，只有当这种威胁产生溢出效应而作用到外部时，它才成为国际安全问题。

---

① Barry Buzan, *People State and Fear: An Agenda for International Security in the Post-Cold War Era*, 2$^{nd}$ ed., New York: Harvester Wheatsheaf, 1991, p. 106.

**五 国际安全秩序的定义和内涵**

国际安全秩序就是国际社会在安全领域构建的国际秩序，是国际秩序在安全领域的体现。根据以上国际秩序的构成要素、国际秩序的定义和国际安全的定义，本书将"国际安全秩序"定义如下：

"各国际行为体在其所处的国际体系内，按照普遍或共同认可的国际安全规范发生关系而使国际体系处于没有危险、行为体之间不存在相互威胁和面临共同威胁的状态。"

这一定义的基本内涵是，国际行为体通过接受和遵守国际安全规范而实现行为体个体和体系整体的安全状态。首先，仍按照国际秩序定义范式，将"国际行为体"作为定义的主体，而不是像"国家安全"和"国际安全"定义那样将"国家"作为定义的主体。这是因为，秩序、国际秩序的时间跨度较长，采用"国际行为体"一词更能体现国际秩序的这种历史性，也有利于研究历史上出现的包括地区性和世界性的各种国际安全秩序。现代国际政治中，"国际行为体"主要是指"国家"，因此，这一用语不妨碍现代国际政治对"国家"一词的使用和理解。而"国家安全""国际安全"则主要是第二次世界大战以后出现和普遍使用的概念，国际上已习惯使用"国家"作为这两个概念的主体，因此我们在"国家安全"和"国际安全"定义中采用"国家"一词。

其次，该定义还明确了国际安全秩序的"在其所处的国际体系内"这一范围。如同国际秩序定义一样，国际安全秩序也是有一定范围的，既可以是全球性的、世界性的，也可以是地区性的、区域性的，其范围界限是这些政治单元相互联系、相互作用而形成的一个国际体系的边界。国际安全秩序也只作用和体现在这一体系内。

再次，将"国际安全规范"作为国际安全秩序的"国际规范"，明确了国际安全秩序的核心要素，符合国际秩序的定义范式，也符合国际秩序起源、演变的历史和现实。因为，人类历史就是一部关于战争与和平的历史，战争与和平是国际关系的主题，而国家间的政治安全关系决定着战争与和平，决定着国际安全状态。

最后，将"国际安全秩序"最终归结为一种在安全上有条不紊的状态，即"使国际体系处于没有危险、行为体之间不存在相互威胁和面临共同威胁的状态"。这样，这一定义既囊括了国际安全定义中的三个危险和威胁情况，又抓住了秩序定义的本质，将"国际安全"和"国际秩序"的核心要义融于一体，实现了"国际秩序"定义和"国际安全"定义的统一。

## 第六节　国际安全秩序与国际秩序的关系

国际安全秩序与国际秩序密不可分。从定义范式看，国际秩序是一个具有普遍意义的概念，而国际安全秩序就是国际秩序在国际政治安全领域的表现形式，两者是个性与普遍性的关系。但如果从世界历史实践看，国际秩序与国际安全秩序存在高度重合性，展现出一种"一体两面"的关系。

从国际秩序的渊源看，国际秩序就是国际安全秩序。在一个本质上是无政府状态的国际社会中，为了减小矛盾、避免冲突和战争，各国际行为体需要按照一个被普遍认可的行为规范发生联系、处理关系，以维持一个有条不紊的状态，这样就形成了国际秩序。由此可见，国际秩序源于国际安全秩序，国际安全秩序是国际秩序的根本。比如，朝贡体系的东亚秩序、威斯特伐利亚秩序、维也纳秩序等，都是一种国际安全秩序。

从国际秩序演变历史看，在历史的绝大多数时间内，国际秩序建立的主旨是和平与安全，也就是说国际秩序中的核心要素是关于安全的行为规范，只是到了第二次世界大战以后建立的雅尔塔秩序，有关经济的行为规范才被纳入整个国际秩序的行为规范中。从人类社会发展历史看，国际安全秩序是国际秩序的主体，国际安全秩序的发展史，就是国际秩序的演变史。比如，第二次世界大战以前建立的无论是地区性国际秩序还是世界性国际秩序，基本上都是一种国际安全秩序。

从国际秩序的本质看，国际安全秩序是整个国际秩序的基础和核心。首先，生存与安全是一个人、一个社会、一个国家最基本、最根本、最重要的利益需求，没有生存与安全保障，其他诸如经济发展、社会福祉等利益也就无从谈起。其次，国际安全秩序之外的其他国际秩序，如国际经济秩序、国际金融秩序等，都是国际安全秩序的衍生物，也就是说它们是在国际安全秩序基础下建立起来的。其他各领域的国际秩序不仅要以国际安全秩序为前提，也受制于国际安全秩序。最后，其他领域国际秩序的维系和终极矛盾的解决，都最终要归结到国际安全秩序上。

比如，第二次世界大战后建立的雅尔塔秩序，是一个基于两次世界大战惨痛教训，以各主权国家为国际行为体、以《联合国宪章》为主要国际规范、以集体安全机制为惩戒机制，旨在避免世界冲突和战争、实现世界和平与安全的国际秩序，其本质是一个国际安全秩序。以"国际货币基金组织"（IMF）、"世界贸易组织"（WTO）和"世界银行"（WB）三大国际经济金融机制为核心的国际经济秩序，即是在这一国际安全秩序基础上建立起来的，它也是国际安全秩序中权力与利益格局的反映，是国际安全秩序的延伸。一般而言，各国在经济领域产生的矛盾，是能在国际经济秩序中按照国际经济规范得以解决的，但当这种矛盾大到或激化到在国际经济秩序内不能解决时，就会上升到国际安全秩序中以国际安全规范来解决。比如，如果一个国家执意不按国际经济规范行事而导致出现严重威胁国际安全的事态时，经济问题就会上升为安全问题，联合国就会按照《联合国宪章》采取集体行动予以制止，以国际安全规范规制其行为，以迫使其遵守国际经济秩序。

在此方面的典型例子是1990年伊拉克以武力吞并科威特。经过长达8年的两伊战争，伊拉克欠下了科威特巨额债务，两国在石油开采方面也存在极大争议。两国经过了多轮外交谈判，但始终没有解决这些经济利益争议，最终伊拉克走上了以武力解决经济矛盾的道路。1990年8月2日，伊拉克悍然出兵科威特，以武力吞并了科威特。此后，联合国安理会迅速做出决议，要求伊拉克撤出科威特，恢复科威特主权和领土完整，但伊拉克拒不执行安理会决议。在这种情况下，安理会授权成员国可使用"一切必要手段"执行安理会决议。1991年1月16日，美国领导多国部队对伊拉克实施军事打击，将伊拉克赶出科威特，恢复了科威特主权和领土完整，也迫使伊拉克执行联合国多项政治安全、经济贸易决议。这是一个典型的因经济利益争端上升到政治安全矛盾而引发战争，又通过国际安全秩序的联合国集体安全机制得以解决的案例。

附：

## 联合国条约术语

公约　条约　宪章　议定书　宣言　缔约国　加入　通过　签署　批准、接受、核准　生效　保留　保存人　更正　声明　修正　认证　换函或换文　全权证书　更改　暂时适用　登记　订正／审查

### 公　约

在20世纪，"公约"一词经常为双边协定所使用。但现在"公约"一般用于拥有众多缔约方的正式的多边条约。公约通常开放供整个国际社会或多数国家加入。正常情况下在某个国际组织主持下谈判达成的文书被称为公约。这也适用于某个国际组织的机构通过的文书。

### 条　约

条约是一个通称，涵盖根据国际法具有约束力的所有文书，而无论它们的正式名称为何，是在两个还是多个国际法人之间订立的法律文书。因此，条约可在下述各方间订立：

a. 国家；
b. 具有缔约条约能力的国际组织与国家；
c. 具有缔约条约能力的国际组织。

条约一词在通用意义上的适用标志着缔约各方意欲设定根据国际法可行使的权利和义务。

《1969年维也纳公约》将条约定义为,"国家间所缔约而以国际法为准之国际书面协定,不论其载于一项单独文书或两项以上相互有关之文书内,亦不论其特定名称为何"。因此,公约、协定、议定书和换函或换文都可构成条约。条约须以国际法为准,而且通常采用书面形式。虽然《1969年维也纳公约》不适用于非书面协定,但其有关条约的定义指出,没有书面形式并不影响国际协定的法律效力。

关于何时一项国际协定应称为条约,尚无任何国际规则。不过,对严肃而郑重的文书一般都采用条约一词。

双边条约

双边条约是指两个缔约国之间缔约的条约。

多边条约

多边条约是两个以上缔约国之间缔约的条约。

**宪　章**

"宪章"这一用语用于正式而庄严的文书,如某一国际组织的组织条约。这一用语可以追溯到1215年的《大宪章》。近代著名的例子包括1945年的《联合国宪章》和1952年的《美洲国家组织宪章》。

**议定书**

"议定书"这一用语是用于正规程度仅次于标题为"条约"或"公约"的协定。这一用语可用于涵盖下列类型的文书:

a. 签字议定书是一项条约的次级文书,由相同的缔约方制定。此类议定书处理附属事项,如对条约某项条款的解释、条约未载入的正式条款或对技术事项的规定。通常对条约的批准事实上也涉及对此类议定书的批准。

b. 一项条约的任择议定书是为该条约设立额外权利和义务的文书。任择议定书通常在同一天通过,但具有独立性,需要另行批准。此种议定书使条约的某些缔约方在他们之间建立一个比总体条约更进一步的义务框架,但对该议定书并不是总体条约所有缔约方都赞同,从而形成了一个"双轨制"。1966年的《公民及政治权利国际公约任择议定书》就是一个著名的范例。

c. 基于一项框架条约的议定书是载有具体的实质性义务的文书，宗旨是实施以前框架公约或公约的总体目标。此种议定书确保更为简洁、速度更快的条约缔结进程，特别用于国际环境法领域。基于1985年《保护臭氧层维也纳公约》第2条和第8条的1987年《关于消耗臭氧层物质的蒙特利尔议定书》，就是一例。

d. 修正议定书是载有修正一项或多项以前条约的文书，如1946年的《修正关于麻醉品的各项协定、公约及议定书的议定书》。

e. 作为一项增补条约的议定书是载有一项以往条约的补充条款的文书，如1951年的《关于难民地位的公约》及1967年的《关于难民地位的议定书》。

f. 议事录是载有缔约方商定的某些谅解的记录的文书。

### 宣　言

"宣言"这一用语用于各种国际文书。不过，宣言并不总是具有法律约束力。经常有意选用这一用语，以表明签署方无意建立具有约束力的义务，而仅仅是想要表明某些意愿。1992年的《里约宣言》即是一例。不过，宣言也可以是广义上的条约，在国际法上具有约束力。因此，对每一种具体情况都要确定签署方是否有意建立具有约束力的义务。确定签署方的意图往往很难。有些文书以"宣言"为题，最初无意具有约束力，但宣言条款可能反映了习惯国际法，或后来获得了约束力，成为习惯法，1948年的《世界人权宣言》就是这种情况。有意具有约束力的宣言可分为以下几种：

a. 宣言可以是狭义上的条约。一个重要例子是1984年的《中英关于香港问题的联合声明》。

b. 解释性宣言，是附于条约的一种文书，其目的是解释或说明该条约的条款。

c. 宣言也可是一种关于非重要事项的非正式协定。

d. 一系列单边宣言可以构成有约束力的协定。一个典型的例子是根据《国际法院规约任择条款》发表的在宣言者之间形成法律联系的宣言，尽管宣言并不是宣言者之间直接相互针对发出的。

另一个例子是1957年埃及发表的《苏伊士运河宣言》及运河营运的安排，这项宣言被认为是具有国际性的约定。

**缔约国**

缔约国系在某项条约尚未生效或它尚未对该国生效的情况下表示同意接受该项条约约束的国家。

**加　入**

加入是指尚未签署条约的国家据以通过交存"加入书"表示其同意成为该条约缔约国的行为。加入具有与批准、接受或核准相同的法律效力。加入条约条件和所涉程序取决于相关条约的规定。签署期限一到，愿表示同意受条约约束的国家一般都会加入。不过，许多现代多边条约规定，即使在条约开放供签署期间，有关国家也可加入。

**通　过**

通过是指谈判国据以确定条约形式和内容的正式行为。通过条约，应凭借一项表示各国和国际组织愿意参加条约谈判的具体行动，如就案文、草签、签署等进行表决等。通过也可作为确定条约修正形式和内容或条约所涉条例的办法。

某一国际组织中谈判的条约一般是经该组织代表机关的决议通过的。例如，在联合国或其任何机构主持下谈判的条约是经联合国大会决议通过的。如果为了通过一项条约专门举行一次国际会议，该条约可以出席及参加表决国家三分之二多数之表决通过，但此等国家以同样多数决定适用不同规则者不在此限。

**签　署**

最后签署（无须批准的签署）

如果一国通过签署一项条约表示同意受条约约束，而无需对条约加以批准、接受或核准，则为最后签署。只有在条约允许的情况下时，一国才可最后签署条约。交存秘书长的一些条约允许最后签署。见《1969年维也纳公约》第十二条。

简单签署（须经批准的签署）

简单签署适用于大多数多边条约。这是指在一国签署条约时，签署须经批准、接受或核准。该国是在批准、接受或核准条约之后表示同意受条约约束。在这种情况下，签署条约的国家有义务本着诚意不做出违背条约目的及宗旨的行为。仅凭签署还不能使该国承担条约所规定的义务。参见《1969年维也纳公约》第十四条和第十八条。

**批准、接受、核准**

批准、接受和核准均是指在国际一级采取的行动，一国根据这类行动确定其同意受条约约束。批准、接受和核准均要求采取以下两个步骤：

a. 由国家元首、政府首脑和外交部长签署批准书、接受书或核准书，表示有关国家愿意接受相关条约约束；

b. 对于多边条约，向保存人交存该文书；对于双边条约，在缔约国之间互换该文书。

批准书、接受书或核准书必须符合国际法律要求。

在国际一级批准、接受或核准是向国际社会表明，一国承诺履行条约规定的义务。这不应该与国家一级的批准行为混为一谈。在国家一级，可在各国同意受国际约束之前，要求其按照本国宪法规定做出保证。国家一级的批准不足以确定该国是否同意受国际约束。

**生　效**

最后生效

条约生效是指条约对缔约国产生合法约束力的时刻。条约规定决定其生效的时刻。这一时刻可以是条约中规定的某个日期或特定数目的批准书、核准书、接受书或加入书交由保存人保存的某个日期。交存秘书长的条约生效日期按该条约的规定确定。

对一国生效

已经生效的条约可以按其规定的某种方式，对表示在该条约生效后愿意接受其约束的一个国家或国际组织发生效力。

暂时生效

可以根据条约条款暂时生效，如商品协定。当尚未生效的条约的一些缔约国决定将该条约作为已生效的条约适用时，该条约也可暂时生效。一旦条约暂时生效，它就对同意使其以此种方式生效的缔约国产生了义务。

### 保　留

保留是指一国据以打算在某一条约的若干规定适用于该国时摒除或更改其法律效力的说明。保留可使一国参加一项在其他情况下它不能或不愿参加的多边条约。各国在签署、批准、接受、核准或加入一项条约时，可对该条约做出保留。如果一国是在签署时做出保留，则必须在批准、接受或核准时对保留加以确认。由于保留的目的是要更改一国的法律义务，因此必须由国家元首、政府首脑或外交部长签署。保留不得违背条约的目的及宗旨。一些条约禁止做出保留，或只允许做出规定的保留。

### 保存人

条约保存人是指条约的保管人，负责履行《1969年维也纳公约》第七十七条中规定的职能。秘书长作为保存人接受与交由其保存的条约有关的通知和文件，审查所有正式要求是否均得到满足、保存条约、根据《联合国宪章》第一百零二条登记条约，并将所有相关行为告知有关当事方。一些条约对保存职能作了说明，这种做法并无必要，因为《1969年维也纳公约》第七十七条中做了详细规定。

保存人可以是一个或一个以上国家、国际组织或该组织的行政首长，如联合国秘书长。秘书长不与任何其他保存人分担保存职能。在某些领域，如涉及保留、修正和解释的领域，秘书长的保存实务是在联合国成立后确定的，自《1969年维也纳公约》缔结以来取得了进一步进展。秘书长不必承担保存人职责，特别是对非联合国主持谈判的条约而言。通常的做法是在指定秘书长任保存人之前，先征求意见。目前秘书长是500多个多边条约的保存人。

### 更　正

更正条约是指纠正其文本中的错误。在条约文本认证后，如果签署国和缔约国一致认为其中存在某种错误，则这些国家可通过下列方式予以更正：

a. 草签更正的条约案文；

  b. 制成或交换载明更正的文书；

  c. 按照原有文本所经之同样程序，制成条约全文之更正本。

  如果设有保存人，该保存人必须将更正提议通知所有签署国和缔约国及当事国。按照联合国的惯例，秘书长作为保存人应将此项错误和更正此项错误的提议通知所有当事国。如果在规定时限届满时，尚无签字国或缔约国或当事国提出反对，秘书长则分发纠正纪事录和在自始认证文本上进行更正的原因。各国可在 90 天内对拟议的更正提出反对。必要时这一期限可以缩短。

### 声　明

**解释性声明**

  解释性声明是指一国就其对某一条约所涵盖的某些事项的理解或其对某一具体规定的解释所做出的声明。与保留不同，声明只阐明一国的立场，不特意摒除或更改条约的法律效力。

  秘书长作为保存人对声明给予特别注意，以确保声明不等同于保留。声明一般是在签署或交存批准书、接受书、核准书或加入书时作出的。政治声明一般不属于这一类，因为它们只包含政治理念，不谋求就条约规定的法律权利和义务发表意见。

**强制性声明**

  强制性声明是指条约本身专门要求做出的声明。与解释性声明不同，强制性声明对缔约国具有约束性。

**任择性声明**

  任择声明是指条约具体规定的但不要求做出的声明。与解释性声明不同，任择性声明对缔约国具有约束性。

### 修　正

  在条约法范畴内，修正意指缔约国对条约有关条款进行的正式修改。进行这种修改必须经过最初拟订该条约所采用的相同程序。多边条约一般具体规定其修正事项。如果没有这种规定，则修正案的通过和生效要求所有缔约国同意。

### 认　证

  认证是指确定条约文本是否作准定本的一种程序。一旦条约通过认证，其条款不得再更改，除非是正式修正，如果认证程序没有具体议定，条约一般要通过缔约国代表签字或草签来认证。保存人正是利用这种认证文本来确定原始文本。

**换函或换文**

换函或换文可能包含双边条约承诺。这一程序的基本特点是，缔约国双方不是在同一份信函或说明上，而是在两份不同的信函或说明上签字。由于缔约国双方均保留有另一方代表签署的一份信函或说明，因此它们应商定如何交换这些信函或说明。实际上，第二份信函或说明（通常是回信或回文）会转载第一份全文。在双边条约中，缔约国也会换函或换文，以表明它们已完成实施该条约所必需的所有国内程序。

**全权证书**

全权证书文书

全权证书采用国家元首、政府首脑或外交部长颁发的郑重文书形式，授权提名代表完成特定的条约行动。

秘书长对全权证书采取的做法可能在某些方面不同于其他保存人。秘书长不接受电传传送的全权证书或尚未签署的全权证书。

国家元首、政府首脑和外交部长被认为是代表本国采取与条约签署和同意接受条约约束有关的所有行动。因此，他们无须为此目的出具全权证书。

一般全权证书文书

一般全权证书文书授权提名代表就某类条约（例如，在某个组织主持下通过的所有条约）采取某种条约行动，如签署。

**更 改**

在条约法范畴内，更改是指仅在条约特定缔约国之间进行的、对条约某些规定的修改。原有规定在其他缔约国之间依然适用。如果条约未涉及更改，则只能在不影响条约其他缔约国的权利或义务且不违背条约目标和宗旨的范围内进行这类更改。

**暂时适用**

已生效的条约的暂时适用

当一国单方面承诺暂时或自愿使一项条约规定的义务产生法律效力时，可以暂时适用已生效的条约。一旦国际批准所需的国内程序要求已经满足，该国一般会做出批准、接受、核准或加入该条约的准备。该国可随时终止暂时适用。但是，通过批准、接受、核准、加入或最后签署同意受条约约束的国家一般只能按照条约规定，或在没有这类规定的情况下，按照条约法其他规则撤回其同意。

尚未生效的条约的临时适用

当一国通知尚未生效的条约签署国，它将暂时单方面履行该条约规定的法律义务时，可以暂时适用尚未生效的条约。鉴于这是该当事方的单方面行为，所以遵照其国内法律框架，它随时可终止暂时适用。

即使在条约生效之后，一国在其批准、核准、接受或加入该条约之前，仍可继续暂时适用该条约。如果一国通知暂时适用该条约的其他国家，它不打算成为该条约的缔约国，则应对该国终止暂时适用。

登 记

在条约法律和惯例范畴内，登记是指联合国秘书处依据《联合国宪章》第一百零二条对条约和国际协定进行登记的职能。

订正/审查

订正/审查基本上是指修正。不过，某些条约所规定的订正/审查与修正是分开的（此条可参见《联合国宪章》第一百零九条）。在这种情况下，订正/审查一般是指根据情况变化对条约进行的重大改编，而修正一词则是指具体规定的改动。

# 第二章 国际安全秩序的演变

今天我们所遵守的国际安全秩序基本上是第二次世界大战后建立的雅尔塔秩序，它确立了当今世界国际关系的行为原则、规则等国际规范，并成立了有关国际组织，建立了相应的国际机制。那么，这一国际秩序源于何处，历史上国际秩序又是如何演进的，这是本章节要回答的问题。

从历史看，现有国际安全秩序无疑源于17世纪中期在欧洲建立的威斯特伐利亚秩序。威斯特伐利亚秩序确立以"民族国家"为国际行为体参与国际事务，以"国家主权""主权平等""不干涉"等原则处理国际关系，通过"国际谈判、磋商"以条约解决国家间矛盾和争端的模式。这些原则、模式等，直到今天也一直是国际关系的基本原则和主要行为模式。可以说，威斯特伐利亚秩序是现代国际秩序的源头和基石。威斯特伐利亚秩序的创立，为解决各国之间的矛盾和争端，建立了一个基本的国际行为标准和模式，大体规范着国家行为和国际关系，之后建立的其他国际秩序如维也纳秩序、凡尔赛—华盛顿秩序和雅尔塔秩序，都延续着威斯特伐利亚秩序的基因，是威斯特伐利亚秩序演变、升级的结果。

## 第一节 威斯特伐利亚秩序

### 一 威斯特伐利亚秩序的创立

威斯特伐利亚秩序是在欧洲的王权与教权、主权与神权斗争中，经过一场大规模战争——"三十年战争"后建立起来的。中世纪以后，经过文艺复兴、宗教改革，欧洲新教（路德教、加尔文教）如雨后春笋般在欧洲大陆上蓬勃发展，这对几个世纪以来一直维持至高无上地位的教皇权力和各个极力维护旧教（天主教）的王权造成了极大冲击和威胁，新旧教矛盾激化进而产生冲突和战争，最终导致教皇权力在欧洲大陆大一统局面的消亡。同时，在王权与教权的长期斗争中，民族国家意识开始萌芽并不断上升，形成的民族国家基于各自的国家利益而参与到"三十年战争"中，最终以"国家"为单元划分了利益格局，也以"国家"为对象规范了行为模式，一种新的国际关系模式已然出现。恩格斯说："日益明显日益自觉地建立民族国家的趋向，是中世纪进步的最重要杠杆之一。"[①]

"三十年战争"始于波希米亚（今包括布拉格在内的捷克共和国中西部地区）王位的争夺，实际上这是新教与旧教围绕王权的斗争。1617年，神圣罗马帝国皇帝马希亚斯企图在波希米亚——帝国的这一重要地区恢复天主教统治地位，指定哈布斯堡王室的斐迪南二世为波希米亚国王。斐迪南二世上任后即对新教采取了禁止新教活动、拆毁教堂等极端措施，激起了新教徒的激烈反抗。新教徒们冲进王宫，把皇帝的钦差从窗口抛入壕沟，并推举拥护新教的英国国王詹姆斯一世的女婿弗莱德里克为新国王。这激怒了哈布斯堡王朝和旧教势力，哈布斯堡帝国调集军队镇压波希米亚的新教徒，"三十年战争"由此爆发。随后，支持新教徒的丹麦、瑞典、法国、荷兰与德意志新教诸侯国等，相继与支持天主教的奥地利哈布斯堡王室、西班牙以及德意志天主教诸侯国等，进行了长达三十年的战争。最后，筋疲力尽的双方不得不言和，于1648年10月24日正式签署了《威斯特伐利亚和约》，结束了这场波及几乎整个欧洲的战争。

在这场战争中，民族国家意识得以空前提升，维护国家利益越来越成为各国选择参与战争与和谈的主要考虑，这是最终决定

---

① 马克思、恩格斯：《马克思恩格斯全集》第21卷，人民出版社1965年版，第452页。

《威斯特伐利亚和约》是以"民族国家"为主体,并确立"国家主权"等原则的主要原因。担任法国红衣主教、辅政大臣的黎塞留首先提出了"国家"和"国家利益"概念。他提出,国家是一个具有自身存在价值的抽象的永恒实体。国家的需求不是由统治者的个性、家族利益或追求向全世界传播宗教的目标决定的,而是由基于原则的国家利益决定的,即日后所谓的"国家理由(Raison de état)"。国家理由才应该是国际关系的基本要素。① 这一基于"国家利益"的原则,在"三十年战争"中得以淋漓体现。自14世纪以来,法国国王一直有"最虔诚的天主教国王"之称。本来,按照宗教利益和价值观,法国在战争中理应帮助哈布斯堡王朝打击新教力量,但"国家利益"原则使黎塞留主导下的法国做出了相反的选择,法国与新教力量结成同盟,共同打击奥地利哈布斯堡王朝。因为哈布斯堡王朝势力强大,对法国保持在欧洲大陆的主导地位已构成威胁,借新教力量削弱其势力符合法国的国家利益。同样,一直支持新教并与法国并肩作战的荷兰,在战争即将结束的1643年法军大败西班牙军队后,意识到了法国的威胁而选择退出了战争。

## 二 威斯特伐利亚秩序的体系

《威斯特伐利亚和约》的签订,标志着威斯特伐利亚秩序的创立。欧洲的主要国家除英国、波兰、俄国外,都参加了《威斯特伐利亚和约》的谈判和签署,成为该秩序的主要行为体。虽然英国因国内爆发了资产阶级革命而忙于内战无暇参与和约谈判,波兰、俄国正陷入与土耳其的纷争也没有参加和约谈判,但之后他们都接受了《威斯特伐利亚和约》的原则和安排,从而也成为这一秩序的行为体。

《威斯特伐利亚和约》是这一秩序的国际规范,它由三个相互联系的不同条约构成,这三个条约是1648年1月签署的《明斯特和约》和1648年10月签署的《明斯特条约》《奥斯纳布鲁克条

---

① [美]基辛格:《世界秩序》,胡利平等译,中信出版社2015年版,第16页。

约》。从国际规范角度看，其内容主要有以下几个方面：

一是明确新旧教平等地位。和约重申 1555 年的《奥格斯堡和约》和 1635 年的《布拉格和约》继续有效。[①] 哈布斯堡皇室承认新教在神圣罗马帝国境内的合法地位，同时新教诸侯国和天主教诸侯国在帝国境内地位平等，加尔文教获得承认为合法宗教。

二是确认国家主权独立。神圣罗马帝国内各诸侯国均拥有外交自主权，唯不得对帝国皇帝及皇室宣战；而帝国皇帝依然无权决定任何重大问题，如宣战、媾和、课税和征兵等。神圣罗马帝国内各诸侯国可自行订立官方宗教。

三是确定独立国家和疆域划分。正式承认尼德兰联省共和国（荷兰）和瑞士为独立国家；哈布斯堡皇室的部分外奥地利领地被迫割与法国、瑞典和部分帝国内的新教诸侯国。

四是确立不干涉原则。神圣罗马帝国皇帝选举不得在现任皇帝在世时进行，以免皇帝干预，影响结果。

《威斯特伐利亚和约》制定了有关违反条约的惩罚方法。和约第 123 条规定："参加协议的所有各方应有义务保卫和保护本和约的每一项条款不受任何人的侵犯"，第 124 条规定："同本协议有关的每一方都必须站在受害者的一方，向他提供意见和武力，协助他还击侵害者"。这两个条款确立了对违反者施以集体处罚的规则，这实际上是集体安全机制的雏形。

### 三 威斯特伐利亚秩序的影响

《威斯特伐利亚和约》的达成及其秩序的创立，对国际政治、国际关系的影响是深远的，但由于这是现代国际秩序的初创，不免也显示出其稚嫩与不足。

---

[①]《奥格斯堡和约》在德意志奥格斯堡签订，其主要内容是：承认路德宗教（新教）和天主教（旧教）的信仰自由，路德宗教和天主教平等同权，但加尔文教等新教仍不被承认；确立"教随国定"原则，诸侯在其领地内享有自由选择宗教信仰的权力。该和约结束了天主教在德意志的一统局面。《布拉格和约》则是在普鲁士为争夺德意志的领导权与奥地利进行战争后签订的，其主要内容是对德意志境内领土主权进行了重新划分，普鲁士实力大增，这为以普鲁士为首的北德意志邦联成立及以后的德意志统一创造了条件。

威斯特伐利亚是第一个现代国际秩序，其创立具有重大意义。

第一，世界上第一次建立了以各方接受并遵守的明文规定的原则、规则等规范来约束各国行为的体制，创立了一个具有现代意义的国际秩序，从而开启了现代国际秩序发展之路。这是现代国际秩序发展的起点，在国际政治、国际关系史上具有里程碑意义。

第二，条约确认"民族国家"为国际行为体，并提出"国家理由""国家利益"等概念，提出"国家主权""主权平等""不干涉"等原则，确立了国际政治的基本范式和国际关系的基本行为准则。当今国际政治和国际关系仍遵循这一范式和这些核心原则。

第三，《威斯特伐利亚和约》的谈判达成，也开创了一个新的国际关系模式，即无论国家大小强弱，都可以主权国家身份平等参与国际会议，通过磋商、谈判以条约形式解决国际争端。这一模式结束了一直以来国家间动辄以通牒、武力入侵等手段解决彼此间争端的历史，打破了神圣罗马帝国凌驾于诸侯国之上的格局。此后，这一模式成为国际社会处理国家间矛盾的主流方式，也是当今国际关系中的主要行为模式。

虽然欧洲首创了第一个具有现代意义的国际秩序，但之后的历史表明，这一秩序仍然没能有效地维护欧洲的和平与安全，这显示出威斯特伐利亚秩序的原始。在《威斯特伐利亚和约》达成后的一百多年中，欧洲仍然战火不断，特别是在整个18世纪至19世纪初，欧洲相继发生了西班牙王位继承战争、北方大战、奥地利王位继承战争、七年战争，以及波及整个欧洲的拿破仑战争等较大规模的战争。究其原因，一方面，这是由威斯特伐利亚秩序的构成要素存在重大缺陷所致。首先，威斯特伐利亚秩序在国际规范上存在缺陷。《威斯特伐利亚和约》主要关注和解决的是国家主权、独立、平等及疆界划分等问题，但侵略、吞并等非法使用武力这些主要引发冲突和战争的行为，则不是和约关注和处理的重点问题，和约中没有对此做出明确的、严格的法律界定和禁止。其次，这一秩序的惩戒机制效力明显不足。虽然和约规定"同本协议有关的每一方都必须站在受害者的一方，向他提供意见和武力，协助他还击侵害者"，但这一规定是定性的、模糊的，也就是说是非强制性的，是否对受害者提供武力协助完全取决于各国的意愿和当时的形势，没有相应组织机制来保障实施对违反者的有效惩戒。

另一方面，这是由当时欧洲各国所秉持的国际政治观所致。在当时历史条件和政治环境下，"国家利益至上"和"实力主义"乃是各国当权者对国际关系的信条，"利益＋实力"是大国制定对外政策的依据，"丛林法则"仍是国际政治通行法则。故而，17世纪后期法国发展强大起来后，自封为"太阳王"的国王路易十四就有了雄心勃勃称霸欧洲的计划，发动了征服欧洲的战争。拿破仑集法国大革命化身和启蒙运动代表于一身，要将"自由、平等、博爱"推广至整个人类，在一种革命理想和国家利益驱使下，最终走上了以武力统一和独霸欧洲的道路。这一幕何其熟悉，当今世界，一些国家、国家集团或宗教组织等，无沦其提出的理想多么"伟大"，口号多么响亮，一旦将这种自认为"放之四海而皆准"的、"普世"的价值观、制度等，以武力等强力方式向外输出、推销，则必然违反主权独立、不干涉等国际关系基本准则，也必会引发国家和民族间的冲突和战争，这成为世界和地区的动荡之因、灾难之源。无论是过去的十字军东征、拿破仑战争，还是现在的美国等西方国家要将"自由、民主、人权"这些"普世"价值传播至全世界，或一些极端宗教组织要将其宗教教义和组织体系向外推行并实施控制，以此为理由用武力或"颜色革命"等手段寻求改变别国政权体制，都是这种行为的表现，最终给世界和地区带来的也不过是冲突和战争，而非和平和福祉。

当然，不能由此否认威斯特伐利亚秩序的建立对抑制战争的积极作用。虽然没有制止住法国的这两次称霸战争，但威斯特伐利亚秩序仍发挥了对战争的后发抑制作用。当法国发动称霸欧洲的战争后，其他欧洲国家特别是大国纷纷结成同盟，联合击破了路易十四和拿破仑的野心，维护了一个大致均衡的欧洲格局。基辛格说，反抗路易十四是威斯特伐利亚的内在体系决定的，是维护欧洲秩序多元性之必需。拿破仑的失败验证了威斯特伐利亚准则的威力,他是亡于威斯特伐利亚原则。① 从这个角度说,威斯特伐利亚秩序虽没有防止战争,但抑制了大国的霸权野心,总体上控制和限制了战争,体现了"一个不完善的秩序也好于没有秩序"的道理。

威斯特伐利亚秩序的创建成为现代国际秩序的基石,此后随着国际格局的变化,维也纳秩序、凡尔赛—华盛顿秩序和雅尔塔秩序相继建立,每一个国际秩序都不是前一个国际秩序的简单重复,而是在原有国际秩序上的发展和升级。

## 第二节 维也纳秩序

### 一 维也纳秩序的建立

一直以来,"均势"是欧洲政治关于和平与秩序根深蒂固的理念。在过去一千多年里,欧洲的主要政治家和哲学家都普遍认为,秩序源自平衡,国际秩序迟早要达到均势,否则就会陷入无休止的战乱中。② 法国政治家黎塞留提出基于均势的对外政策概念,孟德斯鸠将均势原理应用于国内政策领域,提出了权力制衡的概念,日后则被吸收到美国宪法中。在欧洲,从整体格局和大国战略政策看,均势的作用主要来自两个国家——法国和英国。法国在欧洲大陆要保持欧洲腹地的松散状态,防止一个对其有威胁的大国出现。而英国则以欧洲大陆以外的岛国身份要保持欧洲整个大陆的均势,防止一个称霸欧洲大陆的国家出现。当然,欧洲各大国也都秉持一种扶弱抑强的均势理念,基于此,他们时而互相结盟、时而互相交战,这种力量分化组合态势,维护着一个大致的均势格局。威斯特伐利亚秩序建立之后发生的主要战争,都是均势作用的结果,直到发生波及全欧洲的拿破仑战争,原有格局被彻底打破,维也纳秩序才重新建立了一个新的均势格局。

17世纪后半期,有"太阳王"之称的法国国王路易十四,凭

---

① [美]基辛格:《世界秩序》,胡利平等译,中信出版社2015年版,第31、48页。
② [美]基辛格:《世界秩序》,胡利平等译,中信出版社2015年版,第2、16页。

法国国力强盛之势，发动了一系列对外侵略战争，企图实现法国"天然疆界"的宏大计划。面对法国的称霸野心，一个由英国、西班牙、荷兰、瑞典、勃兰登堡和神圣罗马帝国组成的反法同盟出现了。同盟最终迫使法国签订了《杜林与立兹维克和约》，打破了法国的扩张计划，维持了欧洲大陆的均势。① 18世纪初发生的西班牙王位继承战争，也是英国、荷兰、奥地利、神圣罗马帝国及德意志诸侯国等，因惧怕法国王室成员对西班牙王位的继承而取得欧洲优势，与法国进行了长达十三年的战争。北方大战则是俄国、波兰、丹麦和萨克森为抑制瑞典的强大而发动的战争。在这两场较大规模的战争中，均势原则在欧洲政治中得到明确和进一步强化。特别是1713年英法签订的《乌得勒支和约》，将"势力均衡"（balance of power）即"均势"这一概念正式写入条约，这是"均势"第一次以法律条文形式写进国际条约。② 在这两场战争以后，欧洲维持了二十年的总体均势态势和暂时和平局面。之后发生的奥地利王位继承战争和英普与法奥进行的七年战争，也是基于相互制衡、防止一家独大而进行的战争，目的也是维持欧洲均势状态。但19世纪初拿破仑战争改变了这一态势。

1789年7月14日，巴黎人民攻占巴士底狱，拉开了法国大革命序幕。法国大革命的"自由、平等、博爱"思想迅即席卷欧洲，对欧洲各王权产生了威胁，各王国结成同盟联合进攻法国以浇灭革命火焰。在杰出政治家、军事家拿破仑领导下，法国对此进行了有力反击并不断取得胜利。但具有讽刺意味的是，法国的反侵略战争逐步发展成为法国称霸欧洲的侵略战争。欧洲各国相继七次结成反法同盟对法作战，最终于1815年6月在比利时的滑铁卢才彻底打败拿破仑军队，从而结束了这场波及整个欧洲长达二十多年的战争。历史诡异的是，欧洲发生的两场大战竟如此之相似，130年后希特勒完全重复了拿破仑的轨迹：大军所向披靡、横扫欧

---

① 《杜林与立兹维克和约》是1697年法国与反法大同盟各国签署的停战和约。和约规定，法国将掠夺的领土归还原主；法国承认英国"光荣革命"的成果，承认威廉三世为英国国王；将原属西尼德兰的一部分让荷兰驻军；对英国和荷兰做出贸易让步。
② 袁明：《国际关系史》，北京大学出版社2015年版，第28页。

洲，但向西止于大西洋而无法击败英国，向东则陷入广阔无际的俄国，始败于俄国而由此导致最终失败。拿破仑战争的结束，也意味着威斯特伐利亚秩序的终结和新的国际秩序的诞生。

**二 维也纳秩序的体系**

维也纳秩序建立的标志，是英国、俄国、奥地利、普鲁士、葡萄牙、瑞典、法国七国于1815年6月9日在奥地利首都维也纳共同签署了《维也纳会议最后议定书》，这表明欧洲主要大国普遍接受了一项新的国际行为规范及体制。

《维也纳会议最后议定书》构成了维也纳秩序的国际规范，它由正文121条和17条附带条款组成。其主要内容有以下几个方面：

一是各国政治秩序的确立。遵循维也纳会议所推行的"正统主义"原则，即承认法国大革命前的法国和其他各封建君主国的正统王朝，恢复他们的统治地位、权力，以及政治制度和所属领土，实质是要恢复1789年以前的欧洲秩序。[①]

二是领土、疆界的重新划分确定，这是每次大战后新秩序建立的主要内容之一。根据战争结果，各大国取得了相应利益：波兰被重新瓜分，约十分之九的波兰领土被俄国占有，芬兰、比萨拉比亚也同时被俄国所占有。德意志组成邦联的领土重新进行调整，普鲁士、奥地利居于主导地位。奥地利另外取得意大利的广大地区，并重新占有伦巴第和威尼斯。英国夺取大量海外殖民地：在地中海占有马耳他，从法国夺得西印度群岛的多巴哥、圣卢西亚以及印度洋上的毛里求斯，从荷兰夺得锡兰、好望角和圭亚那。意大利仍保持四分五裂状态，其中，撒丁王国取得热那亚，那不勒斯王国、教皇国（主要位于亚平宁半岛中部，由罗马教皇统治）得以恢复。比利时与荷兰合并。挪威与瑞典合并。承认瑞士为永

---

① 这是由时任法国外交部长塔列朗在会议上提出的。作为战败的法国，为摆脱战败国命运、获得一个相对宽容的环境，抓住欧部各封建君主对法国大革命对其政权带来巨大冲击的担心和极力维护其统治地位的心理，提出维护原有欧洲秩序，这实际上也维护了法国利益。这一原则受到欧洲各封建君主的普遍欢迎，成为会议谈判原则。维也纳和会后，欧洲各旧王朝纷纷复辟，恢复旧有政治体制。

久中立国。

三是确立了有关通航、外交规则。通过的《关于河流自由航行的规章》规定，位于各国边界上的或流经数国的国际河川，从可通航之点起到河口为止，各国可以完全自由通航，并且不得禁止任何人进行贸易，但应制定征税和通航的国际规则。通过的《关于外交人员位次的规则》规定，外交代表分为三级：大使、教宗特使或教廷大使为一级；公使或向君主派遣的其他代表为一级；向外交部长派遣的代办为一级。

从国际秩序构成要素来看，维也纳秩序不仅有《维也纳会议最后议定书》确立的国际行为规范，还包括同时和随后形成的对违反条约及有关安排的惩戒机制。这个惩戒机制由三部分构成：第一，1815年9月，普鲁士、奥地利和俄国三国君主签署《神圣同盟条约》，三国根据基督教义结成"神圣同盟"，缔约三国"无论何时何地均应相互在经济、军事及其他方面互相援助"，以防范国内外力量对本国体制的威胁。第二，1815年11月，英国、普鲁士、奥地利和俄国四国签署同盟条约结成"四国同盟"，以防范任何对领土秩序提出挑战的国家。1818年，"五大国"中的最后一个国家——法国加入"四国同盟"，"四国同盟"从而变成"五国同盟"。第三，形成"大国一致"体制，定期召开由同盟政府首脑参加的外交会议，制定共同目标，对付新出现的危机。① 这种"大国一致"运作方式实际上是联合国安理会的雏形。

### 三　维也纳秩序的影响

维也纳秩序是在威斯特伐利亚秩序基础上建立起来的，是威斯特伐利亚秩序的升级版。总的来看，维也纳秩序在体制机制建设和实际运行效果上都有很大进步，其影响主要体现在以下三个方面。

第一，维也纳秩序对国际秩序发展的贡献。维也纳秩序的建立对国际秩序发展的一大贡献是，它催动了国际组织的产生和国际

---

① ［美］基辛格：《世界秩序》，胡利平等译，中信出版社2015年版，第74页。

机制的形成。国际组织和国际机制是国际秩序存在的具体表现和运行的有效保障。维也纳秩序形成后,在欧洲国际政治中出现了"欧洲协调"(Concert of Europe)一词,这是由时任奥地利外交大臣梅特涅提出的旨在协调欧洲大国关系的概念。随后,欧洲形成了相应的"大国一致"协调机制。梅特涅从18世纪欧洲战争频发的历史中总结出一个结论,疆土的重新划分并不能保障欧洲的和平,反而由此带来新的格局和利益的不平衡,就可能导致新的矛盾、纷争,在各国信息不通、协调不够的情况下,这就会导致新的冲突和战争。为此,各大国需要定期进行外交大臣会晤,互通信息,加强沟通和协调,以达到欧洲协调一致的状态。随后,根据这一思想欧洲形成了定期举行会议的外交协调机制。从此,欧洲定期举行会议,就有关政治、宗教、疆土、贸易等问题进行沟通、协商。在维也纳秩序存在的一百年间,欧洲平均每两年至少要进行一次多边协商会议,除召开了由53个国家及诸侯邦国参加的维也纳会议之外,还召开过1856年的巴黎会议,1871年及1912年的两次伦敦会议,1878年及1884年的两次柏林会议,1906年的阿尔赫西拉斯会议等30多次大型的国际会议。会议外交已成为欧洲国家处理国际关系普遍接受的一项规则,频繁的国际会议形成了多边协商的一种机制。虽然此时的国际会议尚缺乏完整的议事规则和固定的国际组织,其组织体制和运转效率不能与现在的国际组织机制相比,但这种方式和机制逐渐形成一种国际习惯与制度,成为国际组织和国际机制形成的始端。

第二,维也纳秩序的实践效果。维也纳秩序的惩戒机制在阻止冲突和战争、维护欧洲秩序中发挥了重要作用。比如,1820年开始的西班牙、那不勒斯革命起义,和1821年发生的希腊革命与独立运动,都先后遭到"神圣同盟"国家奥、俄、普三国与法国的联合镇压。但对1830年比利时发生的独立革命,欧洲大国在伦敦会议上一致做出了承认比利时独立和让比利时"中立"的决定,这是"大国一致"体制有效运行的一个具体体现。但是,这一惩戒机制仍有局限性,当重大利益矛盾发生在这些大国之间时,这一惩戒机制则失去了作用。如在19世纪中叶,围绕黑海及通向地中海的海峡主权及其权益，俄国与英法发生了克里米亚战争。这一战争不仅对大国同盟体系和"大国一致"体制产生了巨大冲击，也动摇了维也纳秩序的根基。

第三，对维也纳秩序的评判。按照国际秩序的客观性和主观性评判标准，这一秩序是近代以来较为成功的一个国际秩序。这是因为，一方面，维也纳秩序的构成要素比威斯特伐利亚秩序要完备得多。除了前面分析的其国际规范和惩戒机制有显著进步外，还需要肯定的是，维也纳秩序虽然是在各国联合战胜法国基础上建立起来的，但并没有将法国排除在秩序之外，也没有歧视法国，而是将法国作为一个平等大国拉入秩序中，从而形成"五强"均势格局，这与第一次世界大战后协约国对待德国的态度和方式形成鲜明对比。当然，将法国以大国身份拉入维也纳秩序中，也是其他大国相互制衡的结果。另一方面，从实际运行效果看，历史证明，维也纳秩序也有效抑制了冲突和战争。在维也纳秩序建立之后的一百年间，虽然欧洲局部地区也发生过一些短暂的战争，如从1854—1856年的克里米亚战争、1870年的普法战争、1877年的俄土战争等，但参与国少、战争规模和破坏程度小、持续时间短，战争频度较小，欧洲维持了总体的和平局面，这是欧洲历史上较为和平的一百年。基辛格说，维也纳秩序是自从查理大帝的帝国覆灭后欧洲最接近实现天下一统的体系。①

## 第三节　凡尔赛—华盛顿秩序

### 一　凡尔赛—华盛顿秩序的建立

凡尔赛—华盛顿秩序是在第一次世界大战后，经过巴黎和会达成《凡尔赛和约》，和华盛顿会议达成《四国条约》《五国海军条约》和《九国条约》建立起来的。如同威斯特伐利亚秩序和维也纳秩序的建立轨迹一样，一场大规模的战争是新的国际秩序的推手，但有所不同的是，这场战争超出了欧洲范围而波及全世界，

---

① ［美］基辛格：《世界秩序》，胡利平等译，中信出版社2015年版，第67页。

所建立的凡尔赛—华盛顿秩序成为一个世界性的国际秩序。

第一次世界大战的发生，看似是由一次刺杀事件这一偶然因素导致的结果，基辛格在总结第一次世界大战时就认为，这场颠覆西方文明的战争并不包含必然性，而是审慎的领导人做出一系列错误判断的结果。① 但实际上，第一次世界大战是欧洲和世界格局的变化带来权力与利益的失衡，而原有的维也纳秩序已无法调整这种利益矛盾，最后不得不以一场战争来一次总的调整、解决，从而达成新的格局与利益平衡的必然结果。由此可清晰地看出一个旧秩序的解体与一个新秩序形成的逻辑脉络：

格局变化→利益矛盾上升至激化→现有秩序调解失效→战争发生→新秩序形成。

力量格局的变化反映在欧洲和世界两个范围。在欧洲，维也纳秩序建立后形成了英、法、奥、普、俄"五强"均势格局，但1871年德国的统一打破了欧洲这一均势格局，动摇了维系维也纳秩序的根基。从1864年开始，普鲁士首相俾斯麦以"铁血政策"在德意志推动统一，这引起了一直雄踞欧洲大陆霸主地位的法国的极度担忧，被法国视为真正威胁。在法国拉拢俄国、奥地利和意大利试图以外交努力阻止德国统一失败后，战争就成为法国与德国较量的最终选择。但此时的普鲁士已接近于统一德国并迅速发展强大起来，形成一个力压群雄的国家，其实力特别是军事实力之大足以打败任何一个国家。② 在1870年的普法战争中，普鲁士仅用不到半年时间就打败了欧洲数一数二的法国，法国皇宫凡尔赛宫竟成了德意志帝国皇帝威廉一世加冕的地方，德国从此诞生。至此，欧洲均势荡然无存。同时，从世界范围看，世界格局也已然发生了变化，世界再也不是欧洲国家一统天下的时代了。美国经过独立战争后迅速崛起，成为一个世界大国。日本在明治维

---

① ［美］基辛格：《世界秩序》，胡利平等译，中信出版社2015年版，第95页。
② ［美］基辛格：《世界秩序》，胡利平等译，中信出版社2015年版，第88页。

新后也迅速发展强大起来，成为一个首屈一指的东方大国。美日的崛起彻底改变了世界格局。

世界格局的变化带来了大国利益矛盾的上升，这种利益的争夺和矛盾的激化不仅发生在欧洲及其周边，更出现在世界范围内。在欧洲，德国战胜法国后与法国签署了《法兰克福和约》，法国除五十亿金法郎巨额赔款外，还割让了阿尔萨斯和洛林两个省给德国。德国虽在战争后获得巨大利益，却使法国复仇情绪高涨，为未来战争埋下了种子。法国政治家甘必大指出："我们现在是在进行一场暗中的战争。欧洲再没有和平，没有自由和进步。割让阿尔萨斯和洛林意味着在和平的假面目下无休止的战争。"[①] 可见，普法战争不仅没有带来真正的和平，反而孕育着新的战争。此外，英国、法国、德国、奥匈和俄国，围绕衰落中的奥斯曼土耳其帝国控制力软弱的巴尔干半岛、黑海、地中海等地区，开展了尔虞我诈、复杂激烈的争夺较量，先后发生了英法与俄国的克里米亚战争、俄土战争，直至由"萨拉热窝事件"引发的欧洲大战。同时，从全球范围看，世界进入了一个重新划分世界殖民地、利益再分配的时代。除欧洲传统列强英国、法国、西班牙、荷兰对亚非殖民地持续的激烈争夺外，后起之秀德国也加入了这一行列。崛起后的美国和日本也步入欧洲列强后尘，加入列强在美洲、亚洲、太平洋等地区的争夺中。在世界划分和利益再分配的激烈争斗中，帝国主义国家相互间的矛盾不断上升、激化，越来越难以调整、解决。

在欧洲和世界格局发生重大变化，大国之间的利益矛盾不断上升、激化的情况下，维也纳秩序已失去了调整大国利益矛盾的功能。比如，在1853年的克里米亚战争、1870年的普法战争、1877年的俄土战争、1898年的美西战争、1904年的日俄战争直到1914年的第一次世界大战中，各大国要么是战争的参与者，要么基于自身利益而进行观望以便坐收渔利，维也纳秩序失去了其以"大国一致"方式维护欧洲和平与安全的功能和作用，这反映出维也

---

① 袁明：《国际关系史》，北京大学出版社2015年版，第49页。

纳秩序难以适应世界格局的变化,需要一个新的国际秩序取而代之。这样,在一次世界性的战争后,凡尔赛—华盛顿秩序随之形成。

## 二 凡尔赛—华盛顿秩序的体系

协约国在巴黎与德国签署的《凡尔赛和约》,及与德国的盟国奥地利、匈牙利、土耳其、保加利亚签订的一系列和约,一起构成了凡尔赛体系,确立了欧洲国家在欧洲、西亚、非洲的秩序。美国、日本、英国、法国、意大利、荷兰、比利时、葡萄牙、中国九国在华盛顿签署的《四国条约》《五国海军条约》和《九国公约》,形成了华盛顿体系,确立了各资本主义国家在东亚、太平洋地区的秩序。

凡尔赛体系和华盛顿体系的一系列条约,构成了凡尔赛—华盛顿秩序的国际规范。这一规范的主要内容如下:

一是通过了《国际联盟盟约》。

《国际联盟盟约》确定了国际联盟的组织机构、职能、原则和会员国的义务,该盟约是凡尔赛—华盛顿秩序的核心要素。①

盟约包括序言和26个条文。序言中明确盟约宗旨是促进国际合作和维护国际和平与安全,并将维持公开、公正、荣誉外交关系,严格遵守国际法作为国际行为规范。

第1条规定了哪些国家为创始会员国和加入国际联盟的条件。

第2—7条规定了国际联盟大会和理事会的组成、职能及秘书处的设置。国际联盟大会有权处理"属于联盟行动范围以内或联系世界和平之任何事件"。大会的决议需通过投票表决,一国一票,除盟约特别规定者外,均需全体一致通过,大会每年举行一次常会;理事会由美国、英国、法国、意大利、日本五个常任理事

---

① 《国际联盟盟约》是根据时任美国总统威尔逊在1918年提出的"十四点纲领"制定的。"十四点纲领"反映了威尔逊谋求建立战后世界和平秩序的重要原则,即公开外交原则,自由航行原则,消除贸易障碍原则,裁军原则,主权独立、平等和民族自决原则,以及建立国际组织维护集体安全原则。这些原则不但对凡尔赛—华盛顿秩序的建立发挥了重要影响,也对日后国际政治和国际关系产生重大而深远的影响。

国和其他四个非常任理事国组成，其职责是：草定裁军计划，审核承担委任统治的各国提出的年度报告，保障会员国领土完整，向大会提出解决国际争端的议案，对侵略者实行经济和军事制裁等；秘书处负责准备大会和理事会的文件和报告等。

第 8—9 条是关于对军备进行裁减和限制的条款。由理事会根据各国提出军备裁减和限制计划，以便由各国政府考虑实施。会员国也有义务对其陆、海、空计划和军事工业情况进行透明。

第 10 条确认尊重成员国的领土完整和政治独立之原则。遇有此种侵犯或有侵犯之威胁危险时，理事会将履行盟约规定之义务。

第 11 条规定了处理战争及其威胁之办法。凡是战争或战争威胁，不管是否与一会员国直接有关，都是全体会员国之事，联盟都应采取适当有效措施予以应对以维持国际和平。秘书处应立即召集理事会会议。遇有此事，会员国也有权提请大会或理事会注意。

第 12—15 条规定了和平解决争端的途径、方法和程序。会员国遇有争端，若不能通过外交途径解决，应提交仲裁或依司法解决，或提交理事会根据理事会建议解决。在有关裁决或判决或理事会做出报告后三个月届满之前，无论如何也不能从事战争。会员国有义务遵从裁决或判决。理事会应力促争端之和平解决并做出建议，大会也可受理案件行使相应职权。

第 16 条规定了会员国有义务对任何违反盟约进行战争的会员国采取行动。此种违反盟约之行为被视为对所有联盟会员国的战争行为，其他会员国立即断绝与其商业和财政关系，断绝人员往来。理事会负责向各会员国提出建议，联盟各会员国各出陆、海、空力量组成军队，履行联盟盟约之责。理事会拥有开除其成员国资格之权力。

第 17 条规定了对非成员国适用盟约的和平解决争端程序。规定对于争端方一方为非盟约会员国或双方皆为非盟约会员国，也适用采用本盟约之和平解决争端之办法。

第 18—25 条规定了盟约会员国所签订之条约或协议应送交盟约秘书处登记，否则无效。规定盟约具有优于其他条约之地位，确立委任统治制度，各国际公益事业的处理与合作事项，以及各种国际事务机构的管理问题。

最后一条即第26条规定了修改盟约的程序及生效条件。

二是对德国进行惩罚。

惩罚内容包括对德国领土疆域的重新划分、界定，对德国海外殖民地的处置，对德国军备限制和德国战争赔偿。

和约对德惩罚是严厉的：德国将阿尔萨斯—洛林归还法国，德法边界恢复到1870年普法战争以前的状态，德国还将萨尔区的矿山所有权交与法国。德国将欧本和马尔梅迪割让与比利时，北部部分领土划归丹麦；德国海外殖民地全部让与战胜国，包括在非洲、亚洲、太平洋岛屿的殖民地和占领地让与英国、法国、日本、比利时等列强；对德国军备进行严格限制：废除义务兵役制，陆军总数不得超过10万，禁止生产和进口坦克、装甲车等重型武器装备，禁止拥有飞机和潜艇，海军舰只最高限额为战列舰、轻型巡洋舰各6艘，驱逐舰、鱼雷舰各12艘；在1921年5月1日以前，德国应付清总值200亿金马克的赔偿，可用黄金、商品、船只、有价证券及其他物资支付，并负担其境内外国占领军的全部费用。

三是奥匈和奥斯曼土耳其两帝国解体，多国获得独立。

根据和约，捷克斯洛伐克、南斯拉夫、波兰、匈牙利摆脱了奥匈帝国控制而获得独立，奥匈帝国解体变为奥地利国家。奥斯曼土耳其帝国控制下的欧洲、中东、中亚等地区，不是被瓜分、被划归为其他列强委任统治，就是纷纷获得独立，奥斯曼土耳其帝国从此解体变为土耳其国家，土耳其失去五分之四的土地。

四是限制军备。

和约除对德国进行严格的军备限制外，还对德国同盟国的军备进行严格限制：奥地利不得拥有空军和海军，保加利亚不得拥有海军并将陆军限于两万人，匈牙利陆军限于三万五千人。

同时，鉴于当时各大国激烈的军备竞赛形势，为了相互制衡和减少财政支出，美、英、日、法、意五个战胜国也签订了相互军备控制条约——《五国海军条约》。条约规定了五国战列舰总吨位的限额，美英两国各为52.5万吨，日本为31.5万吨，法意两国各为17.5万吨。《五国海军条约》是世界现代史上大国之间签订的第一个裁军协议，裁军和军备控制首次成为国际秩序的重要内容。

凡尔赛—华盛顿秩序含有对违反国际规范明确的惩戒条款。《国际联盟盟约》第16条规定，联盟会员国如有不顾本约所规定而从事战争者，则应被视为对于联盟所有其他会员国有战争行为。其他会员国应立即与之断绝各种商业上或财政上之关系，禁止其人民与破坏盟约之国人民的各种往来，并阻止其他任何联盟会员国或非会员国之人民与该国人民之财政上、商业上或个人之往来。理事会将对有效使用陆军、海军、空军力量维护盟约的效力提出建议，联盟各会员国有义务对惩罚从事战争者之行动提供支持与便利。这一条款是对侵略者实行经济和军事制裁的规定。

国际联盟于1920年1月10日《凡尔赛和约》正式生效之日也宣告正式成立，以行使《国际联盟盟约》所赋予的职权。国际联盟共有44个会员国，高峰时有63个会员国，中国于1920年6月29日加入国际联盟。国际联盟的主要机构有大会、理事会、秘书处，并附设国际法庭、国际劳工局等附属机构，其中负责国际和平与安全的最主要机构是理事会。盟约规定，美国、英国、法国、意大利、日本五国为常任理事国，另外还有四个非常任理事国，但美国因国内纷争而未参加，国际联盟实际只有四个常任理事国。1926年德国也加入了国际联盟。

### 三　凡尔赛—华盛顿秩序的影响

凡尔赛—华盛顿秩序从1919年建立，到1939年随着法西斯德国对波兰的入侵而坍塌，只存在了20年时间，是历史上存在时间最短的一个国际秩序。但即使如此，我们仍不能否认凡尔赛—华盛顿秩序的历史意义。

（一）凡尔赛—华盛顿秩序的意义

凡尔赛—华盛顿秩序对推动国际秩序发展的重要价值体现在以下几个方面。

第一，凡尔赛—华盛顿秩序的核心是《国际联盟盟约》，这一盟约体现了威尔逊和平主义理念和原则，如国家无论大小一律平等、反对以武力攫取别国领土、保障各国政治独立和领土完整、以和平方式解决争端、通过建立国际组织机制维护集体安全等。这些理念和原则对国际政治和国际关系产生了深远影响，直到今天仍是国际社会认同的核心价值观。

第二，《国际联盟盟约》的通过和国际联盟的成立，是凡尔赛—华盛顿秩序的骨架和最重要成果，所建立的规章体系和组织机制使国际秩序建设更为制度化、法律化、系统化，对国际秩序的发展产生重大影响。从模式和内容看，《国际联盟盟约》和国际联盟是现在《联合国宪章》和联合国的前身。可以说，雅尔塔秩序是仿照凡尔赛—华盛顿秩序模式建立起来的，是后者的一个改造版和升级版。

第三，裁军首次进入国际秩序的体系，成为保障国际安全的重要方式，这实际上建立了以裁军和军控促进国际和平与安全的新模式。第一次世界大战后，国际联盟在日内瓦开始举行由众多国家参加的裁军谈判会议，以推动达成具体的裁军方案。受这一模式影响，第二次世界大战后建立的联合国，不仅将裁军纳入联合国的主要议程，而且还专门成立了常设的裁军机制——"日内瓦裁谈判会议"（Conference on Disarmament in Geneva）。日内瓦裁军谈判会议定期举行裁军谈判会议，就裁军、军控和防扩散等议题进行谈判和磋商，以求达成有约束力的国际条约等法律文书，促进国际和平、稳定与安全。

第四，凡尔赛—华盛顿秩序使威斯特伐利亚秩序模式第一次走出了欧洲扩展到全球，从而使现代国际秩序具有了世界意义，变成一个世界性的国际秩序。

（二）凡尔赛—华盛顿秩序的缺陷

不可否认的是，凡尔赛—华盛顿秩序在历史实践中是失败的，它不仅没有防止住新的世界战争，而且从某种意义上说它为第二次世界大战埋下了种子。究其原因，凡尔赛—华盛顿秩序存在以下缺陷。

第一，凡尔赛—华盛顿秩序的构成要素存在严重缺陷。在本书

第一章关于"国际秩序的评判"一节中，已对凡尔赛—华盛顿秩序在完备性、合法性、国际规范及惩戒机制等方面存在的严重不足做过详细分析。特别是，凡尔赛—华盛顿秩序是一个世界性国际秩序，但作为推动构建这一秩序的首要大国，美国因国内纷争而拒绝加入《凡尔赛和约》，也没有加入国际联盟。另一个大国苏联因意识形态原因被拒之门外。德国虽被迫签订《凡尔赛和约》，但因受到过于严厉的惩罚而对此充满怨恨，没有忠实地履行和约，直到1926年才加入国际联盟。可见，凡尔赛—华盛顿秩序的完备性和合法性都存在严重不足，这为其失败的命运埋下了伏笔。

第二，凡尔赛—华盛顿秩序所建立的集体安全机制成为一纸空文。集体安全机制是一种按照"大国一致"原则由大国共同承担维护国际和平与安全职责的机制，这符合历史发展阶段和世界格局客观现实，毕竟世界格局、事务是由大国决定和控制的，世界重大责任也理应由大国承担，这是维护世界和平与安全的唯一出路，今天建立的联合国体制也是这种模式。本来，《国际联盟盟约》和国际联盟确立了集体安全原则和机制，但现实中并没有实现这种集体安全机制的建设目标。第一次世界大战后，世界上主要有美、英、法、苏、德、日六个大国，本来集体安全机制应由这六个国家组建并共同担责，但实际情况却是：经济和军事实力均第一的美国，从一开始就没有参加国际联盟。社会主义国家苏联不但被排挤在国际联盟之外，而且还遭到协约国的三次武装干涉。德国对这一秩序安排愤愤不平，根本没有认真履行过和约。日本则忙于在东亚扩张而无暇他顾，反而因欲独霸东亚而视和约为障碍。剩下的英法两国因对限制德国的分歧和殖民地之争难以协调一致。这样，凡尔赛—华盛顿秩序所要构建的集体安全就只停留在纸面上，没有任何实际效果。没有集体安全机制的保障，世界也就失去了制止战争的"制动器"。

第三，《凡尔赛和约》制造了矛盾鸿沟而又无力消解。毛泽东曾精辟指出，政治就是"把支持我们的人搞得多多的，把反对我们的人搞得少少的"，这一论断点出了政治的核心要义。"化敌为友"是政治的最高境界，国际政治同理如此，其目的不是制造敌人而是减少敌人。《凡尔赛和约》对德国做出了极为严厉的惩罚，这引起德国的极度怨恨，民族主义和复仇主义在德国蔓延上升，助推了法西斯势力的崛起，最终导致希特勒上台并实行独裁统治。在巨大的精神力量、大量的美国贷款和强大的工业体系作用推动下，德国迅速崛起，开始冲破凡尔赛体系束缚，而要"为反对凡尔赛体系而战"。[①] 崛起的日本也对东亚被西方列强瓜分的现状极其不满，一心想独霸东亚。意大利也对毗邻的北非虎视眈眈。这样，沆瀣一气的德、日、意三个法西斯国家终于走到一起，发动了旨在重新瓜分世界的侵略战争。凡尔赛—华盛顿秩序没有像维也纳秩序那样，战胜国将昔日敌人重新拉入秩序、实现和解，而是制造了矛盾和裂痕，这是凡尔赛—华盛顿秩序短命的一个重要原因。

第四，理想与实现严重脱节。尽管人们对凡尔赛—华盛顿秩序多有批评，它本身的确存在要素的缺陷，事实上也没有阻止住第二次世界大战的发生。但客观地看，这不是凡尔赛—华盛顿秩序在制度设计上的错误，而是客观现实造成的问题。凡尔赛—华盛顿秩序所确立的宗旨、原则具有思想理念的进步性，其组织机构也具有体制机制的创新性，但当时的世界并没有落实其原则、规范，没有完成其建设的任务和目标。实力主义、利益至上观念仍占据国际政治主流。也就是说，盟约所确立的价值理念与当时的国际政治现实环境不相适应，理想与现实存有较大距离。

## 第四节 雅尔塔秩序的形成

《联合国宪章》的确立和联合国的成立，是雅尔塔秩序形成的标志。《联合国宪章》从宗旨、原则到具体章程，联合国从构想、框架到组织机制，都是在第二次世界大战中逐渐形成完善的。

凡尔赛—华盛顿秩序建立的国际联盟支离破碎，并没有真正建成集体安全机制，形成"大国一致"体制，反而随着德国、日本

---

① 方连庆：《现代国际关系史料选辑（上）》，北京大学出版社1987年版，第299页。

和意大利法西斯侵略野心的膨胀，以及其他大国对此无所作为和互相掣肘，最终导致了又一次世界大战的发生。德国、日本等法西斯国家发动的侵略战争，不仅仅是对他国领土的占领和资源的掠夺，更是企图对全世界的统治和奴役。残酷的现实终于使大国清醒了，他们意识到了问题的严重性，纷纷改变了政策，拟合、消除了分歧，建立了反法西斯同盟，联合起来共同与法西斯作战。美国放弃了孤立主义政策，英法抛弃了绥靖主义政策，苏联也在遭到德国侵略后中止了《苏德互不侵犯条约》，他们暂时放下了意识形态纷争而团结起来，与包括中国在内的世界上的广大国家，结成了反法西斯同盟阵线。在协调、协作共同反击法西斯过程中，关于战后秩序安排问题也进入大国协商日程，并逐渐成为大国关注和协商的主要议题。最终，大国协商确立了《联合国宪章》，成立了联合国组织，形成了战后的雅尔塔秩序。

苏德战争爆发后，美、英、苏三国迫切需要协调反法西斯战略。美国总统罗斯福与英国首相丘吉尔率先于1941年8月在大西洋北部纽芬兰阿金夏海湾内的美国重巡洋舰"奥古斯塔"号上举行会谈，两国元首签署了一份联合宣言即《大西洋宪章》。《大西洋宪章》不仅宣誓了打败纳粹德国等侵略国家的决心，更确立了战后世界秩序安排的原则，这些原则包括"不进行领土扩张""民族自决""国家主权独立""国家不分大小一律平等""免于恐惧和不虞匮乏""航行自由""放弃使用武力"和"通过国际合作促进发展和进步"等重要原则。随后，苏联发表声明同意《大西洋宪章》的基本原则。这些原则成为日后《联合国宪章》确立的依据和基石，可以说这是联合国体制构建的源点。

随着1941年年底美国的参战，更多国家迅速加入反法西斯的同盟国阵营中。为了在反法西斯战争中加强同盟国之间的协调与合作，1942年元旦，美国、英国、苏联、中国、澳大利亚、印度等26个同盟国在华盛顿签署了由美英起草的《联合国家宣言》。这一宣言声明，签字国赞同《大西洋宪章》所载明的宗旨和原则，这为以后根据《大西洋宪章》原则制定《联合国宪章》取得共识打下了基础，"联合国家"一词首次出现。宣言规定，签字国保证与其他签字国合作并尽全力对敌作战,不与敌缔结单独停战协定或和约。这使广大反法西斯国家形成了一个统一战线。

1943年10月底,中、苏、美、英四大国代表在苏联莫斯科签署了《中苏美英关于普遍安全的宣言》。① 该宣言不仅重申了《联合国家宣言》所确立的对轴心国作战的原则,而且还提出了战后秩序设想,即要建立一个"普遍性的国际组织",以维持国际和平与安全,同时还提出战后军备的调节问题。这一宣言向战后国际组织的创建更进了一步。

1943年11月下旬,中美英首脑在埃及举行开罗会议,这也是对战后秩序安排的一次重要会议。会后发表了《开罗宣言》,该宣言除了对日作战安排外,主要是对战后对日本侵占的领土做出了决定:"剥夺日本自从一九一四年第一次世界大战开始后在太平洋上所夺得或占领之一切岛屿;使日本所窃取于中国之领土,例如东北四省、台湾、澎湖群岛等,归还中华民国;其他日本以武力或贪欲所攫取之土地,亦务必将日本驱逐出境;我三大盟国稔知朝鲜人民所受之奴隶待遇,决定在相当时期,使朝鲜自由与独立。"这一宣言随后得到苏联的"完全赞同"。领土疆界规定始终是战后国际秩序安排的一个重要内容,《开罗宣言》成为战后雅尔塔秩序的重要组成部分。

开罗会议一结束,1943年11月底,美、英、苏即在伊朗德黑兰举行三国首脑会议,就尽快结束反法西斯战争和战后世界秩序安排等重大问题进行协商,签订了《苏美英德黑兰宣言》。会议除就开辟第二战场对德作战、战后对德处置达成协定外,还就未来成立国际组织问题达成一致。根据美国总统罗斯福的提议,新成立的国际组织应由三个机构组成:一是由35个联合国家组成的大会,定期讨论有关问题;二是由美国、苏联、英国和中国以及它们之外的欧洲两个国家、拉美一个国家、近东一个国家、远东一个国家以及英帝国自治领的一个国家组成的执委会,实施大会提出的建议;三是由美国、苏联、英国和中国四个国家共同担负

---

① 苏、美、英三国外交部长和中国国民政府驻苏联大使共同签署。

"世界警察"职责,四个国家组成一个委员会,该委员会有权立即处理对和平的任何威胁,以及需要这种行动的任何突变事变。① 苏英首脑虽然倾向于建立地区性组织,但最终同意了罗斯福的这一提议。罗斯福关于成立国际组织的构想,实际上就是联合国的原型。

除推动构建战后世界政治安全秩序外,美国为了奠定战后其在金融、投资和贸易中的主导地位,又于1944年7月召集43个国家的代表在美国新罕布什尔州布雷顿森林镇,举行了著名的布雷顿森林会议。会议通过了《最后决议书》,以及《国际货币基金组织协定》和《国际复兴开发银行协定》,宣布成立国际复兴开发银行(世界银行前身)和国际货币基金组织(IMF)两大国际金融机构。布雷顿森林会议由此确立了美元对国际货币体系的主导地位,构建了战后国际货币体系的新秩序。

随着第二次世界大战胜利在望,战后国际组织建立的具体事宜被提到了大国协商日程。1944年8月至9月,美、英、苏三国的代表在华盛顿附近的一个古老庄园——敦巴顿橡树庄园举行会议,讨论制定战后国际组织的章程问题。会议通过了《关于建立普遍性国际组织的建议案》,并建议将这个国际组织定名为"联合国"。该议案规定了联合国的宗旨和原则,会员国资格,联合国大会、安全理事会(安理会)、秘书处等主要机构的组成和职权,以及关于维护国际和平与安全、国际经济与社会合作的各种安排。会议虽然在常任理事国、安理会的否决权和创始会员国资格等问题上存在分歧,但它通过的议案成为1945年旧金山会议拟订的《联合国宪章》的基础。

在德国法西斯即将崩溃之际,1945年2月,美、英、苏在苏联克里米亚半岛的雅尔塔,召开了一次具有历史意义的会议——雅尔塔会议。雅尔塔会议除讨论对德最后作战问题,还重点协商了战后欧洲、远东等地区的疆域安排和成立国际组织等国际秩序构建问题,最后通过了《克里米亚(雅尔塔)会议公报》。雅尔塔会

---

① 《德黑兰、雅尔塔、波斯坦会议记录摘编》,上海人民出版社1974年版,第38页。

议除对战后欧洲、远东秩序做出安排外，还就建立国际组织问题取得决定性成果：按照敦巴顿橡树园会议的建议制订了国际组织宪章，还就敦巴顿橡胶树园会议的分歧问题取得妥协。关于安理会表决程序，按照美国提出的方式进行，即对程序性问题的决议，以七个理事国的多数票通过；对其他事项的决议，以七个理事国的多数票包括全体常任理事国的同意票通过，但对于利用区域机构和平解决争端等事项的决议，争端当事国不得投票。会议还决定，1945年4月25日在美国旧金山召开联合国家会议，讨论制订国际组织宪章。雅尔塔会议确定了战后各地区秩序的安排，确立了国际组织及其章程的框架，奠定战后国际秩序的基础，因此，第二次世界大战后建立的国际秩序被称为雅尔塔秩序。

雅尔塔会议还通过了《苏美英三国关于日本的协定》，即《雅尔塔协定》。该协定主要内容是列出了苏联对日作战的条件，除对苏日之间在历史上存在的库页岛、千岛群岛的归属做出决定外，还涉及了中国的领土和主权，包括维持外蒙古现状（实际独立状态）和保证苏联在大连、旅顺的权益。实际上，这一协定是苏联出兵打击日本侵略者所要的"报偿"，严重侵犯了中国的领土完整和主权。本来，同盟国打击德日意等法西斯是同盟国共同的承诺和责任，相互间团结协作是同盟国的义务，这是第二次世界大战中同盟国历次达成的协议、宣言所宣誓的，但这个协定却以损害另一个重要同盟国——中国的主权为代价。这是在中国不在场情况下达成的侵害中国主权的协议，是大国私相授受和苏联大国沙文主义的体现，在第二次世界大战中同盟国协同战胜法西斯的历史上，留下了不光彩的一页。

根据雅尔塔会议的决定，1945年4月25日，美国、英国、苏联、法国和中国等50个国家的代表，在美国旧金山举行联合国家国际组织会议，包括中国共产党代表董必武在内的中国代表团参加了会议。会议的主要任务是制订《联合国宪章》和成立联合国。经过激烈辩论，会议最终就分歧严重的安理会表决程序、联合国托管制度等问题达成妥协方案，于6月25日通过了《联合国宪章》以及作为宪章一部分的《国际法院规约》。通过的《联合国宪章》基本保留了敦巴顿橡树园会议《关于建立普遍性国际组织的建议案》的内容，确立了联合国和会员国在国际关系中应遵循的宗旨和原则，规定联合国设立六大机构，即联合国大会、安全理事会、经济与社会理事会、托管理事会、国际法院和秘书处，以及各联合国机构的职能、组成、程序等。1945年10月24日，在美苏英中法五个安理会常任理事国和其他24个签字国完成批准程序交存批准书后，《联合国宪章》正式生效。至此，联合国宣告正式成立，因此10月24日也被称为"联合国日"。

在德国投降后，为了迫使日本尽快投降，1945年7月，中美英发布了《波茨坦公告》，要求日本无条件投降，并对战后对日处置做出了决定。公告重申，"开罗宣言之条件必将实施，而日本之主权必将限于本州、北海道、九州、四国及吾人所决定其他小岛之内"。这是关于战后对日本安排的国际法律文书。

第二次世界大战雅尔塔秩序形成后，国际格局历经冷战时代、冷战结束至21世纪的今天，国际秩序不断调整、修正和完善，国际安全秩序也随之演变成今天的模样。本书后面章节就是对当今国际安全秩序及其规则的全面梳理。

## 第五节　国际秩序演进的规律和特征

从以上历史演进看，现代国际秩序产生于威斯特伐利亚秩序，经过维也纳秩序、凡尔赛—华盛顿秩序，最后演变到雅尔塔秩序。经过70多年的不断补充、修正、发展，今天的国际秩序已在第二次世界大战之初建立的基本框架体系基础上，逐渐变得更为全面和完整。当然，这一国际秩序仍不够完善，也不够公正合理，还应与时俱进地调整、改革，向一个更加公正合理国际秩序的目标迈进。

通过观察、分析国际秩序演变史，可以看出现代国际秩序演变的如下规律和特征。

（一）战争是新旧国际秩序更替的交汇点

新旧国际秩序的更替是一个大破大立的社会体系变化。在这个过程中，需要有一个强大的力量给予原有秩序体系致命一击，才能破旧立新，产生一个新的国际秩序。在一个世界无政府的现实中，在人类社会文明程度仍处于较低水平的历史条件下，具有这种作用的力量只能是战争。战争，往往是波及范围广的大战，是旧的国际秩序的终结者，也是新的国际秩序的催生者，是新旧国际秩序的分界线。国际秩序的演变历史无不说明了这一点。

"三十年战争"是发生在欧洲大陆腹地的一场大规模战争，欧洲的主要国家及诸侯国等，几乎都参加了这场旷日持久的战争。战争结束后，各国签署了《威斯特伐利亚和约》，从而创建了威斯特伐利亚秩序。拿破仑战争则波及了除英国这个岛国外的几乎整个欧洲大陆，其波及范围之广、参与国之多、造成的损失之大，在欧洲历史上前所未有。战争打破了威斯特伐利亚秩序，欧洲主要国家签署了《维也纳会议最后议定书》，建立了维也纳秩序。第一次世界大战则是一场由欧洲大陆引发继而波及亚洲、非洲和美洲的战争，除欧洲国家外，美日中等其他各洲主要国家都参加了这场世界性战争。第一次世界大战使维也纳秩序消于无形，而催生了一个世界性国际秩序——凡尔赛—华盛顿秩序。第二次世界大战更是一次空前也应是绝后的世界性战争，世界上几乎所有重要国家均参与了这次战争。无论从战争范围、战争规模，还是从战争损失上看，第二次世界大战都是创纪录的。第二次世界大战结束后，在凡尔赛—华盛顿秩序的基础上，国际社会建立了雅尔塔秩序。

这里需要指出的是，战争是新旧国际秩序更替的交汇点这一历史规律，但并不意味着未来国际秩序的演变就一定需要战争。当今世界处于一个百年之变局时期，国际秩序也必然会有一个大的调整，但未来国际秩序的演变应是一个国际社会合作共促的结果，是一个和平演进的过程。这是因为，第一，第二次世界大战后建立的国际秩序总体上维护了世界的和平与发展，得到了国际社会普遍认可。虽然这一国际秩序仍存在一些弊端，特别是随着世界格局和国际形势的发展，需要改革完善，应更加公正合理。但这是一个在现有国际秩序基础上的调整、改革、完善的渐进过程，而非一个大破大立的革命过程,这是国际社会的共识。第二,人类社会文明在发展,人类总是要在汲取历史教训和不断学习中进步。在21世纪的今天,全球化深入发展使各国越来越形成一个命运共同体,社会文明程度不断提高,那种"丛林法则"、冷战思维越来越受到摒弃,使用战争这种暴力手段来推动国际秩序演变的方式,越来越受到世界人民的反对和唾弃。第三,核武器的毁灭性将对大国发动战争形成强制性约束力。尽管霸权国家不愿失去已有的霸主地位,但形势比人强,历史总是按照它自己的节奏和进程向前发展,大国要想通过战争阻止格局变化和历史演进,是违背历史发展规律而注定要失败的。特别是在大国均拥有核武器的今天,这种冒险只会带来包括自身在内的全世界的毁灭,这种想法是真正的非分之想。

(二)格局变化是国际秩序演变的推动力

矛盾存在于一切事物中,事物自身包含的这种既对立又统一的关系推动着事物的运动和发展。用矛盾论分析国际秩序演变的内在原因,就可以得出国际格局的变化是推动国际秩序演变的内在推动力的结论。国际格局的变化会导致权力与利益出现新的不平衡,当国际格局的变化致使权力与利益不平衡达到一定程度时,就需要一种力量来打破原有利益格局,建立一个新的秩序来适应这个格局的变化。而在一个社会发展阶段处于较低水平时,只有战争才能打破原有利益格局,战争是新旧国际秩序更替的"临门一脚"。

17世纪的"三十年战争"之前,民族国家意识空前上升,各国越来越重视主权独立,新教国家越来越想摆脱神圣罗马帝国旧教的控制,欧洲已经不是神圣罗马帝国一统天下的格局。格局的变化导致矛盾的上升和激化,随之发生了"三十年战争",威斯特伐利亚秩序由此诞生。经过一个多世纪的各国自身变革和相互争斗,欧洲逐渐形成了法、英、奥、普、俄"五强"格局,但法国乘大革命之机欲称霸欧洲,遭到了欧洲各大国的联合反击,最终欧洲形成了反映"五强"格局的维也纳秩序,重新使欧洲内部权力与利益取得平衡。20世纪初,不仅欧洲"五强"格局受到巨大冲击，欧洲以外的美日等新兴资本主义国家迅速崛起，世界格局发生了重大变化。因此，不但欧洲秩序需要调整，世界秩序也需要建立。这样，第一次世界大战发生了，凡尔赛—华盛顿秩序也随之建立。但由于凡尔赛—华盛顿秩序没有调整好利益格局，权力与利益仍不平衡。随着德国的重新崛起、日本的发展强大，而美俄两个大国则游离在国际秩序之外，世界的权力格局与利益格局出现严重失衡，第二次世界大战就在这种情况下爆发了，雅尔塔秩序也随之建立。

第二次世界大战以后，世界形成了美苏"两极"对抗格局，这种格局一直持续至20世纪80年代末。随着东欧剧变和苏联解体，"两极"格局不复存在，世界格局变成美国一家独大、多个主要力量并存的"一超多强"格局。但是，这个"一超多强"格局并不稳定，而是一个过渡性格局，其不稳定性源于美国的过度自信而采取的战略扩张政策，由此导致战略疲惫而衰落，也源于新兴经济体的崛起。21世纪初，美国乘"一超"之勇，连续发动了阿富汗战争和伊拉克战争两场战争，付出了巨大经济和政治代价，造成严重战略透支，再加上2008年国际金融危机的打击，使美国经济和社会发展出现严重问题，表现为经济空心化、政治极化、社会分化。特朗普奉行"美国优先"政策并采取单边主义行动，更使美国的国际信誉和影响力大幅下降。与此相反，中国、印度等新兴经济体不仅没有受到金融危机的实质性影响，反而呈现快速发展崛起之势，整体实力大幅提升，与发达国家的差距越来越小，国际地位和影响力不断提升，世界格局更趋平衡。在世界战略格局发生重大变化条件下，现有国际秩序也难以为继，世界格局的变化必然要反映到国际秩序的调整上。目前，国际秩序正处于重大调整期，正向着未来一个更加公正合理的国际新秩序方向演进。

（三）国际秩序的理念和宗旨不断进步

人类历史的发展规律是社会文明程度不断提升，这一规律反映到国际秩序的演变中，其表现为国际秩序的理念和宗旨不断进步，国际秩序演进越来越符合人类文明发展方向。

威斯特伐利亚秩序提出的"民族国家""国家利益"等概念，确立的"国家主权""主权平等""不干涉"等原则，以国权替代了教权，以主权替代了神权，打破了欧洲政治的传统封建观念，具有划时代的历史进步意义。维也纳秩序则制定了自由通航规则和外交规则，将"自由通航"原则和以和平方式解决争端的"和平"理念注入国际秩序中。在欧洲的国际秩序构建中，"均势"不仅成为一个理念，也成为一个结果。凡尔赛—华盛顿秩序则摒弃了欧洲一贯以"均势"谋和平的旧有理念，采用以威尔逊"十四点纲领"为新的国际和平理念。威尔逊认为，旧的秩序安排只注重疆界划分以取得"均势"，而不顾及道义原则和民众愿望，这不仅是不道德的，也是危险的，而且还带来了秘密外交、各顾其利的自私现象。因此，新的国际秩序应放弃这些陈旧理念和行为，建立"权力共同体，而非势力均衡；有组织的共同和平，而非有组织的竞争敌对"。① 新的国际秩序应是以规则为基础的和平秩序，应建立在对和平的"公开契约、公开实现"之上。② 因此，凡尔赛—华盛顿秩序将公开外交、自由贸易、民族不分大小一律平等和民族自决等新的国际关系原则纳入其中，体现了思想理念的进步性。雅尔塔秩序更是将这些体现时代进步性的理念和原则贯彻到国际体制机制建设中，使这些理念和原则逐步落实到实践中。

当前，随着世界格局的重大变化，国际秩序也处于一个调整期，以一种什么样的符合人类发展方向的新理念，来调整、改革、完善国际秩序，是建立更加公正合理国际秩序的关键。从世界人民对未来美好愿望和全球化发展客观规律出发，习近平主席提出了构建"人类命运共同体"的核心理念，"开放、包容、普惠、平衡、共赢"的发展观，"共商、共建、共享"的全球治理观，"共同、综合、合作、可持续"的新安全观，"平等尊重，包容互鉴"的文明观。这些新理念、新观念体现了时代特征和历史进新，应成为国际秩序调整、改革、完善的指引。

---

① Address, January 22, 1917, in Link, Papers, 40: 536 – 537.
② ［美］基辛格：《世界秩序》，胡利平等译，中信出版社2015年版，第343页。

## （四）国际秩序的规则和机制不断完善

理念和原则需要落实和体现到国际秩序具体的规则和机制中，否则就会成为纸面上的美好愿望。国际秩序的演变也是一个国际规则和机制不断发展完善的过程，这也是国际秩序不断成熟的特征。

虽然威斯特伐利亚秩序第一次制订了各方接受并遵守的明文规定的原则、规则等国际规范，创立了一个具有现代意义的国际秩序，但它并没有建立一个实施这些原则、规则以保障这一秩序有效运行的组织机制，因而其运行效果较差。威斯特伐利亚秩序建立以后，欧洲仍充斥着连绵不断战争的历史就说明了一点。维也纳秩序形成了一个定期举行国际会议的外交习惯，频繁的国际会议形成了多边协商的一种机制，由此催生了国际组织和国际机制，这是维也纳秩序对国际秩序发展的一大贡献。凡尔赛—华盛顿秩序则通过了《国际联盟盟约》，制订了详细的规章和规则，成立了国际联盟组织，这标志着国际组织和机制的正式建立。凡尔赛—华盛顿秩序所建立的规章体系和组织机制，使国际秩序建设更加制度化、法律化、系统化，对国际秩序的发展建设产生重大影响。在凡尔赛—华盛顿秩序基础上，雅尔塔秩序制订了《联合国宪章》，成立了联合国，建立了比较成熟完善的国际组织和机制。

当前，国际秩序正处于深刻调整期，这种调整不仅应反映在一些规则的变动上，也应反映在一些组织机制的改革上，更应反映在一些新的机制和规则的创建上，使国际秩序更能维护变化了的世界的和平与发展。比如，在网络空间领域就急需形成国际机制并制定相应规则。网络空间攸关各国的安全和发展，也攸关每个人的利益，但网络空间治理领域存在权力机构分散、治理主体多元化、国际规范缺失等问题，还没有形成一个被普遍接受的全球网络空间治理机制和规则。在外空领域也是如此，虽然在外空方面形成了一些政治安全和科技的条约或协议，但缺少防止外空武器化的条约，而外空武器化态势越来越严重，外空军备竞赛和外空冲突越来越成为现实，这将严重影响国际和平、安全与发展。因此，国际社会亟待制定一项防止外空武器化的条约，形成一个维护外空安全的新机制。

## （五）大国决定国际秩序

从国际秩序演变的历史看，在新的国际秩序形成过程中，大国发挥着决定性作用。他们不仅主导着国际秩序的建立，还左右着国际秩序的运行。大国决定国际秩序也是国际秩序发展演变的特征。

大国决定国际秩序的建立和运行，反映了世界权力、利益与责任、义务平衡的客观现实。这是因为，第一，大国对维持国际秩序担负主要责任。无政府是世界的本质属性和自然状态。由于没有凌驾于各国政府之上的统一的世界政府，维持国际正常秩序的责任就只能由各个国家来承担，而客观现实是，主体责任要由大国来承担，也只有大国才具备这种能力和作用。无论是重大事务的处理、重大危机的解决，还是为联合国等国际组织机制提供人财物的保障，大国都担负了主要责任。第二，世界战略格局是由大国决定的。所谓战略格局就是世界大国（或集团）在一定时期内形成的力量对比及关系形态。世界格局决定着国际秩序，这是国际政治的法则，大国在国际秩序构建和运行中的决定性作用不言自明。第三，大国对世界战争具有决定性作用。国际秩序建立的最主要目的就是为了防止战争、维护和平。纵观世界历史，较大规模的战争无一不是由大国引发、大国参与，最终也是由大国终结的，中小国家没有这种能力。因此，只要大国之间不发生战争，就不会有世界性战争，世界就能维持总体和平与稳定。中小国家之间的冲突和战争，其规模和程度都是地区性的而非世界性的，而且还会受到大国的强力制约，难以引发世界性战争。因此，从维护世界和平的角度，也能看出大国在国际秩序中的决定性作用。

需要指出的是，大国具有的权利与其所担当的国际责任和义务应是平衡的、适应的。大国应在维护世界和平与发展中承担更大的责任，为世界提供更多的公共产品。特别是在世界格局演变和国际秩序调整时期，大国应具有大格局和大胸怀，从世界全球化和人类命运与共的历史发展趋势出发，担负起维护世界和地区和平、安全与稳定，促进各国发展与福祉，引导构建一个更加公正合理的国际秩序的大国责任与义务。

## 附：第二次世界大战期间形成雅尔塔秩序的重要国际文书

### 《大西洋宪章》
(*The Atlantic Charter*)

**第一部分**

美利坚合众国总统和代表联合王国的首相丘吉尔，经过会商，觉得把他们两个国家政策上若干共同原则（对更好的未来世界的希望即以此为基础）在此时向世界宣布，是合适的。

第一，他们两个国家不寻求任何领土的或其他方面的扩张；

第二，他们不希望看见发生任何与有关人民自由表达的意志不相符合的领土变更；

第三，他们尊重所有民族选择他们愿意生活于其下的政府形式之权利；他们希望看到曾经被武力剥夺其主权及自治权的民族，重新获得主权与自治；

第四，他们要在尊重他们现有的义务下，努力促使所有国家，不分大小，战胜者或战败者，都有机会在同等条件下，为了实现它们经济的繁荣，参加世界贸易和获得世界的原料；

**第二部分**

第五，他们希望促成所有国家在经济领域内最充分的合作，以促进所有国家的劳动水平、经济进步和社会保障；

第六，在纳粹暴政被最后消灭之后，他们希望建立和平，使所有国家能够在它们境内安然自存，并保障所有地方的所有人在免于恐惧和不虞匮乏的自由中，安度他们的一生；

第七，这样的和平将使所有人能够在公海上不受阻碍地自由地航行；

第八，他们相信，世界上所有国家，为了现实的和精神上的理由，必须放弃使用武力。如果那些在国境外从事或可能以侵略相威胁的国家继续使用陆海空武器装备，则未来的和平将无法维持；所以他们相信，在一个更普遍和更持久的全面安全体系建立之前，解除这些国家的武装是必要的。同样，他们会协助和鼓励一切其他可行的措施，来减轻爱好和平的人民在军备上的沉重负担。

富兰克林·罗斯福<br>
温斯顿·丘吉尔<br>
1941 年 8 月 14 日。

## 《联合国家宣言》
(*Declaration by United Nations*)

美利坚合众国、大不列颠及北爱尔兰联合王国、苏维埃社会主义共和国联盟、中国、澳大利亚、比利时、加拿大、哥斯达黎加、古巴、捷克斯洛伐克、多米尼加共和国、萨尔瓦多、希腊、危地马拉、海地、洪都拉斯、印度、卢森堡、荷兰、新西兰、尼加拉瓜、挪威、巴拿马、波兰、南非联邦、南斯拉夫各国的联合宣言。

本宣言签字国政府，对于 1941 年 8 月 14 日美利坚合众国总统和大不列颠及北爱尔兰联合王国首相所作联合宣言称为大西洋宪章内所载宗旨与原则的共同方案业已表示赞同。深信完全战胜它们的敌国对于保卫生命、自由、独立和宗教自由并对于保全其本国和其他各国的人权和正义非常重要，同时，它们现在正对力图征服世界的野蛮和残暴的力量从事共同的斗争，兹宣告：

（一）每一政府各自保证对与各该政府作战的三国同盟成员国及其附从者使用其全部资源，不论军事的或经济的。

（二）每一政府各自保证与本宣言签字国政府合作，并不与敌人缔结单独停战协定或和约。

现在或可能将在战胜希特勒主义的斗争中给予物质上援助和贡献的其他国家得加入上述宣言。

1942 年 1 月 1 日于华盛顿。

## 《中苏美英关于普遍安全的宣言》
(*Declaration of China, the Soviet Union, the United States and the United Kingdom on universal security*)

中国、苏联、美利坚合众国及联合王国政府，一致决心遵照一九四二年一月一日的《联合国家宣言》及以后历次宣言，对它们现正分别与之作战的轴心国继续敌对行动，直至各轴心国在无条件投降基础上放下武器时为止；感到有使它们自己和同它们同盟的人民从侵略威胁下获得解放的责任；并承认有必要保证由战争迅速而有序地过渡到和平，并建立与维持国际和平与安全，使全世界用于军备的人力和经济资源达到最小限度。

特联合宣告：

（一）它们保证用以对各敌人进行战争的联合行动将为组织及维持和平与安全而继续下去；

（二）它们中与某一共同敌人作战者，对于有关该敌人的投降及解除武装等一切事项，将采取共同行动；

（三）它们将采取它们认为必要的一切措施，以防止任何破坏对敌人所规定的条件的行为；

（四）它们承认有必要在尽快可行的日期，根据一切爱好和平国家主权平等的原则，建立一个普遍性的国际组织，所有这些国家无论大小，均得加入为会员国，以维持国际和平与安全；

（五）为维持国际和平与安全起见，在法律与秩序重建及普遍安全制度创立以前，各国彼此磋商，并于必要时与联合国家中其他国家磋商，以便代表国际社会采取共同行动；

（六）战事结束后，除非为实现本宣言内所预期的目的，并在共同磋商后，它们将不在其他国家领土内使用其军队；

（七）它们将彼此并与联合国家中其他国家磋商与合作，俾对战后军备的调节，获得一实际可行之普遍协议。

1943 年 10 月 30 日于莫斯科。

## 《开罗宣言》
### (Cairo Declaration)

罗斯福总统、蒋委员长、丘吉尔首相、偕同各该国军事与外交顾问人员，在北非举行会议，业已完毕，兹发表概括之声明如下：

三国军事方面人员关于今后对日作战计划，已获得一致意见，我三大盟国决心以不松弛之压力从海陆空各方面加诸残暴之敌人，此项压力已经在增长之中。

我三大盟国此次进行战争之目的，在于制止及惩罚日本之侵略，三国决不为自己图利，亦无拓展领土之意思。

三国之宗旨，在剥夺日本自从一九一四年第一次世界大战开始后在太平洋上所夺得或占领之一切岛屿；在使日本所窃取于中国之领土，例如东北四省、台湾、澎湖群岛等，归还中华民国；其他日本以武力或贪欲所攫取之土地，亦务将日本驱逐出境；我三大盟国稔知朝鲜人民所受之奴隶待遇，决定在相当时期，使朝鲜自由与独立。

根据以上所认定之各项目标，并与其他对日作战之联合国目标相一致，我三大盟国将坚忍进行其重大而长期之战争，以获得日本之无条件投降。

1943年12月1日，中、美、英三国在重庆、华盛顿、伦敦三地同时发表《开罗宣言》。

## 《苏美英三国德黑兰宣言》

(*Tehran declaration of the Soviet Union, the United States and Britain*)

我们——美利坚合众国总统、大不列颠首相和苏联人民委员会主席——在过去的四天中，已在我们盟邦伊朗的首都德黑兰集会。已经拟定并认可了我们的共同政策。

我们表示我们的决心：我们国家在战争方面，以及在随后的和平方面，都将共同工作。

关于战争方面——我们的军事参谋曾参加我们的圆桌讨论，我们已经议定了关于将德军消灭的计划。我们已就将从东面、西面和南面进行的军事行动的规模和时间，商得完全的协议。

我们在这里达到的共同默契保证胜利一定是我们的。

关于和平方面——我们确信：我们的协力同心将导致一种永久的和平。我们完全承认我们以及所有联合国家负有至上的责任，要创造一种和平，这和平将博得全世界各民族绝大多数人民大众的好感，而在今后许多世代中，排除战争的灾难和恐怖。

和我们的外交顾问在一起，我们曾检讨了将来的诸多问题。我们将力求所有大小国家的合作和积极参加，那些国家的人民，就和我们本国的人民一样,都是全心全意抱着消灭暴政和奴役、迫害和压制的真忱。我们将欢迎他们,听他们抉择,到一个全世界民主国家的大家庭里来。

世界上没有任何力量能够阻挡我们由陆上消灭德国军队,在海里消灭他们的潜艇,并且从空中消灭他们的兵工厂。

我们的进攻将是毫不留情的,而且是越来越强的。

从这些友谊的会议出来,我们怀着信心瞻望那么一天,那时全世界所有各国人民都可以过自由的生活,不受暴政的摧残,凭着他们多种多样的愿望和他们自己的良心而生活。

我们怀着希望和决心来到这里。我们作为事实上的朋友、精神上的朋友和志同道合的朋友而在这里分手。

1943年12月1日于德黑兰。

## 《苏美英三国克里米亚(雅尔塔)会议公报》
(*Communique of the Crimea Conference*)

英国首相、美国总统以及苏联外交人民委员会主席在克里米亚会议结束时作出如下声明:

**击败德国**

我们已经考虑过而且决定了三同盟国为使共同敌人彻底败北的军事计划。三同盟国的军事参谋,在这次会议的期间,始终每天会商。这些会商,从一切观点来看,都是最令人满意的,结果已使三同盟国军事努力的协调比以往更密切了。我们已经互相交换最充分的情报。关于我们的陆军和空军要从东边、西边、北边和南边向德国心脏发动的新的更加强有力的打击的时间、规模和协作,都已商得完全同意,并已详细拟定计划。

我们的联合军事计划,唯有当我们执行这些计划的时候,才使人知道。但是我们相信:三国参谋部之间在这次会议中达成的十分亲密的合作,结果必将使战争时期缩短。三国参谋部的会商,今后遇到需要时将随时继续举行。

纳粹德国已注定灭亡。德国人民如果企图继续一种毫无希望的抵抗,将徒然使他们自己由于败北而受的损失更加重大。

### 德国的占领与管制

我们已就共同的政策与计划商得同意,以便实施在德国武装抵抗最后被击溃后,我们要共同使纳粹德国接受无条件投降的条款。这些条款,在德国最后败北完成之前,不得使人知道。根据已商定同意的计划,三国部队将各自占领德国的一个区域。这计划规定,成立一个中央管制委员会执行互相协调管理控制的工作,此委员会由三国的最高司令官组成,总部设在柏林。我们已经商得同意:法兰西如果愿意的话,三国当邀请它承受一个占领区,并参与管制委员会,作为第四委员。关于法兰西所占领区域的范围,将由有关四国政府经由它们在欧洲顾问委员会中的代表共同商定。

我们不屈不挠的宗旨,就是要消灭德国的军国主义和纳粹主义,要确保德国绝不能够再扰乱世界的和平。我们决定要把德国一切武装力量解除武装状态,并予以解散;把那曾经一再极力使德国军国主义复活的德国总参谋部永远解散;把德国所有一切军事装备撤去或破坏掉;把所有一切曾供军事生产之用的德国工业排除掉,或者予以统制;使所有一切战争罪犯受到公正而迅速的膺惩,并要执行同德寇所造成的破坏相当的实物赔偿;要扫灭纳粹党、纳粹的法律、组织和制度,从德国人民的公共机关中,从文化生活与经济生活中消除所有一切纳粹的和军国主义的影响;并且要在德国和谐地采取对于世界未来的和平与安全实属必要的其他措置。我们的宗旨绝不是要消灭德国的人民,但是唯有当纳粹主义和军国主义已经根绝了的时候,德国人民才有过适当生活的希望,他们才有在国际交谊中占一席之地的希望。

### 德国的赔偿

我们已经考虑过关于德国在这次战争中使同盟国家所受损害的问题,并且认为理应由德国用实物将这种损害尽可能赔偿到最大限度。一个损害赔偿委员会应予设立。这个委员会将奉命考虑关于德国对同盟国所受的损害赔偿的程度与方法问题。这个委员会将在莫斯科工作。

### 联合国会议

我们决定尽可能从速和我们的盟邦建立一个一般性的国际组

织，以维持和平与安全。我们相信：经由所有一切爱好和平的各国人民的密切而继续的合作，以防止侵略并消除政治上、经济上和社会上的战争原因，都是必要的。

在敦巴顿橡园会议中国际组织问题已经奠定了基础。然而，关于投票表决程序的问题，在那儿不曾商得同意。1945年2月的雅尔塔会议，已解决了这个困难。

我们已经商得同意：当于1945年4月25日在美利坚合众国旧金山召开联合国会议，以便依照在敦巴顿橡园非正式会议中建议的方针准备这一个组织的宪章。

我们将立刻向法国政府和中国政府磋商，并邀请他们和美利坚合众国政府、大不列颠政府与苏维埃社会主义共和国联盟政府共同发起这种会议。一经和中国与法国磋商完毕，关于投票表决程序的建议案全文，就可公布。

**关于被解放的欧洲的宣言**

苏维埃社会主义共和国联盟人民委员会主席、联合王国首相和美利坚合众国总统，已经就他们本国人民的和被解放的欧洲各国人民的共同利益，互相会商过。他们联合声明：在被解放的欧洲暂时不稳定的时期中，他们互相同意，当使他们三国政府的政策一致，以协助从纳粹德国统治下获得解放的各国人民，以及欧洲的前轴心附庸国人民，用民主方式解决他们迫切的政治问题和经济问题。

欧洲秩序的确立，以及国民经济生活的再建，必须凭借足以使被解放的各国人民能够消灭纳粹主义和法西斯主义的最后形迹，并创造自己抉择的民主制度的程序来达成。这是大西洋宪章的一个原则——所有各国人民有权抉择他们生活所寄的政府的形式——使那些被侵略国用武力剥夺了主权和自治政府的各国人民恢复主权和自治政府。

为了造成被解放各国人民可以使用这些权利的条件，三国政府当对于欧洲任何被解放的国家人民或欧洲前轴心附庸国人民予以协助，当他们认为需要：

（甲）确立内部和平状态；

（乙）实行紧急措置赈济难民；

（丙）成立临时政府，使民众中一切民主分子的代表广泛参加，并确保尽可能从速经由自由选举以建立对于人民意志负责的政府；

（丁）在必要地方助成这种选举。

三国政府当与其他联合国，以及欧洲的临时当局或其他政府，在考虑到对他们有直接利益的问题时，互相洽商。当三国政府认为欧洲任何被解放国或欧洲任何前轴心附庸国中的情况有采取这类行动的必要时，他们当立刻共同谘商，关于履行本宣言中所举共同责任所必需的措置应当立即共谘商。

我们在本宣言中重申我们对于大西洋宪章中诸原则的信心，重申我仍在联合国宣言中提出的保证，并且重申我们的决心，要和其他爱好自由的各国合作以建立一种在法治下的世界秩序，致力于全人类的和平、安全、自由与普遍的福利。

在发表这个宣言时，三国表示希望法兰西共和国临时政府在所建议的程序下予以协作。

### 波　兰

在波兰，由于它已被红军完全解放，产生了一种新的形势。这就要求建立一个比波兰西部在1945年解放以前可能建立的基础更广大的波兰临时政府。因此现今在波兰执行职权的临时政府，就应该在更广大的基础上实行改组，以容纳波兰国内外民主领袖。这个新政府应称为波兰全国统一的临时政府。

莫洛托夫、哈里曼和卡尔，受命以一个委员会的资格，首先在莫斯科与现今临时政府的成员并与波兰国内外其他波兰民主领袖进行会商，以便根据上述方针改组现政府。这个全国统一的波兰临时政府应当保证：尽速根据普遍选举与秘密投票方式举行自由的不受限制的选举。在这些选举中，所有民主的和反纳粹的政党都有权参加，并提出其候选人。

当全国统一的波兰临时政府已经依照上述原则正式成立时，1945年和波兰临时政府保持外交关系的苏联改府以及联合王国政府与美利坚合众国政府，都要和新的波兰的全国统一的临时政府建立外交关系，并互派大使，各该政府根据大使的报告，将经常获悉波兰情形。

三国政府的首长认为：波兰的东疆，当依照寇松线，而在若干区域应作出对波兰有利的自五公里到八公里的逸出。他们承认：波兰必须在北方和西方获得广大的领土上的让予。他们觉得关于这些领土上的让予的范围，当于适当时机征询新波兰的全国统一的临时政府的意见，并且觉得关于波兰西疆的最后定界，应待和会解决。

**南斯拉夫**

我们同意向铁托元帅和苏伯西奇博士建议：他们之间的协定，应立刻付诸实施，并应根据那个协定成立一个新政府。我们又建议：新政府一经成立，就应该声明：（一）反法西斯民族解放大会应予以扩大，以容纳没有和敌人合作妥协的南斯拉夫最后一届议会的议员，这样组成一个称为临时议会的团体；（二）反法西斯民族解放大会所通过的立法案，以后将提交宪政大会予以批准。

对于巴尔干的其他问题，也已做了一般的检讨。

**外长会商**

在会议的全期间，除各政府首长和外长们的日常会商外，并且每天举行了由三国外长和他们的顾问的另外会商。

这些会商已证明具有无上的价值。这次会议已经同意：应当设置永久的机构，以使三国外长间举行经常谘商。所以他们于必要时可经常会商，大约每三四个月会晤一次。这些会谈将轮流在三国首都举行，第一次会商定于联合国关于世界组织会议后在伦敦举行。

**为和平而团结正如为战争而团结**

我们在克里米亚这儿会晤，已重申我们的共同决心，在今后的和平时期中，一定要保持并加强在这次战争中使联合国家胜利成为可能和确定的目的方面和行动方面的团结一致。我们相信这就是我们政府对于我们本国人民以及对全世界所有各国人民的一种神圣义务。

唯有我们三国之间以及一切爱好自由的各国之间，继续增进的合作与了解,才能够实现人类最崇高的愿望———一种安全而且持久的和平,用大西洋宪章的话来说,就是:"确保在所有一切土地上的所有一切人,都可以在不受恐惧、不虞缺乏的自由中度过一生。"

在这次战争中的胜利以及建议中的国际组织的建立,将提供一切历史中最伟大的机会,使能在今后年代中创造这一种和平的重要条件。

1945年2月10日于雅尔塔。

## 《雅尔塔协定》
### (《苏美英三国关于日本的协定》)
(*Yalta Agreement*)

苏美英三大国领袖同意,在德国投降及欧洲战争结束后两个月或三个月后内,苏联将参加同盟国方面对日作战,其条件是:

1. 外蒙古(蒙古人民共和国)的现状须予维持。
2. 由日本一九零四年背信弃义进行所破坏的俄国以前权益须予恢复,即:

甲、库页岛南部及邻近一切岛屿须交还苏联;

乙、大连商港须国际化,苏联在该港的优先权益须予保证,苏联之租用旅顺港为海军基地须予恢复;

丙、对担任通往大连之出路的中东铁路和南满洲铁路应设立一苏中合办的公司以共同经营之。经谅解,苏联的优先权益须予保证而中国须保持在满洲的全部主权。

3. 千岛群岛须交予苏联。经谅解,有关外蒙古及上述港口的协议尚须征得蒋介石委员长的同意。根据斯大林大元帅提议,美国总统将采取步骤以取得该项同意。

三国领袖同意,苏联之此项要求须在击败日本后毫无问题地予以实现。

苏联本身表示准备和中国国民政府签订一项苏中友好协定,俾以其武力协助中国达成自日本枷锁下解放中国之目的。

1945年2月11日于雅尔塔。

## 《波茨坦宣言》

**(Potsdam Declaration)**

——一九四五年七月二十六日中英美三国共同发布

（一）余等：美国总统、中国国民政府主席及英国首相，代表余等亿万国民，业经会商并同意对日本提出劝告，予以一机会以向三国无条件投降，免日本全体人民遭受战争之惨祸。

（二）三国陆海空部队已增强多倍，其由西方调来之军队及空军即将予日本以最后之打击。彼等之武力受所有联合国之决心之支持，对日本全面作战，不至其停止抵抗不止。

（三）德国无效果及无意识抵抗全世界自由人民之力量所得之结果彰彰在前，可为日本人民之殷鉴。此种力量，当其对付抵抗纳粹时，不得不将德国人民全体之土地工业及其生活方式摧残殆尽。但现在集中对付日本之力量则较之更为庞大不可衡量，吾等之军力加以吾人之坚决意志为后盾，若予以全部使用，必将使日本军队完全毁灭，无可逃避，而日本之本土亦终必全部残毁。

（四）时机业已到来，日本必须决定一途：其将继续受其一意孤行计算错误而将日本帝国陷于完全毁灭之境之军人统制？抑或走向理智之路？

（五）以下为吾人之条件，吾人决不许更改，亦无其他另一方式。犹豫迁延，更为吾人所不容许。

（六）欺骗及错误领导日本人民使其妄欲征服世界者之权威及势力必须永久铲除，盖吾人坚持非将负责之穷兵黩武主义驱出世界，则和平安全及正义之新秩序势不可能建立。

（七）直至如此之新秩序成立时，及直到日本制造战争之力量业已毁灭而有确实可信之证据时，日本领土须经盟国之军队予以占领，俾吾人在此陈述之基本目的得以完成。

（八）开罗宣言之条件必将实施，而日本之主权必将限于本州、北海道、九州、四国及吾人所决定其可以领有之小岛在内。

（九）日本军队在完全解除武装以后，将被允许其返乡，得以和平从事生产生活之机会。

（十）吾人无意奴役日本民族或消灭其国家，但对于战罪人犯（包括虐待吾人俘虏者在内）将处以法律之裁判。日本政府必须将阻止日本人民民主趋势之复兴及增强之所有障碍予以消除，言论宗教及思想自由以及对于基本人权之重视必须成立。

（十一）日本将被许维持其经济所必需及可以偿付赔款所需要之工业，但可以使其重新武装作战之工业不在其内。为此目的，可准其获得原料（别于统制原料）日本最后参加国际贸易关系当可准许。

（十二）上述目的达到时，日本得依人民自由表示之意志成立一保障和平及负责之政府，届时三国占领之军队即撤退。

（十三）吾人劝告日本政府立即宣布所有日本武装部队无条件投降，并对此种行动诚意实行予以适当之各项保证。除此一途，日本即将迅速完全毁灭。

## 《五国和约》
### （领土部分）
(*Peace Treaty of Paris*)
（一九四七年二月十日于巴黎）

对意大利和约【节录】

意大利疆界，除了本和约对意大利与法国、意大利与南斯拉夫、意大利与希腊、意大利与的里雅斯特自由区所做出的具体疆界修改外，仍为一九三八年一月一日原有的疆界。此项疆界已在本和约所附地图上（附件一）划明。①

对保加利亚和约【节录】

保加利亚的疆界，如本和约附图（附件一）所示，应为一九四一年一月一日原有的疆界。

对匈牙利和约【节录】

---

① 具体修改内容见武汉大学出版社出版的《国际关系史资料选编》（下册），1983年版，第34—37页。

匈牙利与奥地利、南斯拉夫、罗马尼亚、捷克斯洛伐克的疆界，除按照本和约做出的修改外，恢复一九三八年一月一日匈牙利与各国的疆界，上述疆界在本和约附件一的图一和图二中明确表明。①

对罗马尼亚和约【节录】

罗马尼亚的疆界，除罗马尼亚与匈牙利的疆界恢复两国一九三八年一月一日原有疆界外，应为一九四一年一月一日的疆界，正如本和约附图（附件一）所示。因此，苏联与罗马尼亚的疆界应依照一九四〇年六月二十八日苏联与罗马尼亚的协定以及一九四五年六月二十九日苏联与捷克斯洛伐克的协定而确定。

对芬兰和约【节录】

芬兰的疆界，除了按照一九四四年九月十九日的停战协定，芬兰将苏联根据一九二〇年十月十四日的和约和一九四〇年三月十二日的和约自愿割让给芬兰的贝柴摩省归还给苏联外，应维持一九四一年一月一日原有的疆界。本和约附图（附件一）做出了标志。

---

① 具体修改内容见武汉大学出版社出版的《国际关系史资料选编》（下册），1983年版，第51—52页。

# 第三章　国际安全秩序的结构

对国际秩序的研究，大都聚焦于研究国际秩序概念、国际秩序内容和状态以及具体国际条约（宪章）和国际组织等。到目前为止，还没有研究成果勾画出现有国际安全秩序的框架、组成与内容等，梳理出国际安全秩序的整个规范体系，给出国际安全秩序的一个整体概貌。本章将基于国际安全秩序的本质和目的，根据"国际安全秩序"的定义和内涵，在弄清国际安全秩序结构概念和提出国际安全秩序体系建构方法的基础上，给出整个现有国际安全秩序的框架、组成和内容。

## 第一节　国际安全秩序结构的概念

第一章给出了国际安全秩序的定义："各国际行为体在其所处的国际体系内，按照普遍或共同认可的国际安全规范发生关系而使国际体系处于没有危险、行为体之间不存在相互威胁和面临共同威胁的状态。"可见，只要"国际行为体"即国家都能遵守认可的"国际安全规范"，就能保证"国际体系处于没有危险、行为体之间不存在相互威胁和面临共同威胁"的国际状态，就能维护好国际和平与安全。因此，在国际安全秩序中，"国际安全规范"是核心要素。当然，为保障这些国际安全规范有效实施而建立的国际组织，也是国际安全秩序的重要组成部分。国际安全规范及其国际组织，就构成了国际安全秩序的主体。这样，我们要弄清一个国际安全秩序是什么，关键是要梳理清楚其规范体系是什么，即各国在国际社会中按照一套什么样的国际政治与安全原则、规则而行事，以及其相应国际组织的职能和作用是什么。因此，这里所指的国家安全秩序结构是指国际政治安全规范体系及其国际组织。

从国际秩序的起源和概念来看，其建立的根本目的就是防止战争、维护和平，维持国际社会一个有条不紊的状态。因此，基于这一根本目的，我们在梳理国际安全规范体系时需要把握三点：第一，将国家作为唯一国际行为体。按照国际法，在国际社会中，国家是国际法的基本主体，是承担国际责任和义务的主体。除此之外，国际法还承认国际组织的国际法主体地位，虽然认为它并不是完全的国际法主体。西方法学界还认可个人的国际法主体地位。[①] 但是，从国际安全行为体看，只有国家才能引发、参与和结束冲突和战争，是冲突和战争的行为者和责任人，而国际组织和个人则不具有这种资格和能力。因此，我们就排除了国际组织和个人在国际安全规范中的行为体资格。这样，一些针对国际组织或个人行为的国际安全规范。比如国际刑法有关条约、协定、习惯国际法等，就不纳入国际安全规范体系。当然，当国际组织或个人得到国家授权或代表国家时，其行为的性质就发生了变化，其产生的国际安全后果就属于国家责任，就成为联合国安理会处理的问题。需要指出的是，并非所有针对个人或国际组织的国际安全规范都不被纳入国际安全规范体系，其是否被纳入体系，主要看两点：一是看这个国际安全规范针对的威胁和危险是否是对整个国际社会或国际体系构成威胁或危险，若是，则这种规范就应纳入国际安全规范体系。比如，1997年联合国通过的《制止恐怖主义爆炸事件的国际公约》，其针对的恐怖分子所实施的爆炸事件危及国际社会安全，该条约就被纳入国际安全规范体系；二是看应对这种威胁或危险的责任是否主要由国家个体负责，若是，则不纳入国际安全规范体系。比如，1970年通过的《关于制止非法劫持航空器的公约》（"海牙公约"），是主要依靠国家个体采取行动制止个人或组织航空犯罪的条约，虽也属于国际反恐范畴，

---

① 朱晓青：《国际法》，社会科学文献出版社2005年版，第55—58页。

但不纳入国际安全规范体系。

第二，将"国际安全规范"限定于传统安全范畴。传统上，国家安全的内涵是生存、领土完整和主权安全等，但随着科技发展和全球化深化，国家安全内涵大大扩展，除传统安全外，非传统安全如经济安全、文化安全、社会安全、科技安全、生态安全、信息安全、资源安全和核安全等，也被纳入国家安全范畴。这样，国际安全的内涵也应随之得以相应扩展，国际安全概念就会延伸到几乎所有领域的安全。如此，国际安全秩序就可覆盖所有领域的秩序，国际安全秩序变成整个国际秩序，这显然与现实不符，因为现有国际秩序是由国际政治安全秩序和国际经济秩序构成的。① 有关经济、社会、文化、环境等其他领域的国际规范，即使涉及非传统安全问题，也不被纳入国际安全秩序体系，而应纳入国际经济社会秩序体系。比如，1992年联合国通过的《联合国气候变化框架公约》尽管涉及生态安全，但其应归为国际经济社会秩序的规范。1996年联合国粮农组织通过的《世界粮食安全罗马宣言》，尽管涉及粮食安全，也应归为国际经济领域的规范。本书重在基于维护国际和平与安全的根本目的，梳理弄清现有国际安全秩序的规则体系，使各国在国际上能按照规则行事，以防止和处理相互间的冲突和战争，因此，我们将本书中的国际安全规范仅限于传统安全领域的规范，是一个狭义的概念而非广义的概念，这样不仅可对现有国际安全秩序边界有一个清晰的界定，也能使人们对第二次世界大战后建立的国际安全秩序有一个完整明确的理解。

第三，"国际安全规范"不仅要考虑国家个体的安全，还要考虑国际体系整体的安全。第一章中提出的"国际安全秩序"定义，涉及"国际体系处于没有危险、行为体之间不存在相互威胁和面临共同威胁"这三个方面的危险或威胁，因此，我们将"国际安

---

① 在第一次世界大战前，"国际安全秩序"基本上就是国际秩序。但第一次世界大战后，"国际经济秩序"逐渐成为国际秩序的重要组成部分。在现有国际秩序中，"国际经济秩序"的比重越来越大。

全规范"限定于针对这三个危险和威胁方面的国际规范。这样,"国际安全规范"不仅包括涉及国家的生存、主权、领土等核心利益的国际规范,还包括涉及整个国际体系安全与稳定的国际规范,如裁军条约等,以及涉及各国共同面对、需各国通力合作才能应对的安全威胁的国际规范,如反恐条约等。实际上,随着科技的发展和全球化的进展,人类社会越来越形成一个休戚与共的命运共同体,世界越来越成为一个地球村,对整体国际体系的威胁和各国面对的共同威胁也越来越多,一个国家无法单独应对这些威胁,这需要国际社会通力合作共同应对。因此,涉及整个国际体系安全稳定的国际规范和涉及各国共同面对的安全威胁的国际规范,都是国际安全规范的重要组成部分。

## 第二节 国际安全秩序结构的建构方法

国际安全规范既有传统安全概念上的规范,如政治、军事安全的国际规范,又有新出现的安全规范,如反恐等国际规范;既包含普遍安全意义的规范,如关于主权、领土的国际规范,又包括各领域安全的规范,如海洋、外空的国际规范。而且,一个条约可以跨越多个领域,比如1992年达成的《关于禁止发展、生产、储存和使用化学武器及销毁此种武器的公约》(《化学武器公约》),既是一个裁军条约,又是一个在武装冲突和战争状态下的国际规范。同时,在裁军广义概念下,它既是一个裁减军备条约,又是一个防扩散条约。可以说,国际安全规范繁杂众多、错综交织。按照一个什么标准和方法,将所有国际安全规范梳理成一个有机的整体,使人们能清楚看到国际安全规范体系的层次、构成和内容,从而对现有国际安全秩序提纲挈领、一目了然,也使各国及有关行为体清楚在各个方面应遵守什么样的国际安全规范,这就是本节要回答的问题。为此,首先需要确定一个建构方法,才能对国际安全秩序的规范进行全面梳理、区别、划分,从而提出整个国际安全秩序的框架、组成和内容。

## 一 类比法

世界本质上是无政府的，无政府状态是世界的自然属性。正是有了国际秩序，建立了一套各国都认可并遵守的行为规范，世界才有了一个有序的状态。这如同在一个城市中的交通问题一样，如果没有交通秩序，那么在人的利己本性和没有共识情况下，交通就会陷入紊乱状态，人们出行就会有危险、很不安全，也难以顺利到达目的地。建立了包括交通规则及其执法机构在内的交通秩序后，人们就可按照交通规则出行，遇到事故也有相应的交通规则处理，这样城市交通就有了一个有条不紊的状态。实际上，国际秩序与交通秩序在概念内涵和结构功能上是非常相似的，我们完全可以类比法建构国际安全规范体系。

如果没有国际安全秩序（交通秩序），在无政府世界（无组织的城市）中，各国（人们）出于自身利益最大化本性（利己本性），对外交往和处理关系（出行）就会发生紊乱（交通拥挤、堵塞、发生事故）。当建立了国际安全规范（交通规则）及其相应国际组织（交通执法机关）后，世界（城市）就有了正常的国际安全秩序（交通秩序）。如果各国都能按照国际安全规范行事（人人都遵守交通规则），那么，世界就能维持一个和平与稳定状态（城市交通秩序井然）；但当出现意外、国家间发生争端（发生交通事故）时，有相应的国际争端条约等（事故处理条例）解决矛盾（处理事故）；当国家间发生武装冲突和战争等严重事态（发生严重交通事故如交通伤亡和逃逸等）时，也有联合国安理会机制（法院及民事加刑事处罚条例等）处理事态，参与国也应遵守有关武装冲突和战争的国际条约或协议。下面，我们就用类比法建构国际安全秩序规范体系。

## 二 国际安全规范的分类

在国际法中，有一个国际法基本原则的概念，其含义是为构成国际法基础的，适用于国际法一切领域并对国际法的所有原则、规则和机制起指导作用的决定性规则。① 同样，一个国家在国际社会中无论在什么领域、在什么情况下都要遵循一个最基本的行为规范，这个最基本的国际行为规范就是《联合国宪章》。就像在一个国家内部一样，有一个最基本的法律——宪法，它是国家根本大法，其他法律如刑法、经济法等都是根据宪法制定的。在上述类比的交通秩序中，在交通法规之上，人人首先要遵守的就是国家宪法及其法律，这是保证安全有序出行的前提和制定交通法规的基础。《联合国宪章》就是国际社会的"宪法"，国际法的基本法。这就意味着，第一，《联合国宪章》具有普遍性，即任何国家无论是否为联合国会员国，都必须遵守《联合国宪章》；第二，《联合国宪章》适用于一切领域，即它超越了国际法的各个领域、方面和过程，对所有国际社会的领域、活动起指导作用；第三，所有国际法律文书等国际规范，无论是多边的还是双边的，都必须遵照《联合国宪章》原则制定，其本身的原则和规则是《联合国宪章》派生出来的、发展起来的，任何与《联合国宪章》不符或相悖的国际规范都是非法的、无效的。因此，《联合国宪章》是指导、约束所有国家行为全局的国际安全规范。自联合国成立后，根据国际形势的发展变化，为维护和加强世界和平与安全，联合国陆续通过了旨在强化《联合国宪章》宗旨和原则的一系列政治安全宣言等，这些宣言等是《联合国宪章》的延伸和发展，与《联合国宪章》一起构成了国际安全规范的基础，成为指导、约束各国行为总的根本的国际安全规范。

根据国际秩序的本质、目的和作用，以及其与交通秩序的类比，为分清一个国家在国际社会中与外部世界发生关系时需要遵循的国际安全规范，可按照这个国家与其他国家的政治安全关系在不同状态下需要遵守的不同国际安全规范，来梳理、划分国际安全规范的类别、层次和内容。为此，按照国家间处在正常关系状态、出现争端状态和发生武装冲突、战争状态这三种性质的状态，来梳理、划分国家处理相互之间关系所需遵守的国际安全规

---

① 朱晓青：《国际法》，社会科学文献出版社2005年版，第23页。

范。同时，还要基于维护整个国际体系安全和应对共同威胁的需要，将为此进行的国际合作的安全规范纳入国际安全规范体系。这样，由国家之间关系在三个状态下的国际安全规范和国际合作的国际安全规范，就形成一个系统的国际安全秩序规范体系。

（一）正常关系状态

国家间正常关系状态就是没有发生争端、冲突和战争等不正常情况下的状态。联合国有关在正常国家关系状态下的国际安全规范最繁杂，它构成了整个国际安全规范的主体部分。为分清这些规范的类别、层次和内容，我们从根据一个国家在不同权利范围内需要遵守不同性质和程度的国际安全规范角度，将国家行为范围分为国家主权管辖范围和非主权管辖区域即国际公域，来划分国际安全规范。[①] 国家主权管辖范围是本国领土，国家在其领土范围内拥有独有权力和专属利益，这是一种完全的排他性的管辖权，即领土主权。在人类历史长河中，战争的爆发几乎都是由领土纷争和主权干涉引起的，领土之争和主权干涉是冲突和战争的主因。为此，《联合国宪章》首要的原则就是保障各国的领土完整、安全和主权不受损害，这是防止战争、维护国际和平的核心原则。因此，我们按照有关主权安全的尊重主权、互不干涉原则和有关领土安全的维护领土完整、不侵犯原则这两个方面，来划分在国家主权管辖范围内国家应遵守的国际安全规范。

从以上建构国际安全规范的方法看，领土的概念非常重要，它是国家主权范围的分界线，关系到国家行为许可的性质和程度。领土是指一个国家主权管辖下的区域，包括领陆、领水和领空。领陆是指国家陆地疆界以内的全部陆地，包括大陆和岛屿，是国家领土最基本最重要的组成部分，是一个国家存在的最基本要素；领水是指国家主权管辖下的疆界范围内的全部水域，包括内水和

---

[①] 一般将国家主权管辖范围以外的区域称为"全球公域"（Global Commons）。为与本书中的关键词"国际安全秩序"概念一致起来，本书将其称为"国际公域"。同时，"国际公域"强调的是国际社会（各国）共有特性，而"全球公域"更强调全球（地球）共有特性。除地球上的公共区域外，"国际公域"比"全球公域"更能体现地球之外的公共区域如外空的这种共有属性。

领海。内水是指国家领陆范围内的一切水域和领海基线向陆地一侧的全部水域，包括湖泊、河流、运河、水库等和海港、内海湾、内海峡、河口湾及领海基线向海岸一侧的海域。领海是指沿海国家主权管辖下的陆地领土及内水以外邻接的一定宽度的海域；① 领空是指处于国家主权管辖下的领陆、领水之上的一定高度的空间，这个高度值因国际上对空气空间和外层空间的分界问题还未解决而没有定论。② 领土主权的含义：一是领土管辖权或统治权，即国家对本国领土范围内的人、物和事情拥有排他的管辖权；二是领土所有权，即国家对其领土范围的一切土地和资源拥有占有权、使用权和支配权；三是领土不可侵犯权，即领土的完整不容被以武力威胁和破坏、领土边界不容被侵犯、领土不容被军事占领、领土被以武力占有为非法而不得被承认。

关于领土边界的划分和确定历来是国际秩序重要组成部分，是每次大战后新的国际秩序安排的主要内容之一，从威斯特伐利亚秩序、维也纳秩序、凡尔赛—华盛顿秩序到雅尔塔秩序，无不如此。第二次世界大战期间和战后，反法西斯同盟国等发布了一系列宣言，签订了相关协定，剥夺了德国、日本等法西斯国家在第二次世界大战中通过武力侵略掠夺、占领的他国领土，确定了有关国家的领土边界。这些宣言和协定所做出的安排成为雅尔塔秩序的重要组成部分，这些宣言和协定也是重要的国际安全规范（参见第二章附后"第二次世界大战期间形成雅尔塔秩序的重要国际文书"）。当然，国家之间特别是邻国之间，由于历史、地缘变化和利益纷争等原因，不可避免地存在领土争端。为此，按照《联合国宪章》以和平方法解决争端的原则，有关国家通过协商、

---

① 按照《联合国海洋法公约》，沿海国有权确定其领海宽度，这一宽度从领海基线量起不得超过12海里。沿海国对领海的主权也及于领海之上的一定高度的空间及其海床和底土。

② 按照国际通行理解，空气空间和外层空间的界限就是国家领空的界限，但在科学上，从空气稠密到稀薄到外太空的近似真空，则没有明确的界线。目前飞机和气球等（是"航空器"不是"航天器"）上升的最高高度是35公里，超过100公里的高度就认为是"太空"了。空气空间和外层空间的分界线在这两个高度值之间，对此共识较多的看法是80公里。

谈判，相互间达成了划分领土归属、确定边界的条约、协定等。按照"约定必须遵守"的国际法规范，双边条约和协定都具有国际法效力，有关签署国必须遵守这些条约、协定等。同时，对一些无法经当事国协商、谈判划分的领土归属和边界确定问题，联合国安理会对此做出了有关决议，确定了对此具有国际法律约束力的规定。这些条约、协定和决议等，都构成了关于确定争议领土的国际安全规范，违反它就是违反国际法。

在国家领土管辖范围内，国家拥有不可侵犯的主权，但在除此之外的非主权管辖的区域即国际公域内，各国既拥有一定的权利，如通航、科考、使用、获利等，也需要承担一定的责任和义务，如和平利用、环境保护等。国际公域攸关各国的权益，各国间存在对国际公域使用权和资源利用的竞争性，为此，在国际公域内各国需要按照一套共同认可的行为规范行事，以防止出现矛盾、争端甚至冲突和战争，维护在国际公域内的和平有序状态。根据非国家主权管辖范围概念和人类活动能力所能到达的空间，当代的国际公域主要是指极地、公海和外空。① 极地包括南极和北极，南极是地球南极圈内的大陆及其附近海域，北极是地球北极圈的区域。公海的定义有两个，一个是《公海公约》的定义："不包括在一国领海或内水内的全部海域"；② 另一个是《联合国海洋法公约》的定义："不包括在国家的专属经济区、领海或内水或群岛国的群

---

① 目前国内外对国际公域范围包括极地、公海和外空这三个公共区域没有分歧，但对国际公域是否包括网络空间则分歧较大。在网络空间，国家存在较强的主权权利，而一些西方国家凭借其在网络空间上的技术优势，有意使网络空间自由化，视网络空间为竞技场。2009年美国国防部发布的《四年任务使命评估报告》就提出，"网络空间是与太空、海洋并列的第三大全球公域"。而中国等许多国家则强调各国对网络空间的主权。2015年7月1日第十二届全国人民代表大会常务委员会第十五次会议通过的《中华人民共和国国家安全法》第25条强调："维护国家网络空间主权、安全和发展利益"。2016年全国人民代表大会常务委员会法制工作委员会编写的《中华人民共和国国家安全法释义》特别指出，"网络空间主权是国家主权的重要组成部分，是国家主权在网络空间的体现和延伸。网络主权原则是我国维护国家安全和利益、参与网络国际治理与合作所坚持的重要原则"。因此，基于国家在网络空间上存在的主权权利，本书不将网络空间纳入国际公域范围。

② 《公海公约》第1条。

岛水域内的全部海域。"① 由于本书是以国家行使主权范围的角度来划分区域的，因此，按照前面关于领土和领水的概念含义，本书采用《公海公约》关于公海的定义而非采用《联合国海洋法公约》关于公海的定义。② 由于公海海洋的底土和海洋之上的空气空间都属于国际公域而与海洋处于同一个立体空间内，我们把公海海洋及其之下的底土和之上的空气空间均纳入公海概念范围。外空在科学上一般是指地球表面大气层以外的整个宇宙空间，包括所有天体；在法律上是指国家主权管辖范围以外的空间。在各个国际公域内，国际社会也形成了相应的国际安全行为规范。

（二）国际争端状态

国际争端是指两个或两个以上的国家之间有关于法律上或事实上观点的不一致或政治权利的冲突。在国际关系中，国家间出现争端也是国际关系的一种常态。如果国家之间出现争端而得不到很好的解决，往往就会导致冲突和战争这一严重后果，在历史上由争端引发冲突和战争的情况比比皆是。为此，《联合国宪章》将和平解决争端作为一项重要的国际关系基本原则纳入其中。根据这一国际法基本原则，国际社会形成了一系列处理国际争端的包括宪章、条约、宣言等在内的国际规范。

按照争端的性质，国际争端分为政治性争端和法律性争端两类。政治性国际争端是指当事国存在的分歧和争议是一种基于利益的政治冲突，不涉及法律问题。一般认为，政治性争端是一种不可通过法律裁决解决的争端，而需要通过政治外交途径解决；法律性国际争端是指当事国在国际法律上的权利和义务方面存在的分歧和争议。一般认为，这是一种可以通过国际仲裁和司法程序予以解决的争端。但是，有时一个国际争端既有政治性质又有法律性质，难以完全分开。根据《联合国宪章》第六章第三十三

---

① 《联合国海洋法公约》第86条，本条专指其规定适用的范围。
② 《联合国海洋法公约》对公海的定义更多的是从国家行使权利的程度来考虑的，故而将专属经济区排除在公海之外。的确，本公约规定了沿海国对专属经济区很大的经济权、管辖权等权利，但从领土基本内涵看，专属经济区则不属于沿海国的固有领土，不具有《联合国宪章》规定的那种"领土完整不可侵犯"之性质。

条规定，作为主权国家，当事国可自行选择以何种方法解决相互间的争端。比如，1969年国际法院判决的"北海大陆架案"就是如此。20世纪60年代中期，当时的联邦德国与丹麦、荷兰围绕北海大陆架的划界问题发生了争执，三国在通过外交谈判无果情况下，于1967年2月20日将划分北海大陆架的争端提交国际法院。国际法院于1969年2月20日对此案进行了最后判决，三国接受了国际法院的判决，和平解决了这一争端。政治外交方式和法律方式都是和平方式，都符合《联合国宪章》和平解决国际争端的基本原则，现有国际法已经将以武力手段解决国际争端定为非法。

政治外交方式是指通过当事国之间外交谈判、协商，或者通过第三方斡旋、调停或调查、调解，促成当事国达成协议等寻求争端解决的方法。其中，当事国直接的外交谈判和协商方式，是解决国际争端最主要、最有效的办法。通过第三方斡旋、调停或调查、调解，也是解决国际争端的重要途径。通过这种方式达成的无论是双边的还是多边的协议等，都是符合国际法的、有关各方需遵守的国际安全规范。

法律方式是指采用仲裁或者司法裁决来解决国际争端的方法。当有关国家就国际争端无法通过政治外交方式取得解决时，往往会采用法律方式解决争端。国际上为此建立了相应的司法组织机构和相应的机制程序，对提交的国际争端予以法律判定解决。主要的国际司法组织机构有国际法院、常设仲裁法院和联合国海洋法法庭。国际法院是根据《联合国宪章》建立的联合国的司法机关，是联合国六大机构之一，主要负责主权国家政府间的民事司法裁判。常设仲裁法院是根据《海牙公约》设立的国际争端仲裁机构，其职能是对当事方自愿提交的国际争议进行仲裁。联合国海洋法法庭是根据《联合国海洋法公约》成立的司法机构，其主要职能是裁判因实施（解释和适用）《联合国海洋法公约》所引起的争端。

（三）武装冲突和战争状态

尽管和平与安全是人类追求的目标，但世界的无政府自然属性和国家追求利益最大化的本性，使得武装冲突和战争不可避免，人类社会一直充斥着武装冲突和战争，可以说，人类历史就是一部战争史。武装冲突和战争也是国家间的一种关系状态，尽管这是一种非正常关系状态。

第二次世界大战后，国际秩序建设进入了一个新阶段，《联合国宪章》的确立和联合国的成立，为建立一个更为和平与安全的世界奠定了基石。虽然如此，在现实世界中，武装冲突和战争仍无法避免。一方面，虽然《联合国宪章》提出了"不使用武力"的基本原则，但并没有禁止所有使用武力的情况，它肯定了两种情况下合法使用武力的权利：一是自卫权，即国家在遭到外来侵犯时拥有单独或者与其他国家共同抵抗侵略的权利，这是国家拥有的不可剥夺的主权之一；[①] 二是联合国安理会采取或授权会员国采取使用武力的权利，这是《联合国宪章》赋予联合国安理会行使集体安全的权利，旨在维护国际和平与安全、维持正常国际秩序。[②] 另一方面，在现实世界中，仍然存在着霸权主义和强权政治，一些世界和地区强国凭借其实力优势，为追求自身利益，绕开联合国而对其他国家进行武力入侵和干涉，从而引发武装冲突和战争。但即使在这种不可避免的非正常状态下，一个国家并非不受约束、限制地为所欲为，也需要遵守一套国际行为规范。这些国际行为规范也调整着在武装冲突和战争期间有关国家之间的关系。

在国际关系中，武装冲突是指一切涉及使用武力的斗争，而战争则是大规模使用武力的武装冲突，是武装冲突的特殊类型。在国际法中，武装冲突和战争状态下的国际规范称为武装冲突法。《日内瓦四公约关于保护国际性武装冲突受难者的附加议定书》（《第一议定书》），将武装冲突法定义为："冲突各方作为缔约各

---

① 《联合国宪章》第五十一条规定，联合国任何会员国受到武力攻击时，在安理会采取必要办法，以维持国际和平与安全前，本宪章不得认为禁止行使单独或集团自卫之自然权利。

② 《联合国宪章》第四十二条规定，对于和平之威胁、和平之破坏及侵略行为，当安理会认为采取包括经济和外交等武力以外之办法不足或已经证明为不足时，得采取必要之空海陆军行动，以维持或恢复国际和平与安全。

方订立的国际协定所载的适用于武装冲突的规则和适用于武装冲突的公认国际法原则和规则。"关于武装冲突法，主要分为两个体系，即海牙体系和日内瓦体系。① 海牙体系是指1899年和1907年两次海牙会议形成的关于限制作战手段和方法的一系列公约和宣言的国际法律文书，也统称为《海牙公约》。日内瓦体系是指以1949年形成的《日内瓦四公约》及其两个《附件议定书》为核心的关于保护武装冲突中受难者的一系列国际法律文书。② 国际法院对武装冲突国际法体系做了明确阐述："传统上所称的'战争法规与惯例'是《海牙公约》编纂的对象，而且在一定程度上它是以1868年《圣彼得堡宣言》和1874年布鲁塞尔会议上达成的决议为基础。'海牙法'，更准确地说是《陆战法规和惯例章程》，规定了交战各方在军事行动中的权利和义务，并对在国际武装冲突中杀伤敌方的方法和手段予以限制。此外，'日内瓦公约'是保护战争受害者和旨在对丧失作战能力的人员和未参加敌对行动的人员提供保护的法规。"③ 可见，海牙体系和日内瓦体系就构成了关于武装冲突和战争的国际安全规范。中国于1956年加入了《日内瓦四公约》。

随着科学技术的发展，越来越多的新式武器和大规模杀伤性武器被用于武装冲突和战争中，对作战人员和平民及财产造成的伤害越来越大，也对环境的破坏越来越大，为此，国际社会基于人道主义，相继达成了一系列对在武装冲突和战争中武器装备的使用进行禁止和限制的国际法律文书。比如，1972年达成的《禁止细菌（生物）和毒素武器的发展、生产及储存以及销毁这类武器的公约》（《禁止生物武器公约》），是对生物武器的全面禁止。

---

① 朱晓青：《国际法》，社会科学文献出版社2005年版，第483、486页。
② 制定这些国际法律文书的目的是在武装冲突和战争中进行人道主义保护，因此，日内瓦体系的国际法律文书也属于人道主义法。但在性质上，这些条约和议定书是对各国在武装冲突和战争中的行为进行约束和限制，是关于冲突和战争的规则，因此，日内瓦体系是一种国际安全规范。
③ International Court of Justice, "Legality of the Threat of the Use of Nuclear Weapons, Advisory Opinion", July 8, 1996, p. 75.

1980年达成的《禁止或限制使用某些可被认为具有过度伤害力或滥杀滥伤作用的常规武器公约》(《特定常规武器公约》)，是对一些过度伤害生命的武器的禁止和限制。由于这些禁止和限制武器装备使用的国际法律文书从本质上说更属于裁军这一重要国际安全概念范畴，因此，我们将这些国际法律文书归于裁军领域的规范。

(四) 国际合作

按照国际安全秩序体系的概念，建构国际安全规范体系除要考虑国家间的相互威胁外，还需考虑整体国际体系的危险和各国共同面临的威胁，这些危险或威胁或是由某个国家引起，或是由非国家行为体引起，这需要国家间的国际合作共同应对，以维护国际社会的共同安全利益。促进国际合作也是《联合国宪章》的原则之一。因此，国际安全规范体系还包括通过国际合作促进共同安全的国际规范，主要是裁军和反恐这两大领域的国际规范。

武器是人们从事武装冲突和战争的主要工具，军备竞赛也会增加国家间的相互威胁和对抗，引发国家间的冲突和战争。因此，对武器装备发展和使用的禁止和限制，是降低对抗水平、减小战争威胁，加强国际和平与安全的主要手段之一。第一次世界大战后建立的凡尔赛—华盛顿秩序，首次将裁军纳入国际秩序体系，对各有关国家包括军队和军备在内的军力进行了严格限制，裁军从此成为维护国际安全的重要方式。第一次世界大战后建立的国际秩序，将裁军作为维护和保障国际和平与安全的主要方式之一。在第二次世界大战胜利之时的波斯坦会议上，同盟国通过了关于解除德国、日本等法西斯国家全部武装，铲除或控制其军事工业，使其完全非军事化的决定，解除了法西斯国家发动战争的军事能力。对德日等法西斯国家进行裁军的规定，也是第二次世界大战后国际安全秩序安排的重要内容。更重要的是，作为国际秩序的核心，《联合国宪章》提出了军备裁减与军备控制原则及其实施的途径。宪章规定：大会"得考虑关于维持国际和平及安全之合作之普通原则，包括军缩及军备管制之原则"；"为促进国际和平及安全之建立及维持，以尽量减少世界人力及经济资源之消耗于军备起见"，安理会"应负责拟具方案，提交联合国会员国，以建立军备管制制度"。此后，联合国成立了相应的裁军组织机构，建立了联合国裁军机制，推动达成了一系列裁军条约等国际法律文书。裁军成为以国际合作方式促进国际和平与安全的主要方式，裁军条约等有关法律文书成为国际安全规范体系的主要内容之一。

除联合国推动达成了一系列裁军条约外，为了减小军备竞赛带来的相互威胁和对抗水平及减轻经济负担，一些国家之间谈判达成了一系列双边和多边裁军条约、协议等。特别是，美国和俄罗斯（苏联）两个超级大国均拥有远超出其安全需要的庞大核武库，冷战时两国各自的核武库规模曾一度达到3万枚之多。疯狂的核武器竞赛和高强度对抗，不仅没有给美苏（俄）带来安全，相反倒带来了可导致国家瞬间灭亡的巨大危险，而且也给双方带来了沉重经济负担。在政治安全和经济双重巨大压力下，美苏（俄）谈判缔结了一系列军备控制、军备裁减等条约，以及达成了建立信任措施的协议等。这些条约、协议等对降低超级大国间的军备竞赛水平和对抗程度，对维护全球的战略稳定，保障世界的和平与安全，具有非常重大的作用和意义。甚至可以说，其中的一些条约具有维持现有国际安全秩序的基础性作用。这些双边和多边裁军条约、协议等都具有国际法律效力，是现有国际安全规范的重要组成部分。

上述裁军概念是一个广义上的概念。《联合国宪章》中将裁军含义定为"军缩及军备管制"，此乃宪章的中文标准翻译，其英文为 disarmament and the regulation of armaments。[①] 可见，宪章关于裁军的概念也是一个广义的概念，其含义包括"军备裁减"（disarmament）和"军备管制"（regulation of armaments）两个方面。然而，随着武器及其技术的扩散，特别是包括核武器在内的大规模杀伤性武器及其运载工具的扩散，由此带来的对国际安全的威胁

---

① 《联合国宪章》第四章第十一条第一款。

也越来越严重，防止这些武器及其技术的扩散，就成为联合国和国际社会维持国际和平与安全的重要目标，防扩散也被纳入广义裁军概念的范畴。因此，按照现在国际裁军范畴和内容，以及联合国系统惯常用语，广义的裁军概念主要包括军备控制、军备裁减和防扩散这三个方面。狭义的裁军概念就是军备裁减，其含义是指裁减军备或军队，军备控制就是对武器装备的研制、试验、生产、部署、使用或军队进行限制，防扩散就是防止武器装备及其部件、材料和技术的有意转让或无意流出。[①]

除以上裁军的三个主要方面外，建立信任措施（CBM）也进入裁军概念范畴。[②] 在对手之间存在的敌意或互不信任气氛，导致相互之间会对对方意图产生误解或误判，在对抗特别是高强度对抗下，就可能带来冲突和战争的危险，这个态势在冷战时期尤为突出。比如，在20世纪60年代的古巴导弹危机中，美苏因信息沟通不畅，两国一度走到了核战争的边缘。为减小相互猜忌和误解，增加相互理解和信任，加强安全与稳定，有关国家之间达成了直接联系、信息交流、军力透明等建立信任的协议，并采取了相应的建立信任措施。建立信任措施虽然并不直接裁减、控制军备，但却是降低对抗水平、提高安全水准的有效途径，且与军备及政策直接相关，是独特的军备控制措施。从国际裁军实践来看，建立信任措施也被纳入广义的裁军范畴，虽然它并不是主要的裁军方面。这样，裁军领域的国际规范将按照四个方面进行分类，即军备控制、军备裁减、防扩散和建立信任措施。

恐怖主义活动由来已久，对各国安全和国际社会整体安全造成危害。随着全球化的发展，恐怖主义在全球传播越来越广，造成危害的程度也越来越深，成为各国面临的共同威胁和影响国际安全的重要因素。因此，打击恐怖主义、维护国际安全成为各国共

---

① 有意转让是指通过主动地出售或援助等形式对外有意输出，无意流出是指被偷盗或抢劫等被动地输出。
② "建立信任措施"（Confidence Building Measures，CBM）这一术语是从20世纪70年代才被收录到国际关系词汇的，尽管国家间建立信任措施的实践在20世纪60年代就已经开始。

识，这需要各国进行有效的合作。联合国推动形成了一系列反恐的公约、宣言、决议等，这些国际法律文书是各国进行反恐的行为规范，成为国际安全规范体系的重要组成部分。

联合国虽然通过了一系列关于反恐的国际法律文书，但到目前为止，其仍没有就"恐怖主义"给出一个明确的、各国普遍接受的定义。这是因为，对恐怖主义的定义不仅涉及法律问题，也涉及政治问题。意识形态的分歧和政治利益的不同诉求，导致国际社会难以就"恐怖主义"定义形成共识。1994年12月9日，联合国大会通过的《消灭国际恐怖主义措施宣言》，形容恐怖主义是"为了政治目的而企图或蓄意在一般公众、某一群人或某些人种中引起恐怖状态的犯罪行为"。2004年11月，联合国秘书长的一份报告形容恐怖主义是"意图向平民或非战斗人民死亡或严重身体伤害以达到恫吓人民或胁迫政府实行或取消某些行动"的行为。按照2015年全国人民代表大会第十二届常务委员会第十八次会议通过的《中华人民共和国反恐怖主义法》，"恐怖主义，是指通过暴力、破坏、恐吓等手段，制造社会恐慌、危害公共安全、侵犯人身财产，或者胁迫国家机关、国际组织，以实现其政治、意识形态等目的的主张和行为。"通过联合国和有关国家关于反恐的条文可以看出，"恐怖主义"含义具有以下四个特性：一是暴力特性，即使用暴力、恐吓等非法手段；二是伤及无辜的无差别特性；三是非政府特性，即这种活动是由非政府组织特别是那些非法组织实施的；四是非法目的特性，即使用暴力等手段追求实现其有悖于国际法的目的。

按照以上四个方面对现有国际安全规范进行区别和划分，但在具体建构国际安全规范体系时，仍有以下两个问题需要解决。第一个问题是跨范围、跨领域的国际安全规范的划分归类问题。一些国际安全规范在不同范围内都具有国际法效力，那么，在划分国际安全规范时，就应体现这一规范在不同范围内相关的行为规则。比如，《联合国海洋法公约》既作用于公海、北极这些国际公域，又作用于各国领土内的领海，那么，在关于各国在公海、北极和领海范围需遵守哪些安全行为规则时，就从《联合国海洋法公约》相应条款中寻找，突出这些规范：在公海领域，突出《联合国海洋法公约》关于领海、用于国际航行的海峡、群岛水域、专属经济区、大陆架、公海、岛屿、国际海底区域的划分及其权利、义务，及海洋争端解决等关于海洋权益、纷争的国际规范；在北极领域，突出《联合国海洋法公约》对北极有关海域划分及其法律地位的规定；对于领海则是属于领土概念，参照有关主权的国际规范。对一些跨领域的国际安全规范，则按照其主要属性进行划分归类。比如《禁止化学武器公约》，既是有关武装冲突和战争的国际法则，又是军备裁减条约，也是军备控制条约，但其主要性质是全面销毁和禁止，因此，将其归为军备裁减一类的国际安全规范。

第二个问题是已经实施完成或已失效或未生效的条约、协议是否纳入国际安全规范体系问题。本章建构的是现有国际秩序规范体系，根据国际法律效力原则，已经实施完成或已失效或未生效的条约、协议，不应列入这一体系中。但是，从现有国际安全秩序重要影响的角度，本章仍将一些重要的已经实施完成或已失效或未生效的条约、协议纳入国际安全规范体系，选择的标准是看这些条约、协议对现有国际安全秩序历史形成、现有效力及未来发展的影响程度。这是因为，一些已经实施完成的国际安全规范或仍在发挥作用或具有重要历史意义。比如，已经实施完成的《禁止化学武器公约》仍在发挥作用，早已实施完成的《美苏第一阶段削减战略武器条约》《美俄第二阶段削减战略武器条约》和《欧洲常规武装力量条约》等，是具有重大意义的裁军条约；[①] 美国已退出《反导条约》和《中导条约》，致使这两个具有里程碑意义的裁军条约已经失效，但仍不可忽视这两个条约的历史意义及对未来国际裁军的影响；《禁止核武器条约》虽然于 2017 年获得联合国大会的通过，但由于五个核国家均未参加而没有效力，但这是一个全面禁止和彻底销毁核武器的条约，对世界和平与安全

---

[①] 《化学武器公约》于 1997 年 4 月 29 日生效，公约规定：所有缔约国应在公约生效 10 年内即 2007 年 4 月 29 日之前销毁其拥有的所有化学武器。

意义重大，也深具引导未来裁军的重要作用。因此，本章仍将这些已经实施完成或已失效或未生效条约、协议等纳入国家安全规范体系。

## 第三节　现有国际安全秩序的结构

根据在以上国际安全秩序结构的概念、国际安全秩序结构的建构方法和国际安全规范的分类，提出如下国际安全秩序的框架、组成和内容。

### 一　基本国际安全规范

（一）《联合国宪章》

第二次世界大战后1945年确立的《联合国宪章》，是国际社会的"宪法"，是国际法的基石。

《联合国宪章》确定了四大宗旨和目的：维持国际和平与安全、尊重和保护人权、促进经济发展与社会进步和促成各国和睦相处。

《联合国宪章》确立了七个国际关系的基本原则：主权平等原则、和平解决争端原则、不使用武力原则、尊重领土完整和主权独立原则、不干涉原则、集体安全原则和尊重国际法原则。

为推动《联合国宪章》宗旨、目的之实现和原则之实施，联合国宣告成立。《联合国宪章》详细规定了联合国六大机构的组成、职能、规则和程序等。

（二）《联合国宪章》延伸的国际法律文书

除《联合国宪章》这一根本大法外，根据国际形势的发展和维护国际和平与安全的需要，联合国及有关组织其后通过了一系列旨在强化和拓展"和平与安全"这一《联合国宪章》首要宗旨和目的的一系列国际法律文书，这些国际法律文书与《联合国宪章》一起构成了基本的国际安全规范。

有关"和平与安全"的基本规范如下：

续表

| 规范名称 | 主旨和性质 | 发起者 | 时间 |
| --- | --- | --- | --- |
| "和平共处五项原则" | 指导各国特别是不同国家之间和平友好相处的基本准则,是对《联合国宪章》国际关系基本原则的高度概括和进一步发展 | 中、印、缅三国 | 1954年 |
| 《加强国际安全宣言》 | 关于《联合国宪章》和平与安全宗旨的进一步阐释,以促进各国和平友好相处 | 联合国 | 1970年 |
| 《联合国二十五周年纪念宣言》 | 对《联合国宪章》原则的重申及其施行二十五年的总结 | 联合国 | 1970年 |
| 《关于各国依联合国宪章建立友好关系及合作之国际法原则之宣言》 | 对《联合国宪章》基本原则的进一步阐释,以促进国家关系友好发展和国际合作 | 联合国 | 1970年 |
| 《建立新的国际经济秩序宣言》 | 对建立国际经济新秩序所遵循的国际关系基本原则的宣誓,强调尊重国家对经济社会制度选择、资源控制等发展权的主权原则 | 联合国 | 1974年 |
| 《利用科学和技术进展以促进和平并造福人类宣言》 | 关于避免应用科学与技术成就危害国际和平与安全的原则 | 联合国 | 1975年 |
| 《赫尔辛基最后文件》 | 处理国家关系的"主权平等、不使用武力、不侵犯边界、维护领土完整、和平解决争端、不干涉内政、尊重人权与自由、民族平等与自决、国际合作、履行国际义务"的十项原则 | "欧洲安全与合作会议"("欧安会")成员国 | 1975年 |
| 《加深和巩固国际缓和宣言》 | 重申《联合国宪章》宗旨和原则,强调军备控制对维护国际和平与安全的作用 | 联合国 | 1977年 |
| 《为各国社会共享和平生活做好准备的宣言》 | 关于强化维持和平原则特别是反对战争的原则 | 联合国 | 1978年 |

续表

| 规范名称 | 主旨和性质 | 发起者 | 时间 |
| --- | --- | --- | --- |
| 《人民享有和平权利宣言》 | 关于在核时代铲除战争特别是核战争的宣誓 | 联合国 | 1984年 |
| 《加强在国际关系上不使用武力或进行武力威胁原则的效力宣言》 | 对不以武力威胁和不使用武力原则的进一步阐释,强调加强裁军、反恐、集体安全体系对维持国际和平的作用 | 联合国 | 1987年 |
| 《联合国五十周年纪念宣言》 | 对《联合国宪章》原则的重申及其施行五十年的总结,并确定未来联合国工作方针 | 联合国 | 1995年 |
| 《第二次世界大战结束五十周年纪念宣言》 | 对第二次世界大战的深刻反思,誓言建立一个和平的世界及其全球安全体系 | 联合国 | 1995年 |
| 《和平文化宣言》 | 对从思想文化上根除战争、维护和平的宣誓 | 联合国 | 1998年 |
| 《联合国千年宣言》 | 重申《联合国宪章》宗旨和原则对二十一世纪国际关系的适用性,强调和平、安全与裁军 | 联合国 | 2000年 |
| 《我们人民千年论坛的宣言和行动议程——为二十一世纪的到来加强联合国》 | 强调各国履行裁军义务、不使用武力原则以维护国际和平与安全 | 联合国 | 2000年 |
| 《纪念联合国成立七十周年宣言》 | 对《联合国宪章》宗旨和原则以及对整个宪章的承诺 | 联合国 | 2015年 |
| 《和平权利宣言》 | 重申《联合国宪章》基本原则并强调和平文化与教育的价值 | 联合国 | 2016年 |

以下是各个方面的国际安全规范。

## 二 正常关系下的国际安全规范

在国家间正常关系状态下,按照国家主权管辖下和国际公域内两个范围来划分不同性质和程度的国际安全规范。

## (一) 国家主权管辖下的国际安全规范

### 1. 有关主权的国际安全规范

| 规范名称 | 主要内容 | 发起者 | 时间 |
| --- | --- | --- | --- |
| 《关于准许殖民地国家及民族独立之宣言》 | 民族独立和自决的原则和规则 | 联合国 | 1959年 |
| 《天然资源之永久主权》 | 各国自然财富与资源主权的原则和规则 | 联合国 | 1962年 |
| 《关于各国内政不容干涉及其独立与主权之保护宣言》 | 维护国家内部事务不受干涉、主权独立与安全的原则和规则 | 联合国 | 1965年 |
| 《侵略定义》 | 对"侵略"给出明确定义及对国家行为是否构成侵略给出判断标准 | 联合国 | 1974年 |
| 《不容干涉和干预别国内政宣言》 | 不干涉和不干预别国内政和外交的原则和规则 | 联合国 | 1981年 |

### 2. 有关领土的国际安全规范

第二次世界大战后有关领土确定的国际安全规范：

| 规范名称 | 主要内容 | 发起者 | 时间 |
| --- | --- | --- | --- |
| 《开罗宣言》 | 剥夺了日本侵略战争占领的其他国家的领土，规定了战后日本领土范围 | 同盟国（中、美、英） | 1943年 |
| 《克里米亚（雅尔塔）会议公报》 | 确定打败德国并对其管制的计划、铲除德国武装，确定战后欧洲秩序 | 同盟国（美、苏、英） | 1945年 |
| 《雅尔塔协定》 | 确定苏联对日作战的条件，包括对战后有关日本领土疆界的确定 | 同盟国（美、苏、英） | 1945年 |
| 《波茨坦公告》 | 敦促日本无条件投降，重申《开罗宣言》对日本领土的限定、解除日本武装 | 同盟国（中、美、英） | 1945年 |

| 规范名称 | 主要内容 | 发起者 | 时间 |
|---|---|---|---|
| 《五国和约》 | 废止第二次世界大战时德国的五个欧洲法西斯同盟国意大利、罗马尼亚、保加利亚、匈牙利和芬兰改划的欧洲版图，确定这些国家与有关国家的欧洲疆界 | 同盟国与意、罗、保、匈、芬五国 | 1947年 |

有关领水的国际安全规范：

1982年，联合国通过了《联合国海洋法公约》，确立了关于国家领海、用于国际航行的海峡、群岛水域及专属经济区、大陆架的划分及权益的国际行为规范。虽然只有领海属于领土范畴，但该公约规定了沿海国在邻接领海之外不同海域（包括海床、底土及其上空空间）的不同权利和义务，以及其他国家在这些海域享有的权利和义务。

《联合国海洋法公约》是关于海洋事务的国际法，是一部"海洋大宪章"，是对国际海洋迄今为止最全面的编纂。[①]

有关领空的国际安全规范：

1944年，国际民用航空组织通过了《国际民用航空公约》（《芝加哥公约》），确立了国家领空主权原则及其规则，是关于领空主权与安全的基本国际为规范。

除以上通行的国际规范外，有关领土的国际安全规范还包括通过双边或多边协商、谈判达成的条约、协定等和联合国安理会通过的关于领土疆界划分确定的决议等国际法律文书。双边条约如1960年中缅签订《中国和缅甸边界条约》，多边协定如1999年中、俄、哈三国签署《中华人民共和国、俄罗斯联邦和哈萨克斯坦共和国关于确定三国国界交界点的协定》，联合国安理会决议如1967年和1973年通过的关于巴勒斯坦和以色列领土问题的242号和338号决议。这些双边和多边条约、协定以及联合国安理会决议，都是关于国家在领土划分问题上应遵守的国际安全规范。

---

[①] 朱晓青：《国际法》，社会科学文献出版社2005年版，第137页。

## (二) 国际公域内的国际安全规范

### 1. 有关南极的国际安全规范

1959年12月1日，美国、苏联、英国、法国、日本、澳大利亚和阿根廷等12个国家达成了《南极条约》。这是一个以和平利用为宗旨，以促进国际合作、保持南极共有地位和保护环境为目的关于南极的基本法律条约。中国于1983年加入了该条约。

### 2. 有关北极的国际安全规范

1920年2月9日，英国、美国、丹麦、挪威、瑞典、法国、意大利、荷兰和日本等18个国家签订了《斯瓦尔巴德群岛条约》，确定了北极斯瓦尔巴德群岛主权归属问题。1925年，中国、苏联、德国、芬兰、西班牙等33个国家也参加了该条约。

《联合国海洋法公约》也对北极有关海域划分及其法律地位做出了规定，因此《联合国海洋法公约》也成为有关北极国际安全规范的一部分。[①]中国于1996年加入了该公约。

### 3. 有关公海的国际安全规范

有关公海的国际安全规范包括1958年联合国第一次海洋法会议通过的三个公约和在此基础上1982年第三次海洋法会议最终通过的一部全面的海洋法法典——《联合国海洋法公约》。

有关公海的国际安全规范如下：

| 规范名称 | 主要内容 | 发起者 | 时间 |
| --- | --- | --- | --- |
| 《大陆架公约》 | 关于大陆架定义和主权及其他权利的规定 | 联合国 | 1958年 |
| 《公海公约》 | 关于公海定义、各国权利和行为规则的规定 | 联合国 | 1958年 |
| 《领海及毗连区公约》 | 关于领海即毗邻区的定义、各国权利和行为规则的规定 | 联合国 | 1958年 |

---

① 《联合国海洋法公约》并非针对北极制定，但适用于北极沿岸国家对北极有关区域主权和管辖权的确认，如内水、领海、专属经济区、大陆架。除《斯瓦尔巴德群岛条约》规定的主权归属外，北极其他海域包括北冰洋的主体部分应属于公海。

| 规范名称 | 主要内容 | 发起者 | 时间 |
| --- | --- | --- | --- |
| 《联合国海洋法公约》① | 关于领海、用于国际航行的海峡、群岛水域、专属经济区、大陆架、公海、岛屿、国际海底区域的划分及其权利、义务及海洋争端的解决等国际法律规定 | 联合国 | 1982年 |

### 4. 有关外空的国际安全规范

1967年联合国通过的《关于各国探测及使用外空包括月球与其他天体之活动所应遵守原则之条约》(《外空条约》)是国际空间法的基础,是关于外空的主要国际安全规范。另外,其他有关外空的条约、宣言等,也是对外空安全国际规范的补充和加强。

有关外空的国际安全规范:

| 规范名称 | 主要内容 | 发起者 | 时间 |
| --- | --- | --- | --- |
| 《关于各国探测及使用外空工作之法律原则宣言》 | 关于和平利用外空、排除各国对外空及天体的主权等原则 | 联合国 | 1963年 |
| 《关于各国探索和利用包括月球和其他天体在内外层空间活动的原则条约》(《外空条约》) | 确认基于和平利用目的对外空及天体进行探测与使用的平等、自由权利并禁止外空及天体的军事化 | 联合国 | 1967年 |
| 《关于各国在月球和其他天体上活动的协定》(《月球协定》) | 禁止月球及太阳系内地球以外的其他天体的军事化,排除国家主权,要求采取非敌意、透明、环境保护措施等 | 联合国 | 1979年 |
| 《关于在外层空间使用核动力源的原则》 | 基于外空安全和环境保护原则确定了对外空安全使用核动力的准则和标准 | 联合国 | 1993年 |
| 《和平利用外层空间的国际合作决议》 | 重申和平利用外空基本原则,强调防止军备竞赛、减少外空碎片、加强国际合作 | 联合国 | 2011年 |

---

① 《联合国海洋法公约》是关于占地球表面面积71%的海洋的基本国际法。

## 三 解决争端的国际安全规范

关于在国际争端状态下的国际安全规范,主要有联合国解决争端的国际规则和区域办法解决争端的国际规则这两个方面。

（一）联合国解决争端的国际规则

联合国解决争端的国际规则如下：

| 规范名称 | 主要内容 | 发起者 | 时间 |
| --- | --- | --- | --- |
| 《关于强制解决争端的任择签字议定书》 | 规定任何海洋法公约之解释或适用所引起之争端均属国际法院强制管辖范围,当事国得以请求书将争端提交国际法院 | 联合国 | 1958年 |
| 《维也纳外交关系公约关于强制解决争端之任择议定书》 | 规定对因该公约解释或适用上发生争端而涉及各当事国之一切问题接受国际法院之强制管辖 | 联合国 | 1961年 |
| 《关于强制解决争端之任择议定书》 | 规定对因《维也纳领事关系公约》解释或适用上发生争端而涉及各当事国之一切问题接受国际法院之强制管辖 | 联合国 | 1963年 |
| 《关于和平解决国际争端的马尼拉宣言》 | 进一步阐明基于《联合国宪章》和平解决国际争端原则的方式、办法和程序等 | 联合国 | 1982年 |
| 《关于预防和消除可能威胁国际和平与安全的争端和局势以及关于联合国在该领域的作用的宣言》 | 基于预防和消除争端目的的联合国作用及其行动安排 | 联合国 | 1988年 |
| 《联合国在维持国际和平与安全方面事实调查宣言》 | 基于维持国际和平与安全的联合国对争端或局势进行事实调查的原则、办法、程序和权力、义务等 | 联合国 | 1991年 |

（二）区域办法解决争端的国际规则

区域办法解决争端的国际规则如下：

| 规范名称 | 主要内容 | 发起者 | 时间 |
|---|---|---|---|
| 《关于和平解决争端的美洲公约》 | 规定了对成员国间国际争端的和平解决办法 | 美洲国家组织 | 1948 年 |
| 《关于和平解决争端的欧洲公约》 | 规定了欧洲国家通过司法程序、和解和仲裁等和平方式解决争端的办法 | 欧洲理事会 | 1957 年 |
| 《非洲统一组织宪章》 | 关于非洲国家通过谈判、调解、和解或仲裁办法和平解决争端的原则 | 非洲统一组织 | 1963 年 |

### 四 武装冲突和战争的国际安全规范

（一）海牙体系

海牙体系由以下 3 个会议声明和 13 个国际公约组成。

1. 3 个声明

《禁止从气球或用其他类似的新方法投掷炸弹和爆炸物的声明》（海牙第一宣言）

《禁止使用专用于散布窒息性或有毒气体的投射物的宣言》（海牙第二宣言）

《禁止使用在人体内易于膨胀或变形的投射物，如外壳坚硬而未全部包住弹心或外壳上刻有裂纹的子弹的宣言》（《禁用人身变形枪弹的声明》）（海牙第三宣言）

2. 13 个国际公约

《和平解决国际争端公约》

《限制用兵力索债公约》

《关于战争开始的公约》

《陆战法规与惯例公约》

《陆战时中立国及其人民的权利义务公约》

《关于战争开始时敌国商船地位的公约》

《关于商船改充战舰的公约》

《敷设自动水雷公约》

《战时海军轰击公约》

《日内瓦公约诸原则适用于海战的公约》

《海战时限制行使捕获权的公约》
《关于设立国际捕获物法庭的公约》
《海战时中立国权利义务公约》

以上3个声明和前3个公约是1899年海牙会议形成的，后10个公约是1907年海牙会议达成的。以上各公约，除第十二个外，一般至今仍视为有效，这是关于对国家在战争中的权力、义务和遵守的原则、规则的国际行为规范。

（二）日内瓦体系

1．《日内瓦四公约》

4个日内瓦公约如下：

日内瓦第一公约：《改善战地武装部队伤者病者境遇的公约》

日内瓦第二公约：《改善海上武装部队伤者病者及遇船难者境遇的公约》

日内瓦第三公约：《关于战俘待遇的公约》

日内瓦第四公约：《关于战时保护平民的公约》

以上《日内瓦四公约》是在国际红十字会推动下，于1949年8月12日由63个国家在日内瓦达成的。

2．附加议定书

除以上4个公约外，有以下2个《附加议定书》：

《1949年8月12日日内瓦四公约关于保护国际性武装冲突受难者的附加议定书》（第一议定书）

《1949年8月12日日内瓦四公约关于保护非国际性武装冲突受难者的附加议定书》（第二议定书）

这2个议定书是1977年达成的。

以上4个日内瓦公约和2个议定书，是约束武装冲突和战争状态下敌对双方行为以保护平民和受难者的权威法律文件。此外，1954年5月14日在海牙签订的《关于发生武装冲突时保护文化财产的公约》及其议定书，是对文化财产进行保护的国际法律文书，也是在武装冲突和战争中的保护性国际规则。

## 五　国际合作的国际安全规范

（一）裁军

### 1．军备控制

按照规范作用范围和达成的军备控制条约影响，将国际军备控制规范分为多边军备控制规范和双边军备控制规范。

多边军备控制规范如下：

| 规范名称 | 主要内容 | 发起者 | 时间 |
| --- | --- | --- | --- |
| 《禁止在战争中使用窒息性、毒性或其他气体和细菌作战方法的议定书》 | 禁止各方在武装冲突和战争中使用窒息性、毒性或其他气体以及细菌作战方法 | 美、英、法、德、日等37个国家 | 1925年 |
| 《南极条约》 | 南极非军事化、禁止任何核爆炸和处理放射性废料 | 阿、澳、日、苏、英、美等12个国家 | 1959年 |
| 《禁止使用核及热核武器宣言》 | 宣誓使用核武器为违反国际法规与人道法则即为非法 | 联合国 | 1961年 |
| 《把裁军节省下来的资金转用于和平需要的宣言》 | 呼吁普遍裁军、停止军备竞赛以节省经费用于经济和社会发展 | 联合国 | 1962年 |
| 《禁止在大气层、外层空间和水下进行核武器试验条约》（《部分禁止核试验条约》） | 禁止在大气层、外层空间和水下进行任何核武器试验爆炸或任何其他核爆炸 | 美、苏、英 | 1963年 |
| 《关于各国探测及使用外层空间包括月球与其他天体活动所应遵守原则的条约》（《外空条约》） | 禁止在包括地球轨道、天体等外层空间放置大规模毁灭性武器，不在天体上建立军事基地、军事设施和工事，试验任何类型的武器和进行军事演习 | 联合国 | 1967年 |
| 《禁止在海洋底床及其底土下层土壤放置核武器及其他大规模毁灭武器条约》（《海床条约》） | 禁止在海床洋底及其底土埋没或安置核武器及其他大规模毁灭性武器以及专为储存、试验和使用这类武器而设计的建筑物、发射装置或任何其他设备 | 联合国 | 1971年 |

续表

| 规范名称 | 主要内容 | 发起者 | 时间 |
| --- | --- | --- | --- |
| 《禁止为军事或任何其他敌对目的使用改变环境的技术的公约》（《禁止改变环境公约》） | 禁止使用具有广泛、持久或严重后果的改变环境的技术，及协助、鼓励或引导任何国家、国家集团或国际组织从事这种活动，并对"改变环境的技术"给出定义 | 联合国 | 1976年 |
| 《关于各国在月球和其他天体上活动的协定》（《月球协定》） | 确认月球非军事化原则，禁止在月球上使用或威胁使用武力，禁止利用月球使用或威胁使用武力 | 联合国 | 1979年 |
| 《国际合作裁军宣言》 | 呼吁为达成裁军大会第十届特别会议所确定的裁军目标进行务实国际合作 | 联合国 | 1979年 |
| 《宣布1980年代为第二个裁军十年宣言》 | 宣布联合国第二个裁军十年进行裁军的目标、原则和行动 | 联合国 | 1980年 |
| 《禁止或限制使用某些可被认为具有过分伤害力或滥杀滥伤作用的常规武器公约》（《特定常规武器公约》） | 禁止或限制使用某些被认为具有过分伤害力或滥杀滥伤作用的常规武器，包括地雷、饵雷、燃烧武器、激光致盲武器以及战争遗留爆炸物，并附加五个议定书 | 联合国 | 1980年 |
| 《关于无法检测的碎片的议定书》（《特定常规武器公约》第一议定书） | 禁止使用其主要作用是以碎片伤人且碎片在人体内无法用X线检测的任何武器 | 联合国 | 1980年 |
| 《禁止或限制使用地雷（水雷）、饵雷和其他装置的议定书》（《特定常规武器公约》第二议定书）① | 禁止地雷（水雷）、饵雷和其他装置武器对民用目标使用及对其使用进行严格限制 | 联合国 | 1980年 |
| 《禁止或限制使用燃烧武器议定书》（《特定常规武器公约》第三议定书） | 禁止或限制使用燃烧武器对民用目标进行攻击，并对"燃烧武器"等进行定义 | 联合国 | 1980年 |

① 《第二议定书》于1996年得以修订，进一步限制地雷的使用和转让，规定所有杀伤人员地雷须具有可探测性，所有遥布杀伤人员地雷须具有自毁和自失能功能。

续表

| 规范名称 | 主要内容 | 发起者 | 时间 |
|---|---|---|---|
| 《关于防止核浩劫的宣言》 | 宣布首先使用核武器为犯罪行为，首先使用核武器理论与人类的道德标准和联合国的崇高理想毫不相容 | 联合国 | 1981年 |
| 《关于各国在冻结和裁减军事预算领域内进一步行动所应遵循的各项原则》 | 敦促所有国家特别是军备最庞大的国家通过谈判缔结冻结和裁减军事预算的国际协定的原则 | 联合国 | 1989年 |
| 《宣布1990年代为第三个裁军十年宣言》 | 宣布未来十年在核、生、化武器和常规武器领域的裁军目标 | 联合国 | 1990年 |
| 《关于激光致盲武器议定书》（《特定常规武器公约》第四议定书） | 禁止使用以致人眼永久性失明为作战目的的激光武器 | 联合国 | 1995年 |
| 《禁止或限制使用地雷、诱杀装置和其他装置的修正议定书》 | 对地雷、诱杀装置和其他装置的性能、使用对象、使用范围做出相应的禁止或限制 | 联合国 | 1996年 |
| 《全面禁止核试验条约》 | 全面禁止任何的核武器试验爆炸或任何其他核爆炸以冻结核武器发展、加强防扩散，为此设立了"全面禁止核试验条约组织"，以实施条约、实现本条约的宗旨和目标 | 联合国 | 1996年 |
| 《战争遗留爆炸物议定书》（《特定常规武器公约》第五议定书） | 规定在武装冲突后将战争遗留爆炸物采取标示、清除、排除或销毁等措施以将其危害和影响降至最低程度 | 联合国 | 2003年 |
| 《世界建立一个无核武器世界宣言》 | 宣誓共同致力于实现建立一个无核武器世界的目标 | 联合国 | 2015年 |

双边军备控制规范如下：

| 规范名称 | 主要内容 | 发起者 | 时间 |
|---|---|---|---|
| 《限制反弹道导弹系统条约》（《反导条约》） | 双方保证不研制、试验或部署以海洋、空中、空间为基地的以及陆基机动的反弹道导弹系统及其组成部分，只可在一个地区部署有限规模的反导系统。该条约旨在禁止双方建立全国性的反导系统，以确保相互间的核威慑 | 美、苏 | 1972年 |
| 《美苏关于限制进攻性战略武器的某些措施的临时协定》（SALT-Ⅰ） | 双方冻结固定式陆基洲际弹道导弹发射器和海基潜射弹道导弹发射器的总数，规定了用于发射弹道导弹的潜艇数量的上限 | 美、苏 | 1972年 |
| 《美苏限制地下核武器试验条约》（《限当量条约》） | 规定双方今后进行地下核试验的当量不得超过15万吨 | 美、苏 | 1974年 |
| 《美苏和平利用地下核爆炸条约》（《和平核爆炸条约》） | 规定双方在核试验场外为和平目的而进行的单个核爆炸当量不得超过15万吨 | 美、苏 | 1976年 |
| 《美苏限制进攻性战略武器条约》（SALT-Ⅱ） | 规定了双方陆基洲际弹道导弹发射器和海基潜射弹道导弹发射器以及重型轰炸机携带的弹道导弹数量的上限 | 美、苏 | 1979年 |

2. 军备裁减

同样，将军备裁减规范分为多边军备裁减规范和双边军备裁减规范。

多边军备裁减规范如下：

| 规范名称 | 主要内容 | 发起者 | 时间 |
|---|---|---|---|
| 《禁止细菌（生物）和毒素武器的发展、生产及储存以及销毁这类武器的公约》（《禁止生物武器公约》） | 禁止发展、生产、转让、储存或以其他方法取得或保有细菌（生物）和毒素武器 | 联合国 | 1972年 |

续表

| 规范名称 | 主要内容 | 发起者 | 时间 |
| --- | --- | --- | --- |
| 《欧洲常规武装力量条约》 | 裁减北约和华约双方在欧洲地区的常规武装力量（不包括核武器、化学武器和海军力量），对主要常规武器装备进行了限额 | 北约组织和华约组织的22国 | 1990年 |
| 《关于禁止发展、生产、储存和使用化学武器及销毁此种武器的公约》（《禁止化学武器公约》） | 禁止化学武器的发展、生产、储存、转让和使用，规定销毁这些武器及销毁时限，为此特设"禁止化学武器组织"，以实施公约、实现本公约的宗旨和目标 | 联合国 | 1992年 |
| 《禁止化学武器公约》三个附件——"保密附件""核查附件""化学品附件" | 关于保护机密资料的附件、关于执行和核查的附件和关于化学品的附件 | 联合国 | 1992年 |
| 《关于禁止使用、储存、生产和转让杀伤人员地雷及销毁此种地雷的公约》（《渥太华禁雷公约》） | 禁止使用、发展、生产、获取、保留或转让杀伤人员地雷，规定在公约生效后的四年内销毁现存的所有杀伤人员地雷 | 加拿大、挪威等121个国家 | 1997年 |
| 《关于在边境地区相互裁减军事力量的协定》（《莫斯科协定》） | 双方（中方和联方）裁减驻扎在边境地区包括陆军、空军、防空军航空兵和边防部队在内的军事力量，将主要武器装备和军事技术装备数量削减到与防御性质相适应的最低水平 | 中方（中国）和联方（哈、吉、俄、塔四国） | 1997年 |
| 《关于禁止使用、储存、生产和转让杀伤人员地雷及销毁此种地雷的公约》缔约国会议——马普托宣言 | 宣誓加快《关于禁止使用、储存、生产和转让杀伤人员地雷及销毁此种地雷的公约》进程、加强履行该公约 | 公约缔约国 | 1999年 |
| 《集束弹药公约》 | 缔约国承诺不发展、生产、使用、获取、储存、保留或者直接或间接向任何人转让集束弹药，并销毁库存和储存的集束弹药 | 挪威等107个国家 | 2008年 |
| 《禁止核武器条约》 | 禁止拥有、发展、生产、获取、试验、储存、转让、使用或威胁使用核武器，并销毁所拥有的核武器 | 联合国 | 2017年 |

双边军备裁减规范如下：

| 规范名称 | 主要内容 | 发起者 | 时间 |
| --- | --- | --- | --- |
| 《美苏消除两国中程和中短程导弹条约》（《中导条约》） | 规定两国不再保有、生产或试验射程在500公里至5500公里的陆基巡航导弹和弹道导弹及其发射装置和辅助设施 | 美、苏 | 1987年 |
| 《美苏削减和销毁化学武器协定》 | 规定双方停止生产化学武器，把化学武器减少到一个同等的、低水平的标准，并接受核查监督 | 美、苏 | 1990年 |
| 《美苏第一阶段削减战略武器条约》（START Ⅰ） | 规定双方将陆基洲际弹道导弹、潜艇弹道导弹、重型轰炸机裁减到总数不得超过1600件，其所携带的核弹头不得超过6000枚 | 美、苏 | 1991年 |
| 《美俄第二阶段削减战略武器条约》（START Ⅱ） | 规定双方拥有的进攻性战略武器的核弹头总数裁减到3500—3000枚 | 美、俄 | 1993年 |
| 《新削减战略武器条约》（New START） | 规定双方将各自部署的核弹头数量裁减到不得超过1550枚，所部署陆基、海基和空基战略导弹数量不得超过700枚，现役和预备役发射装置不得超过800个 | 美、俄 | 2010年 |

## 3. 防扩散

防扩散规范如下：

| 规范名称 | 主要内容 | 发起者 | 时间 |
| --- | --- | --- | --- |
| 《非洲非核化宣言》 | 宣布非洲大陆为无核区 | 联合国 | 1965年 |
| 《拉丁美洲禁止核武器条约》（《特拉特洛尔科条约》） | 禁止以任何方式在各自领土内试验、使用、制造、生产或取得任何核武器，不得以任何方式接受、储存、安装、部署和拥有任何核武器 | 33个拉美国家 | 1967年 |
| 《不扩散核武器条约》 | 有核国家不得向任何无核国家直接或间接转让核武器或核爆炸装置，不帮助无核国家制造核武器；无核国家保证不研制、不接受和不谋求获取核武器；停止核军备竞赛，推动核裁军；把和平核设施置于国际原子能机构的国际保障之下，并在和平使用核能方面进行技术合作 | 美、英、苏等59个国家 | 1968年 |

续表

| 规范名称 | 主要内容 | 发起者 | 时间 |
| --- | --- | --- | --- |
| 《核转让准则》及其相关触发清单① | 核供应国集团（NSG）制定的对与核有关的两用设备、材料和相关技术出口管制的原则和清单，防止敏感物项出口到未参加《不扩散核武器条约》的国家 | 美、苏、英、法、日、加、联邦德国等7个主要核出口国 | 1975年 |
| 《核材料实物保护公约》 | 承诺加强对国内使用、储存和运输的核材料的保护以防被非法获取和使用等犯罪行为 | 国际原子能机构 | 1980年 |
| 《南太平洋无核区条约》（《拉罗汤加条约》） | 各国承诺履行在南太平洋地区建立无核区的义务 | 联合国 | 1985年 |
| 《敏感化学或生物物项转让指导原则》 | 对生化物品出口进行管制的原则以防生化武器的扩散 | 澳大利亚集团 | 1985年 |
| 《南太平洋无核区条约第二号议定书》 | 供五个核国家签署承诺不对条约缔约国及其位于南太平洋无核区范围内的领土使用或威胁使用任何核爆炸装置 | 联合国 | 1986年 |
| 《南太平洋无核区条约第三号议定书》 | 供五个核国家签署承诺不在南太平洋无核区内任何地区试验任何核爆炸装置 | 联合国 | 1986年 |
| 《导弹及其技术控制制度》（MTCR） | 限制超过300公里射程/500公斤载荷的火箭系统及其设备、材料和技术向其他国家转让 | 美、英、法等7个西方国家 | 1987年 |
| 《里斯本议定书》 | 乌克兰、白俄罗斯、哈萨克斯坦三个前苏联加盟共和国履行美苏达成的《第一阶段削减战略武器条约》义务，放弃核武器 | 美、俄、乌、白、哈 | 1992年 |
| 《核安全公约》 | 缔约国承诺通过加强本国措施及与国际合作维持核安全、防止核事故 | 国际原子能机构 | 1994年 |

---

① 与此核出口管制规范相似的另一个规范是1971年成立的"桑戈委员会"所制定的核出口"竞争规则"和"触发清单"。"桑戈委员会"是根据《不扩散核武器条约》第三条第二款，制定的向未参加该条约的无核国家出口核材料、设备和技术的控制条件和程序。该委员会规定出口清单项目须接受国际原子能机构保障监督。"核供应国集团"和"桑戈委员会"都是核供应国单方面组成的对核出口实行控制的非正式组织，目标都是防止核武器扩散，二者大部分功能和绝大部分成员国是"重叠"的。因此，在核出口控制这一防扩散领域，我们以控制内容更全面、参与国更多、更具普遍意义的"核供应国集团"机制为主。

续表

| 规范名称 | 主要内容 | 发起者 | 时间 |
|---|---|---|---|
| 《布达佩斯安全保证备忘录》 | 乌克兰承诺放弃核武器、加入《不扩散核武器条约》，美、英、俄三国确保乌克兰独立、领土完整、不干涉其内政，并为乌克兰提供核安全保证 | 美、英、俄与乌四国 | 1994年 |
| 《东南亚无核区条约》（《曼谷条约》） | 禁止在东南亚地区生产、试验、使用和拥有核武器 | 东南亚10国 | 1995年 |
| 《中亚无核武器区条约》 | 缔约国不得进行核试验，不得研制、生产和储存核武器及其他核爆炸物，也不得利用其他方式获取并控制核武器。同时，缔约国也不得允许其他国家在中亚无核区储存放射性核废料 | 哈、吉、乌、塔和土中亚5国 | 1996年 |
| 《关于常规武器和两用物品及技术出口控制的瓦森纳协定》（《瓦森纳协定》） | 对常规武器和双用途物品及技术的出口进行控制并在成员国内部进行信息通报 | 美、英、法等西方33个国家 | 1996年 |
| 《非洲无核武器区条约》（《佩林达巴条约》） | 成员国承诺不从事核爆炸装置的研究、发展、制造、储存或以其他方式取得、拥有或控制任何核爆炸装置 | 联合国 | 1996年 |
| 《中法俄英美五国外长会议关于印巴核试验的联合声明》 | 声明尽管印巴最近进行了核试验，但根据《不扩散核武器条约》，印巴不具有核武器国家地位 | 5个联合国安理会常任理事国 | 1998年 |
| 《联合国安理会第1172号决议》 | 对印度、巴基斯坦两国的核试验予以谴责，要求两国立即无条件签署《不扩散核武器条约》和《全面禁止核试验条约》 | 联合国安理会 | 1998年 |
| 《防止弹道导弹扩散海牙行为准则》（HCOC） | 加强弹道导弹武器出口管制、增加透明度、建立国际行为规范的准则 | 美、英、法等西方国家 | 2002年 |
| 《反弹道导弹扩散国际行为守则》 | 全面预防和制止能够运载大规模毁灭性武器的弹道导弹系统扩散的守则 | 联合国 | 2003年 |
| 《联合国安理会第1540号决议》 | 关于防止核生化武器及其运载工具扩散的决议，并为此成立一个安理会委员会定期负责报告决议执行情况 | 联合国安理会 | 2004年 |

| 规范名称 | 主要内容 | 发起者 | 时间 |
| --- | --- | --- | --- |
| 《联合国安理会第1718号决议》 | 根据《不扩散核武器条约》，认定朝鲜不能因进行核试验而具有核武器国家的地位，要求朝鲜立即重返《不扩散核武器条约》 | 联合国安理会 | 2006年 |
| 《武器贸易条约》 | 制定用于监管常规武器国际贸易或改进对常规武器国际贸易监管的尽可能高的共同国际标准，以防止和消除常规武器非法贸易并防止其转作他用 | 联合国 | 2013年 |

### 4. 建立信任措施

建立信任措施国际规范也按多边和双边范畴进行划分。

多边建立信任措施规范如下：

| 规范名称 | 主要内容 | 发起者 | 时间 |
| --- | --- | --- | --- |
| 《关于登记射入外层空间物体的公约》 | 发射国须向联合国秘书长报告关于发射的空间物体的标志信息、发射日期和位置、轨道参数和一般功能等信息 | 联合国 | 1974年 |
| 《关于建立信任措施和安全与裁军若干问题的文件》① | 通报重大军事演习名称、目的、参加国、部队类型及数量、时间、地点等 | "欧安会"成员国 | 1975年 |
| 《斯德哥尔摩文件》 | 扩大了"欧安会"成员国通报军事演习的范围，各成员国并需对下一年度重大军事活动计划进行通报 | "欧安会"成员国 | 1986年 |
| 《维也纳文件》 | 进一步扩大了"欧安会"成员国军事演习的范围，各成员国并需通报军事组织结构、主要武器系统、军事预算等 | "欧安会"成员国 | 1990年 |
| 《开放天空条约》 | 允许成员国在对方领土上进行"无武装"的监视飞行，以帮助核查已签署的军控协议执行情况 | "欧安会"成员国 | 1992年 |

---

① 《关于建立信任措施和安全与裁军若干问题的文件》是1975年"欧安会"通过的《赫尔辛基最后文件》中的一部分。

续表

| 规范名称 | 主要内容 | 发起者 | 时间 |
| --- | --- | --- | --- |
| 《联合国常规武器登记册》 | 会员国每年向联合国提交其上一年度作战坦克、装甲战斗车、大口径火炮、作战飞机、攻击直升机、军舰、导弹及发射架七大类常规武器的转让情况 | 联合国 | 1992年 |
| 《关于在边境地区加强军事领域信任的协定》（《上海协定》） | 双方（中方和联方）部署在边境地区的军事力量不用于进攻另一方，不举行针对另一方的军事活动，限制实兵演习的规模、地理范围和次数，相互通报边界线各一侧100公里地理区域内的军事活动 | 中方（中国）和联方（哈、吉、俄、塔四国） | 1996年 |
| 《在获得常规武器方面实现透明的美洲公约》 | 缔约国应每年向美洲国家组织报告其在上一年度进口和出口到美洲国家组织成员国的常规武器的情况 | 裁军谈判会议 | 1999年 |
| 《外空活动行为准则》（ICOC）① | 自愿对外空活动采取透明和建立互信措施，以减少空间碎片、避免在轨物体碰撞、防止对空间物体的有意攻击，维护太空安全 | 欧盟 | 2002年 |

双边建立信任措施规范如下：

| 规范名称 | 主要内容 | 发起者 | 时间 |
| --- | --- | --- | --- |
| 《美苏关于建立直接通讯联系的谅解备忘录》（《美苏热线协定》） | 协议规定两国同意建立一条华盛顿和莫斯科之间的电传线路，以备在"紧急时刻使用" | 美、苏 | 1963年 |
| 《美苏关于减少爆发核战争危险措施的协议》（《美苏核意外协议》） | 互相通报意外核爆炸、未经授权或意外出现的事故以避免误判而引发核战争 | 美、苏 | 1971年 |

---

① 2012年欧盟将其改为《外空活动国际行为准则》。

续表

| 规范名称 | 主要内容 | 发起者 | 时间 |
| --- | --- | --- | --- |
| 《美苏关于防止核战争协定》（《防止核战争协议》） | 双方为避免军事对抗以消除爆发核战争的可能性，不向对方、对方的盟国等以武力相威胁或使用武力，如遇核战争的危险，应立即进行紧急磋商，以防止核战争 | 美、苏 | 1973年 |
| 《苏法防止意外或未经授权使用核武器协定》 | 双方保证采取组织和技术措施，防止意外或未经授权使用核武器；一旦发生可能导致爆炸并有损于另一方的意外事件或不明核事故时，双方将直接联系以消除误解 | 苏、法 | 1976年 |
| 《苏英防止意外发生核战争协定》 | 双方采取组织和技术措施，防止意外地或未经授权使用核武器；一旦出现可能导致核爆炸或其他方式造成爆发的核战争威胁的意外事件时，双方立即互相通报以消除误解 | 苏、英 | 1977年 |
| 《关于建立减少核危险中心的协议》 | 双方在各自的首都建立一个减少核危险中心，两个中心建立一种特殊的电传通信联系，以传递各种与核武器有关的重要通知 | 美、苏 | 1987年 |
| 《美苏关于发射洲际弹道导弹和潜射弹道导弹进行通报的协议》 | 规定双方提前24小时向对方通报洲际弹道导弹和潜射弹道导弹发射试验的时间、地点、发射区域等信息 | 美、苏 | 1988年 |
| 《美苏关于重要战略演习提前通报的互惠协议》 | 规定双方提前14天向对方通报包括洲际弹道导弹、潜射弹道导弹和重型轰炸机在内的重大战略演习 | 美、苏 | 1989年 |
| 《美苏防止危险军事行为协议》 | 规定双方对任何由于"危险军事行为"引起的事件都必须通过和平方式中止和解决，不能诉诸威胁使用武力或使用武力，并对"危险军事行为"进行了定义 | 美、苏 | 1989年 |
| 《美俄导弹互不瞄准协议》 | 双方将导弹不再瞄准对方，不再为导弹设置目标，或者对于需要一个固定目标的导弹将目标设置于公海 | 美、俄 | 1994年 |

续表

| 规范名称 | 主要内容 | 发起者 | 时间 |
|---|---|---|---|
| "中俄关于互不首先使用核武器和互不将战略核武器瞄准对方的联合声明" | 双方宣布互不首先使用核武器，也互不将战略核武器瞄准对方 | 中、俄 | 1994年 |
| "中美战略武器互不瞄准承诺" | 双方决定互不将各自控制下的战略核武器瞄准对方 | 中、美 | 1998年 |
| 《印巴建立相互信任备忘录》 | 双方采取建立相互信任的措施，以减少发生核对抗的危险，防止意外或未经授权而使用核武器 | 印度、巴基斯坦 | 1999年 |
| 《印巴导弹试验通报协议》 | 规定两国任何一方在准备进行地对地弹道导弹试射前应事先通知对方 | 印度、巴基斯坦 | 2005年 |
| 《中俄关于互相通报弹道导弹和商用运载火箭发射的协议》 | 规定双方今后在发射或试验发射弹道导弹和商用运载火箭之前向对方通报发射有关信息 | 中、俄 | 2009年 |

## （二）反恐

反恐国际规范如下：

| 规范名称 | 主要内容 | 发起者 | 时间 |
|---|---|---|---|
| 《消灭国际恐怖主义措施宣言》 | 各国应按照《联合国宪章》和国际法，采取有效措施并进行国际合作打击国际恐怖主义 | 联合国 | 1994年 |
| 《补充1994年"消除国际恐怖主义措施宣言"的宣言》 | 各国应根据本国法律和国际法，包括根据国际人权标准，采取适当措施，在给予难民地位之前，确保寻求庇护者未曾参加恐怖主义行动 | 联合国 | 1996年 |
| 《制止恐怖主义爆炸事件的国际公约》 | 各缔约国承诺采取必要措施，包括制定国内立法，以确保本公约范围内的恐怖主义犯罪行为受到刑事处罚 | 联合国 | 1997年 |

续表

| 规范名称 | 主要内容 | 发起者 | 时间 |
| --- | --- | --- | --- |
| 《制止向恐怖主义提供资助的国际公约》 | 各缔约国承诺加强国际合作,制定和采取有效措施,以防止向恐怖主义提供资助,并通过国内立法惩罚向恐怖主义提供或募集资金行为 | 联合国 | 1999年 |
| 《联合国打击跨国有组织犯罪公约关于打击非法制造和贩运枪支及其零部件和弹药的补充议定书》 | 各缔约国采取必要措施包括国内立法,预防和打击非法制造、贩运枪支及其零部件和弹药的跨国有组织犯罪,防止这些武器、部件及弹药落入恐怖主义组织手中 | 联合国 | 2001年 |
| "联合国安理会1373号决议" | 要求所有国家防止和制止资助恐怖主义行为、不向参与恐怖主义行为的实体或个人主动或被动提供任何形式的支持,并就打击恐怖主义进行情报信息的交流与合作,决定设立了"反恐怖主义委员会"("反恐委员会") | 联合国安理会 | 2001年 |
| 《全球努力打击恐怖主义的宣言》 | 呼吁所有国家尽早加入有关恐怖主义的国际公约和议定书,对于恐怖分子和支持恐怖主义的人拒绝给予财政和一切其他形式的支持,拒绝给予安全庇护 | 联合国 | 2001年 |
| 《打击恐怖主义的宣言》 | 安理会要求各国必须紧急采取行动,防止并压制一切主动、被动支持恐怖主义的行为,吁请各国尽快成为所有关于恐怖主义的国际公约和议定书的缔约国,采取国内有效措施、加强国际合作打击恐怖主义 | 联合国安理会 | 2003年 |
| 《制止核恐怖主义行为国际公约》 | 各缔约国承诺采取必要措施,包括国内立法,对基于恐怖主义目的的获取、利用放射性材料及其装置,或破坏核设施等犯罪行为进行惩罚 | 联合国 | 2005年 |
| 《关于反恐怖主义、反腐败和打击跨国有组织犯罪国际合作的布加勒斯特宣言》 | 敦促与会国加入并执行具有普遍性的反恐、反腐和打击国际犯罪的国际法律文书,加强就预防和打击恐怖主义等的国际合作 | 联合国 | 2006年 |
| 《国家和商业界打击恐怖主义伙伴关系战略》 | 推动政府和商业间在预防和制止国际恐怖主义方面建立伙伴关系,包括制订、完善、落实防止和制止恐怖主义的各种措施 | 联合国 | 2006年 |

# 第四章 国际安全秩序的基础

《联合国宪章》的确立和联合国的成立，标志着当代国际秩序的形成。《联合国宪章》确立了国际关系的基本准则，成为各国普遍遵守的基本行为规范和国际条约等国际法律文书制定所遵循的指导原则，是国际关系的"宪法"。而联合国则是按照《联合国宪章》要求建立的旨在推动实现《联合国宪章》之宗旨和原则的国际组织。当代国际秩序是以《联合国宪章》为国际关系的基本行为规范、以联合国为主要国际组织的国际秩序。《联合国宪章》和联合国构成了当代国际秩序和国际安全秩序的基础。

## 第一节 《联合国宪章》

1945年10月24日，在中国、美国、苏联、英国和法国5个联合国安理会常任理事国和其他24个签署国批准《联合国宪章》后，按照该宪章生效条款，《联合国宪章》正式生效。

《联合国宪章》确立了建立联合国的宗旨、目的和原则，设立了联合国组织机构并明确了各机构职能，规定了会员国的责任、权利和义务。联合国此后通过的有关强化联合国作用和地位的宣言，是根据国际形势发展和维护国际和平与安全的需要，对《联合国宪章》宗旨和原则进一步的阐释和拓展，是《联合国宪章》的延伸。

### 一 宗旨和目的

根据其序言和第一章内容，《联合国宪章》确立的宗旨和目的有以下四个方面：

第一，维持国际和平与安全。

宪章开篇即痛感于"今代人类两度身历惨不堪言之战祸"，因此，从世界大战中走来的联合国，其建立的首要宗旨和最主要目的就是防止战争，维护国际和平与安全。没有和平与安全，其他人类价值如人权、自由、发展等，都无从谈起。和平与安全是人类首要的和最基本的价值。① 宪章并提出实现这一目的的办法和途径："采取有效集体办法，以防止且消除对于和平之威胁，制止侵略行为或其他和平之破坏；并以和平方法且依正义及国际法之原则，调整或解决足以破坏和平之国际争端或情势。"

第二，尊重和保护人权。

宪章强调基本人权、人格尊严与价值，以及男女与大小各国平等权利之信念。为此，宪章提出，"发展国际间以尊重人民平等权利及自决原则为根据之友好关系，并采取其他适当办法，以增强普遍和平"。宪章视人权价值为人类最重要的价值之一，将尊重和保护人权作为其最主要的宗旨和目的之一，是历史的一大进步。

第三，促进经济发展与社会进步。

宪章的一个重要宗旨和目的是促进"社会进步及较善之民生"。为此，宪章提出，"促成国际合作，以解决国际间属于经济、社会、文化及人类福利性质之国际问题，且不分种族、性别、语言或宗教，增进并激励对于全体人类之人权及基本自由之尊重"。联合国在许多宣言等重要文件中，都将"人人免于匮乏、获得发展、享有尊严"视为联合国的一个重要目标，和平与发展成为时代的两大主题。

第四，促成各国和睦相处。

宪章另一大宗旨和目的是促成各国"彼此以善邻之道，和睦

---

① 《联合国宪章》将维护国际和平与安全作为首要宗旨非常重要，这是处理国际关系、国际问题的第一要务和目的，而西方一些国家往往以所谓维护"人权"为名，公然对他国内政进行干涉，甚至为此不惜以武力入侵他国，引发地区冲突和战争。实际上，这是西方国家将维护西方价值观置于维护国际和平与安全之上，是对《联合国宪章》宗旨和目的的歪曲和违背。

相处","发展国际以尊重人民平等权利及自决原则为根据之友好关系"。为此，宪章提出各国秉持正义原则，通过共同"尊重由条约与国际法其他渊源而起之义务"，促成各国和平友好关系的实现。

现在，国际社会普遍将联合国的宗旨和目的归结为"安全、人权与发展"三大支柱，这不仅是《联合国宪章》精神的体现，也是联合国成立70多年来实践的概括和总结。[①] 但是，还应当看到，这三大支柱的地位和层次是不一样的。"安全"是人类最基本的价值追求和目标，是联合国首要的宗旨和目的，是"人权"和"发展"另外两大支柱的基础和前提。只有人们的生存权和安全有了保障，才能追求人权和发展权等。"人权"和"发展"是人类在"安全"基础上追求的福祉，是更高层次的价值追求。在当今国际现实中，一些国家和地区由于外国干预和内乱，仍处于冲突和战争中，人民处在流离失所、朝不保夕中。人民最基本的生存权都难以保证，谈何自由、平等、发展之福祉，对他们来说，首要的和最基本的人权就是生存权、安全权。而西方一些国家往往基于意识形态和国家利益目的，以所谓保护"人权"为借口，对他国进行军事干预，结果导致真正的人道主义灾难。比如，1999年科索沃战争，以美国为首的北约国家，以"保护人权"之名，对南联盟进行了长达78天的轰炸，轰炸目标包括桥梁、铁路、公路、工厂、电视台、通信系统和电力系统等民用设施，造成了人道主义灾难。2011年，利比亚发生内乱，美英法等以"保护平民"为由对利比亚进行空袭，帮助反对派武装推翻了卡扎菲政府，由此使利比亚陷入长期内战，导致利比亚经济凋敝、民不聊生，大量民众落为难民，造成更大的人道主义灾难。

## 二 基本原则

《联合国宪章》确立了以下七项国际关系基本原则。

---

[①] 联合国大会2016年12月19日通过的第71/189号决议，明确提出"和平与安全、发展、人权是联合国系统的三大支柱"。

第一，主权平等原则。

宪章规定，"本组织系基于各会员国主权平等之原则"，这意味着国家不分大小、强弱，一律平等。联合国后续通过的关于加强联合国地位的有关宣言，一再强调了这一原则。《联合国宪章》规定的联合国大会"一国一票"制度，也体现了主权平等原则。同时，宪章宗旨中提出的促进"不分种族、性别、语言或宗教"的共同福祉，也是平等原则的体现。

第二，和平解决争端原则。

宪章规定，"各会员国应以和平方法解决其国际争端，避免危及国际和平、安全及正义"。宪章否定了过去那种动辄以武力解决国际争端的方式，明确提出以和平方法解决彼此间争端这一唯一合法方式，并在宪章第六章中详细规定了和平解决争端的具体方法、途径和程序等。"和平解决争端原则"是重要的国际政治安全准则。

第三，不使用武力原则。

宪章规定，"各会员国在其国际关系上不得使用威胁或武力"。历史表明，因国家大小、强弱有别，国家间也存在利益、理念之分歧，一些大国、强国往往会通过以武力威胁或直接动用武力之方法，追求其国家政策目标的实现，这成为国际冲突和战争的主要根源之一。"不使用武力"原则，废止了这一"丛林法则"，对维护国际和平与安全至关重要。"不使用武力原则"也是重要的国际政治安全准则。

第四，尊重领土完整和主权独立原则。

宪章规定，各会员国在国际关系中不得采取"与联合国宗旨不符之任何其他方法，侵害任何会员国或国家之领土完整或政治独立"。保持领土完整和政治主权独立，是一个国家的核心利益。如果一个国家以武力等非法手段，对另一个国家的领土进行侵犯或对这个国家的排他性政治权利进行干预，就会导致冲突和战争，因此，宪章废止了这一破坏国际和平与安全和国际正常秩序的行为。"尊重领土完整和主权独立原则"也是重要的国际政治安全准则。

第五，不干涉原则。

宪章规定，"本宪章不得认为授权联合国干涉在本质上属于任何国家国内管辖之事件，且并不要求会员国将该项事件依本宪章提请解决；但此项原则不妨碍第七章内执行办法之适用"。历史上，对别国内政进行干涉，是破坏国家间关系、引发冲突和战争的重要原因。宪章提出"不干涉原则"，旨在杜绝这一危害国际和平与安全的行为。但在21世纪的今天，对别国内政进行干涉的现象仍频发，这引起国际关系的动荡，破坏了国际和平与稳定。同时，宪章规定，这一原则不妨碍联合国安理会对"和平之威胁、和平之破坏或侵略行为"采取集体安全行动。这就是说，若一个国家采取了破坏国际和平或侵略他国行为，经联合国安理会认定并决定后，联合国安理会可以对其采取强制行动而不被认为是违反"不干涉原则"。

第六，集体安全原则。

宪章规定，"各会员国对于联合国依本宪章规定而采取之行动，应尽力予以协助，联合国对于任何国家正在采取防止或执行行动时，各会员国对该国不得给予协助"。这一原则是基于历史教训得到的有效维持国际安全的可行办法。历史上，无论是采取"均势"原则，还是通过联盟方法，都未能防止战争特别是世界战争的发生。要有效防止战争，就要另辟蹊径，集体安全原则和方法应运而生。"集体安全原则"是一个不以任何国家或国家集团为威胁源对象，而以威胁之性质为判断依据，根据其行为是否对国际和平与安全构成威胁，而需通过其他所有国家共同采取行动以消除其威胁的理念和方法。"集体安全原则"是非常重要的国际政治安全准则，联合国集体安全机制是现有国际安全秩序中维持国际和平与安全的主要机制。

第七，尊重国际法原则。

宪章要求，各会员国"履行其依本宪章所担负之义务"。《联合国宪章》确立了维护世界和平与安全的宗旨、原则及其实现目标的机制，但能否实现宪章目标关键是看各联合国会员国是否能履行《联合国宪章》规定的责任和义务。因此，宪章将"尊重国际法"也列为基本原则,这是维护国际和平与安全的重要条件。宪章第九十四条也明确规定,"联合国每一会员国为任何案件之当事国者,承诺遵行国际法院之判决"。同时,宪章还要求联合国"在维持国际和平及安全之必要范围内,应保证非联合国会员国遵行上述原则。"也就是说,在有关国际和平与安全问题上,无论是联合国会员国还是非联合国会员国,都要按照《联合国宪章》基本原则行事。

### 三 主要内容

《联合国宪章》共有19章111个条款。

"序言"和第一章阐明了宪章的宗旨、目的和原则,上面已对此进行详细阐述。

第二章共4个条款,是关于联合国"会员国"资格问题的章节,规定了成为联合国"创始会员国""会员国"的标准和停止"会员国"权力及特权、将"会员国"开出联合国之程序。

第三章共2个条款,确定设立联合国六大机关:联合国大会、安全理事会、经济及社会理事会、托管理事会、国际法院和秘书处。

第四章共9个条款,是关于"联合国大会"组织和职能的章节,确定了联合国大会的组成、职权、投票和程序事项。

第五章共10个条款,是关于联合国"安全理事会"(安理会)的组织和职能的章节,确定了安理会的组成、职权、投票和程序事项。投票和程序构成了安理会的议事规则。

第六章共6个条款,是关于如何"和平解决争端",规定了解决争端的办法、途径和程序。

第七章共14个条款,是关于"对于和平之威胁、和平之破坏及侵略行为之应付办法"的章节,规定由安理会断定任何和平之威胁、和平之破坏或侵略行为之是否存在和安理会为维持或恢复国际和平与安全对此处理、解决的方法、途径和程序,以及会员国应承担的相应义务。

第八章共3个条款,是关于和平解决争端的"区域办法"的章节，规定应发挥区域办法或区域机关的作用，采取区域行动以求地方争端之和平解决，但这种办法应得到安理会的授权。

第九章共 6 个条款，确定了联合国所担负在"国际经济及社会"方面的职责：促进经济、社会、卫生、文化及教育的国际合作与发展。

第十章共 10 个条款，是关于联合国"经济与社会理事会"（经社理事会）组织和职能章节，确定了经社理事会的组成、职权、投票和程序事项。

第十一章共 2 个条款，是"关于非自治领土之宣言"，确定了联合国各会员国对于其所负有或担承管理责任之领土的原则：保证非自治领土上人民的政治、经济、社会、文化与及教育的发展。

第十二章共 11 个条款，是关于建立"国际托管制度"以管理托管领土的章节，确立了这一托管制度的目的、托管领土类别、托管权限等。

第十三章共 6 个条款，是关于联合国"托管理事会"组织和职能的章节，确定了托管理事会的组成、职权、投票和程序事项。

第十四章共 5 个条款，是关于建立"国际法院"的章节，确定了国际法院的性质、职权及当事国遵守国际法院判决之义务。

第十五章共 5 个条款，是关于设立联合国"秘书处"的章节，确定了秘书处组成、秘书长产生规则及秘书长职权。

第十六章共 4 个条款，是"杂项条款"，规定会员国所缔结之一切条约及协定需在秘书处登记、优先履行本宪章之义务。

第十七章共两个条款，是关于在安理会维护和平与安全的特别协定尚未生效时的"过渡安全办法"的章节。

第十八章共两个条款，是宪章的"修正"条款，规定本宪章之修正案经大会会员国三分之二同意包括安理会全体常任理事国同意表决后通过，各会员国批准后生效。

第十九章共两个条款，是宪章的"批准及签字"条款，规定本宪章应由签字国各依其宪法程序批准，并交存美国政府。

## 第二节 《联合国宪章》的延伸

世界是发展的,形势是变化的。根据不断出现的威胁和影响国际和平与安全的新因素、新形势,联合国及一些国际组织与时俱进地通过了一系列旨在强化《联合国宪章》宗旨和原则的政治安全宣言等,这些宣言等具有突出和深化《联合国宪章》宗旨和原则的特点,是《联合国宪章》的延伸和进一步发展。

对《联合国宪章》宗旨和原则具有强化和延伸意义的宣言主要如下。

### 一 《和平共处五项原则》

"和平共处五项原则"是中国与印度、缅甸于1954年正式提出的处理国与国关系的基本准则。"和平共处五项原则"一经提出,就得到了世界上许多国家的赞同,此后历经半个多世纪国际风云变幻的考验,越来越彰显其强大生命力,为维护国际和平与安全、促进国家间友好关系发展,发挥了巨大作用,成为处理国与国之间关系的基本准则。

"和平共处五项原则"最初是由中国总理周恩来于1953年12月31日,在会见印度谈判代表团时提出来的。周恩来提出中印双方谈判应遵循"互相尊重主权、互不侵犯、互不干涉内政、平等互惠和和平共处的原则"。① 1954年4月29日,中印签订了《关于中国西藏地方和印度之间的通商和交通的协定》,在该协定"序言"中首次提出"和平共处五项原则"作为处理两国关系的基本原则。这五项原则是:"互相尊重领土主权,互不侵犯,互不干涉、平等互惠,和平共处"。1954年6月28日和29日,周恩来在访问印度和缅甸期间,分别与印度总理尼赫鲁和缅甸总理吴努,发表了《中印两国总理联合声明》和《中缅两国总理联合声明》,共同倡导"和平共处五项原则"。1955年4月,在印度尼西亚首都

---

① 《周恩来外交文选》,中央文献出版社1990年版,第63页。

万隆举行的由29个亚非国家和地区参加的万隆会议，将"和平共处五项原则"全部内容加入到会议最后发表的《关于促进世界和平与合作的宣言》中，"和平共处五项原则"由此从双边走向多边，得到了更多国家的认同，成为国际关系基本行为规范。[①] 1970年第25届联大通过的《关于各国依联合国宪章建立友好关系及合作的国际法原则宣言》和1974年第6届特别联大通过的《建立新的国际经济秩序宣言》，都明确把"和平共处五项原则"包含其中。

"和平共处五项原则"是中印、中缅在处理西方殖民者遗留下来的复杂边界纠纷问题时，按照《联合国宪章》宗旨和原则提出来的原则，成为处理具有不同社会制度、不同国情的国家之间关系的准则，是对《联合国宪章》七项基本原则的高度概括和进一步发展，具有普遍适应性，成为维护国际和平与安全和促进国家友好关系发展的基本行为规范。

## 二 《加强国际安全宣言》

1970年12月16日，联合国大会通过了《加强国际安全宣言》。该宣言对《联合国宪章》关于和平与安全的宗旨和原则做了进一步阐释，强调各成员国和安理会在维护国际和平与安全中的责任和义务。

该宣言主要内容如下：

一是重申《联合国宪章》之宗旨和原则具有普遍和绝对之效力，而不论国家大小、强弱及制度如何；

二是要求各国在国际关系中严格遵守宪章之宗旨与原则；

三是重申各国履行宪章之义务优先于履行任何其他国际协定之义务；

四是重申各国必须尊重其他国家之主权和各民族不受外来干预、胁迫或强制之原则；

---

[①] "和平共处五项原则"措辞上略有改动，改为"互相尊重主权和领土完整、互不侵犯、互不干涉内政、平等互利、和平共处"。

五是重申各国必须履行不以武力威胁或使用武力侵害他国之领土完整或政治独立之义务；

六是促请各国利用并设法改进实施和平解决争端之方法；

七是促请各国响应联合国之维持和平行动；

八是确认必须依据宪章采取建立、维持与恢复国际和平与安全之措施；

九是建议安理会采取有效步骤以履行其维持国际和平与安全之主要责任，促请各国维护安理会及其决议之权威与效力；

十是强调维护所有国家的和平与安全，促请各国为有效之世界集体安全制度而不缔结军事同盟做出努力与贡献。

### 三 《联合国二十五周年纪念宣言》

1970年10月24日，联合国大会通过了《联合国二十五周年纪念宣言》。宣言重申了《联合国宪章》宗旨和原则，并对宪章施行25年进行了总结。

该宣言主要内容如下：

一是重申忠于《联合国宪章》，矢志履行宪章所载义务；

二是重申尊重国际法原则，加强各国间友好关系和国际合作；

三是关切武装冲突、军备竞赛等严重不安全形势，敦促各国以和平方法解决国际争端与冲突，有关国家达成限制、裁减军备尤其是核武器的国际协定；

四是肯定联合国于过去25年在殖民、托管及其他自治领土内民族解放历程中所起的作用，谴责种族隔离政策，促请尊重人权与基本自由，促进经济和社会发展目标实现。

### 四 《关于各国依联合国宪章建立友好关系及合作之国际法原则之宣言》

1970年10月24日，联合国大会通过了《关于各国依联合国宪章建立友好关系及合作之国际法原则之宣言》。该宣言对《联合国宪章》基本原则做了进一步阐释，以促进国家关系友好发展与国际合作。

该宣言重申并强调如下原则：

一是各国在其国际关系上应避免为侵害任何国家领土完整或政治独立之目的或以与联合国宗旨不符之任何其他方式威胁使用或使用武力之原则；

二是各国应以和平方法解决其国际争端以免危及国际和平、安全与正义之原则；

三是依照宪章不干涉任何国家国内管辖事务之原则；

四是各国依照宪章履行国际合作义务之原则；

五是各民族享有平等权利与自决权之原则；

六是各国主权平等之原则；

七是各国忠实履行其依照宪章所担负义务之原则。

## 五 《建立新的国际经济秩序宣言》

1974年5月1日，联合国大会通过了《建立新的国际经济秩序宣言》。该宣言阐明建立新的国际经济秩序遵循的国际关系基本原则，强调尊重国家对经济社会制度选择、资源控制等发展权的主权原则。

该宣言主要内容如下：

一是认识到现有国际经济秩序造成国际社会发展不平衡、不公平的现实，为此应建立一种新的国际经济秩序，并加强在经济发展方面的国际合作，强调联合国在此方面发挥新的作用。

二是确立建立新的国际经济秩序的原则：

第一，各国主权平等，一切民族实行自决，不得用武力夺取领土，维护领土完整，不干涉他国内政；

第二，各国在公平基础上进行合作，在平等基础上参加世界经济事务；

第三，各国有权选择最适合自己的经济和社会制度，对自己的自然资源和一切经济活动拥有永久主权，对其自然资源和所有其他资源受到的剥削、消耗和损害有权要求偿还和充分赔偿，有权取得解放和恢复对它们自然资源和经济活动的有效控制；

第四，国际社会向发展中国家提供积极援助，不附加任何政治或军事条件；

第五，国际社会在国际货币制度改革、经济合作、贸易、财政资金、科学技术等方面，应给予发展中国家以特惠的和非互惠的待遇。

### 六 《利用科学和技术进展以促进和平并造福人类宣言》

1975年11月10日，联合国大会通过了《利用科学和技术进展以促进和平并造福人类宣言》。该宣言阐明了关于避免应用科学和技术成就危害国际和平与安全的原则。

该宣言主要内容如下：

一是各国应确保科学和技术发展的成就用于加强国际和平与安全、自由与独立和经济与社会发展以及实现人权和自由；

二是各国应防止利用科学和技术发展来限制或妨碍人权和基本自由；

三是各国应避免利用科学和技术成就侵犯他国主权和领土完整、干涉他国内政、发动侵略战争、镇压民族解放运动或推行种族歧视政策；

四是各国应让科学和技术成就使所有人受益，而非使人权和自由等权利受到侵害，并对此立法。

### 七 《赫尔辛基最后文件》

《赫尔辛基最后文件》是"欧洲安全与合作会议"（"欧洲安全与合作组织"前身）35个成员国，于1975年8月1日在芬兰首都赫尔辛基签署的关于成员国国家间关系准则的指导性文件。

《赫尔辛基最后文件》确立的十项原则如下：

一是主权平等，尊重主权的各项权利；

二是不使用武力或以武力相威胁；

三是互不侵犯边界；

四是维护领土完整；

五是和平解决争端；

六是不干涉他国内政；

七是承认人权以及包括思想、良心、宗教与信仰在内的各项基本自由；

八是尊重民族平等与自决的权利；

九是各国合作；

十是诚实信用地履行国际义务。

### 八 《加深和巩固国际缓和宣言》

1977年12月19日，联合国大会通过了《加深和巩固国际缓和宣言》。该宣言重申《联合国宪章》宗旨和原则，特别强调了军备控制对维护国际和平与安全的重要作用。

该宣言主要内容如下：

一是遵守和执行《联合国宪章》各项原则和宣言，履行多边条约和协定义务；

二是采取军备管制谈判步骤，尽早达成停止军备竞赛特别是核军备竞赛的协议，以推进落实全面彻底裁军这一最终目标；

三是遵守主权平等、领土完整、不侵犯边界、不威胁或使用武力、和平解决争端、不干涉他国内政的原则，尊重各国自由选择其社会、政治和经济制度的权利；

四是加强联合国维持国际和平与安全的作用；

五是确保受殖民和外国统治的人民自由行使其自决权；

六是通过新的国际经济秩序的决议，促进国与国之间正义和均衡的经济关系；

七是鼓励和促进根据《世界人权宣言》和其他有关国际条约和文件，包括关于人权的国际公约，尊重每一个人的人权和基本自由。

### 九 《为各国社会共享和平生活做好准备的宣言》

1978年12月15日，联合国大会通过了《为各国社会共享和平生活做好准备的宣言》。该宣言强调维持和平特别是反对战争原则。

该宣言宣誓：

一是每个国家和每个人,不论种族、道德观念、语言或性别,都享有过和平生活的固有权利;

二是策划、准备或发动侵略战争是违反和平的罪行,并为国际法所禁止,各国都负有不进行鼓吹侵略战争的宣传的责任;

三是促进全面、互利和公平的政治、经济、社会和文化合作,尊重所有民族的独特性和多样性;

四是尊重所有人民的自决、国家独立、平等、主权、领土完整和边界不受侵犯的权利,包括在内政不受干涉的情况下决定各自发展道路的权利;

五是确认消除军备竞赛是维持和平的基本手段,为实现全面彻底裁军做出努力;

六是防止殖民主义和违反人民自决权利及其他人权和基本自由的种族主义、种族歧视和种族隔离的一切表现和做法;

七是防止违反和平共处和友好合作的原则鼓吹对其他民族的仇恨和偏见的行径。

### 十 《人民享有和平权利宣言》

1984年11月12日,联合国大会通过了《人民享有和平权利宣言》。该宣言誓要在核时代铲除战争特别是核战争。

该宣言主要内容如下:

一是庄严宣布全球人民均有享受和平之神圣权利;

二是庄严宣告维护各国人民享有和平的权利和促进实现这种权利是每个国家之根本义务;

三是强调各国的政策务必以消除战争尤其是核战争威胁,放弃在国际关系中使用武力,以和平方式解决国际争端为其目标;

四是吁请各国和各国际组织尽最大努力协助实现人民享有和平权利。

### 十一 《加强在国际关系上不使用武力或进行武力威胁原则的效力宣言》

1987年11月18日,联合国大会通过了《加强在国际关系上不使用武力或进行武力威胁原则的效力宣言》。该宣言对不以武力威胁和不使用武力原则做了进一步阐释,特别强调了加强裁军、反恐和集体安全体系对维持国际和平与安全的作用。

该宣言主要内容如下:

一是各国承诺不得进行武力威胁或使用武力,或以与联合国宗旨不符的任何其他方法侵犯任何他国的领土完整或政治独立;

二是各国承诺尊重平等权利和自决原则、不干涉原则、和平解决争端原则;

三是各国对凡以武力威胁或使用武力取得的领土均不得承认其为合法的领土;

四是凡违反《联合国宪章》的国际法原则以武力威胁或使用武力而缔结的条约均属无效;

五是各国承诺加强裁军和反恐的国际合作、加强联合国集体安全体系以维护国际和平与安全。

### 十二 《联合国五十周年纪念宣言》

1995年10月24日,联合国大会通过了《联合国五十周年纪念宣言》。该宣言是对《联合国宪章》原则的重申及其施行50年的总结,并确定未来联合国工作方针。

该宣言主要内容如下:

一是肯定联合国的价值:联合国历经冲突、人道主义危机和激烈变化的历史考验,但始终屹立,为防止战争、维护和平、增加世界人民的福祉做出重大贡献;

二是重申《联合国宪章》的宗旨和原则,并重申信守这些宗旨和原则;

三是确定未来联合国促进和平、发展、平等、正义和世界人民的相互了解的方针:促进和平解决争端的方法和手段,加强防止冲突、预防性外交、维持和平及缔造和平的能力,推进裁军、军控与防扩散,维护民族自决权利,携手打击恐怖主义,强化维持和平行动;认为经济发展、社会发展和环境保护,是可持续发展的几个相互依存和相互加强的组成部分,通过加强制度建设、国际合作并采取切实有效的措施，推进世界经济和社会的普遍发展；促进和保护一切人权和基本自由，通过加强法律、政策和方案，保护和保障妇女、儿童、弱势群体、难民和流离失所者、少数族裔的权利；促进和发展国际法，以确保国际关系建立在正义、主权平等原则、国际法原则及尊重法治的基础上。

## 十三 《第二次世界大战结束五十周年纪念宣言》

1995年10月18日，联合国大会通过了《第二次世界大战结束五十周年纪念宣言》。该宣言对第二次世界大战进行了深刻反思，誓言为建立一个非暴力的世界和一个以联合国为中心的全球安全体系而努力。

该宣言主要内容是，回顾并痛惜第二次世界大战给人类带来惨不忍睹的痛苦和浩劫，誓言建立一个非暴力的世界和一个以联合国为中心的全球安全体系，全力防止冲突和战争，并解决第二次世界大战遗留的问题，克服政治、经济和社会不平等现象。

## 十四 《和平文化宣言》

1999年9月13日，联合国大会通过了《和平文化宣言》。宣言誓言要从思想文化上根除战争、维护和平。

该宣言有感于"战争起源于人之思想，故必须在人之思想中筑起保卫和平之屏障"，因此，在新的千年里要促进和加强和平文化建设：促进一整套和平的价值观、态度、传统以及行为方式和生活方式；通过有利于促进个人、群体和国家之间和平的价值、态度、行为方式和生活方式，实现更全面发展和平文化方面的进步；通过全面尊重和遵守《联合国宪章》宗旨和原则，建立和平良好的国家和国际环境；为促进和平文化建设，发挥政府、民间团体、媒体、教育和宣传机构等各级组织和人员的作用，联合国应继续在促进和加强全世界和平文化方面起关键作用。

## 十五 《联合国千年宣言》

2000年9月8日，联合国大会通过了《联合国千年宣言》。该宣言重申《联合国宪章》宗旨和原则对21世纪国际关系的适用性，强调和平、安全与裁军对维护国际和平与安全的作用。

该宣言主要内容如下：

一是重申对《联合国宪章》各项宗旨和原则的承诺，承担在全球维护人的尊严、平等与公平原则的集体责任，重视自由、平等、团结、包容、尊重大自然、共同承担责任等基本价值对促进21世纪的国际关系的作用；

二是加强在军控与裁军特别是消除包括核裁军在内的大规模杀伤性武器的努力，并通过遵守国际法、加强联合国维和行动、履行打击恐怖主义和跨国犯罪等，加强国际和平与安全；

三是消除贫困特别是极端贫穷状况，实现普遍发展权，并使全人类免于匮乏；

四是保护对可持续发展至关重要的全球环境；

五是促进民主和加强法治，并尊重一切国际公认的人权和基本自由，包括发展权；

六是加强联合国权威、效力和建设。

**十六 《我们人民千年论坛的宣言和行动议程——为二十一世纪的到来加强联合国》**

2000年8月8日，联合国大会通过了《我们人民千年论坛的宣言和行动议程——为二十一世纪的到来加强联合国》宣言。该宣言强调各国履行裁军义务和不使用武力原则，以维护国际和平与安全。

该宣言的主要内容是：面对21世纪的各种严峻挑战，为了实现建立一个公正、可持续、和平的世界，在裁军、军控和防扩散各个领域采取一系列具体有效的措施和步骤；采取包括社会发展和取消债务等消除贫穷的行动；加强应对全球化的挑战并为此加强制度建设；采取保护和促进人权的行动方案。

**十七 《纪念联合国成立七十周年宣言》**

2015年10月23日，联合国大会通过了《纪念联合国成立七十周年宣言》。该宣言强调对《联合国宪章》宗旨和原则以及对整个宪章的承诺。

该宣言的主要内容是，肯定《联合国宪章》的价值和联合国在过去 70 年中在和平与安全、人权及社会和经济发展等领域发挥的关键作用，重申《联合国宪章》宗旨和原则，并敦促各国对宪章的宗旨和原则及对宪章的履行义务。

### 十八 《和平权利宣言》

2016 年 12 月 19 日，联合国大会通过了《和平权利宣言》。该宣言重申《联合国宪章》基本原则，并强调和平文化与教育的价值。

该宣言主要内容是：强调和平文化与教育对维护世界和平与安全的价值；宣誓人人有权享有和平，所有人权应得到促进和保护；各国应尊重、实践和促进平等与非歧视、正义和法治，保障人民免于恐惧和匮缺；各国、联合国组织特别是"联合国教育、科学及文化组织"（联合国教科文组织），应采取可持续措施实施本宣言；加强开展和平教育。

## 第三节 联合国安全机制

联合国安全机制是联合国组织根据《联合国宪章》宗旨和原则及安全规则行使维护国际和平与安全职责的方式。负责处理国际和平与安全事务的联合国组织主要是：联合国大会、安理会和国际法院，宪章将维持国际和平与安全之主要责任授予安理会。联合国维护国际和平与安全机制主要有：集体安全机制、和平解决争端机制和维持和平行动。

### 一 主要机构及其职能

（一）联合国大会

联合国大会是所有联合国会员国参加的联合国总的机构，是联合国主要的审议、决策和监督机构。联合国大会讨论本宪章范围内之任何问题或事项并可做出决议或建议。联合国大会决议是政治性决议，不具有法律约束力，但具有国际政治和道义效力。

所有联合国会员国均可参加联合国大会决议投票，一国一票。对于关于维持国际和平与安全的建议、准许新会员国加入联合国及预算问题等重要问题之决议，联合国大会以到会投票会员国三分之二多数同意票通过；对于其他问题，联合国大会以到会投票会员国过半数同意票通过。联合国大会每年举行常会，必要时举行特别会议（"特别联大"）。

联合国大会下设了多个委员会处理不同领域的问题，其设立的第一委员会（"联大一委"）就是"裁军和国际安全委员会"。"联大一委"专门讨论、处理裁军和威胁国际和平与安全的事务，是联合国大会唯一一个有权获得逐字记录报道的主要委员会。

联合国大会在维持国际和平与安全方面的职权如下：

第一，向会员国或安理会提出维持国际和平与安全的国际合作、裁军等建议；

第二，讨论联合国会员国或安理会或非联合国会员国所提出的关于维持国际和平与安全之任何问题，并向会员国或安理会提出对于各项问题之建议；

第三，提请安理会注意危及国际和平与安全之情势；

第四，审查安理会所提交的对于维持国际和平与安全所已决定或施行之办法的报告。

联合国大会非经安理会请求，不得对于安理会正在处理的任何争端或情势提出建议。

（二）安理会

宪章赋予安理会维持国际和平与安全之主要责任，安理会就处理国际安全事务做出决定或决议。从其使命职责看，安理会是联合国最重要的机构。安理会决议具有法律约束力，也就是说联合国会员国必须执行安理会决议。

安理会由 5 个常任理事国和 10 个非常任理事国组成。中国、法国、苏联（俄罗斯）、英国和美国 5 个国家为常任理事国，其他 10 个非常任理事国按照地区均衡分配原则由联合国大会选举产生，任期为两年。安理会每一理事国都拥有一个投票权,关于程序事项之决议,安理会以 9 票同意票表决通过;对于其他一切事项之决议,安理会以 9 票同意票且没有任何常任理事国否决票表决通过。①

安理会负有如下维持国际和平与安全的主要职责:

第一,促请各当事国以和平方法解决其争端,调查、断定任何危及国际和平与安全之争端,并提出适当程序或调整方法解决之建议;

第二,断定任何和平之威胁、和平之破坏或侵略行为是否存在,并对此是采用武力以外之办法还是采用必要之空海陆军行动做出决议,以维持或恢复国际和平与安全;

第三,授权并鼓励按照区域办法或由区域组织寻求区域争端的和平解决。

(三) 国际法院

国际法院是联合国的主要司法机关,按照《国际法院规约》履行其职能。国际法院由若干独立法官和法院院长、副院长以及分庭、书记处机构构成。联合国各会员国为《国际法院规约》之当然当事国,非联合国会员国是否成为《国际法院规约》当事国,经联合国大会提出建议由安理会做出决定。

国际法院在维护国际和平与安全方面的主要职能是,对当事国属于法律性质的争端进行判决。同时,国际法院还负有向联合国大会和安理会就有关国际安全事项提供法律咨询之职责。宪章要求当事国遵行国际法院的判决,若有当事国不履行国际法院判决之情况,其他方面可向安理会申诉,安理会如认为有必要,将提出建议或做出决定以执行判决。

(四) 秘书处

秘书处是联合国日常行政管理机构,其职责是为联合国及其所

---

① 联合国安理会常任理事国拥有一票否决权,也就是说,对于维护国际和平与安全之任何重要事项之决议,都需要常任理事国同意或不反对(同意票或弃权票),这体现了创立联合国机制所设定的"大国一致"原则。

属机构提供服务,并负责执行这些机构所制定的政策方案和计划安排等。秘书处由秘书长和联合国工作人员组成,秘书长是秘书处行政首长,由联合国大会根据安理会的推荐任命。秘书处设有两个涉及国际和平与安全事务的专门机关:"裁军事务厅"和"维持和平行动部"("维和部")。"裁军事务厅"的职能是通过联合国大会和"联大一委"、联合国裁军审议委员会、联合国裁军谈判会议及其他组织,为裁军规范制定提供实质与组织支持,推进国际裁军进程。"维和部"的职能是执行联合国安理会关于维和的任务,监督冲突和交战各方的停火,防止冲突再起,维持和平状态。

秘书处在维护国际和平与安全方面的职能是:

第一,秘书长执行安理会、联合国大会所委托的关于维持国际和平与安全的职责;

第二,秘书长须将其所认为可能威胁国际和平及安全之任何事项,提请安全理事会注意;

第三,调停国际争端,管理维持和平行动。

## 二 集体安全机制

集体安全机制是各国通过共同约定方式形成集体力量以威慑和制止侵略行为以维护每个国家安全的国际安全保障机制。联合国集体安全机制是按照"大国一致"方式由联合国安理会行使维护国际和平与各国共同安全职责的机制,是按照《联合国宪章》建立的制止冲突和战争、维持国际正常秩序的一项强制性制度安排。联合国集体安全机制是维护世界和平与安全的核心机制。

(一)集体安全机制渊源

联合国集体安全机制的建立源自"人人为我,我为人人"的共同安全思想,其实现途径是采取"大国一致"方式。① 这是人们在历经战争后对如何有效防止战争特别是世界战争的历史经验和教训总结的结果。和平与战争的世界历史表明,一国出于一己之

---

① 李东燕:《联合国》,社会科学文献出版社2018年版,第164页。

私、采取只为维护自己安全利益之行为，都会危害他国安全利益而引发冲突和战争，其结果是害人也害己。因此，要维护自身的安全利益，就不能只顾于自身安全，必须走共同安全、普遍安全之路。为此，各国应形成一个集体组织，依靠集体的力量，维护每一个国家的安全，这就是集体安全思想之源。

同时，从历史上的大的战争特别是第一次世界大战和第二次世界大战来看，这些造成人间重大苦难的战争，无一不是由大国引发、大国参与、大国决定的，战争皆因于大国也由大国决定。由此可得出两个结论：一是只要大国之间不发生战争，世界就不会有大的战争，世界就能维持总体和平；二是若发生危及国际安全、破坏国际秩序的重大情势，只要大国能取得一致并采取共同行动，就能制止这种情势演进，恢复国际正常秩序。当然，在国际现实中，也只有大国才具有这种制止战争的能力。因此，国际和平与安全的维护，需要大国在有关国际和平与安全重大事项上保持一致并对此采取共同行动，这就是"大国一致"方式。

集体安全机制始于第一次世界大战后建立的凡尔赛—华盛顿秩序。出身于普林斯顿大学校长和法理学与政治学教授的美国总统威尔逊，具有强烈的自由民主主义和国际主义思想。他认为欧洲传统的"力量均势"模式不能防止战争、维持和平，只有通过建立普遍的国际组织、遵守共同的国际法，才能实现防止战争、维持和平的目标，这种方式就是集体安全机制。在威尔逊的积极推动下，国际社会通过了《国际联盟盟约》，成立了一个全球性、普遍性的国际组织——国际联盟，第一次形成了集体安全机制。但第一次世界大战后，由于大国之间的严重分歧和国际联盟的结构性缺陷，这一集体安全机制并没有真正建成，更没有发挥作用。集体安全机制的真正形成是在第二次世界大战后，这就是联合国集体安全机制的建立。美国总统罗斯福最先提出了建立联合国这一国际组织的构想，并在1943年年底美英苏三国首脑参加的德黑兰会议上，正式提出了联合国机构框架，特别提出了用以制止战争、维持和平的核心组织架构。① 罗斯福提出，由美国、苏联、英国和中国四个"警察国家"组成一个委员会，"这个机构将有权立即处理对和平的任何威胁，以及需要这种行动的任何突然事变"。② 罗斯福上述设想都反映到了《联合国宪章》内容中和联合国成立上。《联合国宪章》宗旨的第1款开篇即明示，"维持国际和平及安全；并为此目的：采取有效集体办法，以防止且消除对于和平之威胁，制止侵略行为或其他和平之破坏"，从而确立了联合国通过集体安全方法维护国际和平与安全这一主要途径。宪章并建立了联合国安理会机构以行使集体安全之主要职权。

这里需要指出的是，军事联盟体制并非属于集体安全机制。表面上看，军事联盟体制似乎是一种集体安全机制，这是一些军事联盟的成员建立和维持其联盟体制之说辞。但是，就其性质和本质看，军事联盟体制并不是集体安全机制。因为，从上面的集体安全机制渊源看，集体安全概念有两个要点：一是集体安全是包括所有国家的安全，并非只是几个国家或一个集团成员国的安全，集体安全概念是无差别的、普遍的、全球性的；二是集体安全的威胁源没有固定的或特定的对象，威胁源是针对性质上的定义和判断，即哪个国家破坏《联合国宪章》宗旨和原则而对国际和平与安全构成威胁，那么这个国家就是威胁源，是集体安全机制应对的对象。而军事联盟体制则恰恰在这两点上完全不同。军事联盟体制维护的只是自己联盟内部成员国的安全，而不是所有国家的安全，而他们的安全往往是以牺牲其他国家的安全为代价，这与集体安全的本质格格不入。军事联盟往往以确定的国家或国家集团为威胁源，而不是以威胁源的性质来判断，这也与集体安全概念完全不同。

---

① 1943年3月，罗斯福在接见英国外交大臣艾登时表示，未来的国际组织（即后来的联合国）应由3个机构组成，一是所有联合国家参加的全体大会；二是由四大国（即美、英、苏、中）组成一个执行委员会，这一机构将决定一切重大问题，并拥有和行使"联合国警察"的权力；三是一个咨询委员会。

② 《德黑兰、雅尔塔、波茨坦会议记录摘编》，上海人民出版社1974年版，第38页。

(二) 联合国集体安全机制

1. 主要机构和行为规范

联合国安理会是行使联合国集体安全职权的主要机构，其组成、职责和议事规则已在上面有关"安理会"机构一节中阐明。

安理会应遵照《联合国宪章》的宗旨和原则，履行维持国际和平与安全的主要责任。《联合国宪章》的宗旨和原则及宪章延伸的法律文书，就是安理会行使维持国际和平与安全主要责任的行为规范。

安理会对"威胁和平、侵略或其他破坏和平之行为，以及破坏和平之国际争端或情势"，进行断定并做出决定或决议，联合国会员国需接受并履行安理会之决议，也有责任和义务配合安理会所采取的强制性措施。

2. 主要方法和程序

安理会采取维持或恢复国际和平与安全的强制性措施有两类：第一类是"武力以外之办法"，即经济和政治外交等方法。此项办法包括局部或全部停止被处罚国的对外经济关系和与外界的铁路、海运、航空、邮电、无线电及其他交通工具之联系，以及断绝其外交关系；第二类是"武力之办法"，即采取必要之空、海、陆军行动，包括联合国会员国之空、海、陆军示威、封锁及其他军事举动，其他军事举动包括军事打击。这两类强制性措施是依次递进的，当安理会认为"武力以外之办法"为不足或已经证明为不足时，再考虑采取"武力之办法"。

为执行维持国际和平与安全之任务，宪章要求建立"联合国军队"，由会员国提供"为维持国际和平与安全所必需之军队、协助及便利"，并根据特别协定"规定军队之数目及种类，其准备程度及一般驻扎地点，以及所供便利及协助之性质"。但是，由于大国在此问题上分歧严重，"联合国军队"从未建立。宪章还规定，当安理会决定使用武力时，"会员国应将其本国空军部队为国际共同执行行动随时供给调遣。""武力使用之计划应由安理会以军事参谋团协助决定之"。军事参谋团应由安理会五个常任理事国参谋总长或其代表组成，由安理会授权、在安理会权力之下开展工作。

实际上，由于安理会常任理事国间的分歧与对抗，军事参谋团几乎从来没有在行使集体安全之"武力之办法"上发挥过作用。

（三）集体安全机制效力

自联合国创建后，总的来看，联合国集体安全机制在维持和恢复国际和平与安全方面发挥了重要作用，但这种作用受到"大国一致"方式某种程度的制约。因为，当有关"威胁和平、侵略或其他破坏和平之行为，以及破坏和平之国际争端或情势"，是由安理会常任理事国引发或与其相关联时（这种情况经常发生），往往因安理会常任理事国行使否决权，致使安理会对此无法形成决定或决议而无所作为。可见，"大国一致"既是集体安全机制实现目标的方式，同时又是影响集体安全机制发挥效力的主要因素，这种自相矛盾的形态始终存在于联合国集体安全机制中。

虽然联合国集体安全机制在维护国际和平与安全方面的效力一直饱受诟病，但从客观历史发展进程看，不能因此而否定集体安全机制在维护国际和平与安全的重大作用。这种作用主要体现在以下两个方面：第一，集体安全机制对大国之间的冲突起到减缓作用。以"大国一致"为方式的联合国集体安全机制，给大国就国际重大安全问题和事项提供了一个沟通、辩论、妥协的场所和渠道，在一定程度上增加了大国之间信息和意图的传达，有利于缓和大国矛盾，降低大国对抗水平，由此减小了大国冲突和战争的风险。安理会是一个大国"文斗"的舞台，而非他们过去那种直接"武斗"的战场，其发挥的这种独特作用往往因被人们所忽视。第二次世界大战后，美苏两大集团长期处在高强度对抗的冷战中，但双方并没有发生直接军事冲突和战争，世界避免了大战灾难。探其原因，双方保有恐怖的核威慑平衡固然发挥了重大作用，但联合国集体安全机制也发挥了不可替代的重要作用。

第二，集体安全机制发挥了对一些破坏国际和平与安全行为的制止和抑制作用。一方面，对于不涉及大国之间利益的破坏国际安全与和平的行为或情势，安理会都做出了及时有力的反应，有效制止了这种行为或情势，维持和恢复了国际和平与安全；另一方面，集体安全机制对发动战争的企图也起着抑制作用，即使对世界大国的这种行为和企图也是如此。因为，大国出于霸权主义和强权政治目标，违反《联合国宪章》宗旨和原则而对外使用武力，它就不可能得到联合国安理会的授权。没有安理会授权的对外军事行动，严重违反国际法，得不到国际社会的支持，必然背负政治上和道义上的负担，其入侵他国之举虽在军事上较易成功，但在政治上、战略上都最终避免不了失败的命运，这也佐证了非正义战争难逃失败命运的历史规律。大国在没有得到联合国安理会授权对他国动武失败的教训，在一定程度上也抑制着其发动战争的违法行为，这也是联合国集体安全对维护国际和平与安全发挥的一种独特作用。

（四）集体安全机制实践

集体安全机制在维持和恢复国际和平与安全方面的一个成功实践，是安理会处理伊拉克入侵科威特事件。

1990年8月1日，因石油利益和战争贷款争端没能通过政治外交途径解决，伊拉克悍然以武力入侵吞并了科威特。伊拉克总统萨达姆宣布将科威特划为伊拉克的"第19个省"，并称它"永远是伊拉克不可分割的一部分"。伊拉克以武力吞并他国的侵略行径，严重违反了《联合国宪章》的宗旨和原则，破坏了国际和平与安全和正常的国际秩序。安理会对此迅速做出了反应。1990年8月2日，联合国安理会就以14票赞成、0票反对（也门未出席）的表决结果，通过了谴责伊拉克违反《联合国宪章》、要求其无条件撤军的第660号决议。此后，安理会又先后通过了11个制裁伊拉克的决议，希望以"武力以外之办法"迫使伊拉克撤军。但伊拉克不为所动，依然占领着科威特。在这种情况下，安理会不得不采取"武力之办法"迫使伊拉克撤军，恢复科威特主权和领土完整。1990年11月29日，安理会通过了第678号决议。该决议设定了伊拉克撤出科威特的最后期限，并"授权同科威特政府合作的会员国，以一切必要手段执行第660号决议"。这就意味着，如果在最后期限到来后，伊拉克仍不执行安理会第660号决议从科威特撤军，安理会就将授权其他成员国对伊动武。在伊拉克没有按期限执行安理会决议后，1991年1月17日，以美国为首的联军向伊拉克发起代号为"沙漠风暴"的大规模军事行动，执行安理会第678号决议。在联军的沉重军事打击下，伊拉克不得不宣布无条件接受安理会第660号决议，从科威特撤出全部军队。1991年4月3日，安理会通过关于停火的687号决议，科威特领土完整和国家主权得到完全恢复。这是联合国集体安全机制维持和恢复国际和平与安全成功的例子。

集体安全机制在很多应对"威胁和平、侵略或其他破坏和平之行为，以及破坏和平之国际争端或情势"的案例中没能发挥效力，主要是由于大国的严重分歧所致。虽然在这些案例中安理会无所作为，但联合国集体安全机制仍对大国发动战争、破坏国际法的行为起到了较大抑制作用。下面，以美苏两个超级大国发动侵略他国的非法战争为例，体现联合国集体安全机制对其教训和制约的作用。

第一个案例是1979年苏联发动的入侵阿富汗战争。这场侵略战争不但没有得到联合国授权，更受到国际社会普遍强烈谴责，最后苏联也以失败而告终。1979年3月，不受苏联欢迎的阿明成为阿富汗领导人，苏联认为阿明政权不能实现苏联在阿富汗的利益，决定军事入侵阿富汗除掉阿明，培植亲苏人士上台。1979年年底，苏联出重兵入侵阿富汗。苏联这种以武力干涉他国内政的行为，严重违反了《联合国宪章》的宗旨和原则，遭到世界大多数国家的强烈批评。尽管由于苏联拥有否决权，联合国安理会无法通过针对这一严重违反国际法行为的决议，但1980年1月联合国第六届特别会议通过了《要求外国军队无条件和全部撤出阿富汗》的决议，在政治上和道义上否定了苏联行为的合法性。以后的历届联合国大会，都要求苏军撤出阿富汗，实现政治解决阿富汗问题。这些联合国决议虽然不是强制性的，但具有强大政治和道义效力。背负政治和道义负担的苏联，在阿富汗不仅遭到国际社会广泛同情和支持的阿富汗抵抗组织的顽强反抗，自己也付出了伤亡5万多人和耗资450亿卢布的巨大代价。在无法取得胜利情况下，1988年4月，苏联被迫接受解决阿富汗问题的日内瓦协议，分两个阶段撤出全部军队。侵略阿富汗战争使苏联付出了巨大政治、经济和军事代价,成为其日后解体的一个重要原因,苏联内部也对这场战争进行了深刻反思。

另一个案例是2003年美国侵略伊拉克战争。为了铲除反美的伊拉克萨达姆政权,服务于美国中东地缘战略和石油经济利益,美国以伊拉克发展拥有大规模杀伤性武器的"莫须有"罪名,于2003年3月20日,绕开联合国发动了对伊拉克的战争。实际上,在发动战争前,美国想仿照1991年率领联军对伊动武那样,得到联合国安理会授权,这样,美国就能堂而皇之地对伊动武,就会像1991年那样获得军事和政治的最终胜利。然而,负责对伊拉克大规模杀伤性武器进行核查的"联合国监测、核查和视察委员会"("监核会"),并没有在伊拉克发现这些武器。尽管美国极尽渲染伊拉克发展拥有大规模杀伤性武器之事,但这并没有得到中国、俄罗斯、法国、德国等大国和绝大多数国家的认可,国际社会反对美国对伊动武的声音高涨。[①] 俄、法、德发表联合声明,声言坚决反对美国对伊拉克发动战争。法、俄甚至表示,如果美国将对伊动武议案提交联合国安理会,他们就将对议案行使否决权。在无望拿到安理会授权情况下,美国抛开联合国执意对伊动武。2003年3月20日,美英联军对伊拉克发动了大规模空袭和地面进攻。虽然美国在军事上很快就取得了胜利,但在政治上和战略上却是失败的。美国以武力侵略他国之举,严重违反了《联合国宪章》宗旨和原则,不仅没有得到联合国安理会授权,而且遭到全世界大多数国家的强烈反对,全球反对美国对伊战争的游行此起彼伏。失道寡助的美国付出了几万人伤亡、上万亿美元耗损的巨大代价,最终也不得不撤出伊拉克。对伊战争极大损耗了美国的政治信誉和经济实力,是美国自冷战结束后从顶峰衰落的开始,这也成为后来奥巴马政府和特朗普政府撤出伊拉克并加快撤军进程的主要原因。可以说,这一违反国际法之不义之战对美国的教

---

① 直到战争结束,美国在伊拉克经过长时间大量搜查,也始终没有发现萨达姆拥有大规模杀伤性武器的任何证据。这充分证明美国发动战争所谓"证据"和借口的虚假性,进一步证明了美国发动对伊战争的非正义性。

训是深刻的，奥巴马和特朗普在总统竞选中，都把美国尽快从伊拉克撤军作为竞选纲领并最终获胜。

### 三　和平解决争端机制

和平解决争端机制是根据《联合国宪章》宗旨和原则，按照宪章所规定的规则、方法和程序，通过政治外交途径或法律途径寻求和平解决国际争端的机制。

（一）和平解决争端渊源

和平解决国际争端原则产生于19世纪末20世纪初的一项重要国际法制度。1899年第一次海牙和会签署并于1907年第二次海牙和会修订的《和平解决国际争端公约》，是最早提出和平解决争端原则的国际法律文书。[①] 1928年8月27日，英国、法国、美国、德国、日本、意大利、波兰等国，在法国巴黎签署了《白里安－凯洛格公约》，即著名的《非战公约》。该公约第1条即规定，废除把战争作为推行国家政策的工具。第2条规定，不论国际争端性质如何、原因如何，不得以和平方式以外的方式解决。

《联合国宪章》将和平解决争端作为国际关系基本准则。宪章宗旨的第1款即言明，为维持国际和平及安全之目的，应"以和平方法且依正义及国际法之原则，调整或解决足以破坏和平之国际争端或情势"。宪章原则的第3款规定，"各会员国应以和平方法解决其国际争端，避免危及国际和平、安全及正义"。

此后联合国通过了一系列强化《联合国宪章》宗旨和原则的政治安全宣言，这些宣言对《联合国宪章》关于和平解决争端原则做了进一步阐释和发展。比如，这些宣言提出，"促请各国利用并设法改进实施和平解决争端之方法"，"策划、准备或发动侵略战争是违反和平的罪行，并为国际法所禁止，各国都负有不进行鼓吹侵略战争的宣传的责任"，"强调各国的政策务必以消除战争尤其是核战争威胁，放弃在国际关系中使用武力，以和平方式解决国际争端为其目标"，"各国承诺不得进行武力威胁或使用武力，

---

① 朱晓青：《国际法》，社会科学文献出版社2005年版，第445页。

或以与联合国宗旨不符的任何其他方法侵犯任何他国的领土完整或政治独立","凡以武力威胁或使用武力取得的领土均不得承认其为合法的领土","促进和平解决争端的方法和手段,加强防止冲突、预防性外交、维持和平及缔造和平的能力"。

(二) 和平解决争端机制

1. 和平解决争端程序

对于任何国际争端,当事国首先应通过直接协商、谈判的方式,以求达成妥协方案解决相互间争端,这是解决国际争端最常用、最主要的方法。

在当事国无法通过直接协商、谈判取得妥协而解决争端,争端之继续存在足以危及国际和平与安全之维持时,按照《联合国宪章》规定,联合国会员国应按照宪章规定须将争端提请联合国大会或安理会注意,非联合国会员国经预先声明的就该争端按照宪章规定的和平解决之义务,也须将该争端提请联合国大会或安理会注意。联合国大会须向当事国或安理会或兼向两者提出对于该项问题解决之建议。但当安理会正在对争端或情势执行宪章所授予之职权时,非经安理会请求,联合国大会不得提出建议。按照宪章规定,安理会负有对争端或情势的调查权和对争端或情势是否危及国际和平与安全之维持的断定权,以及负责向当事国提出适当程序或调整方法之建议,以求争端之和平解决。

2. 和平解决争端途径

和平解决争端的途径有两种:一是政治外交途径,二是国际法律途径。一般而言,政治外交途径解决的是政治性国际争端,而国际法律途径解决的是法律性国际争端。

政治外交途径有斡旋、调停、调查、和解之方法。在当事国同意后,包括联合国、区域组织和其他非当事国在内的第三方,都可以在当事国之间进行斡旋、调停、调查、和解的政治外交努力。第三方在斡旋和调停时,可以提出解决争端的建议,以促使当事国达成妥协解决方案。第三方还可以通过一定的方式和程序调查争端的事实,以查明有关当事国所声称的情势是否存在,促进当事国能够基于事实自行解决争端。当然,第三方也可以在调查事实基础上，提出解决争端的建议，促使当事国达成协议解决争端。

国际法律途径是通过将争端提交国际法院，经国际法院仲裁解决争端的方法。宪章规定："凡具有法律性质之争端，在原则上，理应由当事国依照国际法院规约之规定提交国际法院。"国际法院对于当事国或他方提交的案件，依据国际法做出判决。国际法院做出的判决属于确定性的终局判决，不得上诉，当事国只有在特殊情况下方可向国际法院请求解释或申请复核。宪章规定：当事国应遵行国际法院之判决；"遇有一造不履行依法院判决应负之义务时，他造得向安全理事会申诉。安全理事会如认为必要时，得做成建议或决定应采办法，以执行判决"。国际法院管辖的案件分为三类：一是自愿管辖案件，即各当事国自愿提交的案件；二是协定管辖案件，即按照条约、协定等国际法律文书规定提交的案件；三是强制性管辖案件，即按照《国际法院规约》第36条第2款规定，规约当事国得随时声明，对于接受同样义务的任何国家，承认国际法院对有关争端的管辖具有强制性而不须另订特别协定的案件。国际法院对于这类案件的管辖，不是根据当事国主动提交和当事国的特别协定，而是根据当事国所做的上述声明。强制性管辖虽具有强制性，但又是任意承担的，关键取决于当事国是否承认国际法院的这种强制权。世界上绝大多数国家是《国际法院规约》的缔约国，但只有大约三分之一的缔约国向联合国秘书长交存了声明，承认国际法院的强制性管辖权。中国恢复在联合国的合法地位后，于1972年9月致函联合国秘书长明确表示，对于旧中国政府于1946年10月26日所做出的关于接受国际法院强制管辖权的声明不予承认。[①]

从以上可见，宪章规定了以联合国安理会为核心的联合国组织在和平解决国际争端的主导地位，但也规定发挥区域组织的作用。宪章规定：区域组织的行为和区域办法必须以《联合国宪章》的宗旨和原则为准则；当事国将争端提交安理会以前，应由区域组织或根据区域办法，或寻求和平解决，安理会应对此给予鼓励；

---

① 朱晓青：《国际法》，社会科学文献出版社2005年版，第457—458页。

安理会对于和平解决争端之行动，应利用区域组织或区域办法，如无安理会之授权，不得依照区域组织或由区域办法采取任何行动；依照区域组织或由区域办法所已采取或正在考虑之行动，不论何时都应向安理会报告。

（三）和平解决争端实践

中国与苏联解体后新成立的哈萨克斯坦、吉尔吉斯斯坦、塔吉克斯坦和俄罗斯四国成功解决领土争端，就是一个当事国通过直接协商、谈判，以和平方式解决争端的典型案例，而联合国调解喀麦隆与尼日利亚的领土争端，是联合国发挥调解作用促成和平解决争端的成功案例。

中国与中亚国家及俄罗斯在边界问题上存在的争端，是历史上由沙皇俄国通过不平等条约割占中国土地形成的，沙俄甚至又越过不平等条约规定的边界，进一步侵占了界河中的中国岛屿和边境地区的土地。新中国成立后，中国与苏联先后举行了三轮边界谈判。在第三轮谈判中，中苏于1991年5月签订了《中苏国界东段协定》，使中苏在东段边界争端取得突破。但中苏在西段边界仍存争议。

在苏联解体后，中国与新独立的哈萨克斯坦、吉尔吉斯斯坦、塔吉克斯坦和俄罗斯在中苏西段边界遗留下来的争议，就成为双边关系中一个重大而紧迫的问题。中国和四国的边界问题属于历史遗留问题，而且中国与这些国家的边界后来又被多次改动过，如果纠缠于历史，即使按照国际法为标准进行界定，也难以取得一致方案，因为当事国都能根据国际法的某一条款，提出争议领土属于本方的历史和法律依据。为了和平友好解决领土争端，中国与哈、吉、塔、俄四国就直接通过平等谈判与协商解决争端，并将其作为发展双边关系的首要目标，达成了共识。为此，中国与四国提出了"主权为上、客观为先、友好为重"谈判解决边界争端的原则。在这些共识和原则指导下，1992年10月，中国与哈、吉、塔、俄四国联合代表团，在北京就边界问题启动了苏联解体后的第一轮边界谈判。此后，中国同四国成立了联合边界协定小组、联合勘界委员会、联合边界测图小组，就解决边界问题进行相关工作。经过多次讨论、谈判和实地勘界，中国与四国签订了一系列边界协定，标志着中国与哈、吉、塔三个中亚国家长达3300公里、中俄4300多公里的边界全部划定，沙俄和苏联遗留下来的边界争议获得了圆满解决。

不仅如此，在中国与哈、吉、塔、俄四国边界友好和平谈判中，还催生了一个旨在增进睦邻友好、维护共同安全、加强全面合作的"上海合作组织"（"上合组织"）。1996年4月，中、俄、哈、吉、塔五国元首在中国上海举行第一次会晤，签署了《关于在边境地区加强军事领域信任的协定》，奠定了五国合作的基础。1997年4月，五国元首在俄罗斯莫斯科举行第二次会晤，签署了《关于在边境地区相互裁减军事力量的协定》，五国在地区安全与稳定的合作迈上一个新台阶。1998年7月，五国首脑在哈萨克斯坦阿拉木图举行第三次会晤，发表了《阿拉木图联合声明》，确立了五国合作的基本原则，将五国合作重点从军事领域扩大到政治、经济等领域，为"上合组织"的成立奠定了基础。2001年6月，"上海五国"元首在上海举行第六次会晤，签署了《上海合作组织成立宣言》和《打击恐怖主义、分裂主义和极端主义上海公约》，标志着"上合组织"正式成立。2002年6月，"上合组织"成员国元首在俄罗斯圣彼得堡，签署了《上海合作组织宪章》《关于地区反恐怖机构的协定》《上海合作组织成员国元首宣言》三个文件。2003年5月，"上合组织"成员国元首又在俄罗斯莫斯科签署了《上海合作组织成员国元首宣言》。会上还签署了"上合组织"有关文件，确立了该组织机构条例、徽标和秘书长人选等，"上合组织"日臻完备。此后，"上合组织"在促进地区和平稳定、发展合作的作用不断提升，影响力不断扩大，越来越多的国家要求加入该组织。到2020年，"上合组织"成员国已增至8个，另外还有4个观察员国和6个对话伙伴国，横跨中亚、南亚、中东等地区。可以说，中国与哈、吉、塔、俄四国边界争端的解决，不仅体现了和平解决争端原则，而且还推进了当事国之间的睦邻友好与全面合作，促进了地区的和平、安全与稳定，这是联合国历史上和平解决争端最成功的实践之一。

联合国调解喀麦隆和尼日利亚领土争端，则是联合国发挥调解作用，促进和平解决争端的又一个典型案例。

巴卡西半岛位于喀麦隆和尼日利亚两国的最南端，历史上曾被英国殖民统治过。英国结束殖民统治后，喀麦隆和尼日利亚围绕巴卡西半岛主权一直存在争议，但包括巴卡西在内的整个卡拉巴尔地区最终成为尼日利亚事实上的一部分。20世纪70年代后期，在巴卡西半岛附近海域发现石油和天然气后，两国就巴卡西半岛主权争议再起。1993年，两国一度在巴卡西半岛发生多次军事冲突。1994年，喀麦隆将巴卡西半岛领土争端提交海牙国际法院裁决。1995年，喀麦隆将此争端提交联合国安理会，但尼日利亚坚持通过双边谈判解决，反对将争端国际化。在非洲统一组织和一些非洲国家领导人调解下，双方同意接受国际法院的仲裁。2002年10月，海牙国际法院做出最终裁决，将巴卡西半岛主权划归喀麦隆，并要求尼日利亚在2004年9月前从巴卡西半岛撤军，并向喀麦隆移交主权。但尼日利亚政府随即发表声明，驳斥海牙国际法院的裁决，同时表示希望以政治外交手段和平解决争端。

2002年11月，在联合国秘书长安南主持下，喀麦隆和尼日利亚两国总统在日内瓦举行会晤，谈判解决争端。随后，成立了由联合国秘书长特别代表阿卜杜拉领导的联合委员会，该委员会任务是处理国际法院裁决的两国争端事宜。在联合国调解下，喀麦隆和尼日利亚两国举行了多伦谈判，最终于2006年8月14日在纽约联合国总部签署了《格林特里协定》。该协议规定，按照国际法院裁决，尼日利亚将巴卡西半岛主权交给喀麦隆，并规定2008年8月14日为最后期限。此结果在尼日利亚国内引起巨大争议，特别是受到尼军方的强烈反对。由于巴卡西半岛上居住着众多尼日利亚居民，尼方也以维持治安为由一再推迟从半岛撤军。但此后在联合国的斡旋下，尼日利亚政府最终还是按期于2008年8月14日，在尼南部克罗斯河州首府卡拉巴举行了交接仪式，正式将巴卡西半岛主权交给喀麦隆，从而彻底解决了两国围绕巴卡西半岛的领土争端问题。联合国秘书长潘基文表示，对联合国而言，这是一个里程碑式的事件，它是通过尊重国际法和睦邻友好关系实现和平解决具有潜在危险的边界争端的典范。

### 四　维持和平行动

维持和平行动（"维和行动"）是联合国派遣有关军事人员帮助维护或恢复冲突地区和平的非强制性活动。联合国维和行动是在新的国际形势下，除和平方式和强制方式以外的维持国际和平与安全的一种新的方式。

（一）维和行动渊源

《联合国宪章》规定了两种维持国际和平与安全的方式，即包括协商、谈判、斡旋、调解在内的政治外交的和平方式，和制裁、使用武力的强制方式。但是，联合国在调解和解决地区冲突的实践中，遇到一种需对冲突各方进行监督停火以维持和平状态的情况。在第二次世界大战结束后不久的第一次中东战争中，联合国就首次尝试了这种维持和平方式。1948年6月，联合国安理会通过决议，建立了"联合国停战监督组织"和"联合国紧急部队"，监督执行以色列和阿拉伯国家之间达成的停火协议，开创了联合国维护国际和平与安全的一种新的方式，这也为此后联合国维和行动确立了一些基本原则和模式。这种介于和平方式和强制方式之间的"第三种方式"，被联合国维和行动奠基人之一的联合国第二任秘书长哈马舍尔德解释为宪章的"第六章半"，即介入宪章第六章的和平方式和第七章的强制手段之间的一种维持国际和平与安全的方式。

虽然《联合国宪章》并没有载明维和行动条款，但在履行宪章之"维持国际和平与安全"首要宗旨的实践中，联合国针对遇到的新情况新问题，创造性提出并实施了维和行动这种新方式。此后，根据宪章的宗旨和原则，联合国在一系列维护国际和平与安全的宣言及决议中，阐释了联合国维和行动的主旨和方法等。联合国有关维和行动的宣言主要有：

联合国大会于1970年12月16日通过的《加强国际安全宣言》提出，"联合国作为维持国际和平与安全工具之效力有加以改进之迫切需要",为此,"促请各会员国响应为使依据宪章之维持和平行动更为有效起见商订指导原则之迫切需要,该项原则可于联合国处理危及国际和平与安全之情势时增加其效力;并请各会员国赞助维持和平行动特设委员会就有关此种行动之一切问题以及适当公平筹措此种行动所需资金一事达成协议之努力"。

联合国大会于1988年12月5日通过的《关于预防和消除可能威胁国际和平与安全的争端和局势以及关于联合国在该领域的作用的宣言》提出,提高联合国"处理有关维持国际和平与安全问题以及促进和平解决国际争端的效力"。为此,"安理会应考虑在早期阶段派遣事实调查团或斡旋团,或建立联合国进驻的适当形式,其中包括观察员和维持和平行动,以作为预防有关地区争端或局势进一步恶化的一种手段"。

联合国大会于1995年10月24日通过的《联合国五十周年纪念宣言》提出:"促进按照《联合国宪章》和平解决争端的方法和手段,并加强联合国防止冲突、从事预防性外交、维持和平及缔造和平的能力。"

联合国大会于1998年10月6日通过的《联合国维持和平五十周年纪念宣言》,"重申支持所有有效促进联合国维持和平人员的安全的努力","承诺并愿意向联合国维持和平人员提供充分支持,以确保他们能成功地执行交付给他们的任务。"

联合国大会于2000年9月8日通过的《联合国千年宣言》提出,"加强联合国维护和平与安全的效力,为它提供预防冲突、和平解决争端、维持和平及冲突后建设和平与重建所需要的资源和工具。"

(二) 维和行动原则与职能

联合国维和行动是历史上一种创新性的维护国际和平与安全的方式,它是在实践中不断摸索发展的。联合国维和行动原则与职能也经历了创建、发展和调整三个阶段。当然,随着世界格局和国际形势的发展变化,今后联合国维和行动原则与职能等,也会与时俱进地不断演进和强化。

联合国第二任秘书长哈马舍尔德在1956年建立第一支联合国

维和部队时，提出了联合国维和行动的三个原则："中立"（impartiality）、"同意"（consent）、"自卫"（self-defense）。"中立"就是不偏不倚。维和行动不得妨碍有关当事方之权利、要求和立场，保持中立，不偏袒任何一方；"同意"就是维和行动必须征得有关冲突各方的同意才能实施；"自卫"就是维和部队拥有自卫权。当维和部队受到攻击时可使用武力进行自卫，除此之外不得使用武力。这三个原则被联合国维和行动实践证明是合理的、有效的，逐渐为联合国和国际社会所认可，成为联合国维和的基本行为准则。联合国维和行动的职能是监督冲突各方停火，使其撤军、脱离接触，以保障实施和平协议。

冷战结束后，联合国维和行动取得新的进展并呈现出新的特点。为发挥联合国维和行动在维护和促进国际和平与安全的重大作用，1992年，时任联合国秘书长的加利应安理会首脑会议的要求，提出了《和平纲领：预防性外交、建立和平与维持和平》（《和平纲领》）报告，将联合国维和行动的职权和范围大大扩展。《和平纲领》提出了联合国维和行动的四项任务：预防性外交、建立和平、维持和平和冲突后缔造和平。预防性外交是采取行动防止争端发生，防止现有争端升级为冲突，并在冲突发生时限制冲突的扩大。预防性外交主要措施包括建立信任措施、建立预警系统，在可能发生冲突的国家和地区部署联合国维和部队、建立非军事区；建立和平就是采取行动，主要是通过《联合国宪章》第六章所设想的和平手段，使敌对双方达成协议；维持和平就是实地部署联合国维和人员，过去的做法是取得所有有关方的同意，通常是部署联合国军事人员和（或）警察人员，往往也包括文职人员。维持和平是一种手段，它扩大了防止冲突和建立和平两个方面的可能性；缔造和平是采取行动，查明并支持足以加强与巩固和平的结构，以避免再度爆发冲突。报告认为这四者构成了一个完整的维和机制体系：预防性外交设法在发生暴力行为之前解决争端，维持和平与建立和平则是阻止冲突，并在一旦和平实现后保持和平。如果两者都成功，则可以加强在冲突后缔造和平的机会，这样可以预防各方再度发生暴力行为。①

可见，《和平纲领》提出了一个从预防冲突、建立和平、维持和平到建设和平的新的维和概念和目标，这样，联合国维和行动与以往相比发生了很大变化：第一，职能任务的扩大。从传统意义上的单纯军事性维和任务，扩大到军事和政治、民事等多重任务。维和行动的任务从监督停火、停战、撤军，使冲突双方脱离接触，以执行和平协议，扩大到组织和监督选举、维护法律秩序，安置难民、为人道主义救援行动创造安全环境，解除各派武装、清除地雷、重建国家等。第二，对象范围的扩大。维和行动的对象和范围，从原来只针对发生在国家之间的冲突进行停火、停战等监督，扩大到对一个国家的内部冲突进行有关维和任务。第三，维和手段的强化。维和部队从只装备轻武器，尽力避免使用武力、慎用武力，到装备重型武器并得到空中和海上武装支援，使用武力强制冲突各方停火、遵守有关协议等。

职能任务和对象范围的扩大及使用手段的强化，使联合国维和行动介入国际冲突、矛盾的程度和使用频度空前提升。比如，从第二次世界大战结束到冷战结束前夕的1988年，联合国开展的维和行动只有13次，而从1992年到1994年两年间，联合国就开展了11次维和行动，到2000年年底共开展了55次维和行动。② 这些职能和范围扩大了的维和行动在取得很大成功的同时，也遭遇空前的挫折。比如，1992年联合国在莫桑比克和柬埔寨开展的维和行动被认为是成功的例子，联合国维和行动不仅监督了各方停火、防止了冲突，而且还促成了当地的政治和解与国家重建。而1992年联合国在索马里和波黑开展的维和行动则遭到失败，联合国采取的强制性维和行动，不仅使自己卷入了冲突，甚至成为交战一方，没能实现停火这一维和主要目的，而且还深入插手当事国内部事务，引起当事国强烈不满，自己也付出伤亡代价。实际上，

---

① 参见《和平纲领：预防性外交、建立和平与维持和平》（A/47/277-S/24111），这是1992年6月17日联合国秘书长加利按照1992年1月31日联合国安理会首脑会议声明提出的报告。

② 李铁城：《世纪之交的联合国》，人民出版社2002年版，第6页。

联合国维和行动偏离了原来的"中立""同意"原则，也背离了"本宪章不得认为授权联合国干涉在本质上属于任何国家国内管辖之事件"的原则，从而导致了严重后果。联合国和国际社会也对此进行了深刻反思和深入探讨。

在经历70多年成功与失败的实践探索后，目前国际社会已形成了以下四个公认的联合国维和行动原则。一是合法原则，即维和行动须遵守国际法，须获得联合国授权并载明明确的任务，联合国维和人员须接受联合国指挥；二是同意原则，即维和部队的组成、进驻与活动，须征得冲突有关各方的同意；三是中立原则，即参加维和的成员必须来自与冲突各方无直接利害关系的国家，其行为须严守中立，不得卷入冲突的任何一方，更不能干涉所在国的内政；四是最低限度使用武力原则，即维和人员不得主动使用武力寻求达到维和目的，只有在受到武力攻击，生命和财产受到威胁时，才能对使用武力者进行反击自卫，但使用的武力手段应保持在自卫需要的最低限度水平，为此，联合国维和部队一般配备轻型武器装备。

（三）维和行动规范

《联合国宪章》和联合国通过的一系列维护国际和平与安全的宣言，是联合国维和行动应遵从的总的行为规范。为有效组织、实施维和行动，联合国制定了维和行动的具体规范，主要有以下两个范本。

联合国大会1990年10月9日通过了《维持和平行动部队地位协定范本》，规定了联合国维和行动的性质、地位和权利，联合国维和行动成员的地位、权利和义务，联合国维和旗帜和车辆标志，通信、旅行、运输和设施的规范，维和争端解决方法等。规定，"本范本供作联合国与维持和平行动部署在其领土的国家之间订立个别协定的起草基础"，"还可以供作与维持和平行动所在但没有联合国军事人员部署其内的联合国和东道国之间的协定的起草基础"。

联合国大会欧洲理事会部长委员会1991年5月23日通过了《联合国与提供联合国维持和平行动人员和装备的会员国之间的协

定范本》，具体规定了联合国维和人员包括军事人员和（或）文职人员的权利和义务，参加国提供维和人员和装备的义务。规定，"此范本供作联合国与为联合国维持和平行动或类似的行动提供人员和装备的国家缔结个别协定的起草基础"，"亦可供作与愿意为联合国维持和平行动提供人员和装备的非联合国会员国缔结协定的基础"。

（四）维和行动组织实施

联合国维和行动的开展一般由负有维持国际和平与安全之主要责任的安理会做出决定，历史上联合国大会在特殊情况下也对此做出过决定。安理会根据宪章赋予的维护国际和平与安全之职责授权，一般援引宪章第七章的"对于和平之威胁、和平之破坏及侵略行为之应付办法"的规定，确立联合国维和行动，同时也以此提醒冲突各方和联合国会员国有义务落实安理会之决议。

安理会做出维和决定后，维和行动具体由联合国秘书长根据安理会决定组织实施。为此，联合国建立了维和行政机构，现在这一机构是"维和部"，其职能是在联合国秘书长领导下，负责联合国维和行动的组织、规划、管理、协调、联络、指挥等具体执行事宜。

联合国派遣的维和力量主要分为两类：维和部队和军事观察团。维和部队由配备武器的军事人员组成，但不得擅自使用武力，除非迫不得已进行自卫。军事观察团是由非武装即不携带武器的军事人员组成。无论是军事观察团还是维和部队，都执行联合国受领的维和任务：监督停火、停战、休战和撤军；观察并报告冲突地区的局势；隔离冲突各方，协助恢复冲突地区治安或维持冲突地区秩序；运送和保护人道主义援助；监督大选或公民投票等。

联合国维和行动始于1948年，联合国安理会授权向中东部署少量联合国军事观察员，建立了联合国停战监督组织，负责监督以色列与阿拉伯国家之间达成的《停战协定》。1956年，联合国向中东部署了联合国紧急部队（维和部队）以解决苏伊士危机，这是联合国第一次建立维和部队并用于维和行动。1960年，联合国在刚果实施了第一次大规模维和行动，时任联合国秘书长哈马舍尔德还因乘坐的飞机失事而献出了生命。1988年，联合国维和人员被授予诺贝尔和平奖，这表明联合国维和行动得到国际社会的高度认可。

70多年来，联合国在世界各地实施了70多项维持和平的行动，在有关冲突地区不仅维持停火局面和稳定地区局势，为通过和平手段解决冲突的政治努力提供关键支持，而且还推动政治进程、保护和促进人权及恢复法治。联合国维和行动为维护国际和平与安全做出了重大贡献。70多年来，来自120多个国家的超过3700名联合国维持和平人员，为这项崇高的使命献出了宝贵的生命，他们为联合国维和事业做出了重大牺牲。[①]

---

[①] 中国是联合国安理会常任理事国中派出维和部队最多的国家，也是联合国维和行动的主要出资国之一。从1990年首次派员参加联合国维和行动，到2019年年底，中国累计参加了24项联合国维和行动，派出维和军事人员4万多人次，13名中国军人牺牲在维和一线。

# 第五章　国际安全秩序的规则

按照第三章"国际安全秩序结构"构建的国际安全秩序的规范体系，本章就国际安全秩序在各个方面和领域的具体安全规则进行梳理。这些方面和领域是：主权与领土安全、国际公域、和平解决争端、武装冲突与战争、裁军、反恐。在这六个领域的国际规则中，由于裁军领域的国际法律文书较多，达到91个，占本书梳理的154个国际安全法律文书的59%。基于篇幅考虑，本书将裁军领域的国际规则单独作为一章即第六章进行梳理。因此，本章梳理的是主权与领土安全、国际公域、和平解决争端、武装冲突与战争以及反恐这五个领域的国际安全规则。

## 第一节　主权与领土安全

我们将有关主权与领土安全的国际规则分为主权安全、领土确定、领海确定与安全、领空确定与安全的国际规则。[①]

### 一　主权安全的国际规则

联合国通过的以下确认和保护各国国家主权的国际文书，是维护主权安全的国际规则。主要有：

---

① 这里所指的领土确定是指第二次世界大战后通过多边和双边条约和协议等所确定的有关国家之间的领土划分和边界划定，这是战后国际秩序的重要组成部分。本来，领海和领空包括在领土概念之内，但由于领海和领空在边界确定及主权权益上存在技术上的特殊性和不确定性，从而引发较大国际争议、纠纷，为此，联合国等国际组织专门对其制定了有关国际规范，因此，将领海确定与安全、领空确定与安全的国际规则专门进行梳理和阐释。

《关于准许殖民地国家及民族独立之宣言》
《天然资源之永久主权》
《关于各国内政不容干涉及其独立与主权之保护宣言》
《侵略定义》
《不容干涉和干预别国内政宣言》

1. 《关于准许殖民地国家及民族独立之宣言》

1959 年 11 月 20 日联合国大会第 1514（XV）号文件通过。

主要目的：确立殖民地民族独立和民族自决的原则和规则。

主要内容：

（1）各民族之受异族奴役、统治与剥削，乃系否定基本人权，违反《联合国宪章》，且系促进世界和平与国际合作之障碍。

（2）所有民族均有自决权，且凭此权利自由决定其政治地位，自由从事其经济、社会及文化发展。

（3）绝对不得以政治、经济、社会或教育上之准备不足为迟延独立之借口。

（4）一概停止对未独立民族之一切武装行动各种压制措施，使彼等能和平自由行使完全独立之权利，其国家领土之完整应受尊重。

（5）在托管领土及非自治领土或其他尚未形成独立之领土内立即采取步骤，不分种族、信仰或肤色，按照此等领土各民族自由表达之意志，将一切权力与条件无保留移交彼等，使能享受完全之独立及自由。

（6）凡以局部破坏或全部破坏国家统一及领土完整为目的之企图，均与《联合国宪章》之宗旨及原则不相容。

（7）所有国家均应在平等、不干涉他国内政、尊重各民族之主权与领土完整之基础上，忠实严格遵行《联合国宪章》《世界人权宣言》及本宣言之规定。

2. 《天然资源之永久主权》

1962 年 11 月 7 日联合国大会第 1803（XVII）号决议通过。

主要目的：确立各国对自然财富与资源的主权的原则和规则。

主要内容：

（1）各国人民及各民族行使其对自然财富与资源的永久主权，必须为其国家的发展着想，并以其国家人民的福利为依归。

（2）此种资源的查勘、开发与处置，以及为此目的而输入所需外国资本时，均应符合各国人民及各民族自行认为在许可、限制或禁止此等活动上所必要或所应有的规则及条件。

（3）此等活动如经许可，则输入的资本及其收益应受许可条款、现行国内法及国际法的管辖。所获的利润必须按投资者与受助国双方对每一项事情自由议定的比例分派，但须妥为注意，务使受助国对其自然财富与资源的主权，绝对不受损害。

（4）收归国有、征收或征用应以公认为远比纯属本国或外国个人或私人利益更为重要的公用事业、安全或国家利益等理由为根据。遇有此种情形时，采取此等措施以行使其主权的国家应依据本国现行法规及国际法，予原主以适当的补偿。倘补偿问题引起争执，则应尽量诉诸国内管辖。但如经主权国家及其他当事各方同意，得以公断或国际裁决办法解决争端。

（5）各国必须根据主权平等原则，互相尊重，以促进各国人民及各民族自由有利于行使其对自然资源的主权。

（6）以谋求发展中国家经济发展为目的的国际合作，不论所采取的方式为公私投资、交换货物及劳务、技术协助或交换科学情报，均应以促进其国家独立发展为依归，并应以尊重其对自然财富与资源的主权为基础。

（7）侵犯各国人民及各民族对其自然财富与资源的主权，即系违反《联合国宪章》的精神与原则，且妨碍国际合作的发展与和平的维持。

（8）应忠诚遵守主权国家或在主权国家间所自由缔结的外国投资协定；各国及国际组织均应依照宪章及本决议所载原则，严格审慎尊重各国人民及各民族对其自然财富与资源的主权。

3.《关于各国内政不容干涉及其独立与主权之保护宣言》

1965年12月21日联合国大会第2131（XX）号决议通过。

主要目的：确立维护国家内部事务不受干涉、主权独立与安全的原则和规则。

主要内容：

（1）任何国家，不论为任何理由，均无权直接或间接干涉其他国家之内政、外交，故武装干涉及其他任何方式之干预或对于其国格及政治、经济及文化事宜之威胁企图，均在谴责之列。

（2）任何国家均不得使用或鼓励使用经济、政治或任何其他措施胁迫他国，以谋得使该国主权向之屈服，或取得任何利益。同时任何国家亦均不得组织、协助、制造、资助、煽动或纵容颠覆、恐怖或武装活动以暴力手段推翻另一国家政权，或干涉另一国家之内部冲突。

（3）使用武力以消除其他民族之特性构成对于该民族不可剥夺权利之侵犯及不干涉原则之破坏。

（4）严格遵守此类义务，为确保国与国间彼此和平共处之必要条件，因任何形式之干涉行为不但违背宪章之精神与宗旨，且将引致威胁国际和平与安全之情势。

（5）各国均有不受任何国家任何方式之干涉，自主选择其政治、经济、社会及文化制度之不可剥夺之权利。

（6）所有国家均应尊重各民族及国家之自决及独立权利，俾能在不受外国压力并绝对尊重人权及基本自由之情形下，自由行使此种权利，故所有国家均应致力于各种形式之种族歧视及殖民地主义之彻底消除。

（7）本宣言中所称之国家，是指个别国家及国家集团。

（8）本宣言所载各节，均不得认为对《联合国宪章》中关于维持国际和平与安全之有关条款，尤其第六、第七及第八各章之规定构成影响。

4.《侵略定义》

1974年12月14日联合国大会第3314（XXIX）号决议通过。

主要目的：对于"侵略"这一严重侵害国家主权的行为给出明确定义，以及对国家行为是否构成"侵略"给出判断标准。

主要内容：

第一条

侵略是指一个国家使用武力侵犯另一个国家的主权、领土完整或政治独立，或以本《定义》所宣示的与《联合国宪章》不符的任何其他方式使用武力。

解释性说明：本《定义》中"国家"一词：

（a）其使用不影响承认问题或一个国家是否为联合国会员国的问题；

（b）适当时包括"国家集团"的概念在内。

第二条

一个国家违反宪章的规定而首先使用武力，就构成侵略行为显而易见的证据，但安理会得按照宪章的规定下论断：根据其他有关情况，包括有关行为或其后果不甚严重的事实在内，没有理由可以确定已经发生了侵略行为。

第三条

在遵守并按照第二条规定的情况下，任何下列行为，不论是否经过宣战，都构成侵略行为：

（a）一个国家的武装部队侵入或攻击另一国家的领土，或因此种侵入或攻击而造成的任何军事占领，不论时间如何短暂，或使用武力吞并另一国文的领土或其一部分。

（b）一个国家的武装部队轰炸另一国家的领土，或一个国家对另一国家的领土使用任何武器。

（c）一个国家的武装部队封锁另一国家的港口或海岸。

（d）一个国家的武装部队攻击另一国家的陆、海、空军及商船和民航飞机。

（e）一个国家违反其与另一国家订立的协定所规定的条件使用其根据协定在接受国领土内驻扎武装部队，或在协定终止后，延长该项武装部队在该国领土内的驻扎时间。

（f）一个国家以其领土供另一国家使用让该国用来对第三国进行侵略行为。

（g）一个国家或以其名义派遣武装小队，武装团体非正规军或雇佣兵，对另一国家进行武力行为，其严重性相当于上述所列各项行为，或该国实际卷入了这些行为。

第四条

以上列举的行为并非详尽无遗，安理会得断定某些其他行为亦构成宪章规定下的侵略行为。

第五条

（a）不得以任何性质的理由，不论是政治性、经济性、军事性或其他性质的理由，为侵略行为作辩护。

（b）侵略战争是破坏国际和平的罪行，侵略行为引起国际责任。

（c）因侵略行为而取得的任何领土或特殊利益，均不得予以承认为合法。

第六条

本《定义》不得解释为扩大或缩小宪章的适用范围，包括宪章中有关使用武力为合法的各种情况的规定在内。

第七条

本《定义》，特别是第三条，不得妨碍各国依照《联合国宪章》建立友好关系和合作的国际法原则宣言，取得被强力剥夺了渊源于宪章的自决、自由和独立权利的人民，特别是在殖民和种族主义政权或其他形态的外国统治下的人民的这些权利，亦不得妨碍这些人民按照宪章的各项原则和上述宣言的规定，为此目的而进行斗争并寻求和接受支援的权利。

第八条

上述各项规定的解释和适用是彼此相关的，每项规定应与其他规定连在一起加以解释。

5.《不容干涉和干预别国内政宣言》

1981年12月9日联合国大会第91次全体会议通过。

主要目的：进一步阐释不干涉和不干预别国内政和外交的原则和规则。

主要内容：

（1）各国均有权决定自己的政治、经济、文化和社会制度。

（2）各国均有权在平等的基础上发展国际合作和国际关系。

（3）各国均有权对自己国家的自然资源行使永久主权。

（4）各国均有权发展和利用新闻媒介，以促进本国的经济、社会文化的发展。各国应承担的义务主要有：

（a）在国际关系上不以任何方式威胁或使用武力侵犯另一国家已经获得国际公认的现有国界，破坏其他国家的政治、社会或经济秩序，推翻或改变另一国家的政治制度，在各国之间制造紧张局势，或剥夺他国人民的民族特性和文化遗产。

（b）确保其领土不被以任何方式用来侵犯另一国家的主权、政治独立、领土完整和国家统一，或扰乱其政治、经济和社会稳定。宣言宣布，各国有权利和义务在平等的基础上积极参与未决国际问题的解决，从而对消除冲突与干涉的起因做出积极贡献；在本国领土内奉行和提倡一切人权和基本自由，并致力于消除大规模公然违反各国民族和人民权利的事情；在其宪法权限内，对可被解释为干预其他国家内政或有害于促进各国和各民族之间和平、合作和友好关系的虚伪或歪曲的新闻传播进行斗争。

## 二　领土确定的国际规则

关于领土安全即领土完整不受侵犯的国际规则，在第三章"国际安全秩序基础"和本节第一部分"主权安全的国际规则"中都已载明，这是《联合国宪章》及其延伸的宣言等国际安全基础性规范所涵盖的主要内容之一。本部分阐明有关领土的另一个重大问题——领土的划分和确认问题。关于领土的划分和确定的国际规则，也是国际安全秩序的重要内容。

领土确定有两类方式，一类是战争（第二次世界大战）结束时剥夺法西斯国家侵略占有的领土所确定的疆界，一类是战后针对有关国家领土争端通过双边或多边谈判或联合国决议所确定的疆界。

（一）第二次世界大战确定领土的国际规则

在第二次世界大战中和战争结束之际，反法西斯同盟国发表一系列宣言并签订了相关协定，剥夺了德国、日本等法西斯国家在第二次世界大战中通过武力侵略掠夺、占领的他国领土，确定了有关国家的领土边界。这些宣言和协定所做出的关于领土疆界的安排，是雅尔塔秩序关于领土确定的国际规则。这些宣言和协定主要有：

《开罗宣言》

《波茨坦公告》

《苏美英三国克里米亚（雅尔塔）会议公报》

《雅尔塔协定》

《五国和约》

以上五个条约的具体内容已在本书第二章附后载明。

（二）战后确定领土的国际规则

第二次世界大战结束后，世界进入相对和平的历史时期，但世界并不太平。由于历史原因和地缘政治变迁，有关国家之间特别是在相邻国家之间存在领土争端，一些严重的领土争端甚至引发冲突和战争。为此，按照《联合国宪章》以和平方法解决争端的原则和方式，有关国家通过协商、谈判达成了解决领土归属、确定边界的条约、协定等，联合国安理会也对一些无法经当事国协商、谈判解决的领土归属和边界确定做出了有关决议。这些通过和平方法所达成的条约、协议、决议等都是关于确定争议领土的国际安全规则，是现有国际安全秩序的重要组成部分，是各有关国家按照国际法必须遵守的，是解决领土争端、维护地区和国际和平与安全的唯一办法。否则，不仅有关国家之间的领土争端无法解决，还会导致地区矛盾激化甚至出现冲突、战争的严重后果。

比如，"第四章 国际安全秩序基础"提到的中苏于1991年5月签订的《中苏国界东段协定》和苏联解体后中国与哈萨克斯坦、吉尔吉斯斯坦、塔吉克斯坦、俄罗斯四国谈判达成的一系列边界协定，2006年8月在联合国调解下喀麦隆和尼日利亚签署的《格林特里协定》，都是有关国家关于领土划分、确定须遵守的国际规则，是和平解决边界争端、维护地区和平的成功范例。

而另一个相反的范例，是关于旷日持久的巴勒斯坦与以色列领土争端问题的解决。由于巴以无法沟通达成妥协，联合国为此通过了包括确定两国领土边界在内的一系列解决巴以矛盾、冲突的决议，这应该是解决巴以领土争端的和平的有效的办法。比如，

1967年11月22日，联合国安理会通过了关于中东问题的决议，这是一个关于解决中东问题的重要决议，旨在和平处理以色列与巴勒斯坦等国的领土争端，特别是以色列通过1967年6月的第3次中东战争侵占的包括西奈半岛、戈兰高地、约旦河西岸、加沙地带和耶路撒冷东区在内的阿拉伯土地问题。联合国决议主要内容是：以色列军撤出在最近战争中占领的领土；终止一切交战要求或交战状态，尊重和承认该地区每个国家的主权、领土完整和政治独立及其在被认可的疆界内和平地生活而免遭武力的威胁或行为的权利。决议还确认：保证该地区国际水道的通航自由；使难民问题得到公正的解决；通过包括建立非军事区在内的各项措施，保障该地区每个国家领土不可侵犯和政治独立。

2016年12月23日，联合国安理会通过了第2334号决议，该决议谴责以色列改变1967年以来被占领土的人口组成、性质和地位，修建和扩大定居点、迁入以色列定居者、没收巴勒斯坦平民土地、拆毁房屋，导致巴勒斯坦平民流离失所。安理会重申，以色列1967年以来在被占巴勒斯坦领土包括东耶路撒冷设立的定居点没有任何法律效力，并指出这种行为公然违反国际法，要求以色列完全停止一切建设定居点活动，强调安理会将不承认对1967年6月4日界限所做的任何改变，但不包括各方通过谈判商定的改变。

2018年12月6日，第73届联合国大会通过了支持巴勒斯坦和以色列问题"两国方案"的决议，成为联合国解决巴以领土争端的基础性文件。该决议呼吁在联合国决议的基础上，"毫不拖延地实现中东全面、公正和持久的和平"，重申坚定支持解决巴勒斯坦和以色列问题的"两国方案"，在1967年边界的基础上，在公认的边界内实现"和平共处"。但以色列拒不执行联合国有关决议，在美国支持下依然我行我素，不断蚕食巴勒斯坦的领土，导致巴勒斯坦领土不断萎缩，巴以矛盾、冲突不断升级，中东地区一直处在冲突、动荡中。

### 三 领海确定与安全的国际规则

1982年12月10日通过并于1994年11月16日生效的《联合国海洋法公约》，规定了各沿海国领海的确定和主权、权利及其限制，这种限制主要体现在其他国家的船舶在领海内享有无害通过权，这是领海主权与内水主权的不同之处。《联合国海洋法公约》覆盖了1958年通过的《领海及毗连区公约》。

（一）领海确定

1. 领海的概念

《联合国海洋法公约》第2条规定了领海的概念：沿海国的主权及于其陆地领土及其内水以外邻接的一带海域，在群岛国的情形下则及于群岛水域以外邻接的一带海域，称为领海。

2. 领海的宽度

公约第3条规定了领海的宽度：每一国家有权确定其领海的宽度，直至从按照本公约确定的基线量起不超过12海里的界限为止。

3. 领海的外部界限

公约第4条规定了领海的外部界限：领海的外部界限是一条其每一点同基线最近点的距离等于领海宽度的线。但当海岸相向或相邻国家各自主张的领海存在重叠时，则按照第15条的规定划定领海界限：有关国家应通过签订协议的办法划定领海界限，但任何一国在彼此没有相反协议的情形下，均无权将其领海伸延至中间线以外。

4. 领海基线的确定

关于领海基线的确定，有以下两种方法：

公约第5条"正常基线"法：除本公约另有规定外，测算领海宽度的正常基线是沿海国官方承认的大比例尺海图所标明的沿岸低潮线。

公约第7条"直线基线"法：在海岸线极为曲折的地方，或者如果紧接海岸有一系列岛屿，测算领海宽度的基线的划定可采用连接各适当点的直线基线法；在因有三角洲和其他自然条件以致海岸线非常不稳定之处，可沿低潮线向海洋最远处选择各适当点,而且,尽管以后低潮线发生后退现象,该直线基线在沿海国按照本公约加以改变以前仍然有效;直线基线的划定不应在任何明显的程度上偏离海岸的一般方向,而且基线内的海域必须充分接近陆地领土,使其受内水制度的支配;除在低潮高地上筑有永久高于海平面的灯塔或类似设施,或以这种高地作为划定基线的起点已获得国际一般承认者外,直线基线的划定不应以低潮高地为起点;在依据本条第一点可采用直线基线法之处,确定特定基线时,对于有关地区所特有的并经长期惯例清楚地证明其为实在而重要的经济利益,可予以考虑;一国不得采用直线基线制度,致使另一国的领海同公海或专属经济区隔断。

公约第 14 条确定领海基线的混合办法:沿海国为适应不同情况,可交替使用以上各条规定的任何方法以确定基线。

1992 年中国公布的《中华人民共和国领海及毗连区法》第 3 条规定,中华人民共和国领海的宽度从领海基线量起为 12 海里。中华人民共和国领海基线采用直线基线法划定,由各相邻基点之间的直线连线组成。中华人民共和国领海的外部界限为一条其每一点与领海基线的最近点距离等于 12 海里的连线。

(二) 领海主权

《联合国海洋法公约》第 2 条规定了领海及其上空、海床和底土的法律地位:此项主权及于领海的上空及其海床和底土;对于领海的主权的行使受本公约和其他国际法规则的限制。

沿海国行使领海主权,就是对其领海内的一切人和事享有管辖权,具体为:自然资源的所有权和专属管辖权;海上航行和空中飞行管辖权;海洋科学研究的专属权;海洋环境保护和保全管辖权;国防保卫权。[①]

(三) 无害通过权

各国享有在领海内的无害通过权。

《联合国海洋法公约》第 17 条规定:在本公约的限制下,所有国家,不论为沿海国或内陆国,其船舶均享有无害通过领海的

---

① 朱晓青:《国际法》,社会科学文献出版社 2005 年版,第 139 页。

权利。①

1. "通过"的含义

公约第18条规定了"通过"的含义：

（1）"通过"是指为了下列目的，通过领海的航行：

（a）穿过领海但不进入内水或停靠内水以外的泊船处或港口设施；

（b）驶往或驶出内水或停靠这种泊船处或港口设施。

（2）"通过"应继续不停和迅速进行。"通过"包括停船和下锚在内，但以通常航行所附带发生的或由于不可抗力或遇难所必要的或为救助遇险或遭难的人员、船舶或飞机的目的为限。

2. "无害通过"的含义

公约第19条规定了"无害通过"的含义：

（1）通过只要不损害沿海国的和平、良好秩序或安全，就是无害的。这种通过的进行应符合本公约和其他国际法规则。

（2）如果外国船舶在领海内进行下列任何一种活动，其通过即应视为损害沿海国的和平、良好秩序或安全：

（a）对沿海国的主权、领土完整或政治独立进行任何武力威胁或使用武力，或以任何其他违反《联合国宪章》所体现的国际法原则的方式进行武力威胁或使用武力；

（b）以任何种类的武器进行任何操练或演习；

（c）任何目的在于搜集情报使沿海国的防务或安全受损害的行为；

（d）任何目的在于影响沿海国防务或安全的宣传行为；

（e）在船上起落或接载任何飞机；

（f）在船上发射、降落或接载任何军事装置；

---

① 虽然此条规定定义船舶均享有无害通过权，但关于军舰是否与商船一样享有无害通过权问题，国际上存在较大争议，各国的实践也不相同。一些国家反对《联合国海洋法公约》和《领海及毗邻区公约》给予军舰无害通过权，对此条款提出了保留或发表了解释性声明。中国在1996年批准《联合国海洋法公约》时，附带了声明："《联合国海洋法公约》有关领海内无害通过的规定，不妨碍沿海国按照其法律规章要求外国军舰通过领海必须事先得到该国许可或通知该国的权利。" 1992年通过的《中华人民共和国领海及毗邻区法》规定：外国军用船舶进入中国领海，须经中国政府批准。

（g）违反沿海国海关、财政、移民或卫生的法律和规章，上下任何商品、货币或人员；

（h）违反本公约规定的任何故意和严重的污染行为；

（i）任何捕鱼活动；

（j）进行研究或测量活动；

（k）任何目的在于干扰沿海国任何通信系统或任何其他设施或设备的行为；

（l）与通过没有直接关系的任何其他活动。

3. 沿海国对"无害通过"的义务和权利

公约第24条规定了沿海国义务：

（1）除按照本公约规定外，沿海国不应妨碍外国船舶无害通过其领海。尤其在适用本公约或依本公约制定的任何法律或规章时，沿海国不应：

（a）对外国船舶强加要求，其实际后果等于否定或损害无害通过的权利；

（b）对任何国家的船舶或对载运货物来往任何国家的船舶或对替任何国家载运货物的船舶，有形式上或事实上的歧视。

（2）沿海国应将其所知的在其领海内对航行有危险的任何情况妥为公布。

公约第25条规定了沿海国权利：

（1）沿海国可在其领海内采取必要的步骤以防止非无害的通过。

（2）在船舶驶往内水或停靠内水外的港口设备的情形下，沿海国也有权采取必要的步骤，以防止对准许这种船舶驶往内水或停靠港口的条件的任何破坏。

（3）如为保护国家安全包括武器演习在内而有必要，沿海国可在对外国船舶之间在形式上或事实上不加歧视的条件下，在其领海的特定区域内暂时停止外国船舶的无害通过。这种停止仅应在正式公布后发生效力。

（四）对军舰和其他用于非商业目的的政府船舶的规定

1. 军舰的定义

按照《联合国海洋法公约》第29条规定，"军舰"是指属于一国武装部队、具备辨别军舰国籍的外部标志、由该国政府正式委任并名列相应的现役名册或类似名册的军官指挥和配备有服从正规武装部队纪律的船员的船舶。

2. 沿海国权利

按照公约第 30 条规定，如果任何军舰不遵守沿海国关于通过领海的法律和规章，而且不顾沿海国向其提出遵守法律和规章的任何要求，沿海国可要求该军舰立即离开领海；按照第 31 条规定，对于军舰或其他用于非商业目的的政府船舶不遵守沿海国有关通过领海的法律和规章或不遵守本公约的规定或其他国际法规则，而使沿海国遭受的任何损失或损害，船旗国应负国际责任。

3. 军舰和其他用于非商业目的的政府船舶的豁免权

按照公约第 32 条规定，除上述沿海国权利所规定的情形除外，本公约规定不影响军舰和其他用于非商业目的的政府船舶的豁免权。但对潜水艇和其他潜水器的无害通过做了专门规定，公约第 20 条规定：在领海内，潜水艇和其他潜水器须在海面上航行并展示其旗帜。

（五）对外国商船的刑事和民事管辖权及其限制

刑事管辖权

《联合国海洋法公约》第 27 条规定了对外国船舶的刑事管辖权：

（1）沿海国不应在通过领海的外国船舶上行使刑事管辖权，以逮捕与在该船舶通过期间船上所犯任何罪行有关的任何人或进行与该罪行有关的任何调查，但下列情形除外：

（a）罪行的后果及于沿海国；

（b）罪行属于扰乱当地安宁或领海的良好秩序的性质；

（c）经船长或船旗国外交代表或领事官员请求地方当局予以协助；

（d）这些措施是取缔违法贩运麻醉药品或精神调理物质所必要的。

（2）民事管辖权

公约第 28 条规定了对外国船舶的民事管辖权：

（1）沿海国不应为对通过领海的外国船舶上某人行使民事管

辖权的目的而停止其航行或改变其航向。

（2）沿海国不得为任何民事诉讼的目的而对船舶从事执行或加以逮捕，但涉及该船舶本身在通过沿海国水域的航行中或为该航行的目的而承担的义务或因而负担的责任，则不在此限。

（3）本条第2款不妨害沿海国按照其法律为任何民事诉讼的目的而对在领海内停泊或驶离内水后通过领海的外国船舶从事执行或加以逮捕的权利。

（六）群岛国水域主权与权利

群岛国地形、水域比较复杂特殊，《联合国海洋法公约》对群岛国主权、权利及无害通过权做了专门规定。

1. "群岛国"定义

按照公约第46条规定，"群岛国"是指全部由一个或多个群岛构成的国家，并可包括其他岛屿；"群岛"是指一群岛屿，包括若干岛屿的若干部分、相连的水域和其他自然地形，彼此密切相关，以致这种岛屿、水域和其他自然地形在本质上构成一个地理、经济和政治的实体，或在历史上已被视为这种实体。群岛国水域是指按照本公约确定的群岛基线所包围的水域。①

2. 群岛国主权

按照公约第49条规定，群岛国的主权及于所有群岛水域的上

---

① 按照《联合国海洋法公约》第47条规定，群岛基线确定如下：（1）群岛国可划定连接群岛最外缘各岛和各干礁的最外缘各点的直线群岛基线，但这种基线应包括主要的岛屿和一个区域，在该区域内，水域面积和包括环礁在内的陆地面积的比例应在1∶1到9∶1之间；（2）这种基线的长度不应超过100海里，但围绕任何群岛的基线总数中至多3%可超过该长度，最长以125海里为限；（3）这种基线的划定不应在任何明显的程度上偏离群岛的一般轮廓；（4）除在低潮高地上筑有永久高于海平面的灯塔或类似设施，或者低潮高地全部或一部与最近的岛屿的距离不超过领海的宽度外，这种基线的划定不应以低潮高地为起始点；（5）群岛国不应采用一种基线制度，致使另一国的领海同公海或专属经济区相隔断；（6）如果群岛国的群岛水域的一部分位于一个直接相邻国家的两个部分之间，该邻国传统上在该水域内行使的现有权利和一切其他合法利益以及两国间协定所规定的一切权利，均应继续并予以尊重；（7）为计算第1款规定的水域与陆地的比例的目的，陆地面积可包括位于岛屿和环礁的岸礁以内的水域，其中包括位于陡侧海台周围的一系列灰岩岛和干礁所包围或几乎包围的海台的那一部分；（8）按照本条划定的基线，应在足以确定这些线的位置的一种或几种比例尺的海图上标出。或者，可以用列出各点的地理坐标并注明大地基准点的表来代替。

空、海床和底土，以及其中所包含的资源。

3. 无害通过权

按照公约第 52 条规定，所有国家的船舶均享有通过群岛水域的无害通过权。

4. 群岛海道通过权

按照公约第 53 条规定，群岛国可指定适当的海道和其上的空中航道，以便外国船舶和飞机继续不停和迅速通过或飞越其群岛水域和邻接的领海；所有船舶和飞机均享有在这种海道和空中航道内的群岛海道通过权；群岛海道通过是指按照本公约规定专为在公海或专属经济区的一部分和公海或专属经济区的另一部分之间继续不停、迅速和无障碍地过境的目的，行使正常方式的航行和飞越的权利；这种海道和空中航道应穿过群岛水域和邻接的领海，并应包括用作通过群岛水域或其上空的国际航行或飞越的航道的所有正常通道，并且在这种航道内，就船舶而言，包括所有正常航行水道，但无须在相同的进出点之间另设同样方便的其他航道；这种海道和空中航道应以通道进出点之间的一系列连续不断的中心线划定，通过群岛海道和空中航道的船舶和飞机在通过时不应偏离这种中心线 25 海里以外，但这种船舶和飞机在航行时与海岸的距离不应小于海道边缘各岛最近各点之间的距离的 10%。

### 三　领空主权与安全的国际规则

1944 年 12 月 7 日签订并于 1947 年 4 月 4 日生效的《国际民用航空公约》，是关于各国领空的主权与安全的国际规则。该公约规定了各缔约国在其领空的主权和权利、义务，以及其他国家的民用航空器在其领空飞行的权利和义务，以保障各国领空主权、安全和正常国际航空秩序。

（一）领空主权

公约第 1 条规定：缔约各国承认每一国家对其领土之上的空气空间享有完全的和排他的主权。

公约第 3 条第 3 款规定：一缔约国的国家航空器，未经特别协定或其他方式的许可并遵照其中的规定，不得在另一缔约国领土上空飞行或在此领土上降落。

（二）领空权利与义务

公约第 3 分条第 2 款规定：各缔约国承认，每一国家在行使其主权时，对未经允许而飞越其领土的民用航空器，或者有合理的根据认为该航空器被用于与本公约宗旨不相符的目的，有权要求该航空器在指定的机场降落；该国也可以给该航空器任何其他指令，以终止此类侵犯。为此目的，各缔约国可采取符合国际法的有关规则的任何适当手段。每一缔约国同意公布其关于拦截民用航空器的现行规定。

公约第 8 条对"无人驾驶航空器飞行"的规定：任何无人驾驶而能飞行的航空器，未经一缔约国特许并遵照此项特许的条件，不得无人驾驶而在该国领土上空飞行。各缔约国承允对此项无人驾驶的航空器在向民用航空器开放的地区内的飞行加以管制，以免危及民用航空器。

公约第 9 条设置"禁区"的规定：

1. 各缔约国由于军事需要或公共安全的理由，可以一律限制或禁止其他国家的航空器在其领土内的某些地区上空飞行，但对该领土所属国从事定期国际航班飞行的航空器和其他缔约国从事同样飞行的航空器，在这一点上不得有所区别。

2. 在非常情况下或在紧急时期内或为了公共安全，各缔约国可保留暂时限制或禁止航空器在其全部或部分领土上空飞行的权利并立即生效，但此种限制或禁止应不分国籍适用于所有其他国家的航空器。

3. 缔约各国可以依照其制定的规章，令进入上述第 1 款或第 2 款所指地区的任何航空器尽速在其领土内一个指定的机场降落。

第 3 分条第 1 款规定：缔约各国承认，每一国家必须避免对飞行中的民用航空器使用武器，如拦截，必须不危及航空器内人员的生命和航空器的安全。此一规定不应被解释为在任何方面修改了《联合国宪章》所规定的各国的权利和义务。

（三）国际民用航空器飞行的权利和义务

公约第 5 条关于"不定期飞行"的规定：各缔约国同意其他

缔约国的一切不从事定期国际航班飞行的航空器，在遵守本公约规定的条件下，不需要事先获准，有权飞入或飞经其领土而不降停，或作非商业性降停，但飞经国有权令其降落。为了飞行安全，当航空器所欲飞经的地区不得进入或缺乏适当航行设施时，各缔约国保留令其遵循规定航路或获得特准后方许飞行的权利。

公约第 6 条关于"定期航班"的规定：除非经一缔约国特准或其他许可并遵照此项特准或许可的条件，任何定期国际航班不得在该国领土上空飞行或进入该国领土。

公约第 3 分条第 3 款规定：任何民用航空器必须遵守根据第 3 分条第 2 款发出的命令。①

公约第 3 分条第 4 款规定：每一缔约国应采取适当措施，禁止将在该国登记的或者在该国有主营业所或永久居所的经营人所使用的任何民用航空器肆意用于与本公约宗旨不相符的目的。这一规定不应影响第 3 分条第 1 款或者与本条第 2 款和第 3 款相抵触。

公约第 4 条关于"民用航空滥用"的规定：各缔约国同意不将民用航空用于和本公约的宗旨不相符的任何目的。

（四）公约适用范围

公约第 3 条规定：

1. 本公约仅适用于民用航空器，不适用于国家航空器。
2. 用于军事、海关和警察部门的航空器，应认为是国家航空器。

## 第二节　国际公域

### 一　南北极的国际安全规则

（一）南极的国际安全规则

1959 年 12 月 1 日签订并于 1961 年 6 月 23 日生效的《南极条

---

① 公约第 3 分条第 2 款规定：缔约各国承认，每一国家在行使其主权时，对未经允许而飞越其领土的民用航空器，或者有合理的根据认为该航空器被用于与本公约宗旨不相符的目的，有权要求该航空器在指定的机场降落；该国也可以给该航空器任何其他指令，以终止此类侵犯。为此目的，各缔约国可采取符合国际法的有关规则，包括本公约的有关规定，特别是本条第 1 款规定的任何适当手段。每一缔约国同意公布其关于拦截民用航空器的现行规定。

约》，载明了各国在南极需遵守的国际安全规则。该条约主要目的是，禁止各国在南极上采取一切军事性质的措施，冻结各国对南极的领土要求，确保南极只用于和平目的并为此目的进行国际合作。

《南极条约》主要内容：

1. 禁止范围

第1条规定：

（1）南极洲应仅用于和平目的。在南极洲，应特别禁止任何军事性措施，如建立军事基地和国防工事，举行军事演习，以及试验任何类型的武器。

（2）本条约不阻止为科学研究或任何其他和平目的而使用军事人员或设备。

第5条规定：禁止在南极洲进行任何核爆炸和处理放射性废料。

2. 冻结主权

第4条规定：

（1）本条约中的任何规定不得解释为：

（a）任何缔约国放弃它之前已提出过的对在南极洲的领土主权的权利或要求；

（b）任何缔约国放弃或缩小它可能得到的对在南极洲的领土主权的要求的任何根据，不论该缔约国提出这种要求是由于它本身或它的国民在南极洲活动的结果，或是由于其他原因；

（c）损害任何缔约国关于承认或不承认任何其他国家对在南极洲的领土主权的权利、要求或要求根据的立场。

（2）在本条约有效期间发生的任何行动或活动不得成为提出、支持或否认对在南极洲的领土主权的要求的根据，或创立在南极洲的任何主权权利。在本条约有效期间，不得提出对在南极洲的领土主权的任何新要求或扩大现有的要求。

3. 条约适用范围

第6条规定：本条约各条款适用于南纬60°以南的地区，包括一切冰架在内，但本条约中的任何规定不得妨碍或以任何方式影响任何国家根据国际法对该地区内公海的权利或权利的行使。

（二）北极的国际安全规则

1920年2月9日签订的《斯瓦尔巴德条约》，是关于北极的国际安全规则，这是迄今为止在北极地区唯一的政府间条约。该条约主要目的是，确定挪威政府对北极有关区域的主权，但挪威应保证该地区为永久非军事区域，确认各国公民均可自由进出该地区的权利。

《斯瓦尔巴德条约》主要内容：

1. 北极有关主权

条约第1条规定：缔约国保证根据本条约的规定承认挪威对斯匹次卑尔根群岛和熊岛拥有充分和完全的主权，其中包括位于东经10°至35°之间、北纬74°至81°之间的所有岛屿，特别是西斯匹次卑尔根群岛、东北地岛、巴伦支岛、埃季岛、希望岛和查理王岛以及所有附属的大小岛屿和暗礁。

按照《联合国海洋法公约》规定，除此之外的北极区域是国际公域。

2. 北极非军事化

第9条规定：挪威保证在第1条所指的区域不建立也不允许建立任何海军基地，并保证不在该地域建立任何防御工事。该区域绝不能用于军事目的。

## 二 公海的国际安全规则

《联合国海洋法公约》对公海主权归属、各国在公海上不同区域的权利和义务做出了规定，该公约有关条款是关于公海的国际安全规则。[①]《联合国海洋法公约》已覆盖了1958年通过的《大陆架公约》、《公海公约》和《领海及毗连区公约》，是关于海洋的

---

① 按照该公约第86条规定，"公海"条款适用于除专属经济区以外的所有公海区域，而实际上，其大部分规则也适用于专属经济区，但凡与该公约"专属经济区"条款相抵触的，其国际安全规则应以"专属经济区"条款为准。

一个全面的、普遍的国际法。

（一）公海主权的规定

《联合国海洋法公约》第 89 条规定：对公海主权主张无效，任何国家均不得有效地声称将公海的任何部分置于其主权之下。

（二）公海权利

1. 自由权

公约第 87 条规定：

（1）公海对所有国家开放，自由权包括：

（a）航行自由；

（b）飞越自由；

（c）铺设海底电缆和管道的自由，但受本公约"大陆架"条款的限制；

（d）建造国际法所容许的人工岛屿和其他设施的自由，但受本公约"大陆架"条款的限制；

（e）捕鱼自由，但受本公约有关生物资源养护与管理条款的限制；

（f）科学研究的自由，但受本公约"大陆架"条款和"海洋科学研究"条款的限制。

（2）这些自由应由所有国家行使，但须适当顾及其他国家行使公海自由的利益，并适当顾及本公约所规定的同"区域"内活动有关的权利。

公约第 88 条规定：公海只用于和平目的。

公约第 125 条还规定了内陆国出入海洋的权利和过境自由：为行使本公约所规定的各项权利，包括行使与公海自由和人类共同继承财产有关的权利的目的，内陆国应有权出入海洋。为此目的，内陆国应享有利用一切运输工具通过过境国领土的过境自由；行使过境自由的条件和方式，应由内陆国和有关过境国通过双边、分区域或区域协定予以议定；过境国在对其领土行使完全主权时，应有权采取一切必要措施，以确保本部分为内陆国所规定的各项权利和便利绝不侵害其合法利益。

## 2. 管辖权

*专属管辖权*

公约第 92 条规定：船舶航行应仅悬挂一国的旗帜，在公海上应受该国的专属管辖。

公约第 94 条规定：每个国家应对悬挂该国旗帜的船舶有效地行使行政、技术及社会事项上的管辖和控制。

*登临权*

公约第 110 条规定：

（1）军舰在公海上对除享有完全豁免权的船舶以外的外国船舶，非有合理根据认为有下列嫌疑，不得登临该船：

（a）该船从事海盗行为；

（b）该船从事奴隶贩卖；

（c）该船从事未经许可的广播；

（d）该船没有国籍；

（e）该船虽悬挂外国旗帜或拒不展示其旗帜，而事实上与该军舰属同一国籍。

（2）在第 1 款规定的情形下，军舰可检查该船悬挂旗帜的权利。为此目的，军舰可派一艘由一名军官指挥的小艇到该嫌疑船舶。如果检验船舶文件后仍有嫌疑，军舰可进一步在该船上进行检查，但检查须尽量审慎进行。

（3）如果嫌疑经证明为无根据，而且被登临的船舶并未从事嫌疑的任何行为，对该船舶可能遭受的任何损失或损害应予赔偿。

（4）这些规定比照适用于军用飞机。

（5）这些规定也适用于经正式授权并有清楚标志可以识别的为政府服务的任何其他船舶或飞机。

登临权的豁免：公约第 95 条规定了军舰的豁免权，即军舰在公海上有不受船旗国以外任何其他国家管辖的完全豁免权；公约第 96 条规定了政府船舶的豁免权，即由一国所有或经营并专用于政府非商业性服务的船舶，在公海上应有不受船旗国以外任何其他国家管辖的完全豁免权。

紧追权

公约第 111 条规定：沿海国主管当局有充分理由认为外国船舶违反该国法律和规章时，可对该外国船舶进行紧追。此项追逐须在外国船舶或其小艇之一在追逐国的内水、群岛水域、领海或毗连区内时开始，而且只有追逐未曾中断，才可在领海或毗连区外继续进行；紧追权在被追逐的船舶进入其本国领海或第三国领海时立即终止；紧追权只可由军舰、军用飞机或其他有清楚标志可以识别的为政府服务并经授权紧追的船舶或飞机行使。

在无正当理由行使紧追权的情况下，在领海以外被命令停驶或被逮捕的船舶，对于可能因此遭受的任何损失或损害应获赔偿。

（三）毗连区

1. 毗连区的定义

毗连区是领海以外邻接领海一定宽度的海域。公约第 33 条规定，毗连区从测算领海宽度的基线量起，不得超过 24 海里。

2. 毗连区权利

公约第 33 条规定，沿海国可在毗连区内，行使下列事项所必要的管制：

a. 防止在其领土或领海内违犯其海关、财政、移民或卫生的法律和规章；

b. 惩治在其领土或领海内违犯上述法律和规章的行为。

1992 年中国公布的《中华人民共和国领海及毗连区法》第 4 条规定，中华人民共和国毗连区为领海以外邻接领海的一带海域，毗连区的宽度为 12 海里。中华人民共和国毗连区的外部界限为一条其每一点与领海基线的最近点距离等于 24 海里的线。

（四）专属经济区

1. 专属经济区定义

公约第 55 条规定，专属经济区是指领海以外并邻接领海的一个海洋区域，包括水体、海床及底土；按照公约第 57 条规定，专属经济区的宽度，从测算领海宽度的基线量起，不应超过 200 海里。

1998 年中国公布了《中华人民共和国专属经济区和大陆架法》，该法规定，中华人民共和国的专属经济区其宽度从领海基线量起延至 200 海里。

2. 重叠专属经济区界限的划分

公约第 74 条规定，当海岸相向或相邻国家专属经济区存在重叠部分时，按以下方法和程序划定界限：

（1）海岸相向或相邻国家间专属经济区的界限，应在《国际法院规约》第 38 条所指国际法的基础上以协议划定，以便得到公平解决。

（2）有关国家如在合理期间内未能达成任何协议，应诉诸本公约"争端的解决"条款所规定的程序。

（3）在达成第 1 款规定的协议以前，有关各国应基于谅解和合作的精神，尽一切努力做出实际性的临时安排，并在此过渡期间内，不危害或阻碍最后协议的达成。这种安排应不妨害最后界限的划定。

（4）如果有关国家间存在现行有效的协定，关于划定专属经济区界限的问题，应按照该协定的规定加以决定。

1998 年中国公布了《中华人民共和国专属经济区和大陆架法》规定，中华人民共和国与海岸相邻或者相向国家关于专属经济区和大陆架的主张重叠时，在国际法的基础上按照公平原则以协议划定界限。

3. 沿海国在专属经济区内的权利和义务

公约第 56 条规定，沿海国在其专属经济区有以下权利和义务：

（1）权利

（a）以勘探和开发、养护和管理海床上覆水域和海床及其底土的自然资源（不论为生物或非生物资源）为目的的主权权利，以及关于在该区内从事经济性开发和勘探，如利用海水、海流和风力生产能等其他活动的主权权利；

（b）对人工岛屿、设施和结构的建造和使用的管辖权；

（c）对海洋科学研究的管辖权；

（d）对海洋环境保护和保全的管辖权。

（2）义务

沿海国在专属经济区内根据本公约行使其权利和履行其义务

时，应适当顾及其他国家的权利和义务，并应以符合本公约规定的方式行事。

4．其他国家在专属经济区内的权利和义务

公约第58条规定，其他国家在专属经济区内有以下权利和义务：

（1）权利

（a）在专属经济区内，所有国家，不论为沿海国或内陆国，在本公约有关规定的限制下，享有自由航行和飞越的权利，铺设海底电缆和管道的自由，以及与这些自由有关的海洋其他国际合法用途，诸如同船舶和飞机的操作及海底电缆和管道的使用有关的并符合本公约其他规定的诸种用途。

（b）关于在海床和底土的权利，应依照本公约"大陆架"有关条款的规定行使。

（2）义务

各国在专属经济区内根据本公约行使其权利和履行其义务时，应顾及沿海国的权利和义务，并应遵守沿海国按照本公约的规定和其他国际法规则所制定的与本部分不相抵触的法律和规章。

（五）大陆架

1．大陆架的定义

公约第76条规定：

（1）沿海国的大陆架包括其领海以外依照其陆地领土的全部自然延伸，扩展到大陆边外缘的海底区域的海床和底土，如果从测算领海宽度的基线量起到大陆边的外缘的距离不到200海里，则扩展到200海里的距离。

（2）沿海国的大陆架不应扩展到本条第4款至第6款所规定的界限以外。

（3）大陆边界包括沿海国陆块没入水中的延伸部分，由陆架、陆坡和陆基的海床和底土构成，它不包括深洋洋底及其洋脊，也不包括其底土。

（4）（a）为本公约的目的，在大陆边界从测算领海宽度的基线量起超过200海里的任何情形下，沿海国应以下列两种方式之一,划定大陆边界的外缘:(ⅰ)按照本条第 7 款,以最外各定点为准划定界线,每一定点上沉积岩厚度至少为从该点至大陆坡脚最短距离的 1%;或(ⅱ)按照本条第 7 款,以离大陆坡脚的距离不超过 60 海里的各定点为准划定界线。(b)在没有相反证明的情形下,大陆坡脚应定为大陆坡坡底坡度变动最大之点。

(5)组成按照第 4 款(a)项(ⅰ)和(ⅱ)条目划定的大陆架在海床上的外部界线各定点,不应超过从测算领海宽度的基线量起 350 海里,或不应超过连接 2500 米深度各点的 2500 米等深线 100 海里。

(6)虽有本条第 5 款的规定,在海底洋脊上的大陆架外部界限亦不应超过从测算领海宽度的基线量起 350 海里。本款规定不适用于作为大陆边界自然构成部分的海台、海隆、海峰、暗滩和坡尖等海底高地。

(7)沿海国的大陆架如从测算领海宽度的基线量起超过 200 海里,应连接以经纬度坐标标出的各定点划出长度各不超过 60 海里的若干直线,划定其大陆架的外部界限。

(8)从测算领海宽度的基线量起 200 海里以外大陆架界限的情报应由沿海国提交根据本公约附件Ⅱ在公平地区代表制基础上成立的大陆架界限委员会。委员会应就有关划定大陆架外部界限的事项向沿海国提出建议,沿海国在这些建议的基础上划定的大陆架界限应有确定性和拘束力。

(9)沿海国应将永久标明其大陆架外部界限的海图和有关情报,包括大地基准点,交存于联合国秘书长。秘书长应将这些情报妥为公布。

(10)本条的规定不妨害海岸相向或相邻国家间大陆架界限的划定。

1998 年中国公布的《中华人民共和国专属经济区和大陆架法》规定,中华人民共和国的大陆架,为中华人民共和国领海以外依照本国陆地领土的全部自然延伸,扩展到大陆边外缘的海底区域的海床和底土;如果从测算领海宽度的基线量起至大陆边外缘的距离不足 200 海里,则扩展至 200 海里。

2．大陆架的划界

按照公约第 83 条规定，海岸相向或相邻国家间大陆架界限的划定依照以下方法：

（1）海岸相向或相邻国家间大陆架的界限，应在《国际法院规约》第 38 条所指国际法的基础上以协议划定，以便得到公平解决。

（2）有关国家如在合理期间内未能达成任何协议，应诉诸本公约"争端的解决"条款所规定的程序。

（3）在达成本条第 1 款规定的协议以前，有关各国应基于谅解和合作的精神，尽一切努力做出实际性的临时安排，并在此过渡期间内，不危害或阻碍最后协议的达成。这种安排应不妨害最后界限的划定。

（4）如果有关国家间存在现行有效的协定，关于划定大陆架界限的问题，应按照该协定的规定加以决定。

1998 年中国公布的《中华人民共和国专属经济区和大陆架法》规定，中华人民共和国与海岸相邻或者相向国家关于专属经济区和大陆架的主张重叠时，在国际法基础上按照公平原则以协议划定界限。

3．沿海国对大陆架的权利和义务

公约第 77 条规定了沿海国对大陆架有以下权利：

（1）沿海国为勘探大陆架和开发其自然资源的目的，对大陆架行使主权权利。

（2）本条第 1 款所指的权利是专属性的，即：如果沿海国不勘探大陆架或开发其自然资源，任何人未经沿海国明示同意，均不得从事这种活动。

（3）沿海国对大陆架的权利并不取决于有效或象征的占领或任何明文公告。

（4）本部分所指的自然资源包括海床和底土的矿物和其他非生物资源，以及属于定居种的生物，即在可捕捞阶段在海床上或海床下不能移动或其躯体须与海床或底土保持接触才能移动的生物。

公约第 81 条还规定了沿海国对大陆架上的钻探权：沿海国有授权和管理为一切目的在大陆架上进行钻探的专属权利。

沿海国对大陆架有以下义务：按照公约第 78 条规定，沿海国对大陆架权利的行使，绝不得对航行和本公约规定的其他国家的其他权利和自由有所侵害，或造成不当的干扰；按照公约第 79 条规定，沿海国除为了勘探大陆架，开发其自然资源和防止、减少和控制管道造成的污染有权采取合理措施外，对于铺设或维持这种海底电缆或管道不得加以阻碍。

4. 其他国家对大陆架的权利和义务

公约第 79 条规定了其他国家在大陆架上铺设海底电缆和管道的权利和义务：

（1）所有国家按照本条的规定都有在大陆架上铺设海底电缆和管道的权利；

（2）在大陆架上铺设这种管道，其路线的划定须经沿海国同意；

（3）遵守沿海国对进入其领土或领海电缆或管道订立的条件，不能影响沿海国对因勘探其大陆架开发其资源或经营在其管辖下的人工岛屿、设施和结构而建造或使用的电缆和管道的管辖权；

（4）铺设海底电缆和管道时，各国应适当顾及已经铺设的电缆和管道，特别是，修理现有电缆或管道的可能性不应受妨害。

（六）用于国际航行的海峡

1. 对于公海的一个部分和公海的另一部分之间的海峡

按照公约第 36 条规定，如果穿过某一用于国际航行的海峡有在航行和水文特征方面同样方便的一条穿过公海的航道，在这种航道中，适用本公约的航行和飞越自由的规定。

2. 公海的一个部分和公海的另一部分之间的用于国际航行的海峡通行权利

公约第 38 条规定了在这种海峡的过境通行权：

（1）所有船舶和飞机均享有过境通行的权利，过境通行不应受阻碍；但如果海峡是由海峡沿岸国的一个岛屿和该国大陆形成，而且该岛向海一面有在航行和水文特征方面同样方便的一条穿过公海的航道，过境通行就不应适用。

（2）过境通行是指按照本部分规定，专在为公海的一个部分和公海的另一部分之间的海峡继续不停和迅速过境的目的而行使航行和飞越自由。但是，对继续不停和迅速过境的要求，并不排除在一个海峡沿岸国入境条件的限制下，为驶入、驶离该国或自该国返回的目的而通过海峡。

（3）任何非行使海峡过境通行权的活动，仍受本公约其他适用的规定的限制。

通行义务

公约第 39 条规定了船舶和飞机在过境通行时的义务：

（1）船舶和飞机在行使过境通行权时应：

（a）毫不迟延地通过或飞越海峡；

（b）不对海峡沿岸国的主权、领土完整或政治独立进行任何武力威胁或使用武力，或以任何其他违反《联合国宪章》所体现的国际法原则的方式进行武力威胁或使用武力；

（c）除因不可抗力或遇难而有必要外，不从事其继续不停和迅速过境的通常方式所附带发生的活动以外的任何活动；

（d）遵守本部分的其他有关规定。

（2）过境通行的船舶应：

（a）遵守一般接受的关于海上安全的国际规章、程序和惯例，包括《国际海上避碰规则》；

（b）遵守一般接受的关于防止、减少和控制来自船舶污染的国际规章、程序和惯例。

（3）过境通行的飞机应：

（a）遵守国际民用航空组织制定的适用于民用飞机的《航空规则》；国有飞机通常应遵守这种安全措施，并在操作时随时适当顾及航行安全；

（b）随时监听国际上指定的空中交通管制主管机构所分配的无线电频率或有关国际呼救无线电频率。

3. 在公海或专属经济区的一个部分和外国领海之间的海峡

按照公约第 45 条规定，在公海或专属经济区的一个部分和外国领海之间的海峡，适用于无害通过权利的规定。

4. 国际航行海峡水域的法律地位

按照公约第 34 条规定，本部分所规定的用于国际航行海峡的通过制度，不应在其他方面影响构成这种海峡的水域的法律地位，或影响海峡沿岸国对这种水域及其上空、海床和底土行使其主权或管辖权。但海峡沿岸国的主权或管辖权的行使受本部分和其他国际法规则的限制。

### 三　外空的国际安全规则

1967 年 1 月 27 日签订并于 1967 年 10 月 10 日生效的《关于各国探索和利用包括月球和其他天体的外层空间活动所应遵守原则的条约》（《外空条约》），规定了外空的法律定位和基于和平利用目的对外空及天体进行探测与使用的平等、自由权利并禁止外空及天体的军事化等原则和规则，是关于外层空间的基本国际法，被誉为外层空间宪法。

另外，1963 年联合国通过的《关于各国探测及使用外空工作之法律原则宣言》，确认了和平利用外空、排除各国对外空及天体的主权等原则。联合国 1979 年 12 月 5 日通过并于 1984 年 7 月 11 日生效的《关于各国在月球和其他天体上活动的协定》（《月球协定》）规定，禁止月球及太阳系内地球以外的其他天体的军事化，排除国家对其主权，要求采取非敌意、透明、环境保护措施等。1993 年联合国通过的《关于在外层空间使用核动力源的原则》决议，确定了对外空安全使用核动力的准则和标准。2011 年联合国通过的《和平利用外层空间的国际合作》决议，重申了和平利用外空的基本原则，强调防止军备竞赛、减少外空碎片、加强国际合作。

以上条约、协定和决议，都是各国在外空领域需遵守的国际安全规则。

（一）外空主权的规定

《外空条约》第 2 条规定：外空，包括月球与其他天体，不得由国家以主张主权或以使用或占领之方法，或以任何其他方法，据为己有。

《关于各国探测及使用外空工作之法律原则宣言》也确认了外空主权原则：外空及天体不得由各国以主张主权，借此使用或占领，或以任何其他方法，而据为本国所专有。

《月球协定》第11条规定：月球的表面或表面下层或其任何部分或其中的自然资源均不应成为任何国家、政府间或非政府国际组织、国家组织或非政府实体或任何自然人的财产。在月球表面或表面下层，包括与月球表面或表面下层相连接的构造物在内，安置人员、外空运载器、装备设施、站所和装置，不应视为对月球或其任何领域的表面或表面下层取得所有权。

（二）和平利用外空的规定

1. 遵守国际法

《外空条约》第3条规定：本条约当事国进行探测及使用外空，包括月球及其他天体之活动，应遵守包括《联合国宪章》在内的国际法，以利于维护国际和平与安全及增进国际合作与谅解。

2. 非军事化

《外空条约》第4条规定：本条约当事国承诺不将任何载有核武器或任何其他大规模毁灭性武器之物体放入环绕地球之轨道，不在天体上安置此种武器，也不以任何其他方式将此种武器放置于外空。

还规定：禁止在天体建立军事基地、设施和工事；禁止在天体试验任何类型的武器以及进行军事演习。不禁止使用军事人员进行科学研究或把军事人员用于任何其他的和平目的。不禁止使用为和平探索月球和其他天体所必需的任何器材设备。

《月球协定》对在月球的非军事化做了相应规定，该协定第3条规定：

（1）月球（包括绕月、飞向及飞绕月球的轨道）应专为和平目的而利用。

（2）禁止在月球上使用武力或以武力相威胁，或从事任何其他敌对行为或以敌对行为相威胁；禁止利用月球对地球、月球、宇宙飞行器、宇宙飞行器或人造外空物体上的人员实施任何此类行为或从事任何此类威胁。

（3）禁止在环绕月球的轨道上或飞向或飞绕月球的轨道上，放置载有核武器或任何其他种类的大规模毁灭性武器的物体，或在月球上或月球内放置或使用此类武器。

3. 防止军备竞赛

《和平利用外层空间的国际合作》决议促请所有国家，特别是拥有强大空间能力的国家，为防止外层空间军备竞赛做出积极贡献，将其作为促进为和平目的探索和利用外层空间的国际合作的必要条件。

（三）各国探索和利用外空的权利

1. 共同利益

《外空条约》第1条规定：探测及使用外空，包括月球与其他天体，应为所有国家之福祉及利益，不论其经济或科学发展程度如何，并应属于全人类之事业。

《月球协定》第11条规定：月球及其自然资源均为全体人类的共同财产。

2. 自由探索和利用

《外空条约》第1条规定：外空，包括月球与其他天体，应任由各国在平等基础上并依照国际法探测及使用，不得有任何种类之歧视，天体之所有区域应得自由进入。

外空，包括月球与其他天体，应得科学调查之自由，各国应便利并鼓励此类调查之国际合作。

3. 对空间物体的管辖权和控制权

《外空条约》第7条规定：射入外空的物体登记国对其在外空和天体的物体和人员保持管辖权和控制权。射入外空的物体，包括降落于或建造于天体的实体及其组成部分的所有权，不因物体等出现于外空或天体或返回地球而受影响。该物体或组成部分，若在其所登记的缔约国境外寻获，应送还该缔约国；如经请求，在送还实体前，该缔约国应先提出证明资料。

## （四）各国探索和利用外空的义务

### 1. 国家责任

《外空条约》第6条规定：各缔约国对其（不论是政府部门还是非政府组织）在外层空间（包括月球和其他天体）所从事的活动，要承担国际责任。并应保证本国活动的实施符合本条约的规定。

### 2. 合作互助

《外空条约》第8条规定：各缔约国探索和利用外层空间（包括月球和其他天体），应以合作和互助原则为准则；各缔约国在外层空间（包括月球和其他天体），所进行的一切活动，应妥善照顾其他缔约国的同等利益。

### 3. 保护外空环境

《外空条约》第8条规定：各缔约国从事研究、探索外层空间（包括月球和其他天体）时，应避免使其遭受有害的污染，以及地球以外的物质使地球环境发生不利的变化。如必要，各缔约国应为此目的采取适当的措施。若缔约国有理由相信，该国或其国民在外层空间（包括月球和其他天体）计划进行的活动或实验，会对本条约其他缔约国和平探索和利用外层空间（包括月球和其他天体）的活动，造成潜在的有害干扰，该国应保证于实施这种活动或实验前，进行适当地国际磋商。

《月球协定》第7条规定：缔约各国在探索和利用月球时，应采取措施，防止月球环境的现有平衡遭到破坏，不论这种破坏是由于在月球环境中导致不利变化，还是由于引入环境外的物质使其环境受到有害污染，或由于其他方式而产生。

《关于在外层空间使用核动力源的原则》决议，规定了基于确保在外层空间安全使用核动力源目的的以下准则与标准：

为了尽量减少空间放射性物质的数量和所涉的危险，核动力源在外层空间的使用应限于用非核动力源无法合理执行的航天任务。

（1）关于放射性防护和核安全的一般目标

（a）发射载有核动力源的空间物体的国家应力求保护个人、人口和生物圈免受辐射危害。载有核动力源的空间物体的设计和使用应极有把握地确保使危害在可预见的操作情况下或事故情况下均低于第1（b）段和（c）段界定的可接受水平。这种设计和使用还应极可靠地确保放射性材料不会显著地污染外层空间。

（b）在载有核动力源的空间物体正常操作期间，包括从第2（b）段界定的足够高的轨道重返之时，应遵守国际辐射防护委员会建议的对公众的适当辐射防护目标。在此种正常操作期间，不得产生显著的辐照。

（c）为限制事故造成的辐照，核动力源系统的设计和构造应考虑到国际上有关的和普遍接受的辐照防护准则。

除发生具有潜在严重放射性后果之事故的或然率极低的情况外，核动力源系统的设计应极有把握地将辐照限于有限的地理区域，对于个人的辐照量则应限于不超过每年1mSv的主剂量限度。允许采用若干年内每年5mSv的辐照副剂量限度，但整个生命期间的平均年有效剂量当量不得超过每年1mSv的主剂量限度。

应通过系统设计使发生上述具有潜在严重放射后果的事故的或然率非常小。

（d）应根据深入防范总概念设计、建造和操作对安全十分重要的系统。根据这一概念，可预见的与安全有关的故障都必须可用另一种可能是自动的行动或程序加以纠正或抵消。

应确保对安全十分重要的系统的可靠性，办法除其他外包括使这些系统的部件具有冗余配备、实际分离、功能隔离和适当的独立。

（2）核反应堆

（a）核反应堆可用于：

行星际航天任务；

第2（b）段界定的足够高的轨道；

低地球轨道，条件是航天任务执行完毕后核反应堆须存放在足够高的轨道上。

（b）足够高的轨道是指轨道寿命足够长，足以使裂变产物衰变到大约为锕系元素活性的轨道。足够高轨道必须能够使对现有和未来外空航天任务构成的危险和与其他空间物体相撞的危险降至最低限度。在确定足够高的轨道的高度时还应考虑到毁损反应堆的部件在再入地球大气层之前也须经过规定的衰变时间。

（c）核反应堆只能用高浓缩铀 235 燃料。核反应堆的设计应考虑到裂变和活化产物的放射性衰变。

（d）核反应堆在达到工作轨道或行星际飞行轨道前不得使其达到临界状态。

（e）核反应堆的设计和建造应确保在进入工作轨道前发生一切可能事件时均不能达到临界状态，此种事件包括火箭爆炸、再入、撞击地面或水面、沉入水下或水进入堆芯。

（f）为显著减少载有核反应堆的卫星在其寿命低于足够高轨道的轨道上操作期间（包括在转入足够高轨道的操作期间）发生故障的可能性，应有一个极可靠的操作系统，以确保有效地和有控制地处理反应堆。

（3）放射性同位素发电机

（a）行星际航天任务和其他脱离地球引力场的航天任务可使用放射性同位素发电机。如航天任务执行完毕后将发电机放入高轨道上，则也可用于地球轨道。在任何情况下都须做出最终的处理。

（b）放射性同位素发电机应用封闭系统加以保护，该系统的设计和构造应保证在可预见的轨道条件下在再入高层大气时承受热力和空气动力，轨道运行条件在有关时包括高椭圆轨道或双曲线轨道。一旦发生撞击，封闭系统和同位素的物理形态应确保没有放射性物质散入环境，以便可以通过一次回收作业完全清除撞击区的放射性。

《和平利用外层空间的国际合作》决议要求各国减少外空碎片：必须更加关注包括核动力源物体在内的空间物体与空间碎片碰撞的问题及空间碎片的其他方面，要求各国继续对这个问题进行研究，开发更完善技术来监测空间碎片、汇编和传播关于空间碎片的数据，并认为应尽可能向科学和技术小组委员会提供这方面的资料，并同意需要通过国际合作扩大适合且负担得起的战略，以尽量减少空间碎片对未来航天飞行的影响。

### 4. 保障宇航员安全

《外空条约》第 5 条规定：各缔约国应把宇航员视为人类派往外层空间的使者。在宇航员发生意外、遇难，或在另一缔约国境内、公海紧急降落等情况下，各缔约国应向他们提供一切可能的援助。宇航员紧急降落后，应立即、安全地被交还给他们宇宙飞行器的登记国家。在外层空间和天体进行活动时，任何缔约国的宇航员应向其他缔约国的宇航员提供一切可能的援助。

《月球协定》第 10 条规定：缔约各国应采取一切实际可行的措施，以保护在月球上的人的生命和健康；缔约各国应以其站所、装置、运载器及其他设备供月球上遭难人员避难之用。

## 第三节　和平解决争端

### 一　联合国解决争端的国际规则

联合国为推动和平解决国际争端，先后通过了下列国际法律文书：

《关于强制解决争端的任择签字议定书》

《维也纳外交关系公约关于强制解决争端之任择议定书》

《关于强制解决争端之任择议定书》

《关于和平解决国际争端的马尼拉宣言》

《关于预防和消除可能威胁国际和平与安全的争端和局势以及关于联合国在该领域的作用的宣言》

《联合国在维持国际和平与安全方面事实调查宣言》

1.《关于强制解决争端的任择签字议定书》

1958 年 4 月 29 日联合国大会通过并于 1962 年 9 月 30 日生效。

主要目的：促使任何海洋法公约之解释或适用所引起的争端使用国际法律办法取得和平解决。

主要内容：

一、任何海洋法公约之解释或适用所引起之争端均属国际法院强制管辖范围，因此，争端之任何一方如系本议定书之当事国，得以请求书将争端提交国际法院。

二、此项约定适用于任何海洋法公约之全部条款，但对《公海捕鱼和生物资源养护公约》之第 4 条、第 5 条、第 6 条、第 7 条及第 8 条仍适用该公约之第 9 条、第 10 条、第 11 条及第 12 条之规定。

三、当事各方得于一方认为已有争端存在并通知对方后两个月内，协议不将争端提交国际法院而提交仲裁法庭。此项期限届满后，本议定书任一当事国得以请求书将争端提交国际法院。

四、本议定书之当事国需在同一两个月期间内协议在将争端提交国际法院前采用和解程序。和解委员会应于派设后五个月内提出建议。争端各造若在建议提出后两个月内未予接受，任何一造需以请求书将争端提交国际法院。

2.《维也纳外交关系公约关于强制解决争端之任择议定书》

1961 年 4 月 18 日联合国外交和豁免问题会议通过并于 1964 年 4 月 24 日生效。

主要目的：促使对因《维也纳外交关系公约》解释或适用上发生的争端使用国际法律手段取得和平解决。

主要内容：

一、公约解释或适用上发生之争端均属国际法院强制管辖范围，争端任何一方得以请求书将争端提交国际法院。

二、当事各方得于一方认为有争端存在并将此意通知他方后两个月内，协议不将争端提交国际法院而提交公断法庭。此项期间届满后，任何一方得以请求书将争端提交国际法院。

三、当事各方得于同意两个月内协议在将争端提交国际法院前采用和解程序；和解委员会应于派设后五个月内做出建议，争端各方若在建议提出后两个月内未予接受，任何一方得以请求书将争端提交国际法院。

3.《关于强制解决争端之任择议定书》

1963 年 4 月 24 日联合国大会通过并于 1967 年 3 月 19 日生效。

主要目的：促使对因《维也纳领事关系公约》解释或适用上发生的争端使用国际法律手段取得和平解决。

主要内容：

一、公约解释或适用上发生之争端均属国际法院强制管辖范围，争端任何一方得以请求书将争端提交国际法院。

二、当事各方得于一方认为有争端存在并将此意通知他方后两个月内，协议不将争端提交国际法院而提交公断法庭。此项期间届满后，任何一方得以请求书将争端提交国际法院。

三、当事各方得于同意两个月内协议在将争端提交国际法院前采用和解程序；和解委员会应于派设后五个月内做出建议，争端各方若在建议提出后两个月内未予接受，任何一方得以请求书将争端提交国际法院。

4.《关于和平解决国际争端的马尼拉宣言》

1982 年 11 月 15 日联合国大会第 37/10 号决议通过。

主要目的：具体阐明基于和平解决国际争端原则的方式、办法和程序等。

主要内容：

（1）解决争端的原则

a. 各国都应真诚按照《联合国宪章》所载的宗旨和原则行事，以求避免彼此间发生影响各国友好关系之争端，以对维持国际和平与安全做出贡献。各国应彼此睦邻和平相处，并致力于采取增强国际和平与安全之实际措施。

b. 各国应只以和平方法解决其国际争端，避免危及国际和平与安全及正义。

c. 国际争端应在各国主权平等的基础上，按照自由选择方式的原则，并根据对《联合国宪章》所承担的义务和正义与国际法原则予以解决。各国就其现有或今后的争端采用或接受由他们自由议定的解决程序，而不应视之为主权不平等。

d. 争端各方在其相互关系中应遵守有关主权、独立和各国领土完整的国际法基本原则以及其他当代国际法普遍公认的原则和条例。

（2）解决争端的方法

a. 各国必须本着合作精神，真诚努力以下列方法及早和公正地解决它们的国际争端：谈判、调查、调停、和解、仲裁、司法解决、诉诸区域办法或机构，或其他由它们自行选择的和平方法，包括斡旋。在寻求这种方式解决时，当事各方应就适合于它们争端性质和情况的和平方法达成协议。

b. 区域办法或机构的参与国在将争端提交安理会以前，应力求利用这些区域办法或机构来达成当地争端的和平解决。这并不阻碍各国按照《联合国宪章》把任何争端提请安理会或联合国大会注意。

c. 如不能以上述任何解决办法及早解决，争端当事各方应继续寻求和平解决，并应立即进行协商，找出彼此同意的方法以和平解决争端。如当事各方未能以上述办法解决争端，而争端的持续可能危及国际和平与安全的维持，则应按照《联合国宪章》将争端提交安理会，但这不妨碍《联合国宪章》第六章有关条款所规定的安理会的职务和权力。

d. 国际争端当事各国以及其他国家，应避免采取可能使局势恶化的任何行动，以免危及国际和平与安全的维持，使争端更难解决，或阻碍争端达成和平解决，并应在这方面依照联合国的宗旨和原则行事。

e. 各国应考虑为和平解决彼此间争端而缔结协定，并视情况在将要缔结的双边协定和多边公约中列入有效的规定，和平解决因这些协定和公约的解释或适用而引起的争端。

f. 各国应铭记直接谈判是和平解决其争端的灵活和有效的办法，但不应妨碍自由选择方式的权利。各国如选择直接谈判方式，则应进行谈判，以早日达成当事各方所接受的解决办法。各国也应设法以本宣言所述的其他方式解决其争端。

g. 各国应按照国际法真诚地执行它们为解决其争端而缔结协定的一切规定。

h. 为便于有关人民行使《关于各国依联合国宪章建立友好关系和合作的国际法原则宣言》中所规定的自决权，争端当事各方如果同意，可在适当情况下利用本宣言所提到的有关程序，以和平方式解决争端。

i. 任何争端当事国不得因为争端的存在，或者一项和平解决争端程序失败，而使用武力或以武力相威胁。

（3）会员国的义务

a. 会员国应充分利用《联合国宪章》，包括其中的各项程序和办法，特别是关于和平解决争端的第六章规定，寻求争端的和平解决。

b. 会员国应真诚地履行对《联合国宪章》的义务。按照宪章有关规定，适当考虑安理会关于和平解决争端的建议，并应按照宪章有关规定，适当考虑大会根据宪章第11条和第12条，在和平解决争端方面通过的建议。

c. 会员国重申《联合国宪章》在和平解决争端方面赋予大会的重要作用，并强调大会必须有效履行其职责。为此目的，各会员国应：

（a）铭记大会审议可能损及各国普遍利益或各国间友好关系的任何情势，不论其起因为何，并可根据宪章第12条，就和平调整该情势的措施提出建议；

（b）考虑可提请大会注意任何争端或任何可能导致国际摩擦或引起争端的情势；

（c）为和平解决其争端，考虑利用大会为行使宪章所赋予的职权而设立附属机构；

（d）作为已提请大会注意的争端当事方，考虑利用在大会内进行协商，以有利于早日解决争端。

d. 会员国应加强安理会的主要作用，使它能按照《联合国宪章》在解决争端或任何继续下去可能危及国际和平与安全的维持的情势方面，充分而有效地履行其职责。为此会员国应：

（a）充分认识对于未能按照宪章第33条所述办法解决的争端，有将该争端提交安理会的义务；

（b）提请安理会注意任何争端或任何可能引起国际摩擦或引起争端的情势的可能解决办法；

（c）鼓励安理会更多地利用宪章所提供的机会，审议一些如继续下去可能危及国际和平与安全的维持的争端或情况；

（d）考虑按照宪章更多地利用安理会的调查能力；

（e）鼓励安理会更广泛地利用它为行使宪章所赋予的职权而设立的附属机构，以促进争端的和平解决；

（f）铭记安理会可在宪章第33条所述性质的争端或类似性质的情势的任何阶段，建议适当的调整措施或办法；

（g）鼓励安理会依照其职能和权力毫不拖延地采取行动，尤其是在国际争端演变成武装冲突的情况时。

e. 各国应充分意识到国际法院作为联合国主要司法机关所起的作用，特别注意到国际法院自规约修改以来为解决法律争端所提供的便利。

各国应铭记：

（a）当事国通常应根据《国际法院规约》的规定，将法律争端提交该法院；

（b）下述做法是可取的：

（一）它们考虑到在可能和适当的情况下在条约中列入这样的规定，将可能因解释或适用条约而引起的争端提交给国际法院；

（二）它们在自由行使其主权的情况下，研究可决定承认根据《国际法院规约》第36条规定，该法院的管辖具有强制性；

（三）它们审查可确定国际法院可以利用的案例。

（4）联合国的职责

a. 联合国各机构和专门机构应研究是否宜于就其活动范围内引起的法律问题利用征求国际法院咨询意见的机会，但这样做时应以得到适当的授权为限。

b. 通过法律程序解决法律争端的办法，特别是提交国际法院的做法，不应被视为各国间的不友好行为。

c. 秘书长应充分利用《联合国宪章》中有关赋予他的职责的条款。秘书长得将他认为可能威胁国际和平与安全的维持的任何事件提请安理会注意。他应执行安理会或大会所托付的其他职务，并在安理会或大会要求时就此提出报告。

d. 《关于预防和消除可能威胁国际和平与安全的争端和局势以及关于联合国在该领域的作用的宣言》

1988年12月5日联合国大会第43/51号决议通过。

主要目的：规定了基于预防和消除争端目的的联合国的作用及其行动安排。

主要内容：在预防和消除争端中各国的义务和联合国安理会、大会及秘书长的职责。

（1）各国的义务

a. 各国应为了防止其国际关系上的争端或局势的出现或恶化而行事，尤其应真诚地履行其依国际法承担的义务；

b. 为了防止争端或局势，各国应在国家主权平等的基础上发展关系，并通过有效执行《联合国宪章》各项条款来加强集体安全制度的效力；

c. 各国应考虑利用双边或多边磋商，以更好地理解相互的观点、立场和利益；

d. 宪章第52条所述的区域办法的当事方或机构的成员，应尽一切努力通过此种办法和机构来预防和消除地区争端或局势；

e. 有关各国应考虑同联合国有关机关联系，以取得关于处理其争端或局势的预防方法的咨询意见或建议；

f. 争端的任何当事国或同某一局势直接有关的国家，特别是如果它打算要求联合国安理会召开会议，应在早期阶段就直接或间接地同安理会联系，这种联系可酌情以秘密方式进行。

（2）安理会的职责

a. 应考虑不定时举行会议，包括特别是有各国外交部长参加的高层会议或磋商，来审查国际局势并寻找改善局势的有效方法；

b. 在为预防和消除某一争端或局势而做准备的过程中，安理会应考虑使用其拥有的各种手段，包括任命秘书长为某问题的报告员；

c. 当安理会被提请注意某一争端或局势但并未被请求召开会议时，安理会应考虑进行磋商，以审查该争端或局势的事实，如必要，上述审查可在秘书长协助下进行，有关各国应有陈述其观点的机会；

d. 在进行这种磋商时，应考虑采用安理会认为适当的非正式方法，包括由安理会主席进行秘密接触；

e. 在进行这种磋商时，安理会除其他外，应考虑：

（a）提醒有关各国尊重其依宪章所负的义务；

（b）呼吁有关各国避免采取可能引起争斗或导致争端或局势恶化的任何行动；

（c）呼吁有关各国采取可能有助于消除争端或局势或防止争端或局势继续或恶化的行动；

f. 安理会应考虑在早期阶段派遣事实调查团或斡旋团，或建立联合国进驻的适当形式，其中包括观察员和维和行动，以作为预防有关地区争端或局势进一步恶化的一种手段；

g. 安理会应鼓励并在适当情况下赞助在区域一级有关各国或区域办法或机构为防止或消除该区域的争端或局势所做的努力；

h. 在有关各国已经采取的任何程序的情况下，安理会应考虑向这些国家建议适当的解决争端或调整局势的程序或方法，以及安理会认为适当的解决条件；

i. 如对促进预防和消除争端或局势是适当的，安理会应在早期阶段考虑利用宪章中关于可请求国际法院就任何法律问题提出咨询意见的规定。

（3）联合国大会的职责

a. 大会应考虑利用宪章的各项规定，以便酌情讨论争端或局势，并根据宪章第11条的规定及在第12条的限制下做出建议；

b. 大会应在适当情况下考虑支持在区域一级由有关各国或区域办法或机构为预防或消除该区域的争端或局势所做的努力；

c. 如一项争端或局势已提交大会，大会应考虑按照宪章第11条的规定及在第12条的限制下，在其建议中更多地利用事实调查的能力；

d. 如对促进预防和消除争端或局势是适当的，大会应考虑利用宪章中关于可请求国际法院就任何法律问题提出咨询意见的规定。

（4）联合国秘书长的职责

a. 如果与某一争端或局势直接有关的一国或多国同秘书长接

触，秘书长应迅速做出反应，敦促这些国家以他们根据宪章自行选择的和平方法寻求解决或调整办法，并在他认为适当的情况下提供斡旋或他可采用的其他方法；

b. 秘书长应考虑同某一争端或局势直接有关的各国接触，以力求防止争端或局势演变成对维护国际和平与安全的威胁；

c. 秘书长应酌情考虑充分利用事实调查的能力，其中包括经东道国同意，派遣一名代表或事实调查团前往某一争端或局势存在的地区。必要时，秘书长还应考虑为此做出适当的安排；

d. 秘书长应考虑在其认为适当的最早阶段利用宪章第 99 条赋予他的权利；

e. 秘书长在适当情况下应鼓励区域一级为预防或消除该区域的争端或局势所做的努力。

6.《联合国在维持国际和平与安全方面事实调查宣言》

1991 年 12 月 9 日联合国大会第 46/59 号决议通过。

主要目的：规定了基于维持国际和平与安全的联合国对争端或局势进行事实调查的原则、办法、程序和权力、义务等。

主要内容：

（1）事实调查的原则

a. 联合国主管机构为了履行维持国际和平与安全的任务，应当致力于充分了解一切有关的事实。为此联合国应考虑进行事实调查活动。

b. 事实调查含义为，任何旨在获得联合国主管机构为有效地行使其维持国际和平与安全职责所需的有关任何争端或局势的详尽事实而进行的活动。

c. 事实调查应当全面、客观、公正和及时。

d. 除非能够通过利用秘书长的收集情报能力或其他现有途径满意地获知一切有关事实，否则联合国主管机构应考虑派遣调查团。

e. 在决定是否派遣和何时派遣调查团时，联合国主管机构应铭记，派遣一个调查团可以表示联合国的关切，并应有助于建立信任和缓解争端或局势，同时避免争端或局势的恶化。

f. 派遣联合国事实调查团进入任何国家的领土均需在《联合国宪章》有关规定的条件下事先取得该国的同意。

g. 派遣联合国事实调查团不妨碍有关各国使用调查程序或任何类似程序或由他们商定的任何和平解决争端的办法。

（2）联合国的职责

a. 联合国安理会、大会和秘书长可按宪章所规定其在维持国际和平与安全方面的各自责任，派遣事实调查团；

b. 安理会应审查是否可能进行事实调查以便按照宪章有效履行其维持国际和平与安全的基本职责；

c. 安理事会应酌情审议是否在其决议中规定进行事实调查；

d. 大会应审议是否可能进行事实调查以便按照宪章有效行使其维持国际和平与安全的职责；

e. 大会应酌情审议是否在其有关维持国际和平与安全的决议中规定进行事实调查；

f. 秘书长应特别注意在早期阶段使用联合国调查能力，以期有助于防止争端和局势；

g. 秘书长应主动或根据有关国家的请求，考虑就争端或局势派遣调查团；

h. 秘书长应编制和增订可以应召参加事实调查团的各领域的专家名单，并应在现有的资源范围内维持和发展应付紧急调查任务的能力；

i. 秘书长应经常有系统地监测国际和平与安全的情况，以便对可能威胁国际和平与安全的各种争端或局势提出早期警报。秘书长可提请安理会并在适当时也提请大会注意有关的情报。为此，秘书长应充分使用秘书处收集情报的能力，并经常审查这些能力的增进情况；

j. 在决定委托何人进行事实调查时，安理会和大会应优先选择秘书长，秘书长可以除其他办法外指派向他负责的一名特别代表或一个专家组，也可考虑采用安理会或大会的一个特设附属机构的方式；

k. 联合国主管机构在考虑派遣事实调查团的可能性时，应当铭记其他有关的事实调查工作，包括有关国家以及在区域办法或机构的范围内进行的事实调查工作；

l. 进行事实调查的联合国主管机构必须在其决定中对调查团规定明确的任务，并列明调查团的报告所需要满足的详尽要求；

m. 当一国请求某一联合国主管机构向该国领土派遣联合国调查团时，这项请求应尽速加以审查，不得无故拖延。

（3）各国的义务

a. 联合国的一个主管机构请求一国同意接纳向其领土内派遣一个事实调查团时，该国应给予及时的考虑。该国应将其决定不延迟地通知该主管机构；

b. 如果一国决定不准许联合国的一个事实调查团入境，若其认为有必要，应酌情说明其决定的理由。该国也应保持随时审查准许该调查团入境的可能性；

c. 各国应致力于奉行准许联合国调查团入境的政策；

d. 各国应对联合国调查团给予合作，并在其能力范围内充分和迅速地给予必要协助，使其能履行职责和完成任务。

（4）事实调查团的权利和义务

a. 事实调查团应被赋予履行其任务所需的一切豁免和便利，特别是对其工作的充分保密，并能够进入一切有关地点和接触一切有关人员，其理解是，这些人员不会因此受到侵害。调查团有义务尊重其履行职责所在国家的法律和规定，不过这些法律和规定也不应被用来阻碍调查团正当履行职责；

b. 事实调查团成员最低限度享有《联合国特权及豁免公约》中规定赋予特派团专家的各项特权及豁免，在不影响他们的特权及豁免的情况下，调查团成员有义务尊重其履行职责所在国家的法律和规定；

c. 事实调查团有义务严格按照所负的任务行事，并采用不偏不倚的方式执行任务。调查团成员有义务不得寻求或接受任何政府或除该联合国主管机构以外任何其他当局的指示，他们应行使对在执行其任务时所获得情报的保密职责，即使在调查团完成任务后也是如此；

d. 在事实调查进行的所有阶段，对直接有关的国家应给予机会对交付调查团所要获取的事实发表他们的意见，在公布事实调查结果的时候，如果直接有关的国家愿意的话，也应发布他们所发表的意见；

e. 如果事实调查包括听证，各有关议事规则应保障使听证得以公平进行。

## 二　区域办法解决争端的国际规则

按照《联合国宪章》，"任何争端之当事国，在争端之继续存在足以危及国际和平与安全之维持时"，可以使用包括"区域机关或区域办法"等在内的和平方式，求得争端之解决。下面三个国际法律文书就是以"区域机构或区域办法"和平解决争端的国际规则。需要指出的是，任何区域机构或区域办法，都应符合《联合国宪章》的宗旨和原则，并以其他的《联合国宪章》延伸法律文书及其上面的"联合国解决争端的国际规则"为准则。这三个区域办法解决争端的国际法律文书是：

《关于和平解决争端的美洲公约》

《关于和平解决争端的欧洲公约》

《非洲统一组织宪章》

1．《关于和平解决争端的美洲公约》

1948年4月30日，美洲国家在哥伦比亚首都波哥大通过了《关于和平解决争端的美洲公约》（《波哥大公约》）。该公约旨在促使美洲国家间的国际争端应用和平程序予以解决。

公约规定，美洲国家之间可能发生的一切国际争端，在提交联合国安理会之前，必须交由本公约所规定的和平程序处理。

和平程序包括：直接交涉、斡旋、调停、调查与和解、司法解决、仲裁以及争端当事国在任何时期所特别同意的其他程序。其中，调查、和解是指由常设或临时的"调查与和解委员会"对争端进行调查和提出解决条件，但委员会的报告和结论不具有法律约束力。

如果通过和解程序仍无法解决，并且没有就提交仲裁裁判问题达成协议，可单方面向国际法院提起诉讼。

如果国际法院以某一事项为国内事项为理由，做出不拥有管辖权的决定时，该争端就算了结。

如果当事方提出其他理由，就有义务将争端提交仲裁裁决。对于不履行裁判的事项首先提交美洲国家组织外交部长协商会议；如果需要国际法院提出咨询意见，则需通过美洲国家组织理事会。①

2.《关于和平解决争端的欧洲公约》

1957年4月29日，欧洲理事会成员国在法国的斯特拉斯堡签订。该公约制定了成员国通过和解和仲裁等和平方法解决国际争端的方法和程序。

（1）和解办法

缔约国应将它们之间产生的一切非法律性争端通过和解程序解决。

当事方应将争端提交有关当事各方以前已经设立的对该项争端有管辖权的常设和解委员会。

如果当事方不同意将争端提交常设和解委员会，或没有该委员会，则应将争端提交为此设立的特设和解委员会。

特设和解委员会由五名委员组成，由争端双方各产生一名委员，另三名委员应在第三国中产生，这三名委员应具有不同国籍，其中一名担任主席。

特设和解委员会应通过当事双方共同协商或者达成协议，由当事一方或另一方向委员会主席提出申请书的途径受理争端。该申请书应请求委员会采取促成和解的一切措施。

特设和解委员会应自己规定它的程序，这种程序应具有辩论方式。

特设和解委员会的任务是澄清争端的问题，为此需进行调查或以其他途径搜集一切有用的情报，并致力于促使双方取得和解。

特设和解委员会的决议应以多数票做出。

---

① 王铁崖：《中华法学大辞典：国际法学卷》，中国检察出版社1996年版，第45页。

（2）司法办法

缔约国应将它们之间产生的关于国际法的一切法律争端提交国际法院判决，包括关于条约的解释、国际法问题、违反国际法义务的事实、关于违反国际义务产生的赔偿性质和范围等争端。

争端各方同意在司法解决以前进行和解程序。

（3）仲裁办法

如争端各方不同意预先采取和解程序，或此项程序解决无结果，缔约国应将它们之间产生的非法律性的且未获和解解决的一切争端通过仲裁程序予以解决。

仲裁法庭由五名仲裁员组成，由争端双方各产生一名仲裁员，另三名仲裁员应在第三国中产生，这三名仲裁员应具有不同国籍，并由其中一名担任庭长。

当事各方应草拟一项协议，确定争端的内容和程序的细节。如果协议对此没有详细的规定，则适用于海牙和平解决国际争端公约第四公约的条款。

仲裁法庭应根据"公正和善意"原则做出判决。

3.《非洲统一组织宪章》

1963年5月25日，非洲国家签订的《非洲统一组织宪章》，确立了"非洲统一组织"成员国"通过谈判、调解、和解或仲裁和平解决争端"的原则（该宪章第3条第4款）。为保证成员国以和平手段解决它们之间的一切争端，为此决定建立"调解、和解与仲裁委员会"。该委员会的组成与工作条件由首脑会议另行通过的议定书规定（第19条）。宪章规定"调解、和解和仲裁委员会"是该宪章的机构（第7条第4款）。这样，"非洲统一组织"就建立了从原则、规则到组织机构的和平解决国际争端的机制。

1964年7月21日，"非洲统一组织"在埃及开罗通过了《非洲统一组织关于调解、和解和仲裁委员会的议定书》，创立了一个集政治外交手段和司法职权于一身的争端解决机构及其办法、程序。议定书规定了该委员会的组成和职能，处理争端的程序和方法。

该委员会由国家和政府首脑会议选出的21名委员组成，只对各国之间的争端有裁判权。

争端可由争端的有关各方联合提交或由一方提交,有关各方可以协议以下列任一方式解决争端:调解、和解和仲裁。

(1) 调解办法

当成员国之间的争端提交委员会进行调解时,委员会主席在征得当事各方同意后,指定一名委员或数名委员来调解争端。

调解人的作用只限于调解争端各方的观点和要求。

如果只由争端的一方提出要求,该方应表明此前已向另一方发出书面通知,申请书应对争端的缘由做出说明。

(2) 和解办法

委员会主席收到申请后,经与争端各方协议,应建立一个和解人小组委员会,其责任是澄清有争议的问题,并努力使争端各方在相互可以接受的条件下达成协议。

如争端各方未能达成协议,小组委员会应自行确定其程序。

(3) 仲裁办法

仲裁法庭组成的方式是,争端每一方从委员会中指派一名具有法律资格的仲裁人,两名仲裁人经协议从委员会中指派第三人担任仲裁法庭庭长,若两名仲裁人达不成协议,则由办事组指派庭长。委员会主席在征得争端各方同意后,可再指派两名仲裁人。

诉诸仲裁应被认为完全服从仲裁法庭的仲裁,各方承认仲裁法庭的裁决具有法律约束力。

## 第四节 武装冲突与战争

### 一 海牙体系

海牙体系是关于武装冲突和战争的国际规则,它由以下3个宣言和13个公约构成。

3个海牙宣言:

《禁止从气球或用其他类似的新方法投掷炸弹和爆炸物的声明》

《禁止使用专用于散布窒息性或有毒气体的投射物的宣言》

《禁止使用在人体内易于膨胀或变形的投射物，如外壳坚硬而未全部包住弹心或外壳上刻有裂纹的子弹的宣言》

13 个海牙公约：

《和平解决国际争端公约》

《限制用兵力索债公约》

《关于战争开始的公约》

《陆战法规与惯例公约》

《陆战时中立国及其人民的权利义务公约》

《关于战争开始时敌国商船地位的公约》

《关于商船改充战舰的公约》

《敷设自动水雷公约》

《战时海军轰击公约》

《日内瓦公约诸原则适用于海战的公约》

《海战时限制行使捕获权的公约》

《关于设立国际捕获物法庭的公约》

《海战时中立国权利义务公约》

1. 《禁止从气球或用其他类似的新方法投掷炸弹和爆炸物的声明》

1899 年 7 月 29 日，《禁止从气球或用其他类似的新方法投掷炸弹和爆炸物的声明》（海牙第一宣言）签署。宣言禁止签署国在交战中从气球或利用其他新的类似方法投掷炸弹和爆炸物。

2. 《禁止使用专用于散布窒息性或有毒气体的投射物的宣言》

1899 年 7 月 29 日，《禁止使用专用于散布窒息性或有毒气体的投射物的宣言》（海牙第二宣言）签署。宣言禁止签署国在交战中使用专用于散布窒息性或有毒气体的投射物。

3. 《禁用人身变形枪弹的声明》

1899 年 7 月 29 日，《禁用人身变形枪弹的声明》（海牙第三宣言）签署。宣言禁止签署国在交战中使用在人体内易于膨胀或变形的投射物，如外壳坚硬而未全部包住弹心或外壳上刻有裂纹的子弹。

4. 《和平解决国际争端公约》

1899年7月29日,《和平解决国际争端公约》签订。[①] 该公约旨在促进国际争端的和平解决。但从其内容看,这是一个为和平解决国际争端提供包括斡旋、调停和仲裁等方法的法律文书,而没有否定和排除武力解决国际争端的合法性和可行性,这是其局限性。即使如此,这一公约所提出的方法仍确实为以后联合国和区域机构等国际组织采取相应和平解决争端办法奠定了基础。

公约主要内容:

(1) 解决争端原则

为普遍维持和平,在各国关系中尽可能防止诉诸武力,各缔约国同意竭尽全力以保证和平解决国际争端。

为此,公约提出了斡旋和调停、调查与仲裁三个和平解决争端的方法。

(2) 斡旋和调停

遇有严重分歧或争端时,在诉诸武力之前应请求一个或几个友好国家进行斡旋或调停。与争端无关的国家,即使在敌对过程中,也有权提供斡旋或调停。

调停者的作用在于协调对立的要求并平息争端各国之间可能发生的不满情绪。一旦争端的一方或调停者本身宣布他所建议的和解办法未被接受时,调停者的职能即告终止。

斡旋和调停都只具有建议的性质,而绝无拘束力。除非有相反的协议,接受调停并不具有中止、推迟或阻碍动员或其他战争准备措施的作用。如调停发生在敌对行为开始后,除非有相反的协议,进行中的军事行动无须停止。

特殊调停:遇有足以危及和平的严重纠纷时,争端各国各自选择一国并赋予与另一方所选择的国家进行直接联系的使命,以防止和平关系的破裂。此项使命的期限,除非有相反的协议,不得超过30天。在此期限内,争端各国停止有关争端问题的任何直接联系,此项争端应视为已全部移交各调停国。调停国必须尽一切

---

[①] 1907年的第二次海牙和平会议对该公约进行了修订。

努力以解决纠纷。遇有和平关系确已破裂时，这些国家均负有利用一切机会以恢复和平的共同任务。

(3) 调查

凡属于既不涉及荣誉，也不影响基本利益，而仅属于对事实问题意见分歧的国际性争端，在未能通过外交途径达成协议解决时，应成立一个国际调查委员会，通过公正和认真的调查，以澄清事实，从而促进此项争端的解决。

国际调查委员会由争端各方通过一项专约组成。专约规定需要调查的事实和委员的权限、程序和调查所应遵守的形式和期限，如调查专约无规定，应由委员会自行规定之。

国际调查委员会的报告仅限于查明事实，绝对不具有裁决的性质。由争端各国完全自由地决定对报告结果的处理。

(4) 仲裁

(a) 仲裁制度

国际仲裁的目的是由各国自己选择的法官并在尊重法律的基础上，解决各国之间的纠纷。凡属法律性质的问题，特别是有关解释或适用国际公约的问题，各缔约国承认仲裁是解决通过外交途径所未能解决的纠纷的最有效也是最公正的方法。

仲裁专约是针对已经产生或最后可能产生的争端而缔结的。仲裁专约的含义是对仲裁裁决真诚服从的一种承诺。

各缔约国都有诉诸仲裁的义务，各缔约国仍保留在批准本公约之前或之后缔结新的一般的或专门的协定的权利，以便把强制仲裁扩大适用于各缔约国可能认为提交仲裁的一切案件。

(b) 常设仲裁法院

为便利将通过外交途径未能解决的国际争端立即诉诸仲裁，各缔约国承允组织的常设仲裁法院按照本公约所载程序规则投诉和开庭，除非当事国另有相反的规定。

常设仲裁法院对一切仲裁案件有管辖权，除非当事国之间另有成立特别法庭的协议。

当缔约国愿将它们之间发生的一项争端诉诸常设仲裁法院以求解决时，应在仲裁法院成员总名单中挑选仲裁人组成法庭以受理此项争端。为此，公约规定了仲裁法院的组成方法。

（c）仲裁程序

为了促进仲裁的发展，各缔约国已就下列规则达成协议，这些规则将适用于仲裁程序，除非当事国另有协议。诉诸仲裁的国家签订一项特别文件（仲裁协议），明确规定争端的事由和仲裁人的权力范围。

仲裁人职责可托付给当事国按照其意愿所指定或由当事国从按本专约所创立的常设仲裁法院成员中挑选出来的一名或数名仲裁员担任。

仲裁程序一般包括两个不同的阶段：书面辩护和口头辩论。

一切决定由法庭成员以多数票做出。仲裁裁决经正式宣读并通知当事国的代理人后，争端即获最终解决，不得上诉。当事国可在仲裁协定中保留申请复查仲裁裁决的权利。

5.《限制使用武力索偿契约债务公约》

1907年10月18日，《限制使用武力索偿契约债务公约》签订。该公约旨在限制一国以武力向其他国家索债。

主要内容：缔约国承诺不得以武力索债，不管这种债务是属于私法契约关系的债务还是属于公债形式的债务，除非债务国拒绝仲裁或经过仲裁后不执行裁决。

6.《关于战争开始的公约》

1907年10月18日，《关于战争开始的公约》签订。该公约旨在禁止不宣而战，缔约国承诺在开始战争时要进行宣战。

主要内容：缔约国承诺，除非有预先的和明确无误的警告，彼此间不应开始敌对行为。警告的形式应是说明理由的宣战声明或是有条件宣战的最后通牒。

战争状态的存在必须毫不迟疑地通知各中立国，并且在各中立国接到通知之后，对它们才发生效力。

7.《陆战法规与惯例公约》

1899年7月29日，《陆战法规与惯例公约》签订。[①] 该公约

---

[①] 1907年的第二次海牙和平会议对该公约进行了修订。

旨在对交战各方的战争行为进行限制，以减轻战争的严酷性。

主要内容：缔约各国应向本国陆军发出训令，务必遵守本公约附件《关于陆战法规和习惯的章程》的规定。此款只对缔约国在它们之中两个或两个以上国家之间发生战争的情况下具有约束力。在缔约国之间的战争中，一旦一个非缔约国参加交战一方时，此款就失去约束力。

《关于陆战法规和习惯的章程》规定了交战方的资格，战俘、伤员、间谍、军使的地位、权利及对其处理的规则，投降和停战的规定，敌对军事行为和军事占领当局行为的限制。

（1）交战者的资格

（a）战争的法律、权利和义务不仅适用于军队，也适用于具备下列条件的民兵和志愿军：

一、由一个对部下负责的人指挥；

二、有可从一定距离加以识别的固定明显的标志；

三、公开携带武器；

四、在作战中遵守战争法规和惯例的民兵或志愿军构成军队或军队的一部分的国家中，民兵和志愿军应包括在"军队"一词之内。

（b）未占领地的居民在敌人迫近时，自动拿起武器以抵抗入侵部队而无时间按照第一条组织起来，如其尊重战争法规和惯例，应被视为交战者。

（c）交战各方的武装部队可由战斗员和非战斗员组成。被敌人俘获时，两者均有权享受战俘的待遇。

（2）战俘及伤病员

战俘是处在敌国政府的权力之下，而不是在俘获他们的个人或军队的权力之下，他们必须得到人道的待遇。属于他们个人的一切物品，除武器、马匹和军事文件外，仍归他们所有。

战俘得被拘留在一个城镇、堡垒、兵营或其他地点，不得越出一定距离的界限；只有在作为一种必不可少的安全措施时才能对他们实行拘禁。国家得按照战俘的军阶和能力使用战俘的劳动力，这种劳动不得过度并不得与作战有任何关系，并应得到一定的报酬。

掌握战俘的政府负责战俘的给养，如交战各方间没有专门协议，则战俘在食、宿、衣方面应受到与俘获他们的政府的部队的同等待遇。

战俘应服从掌握他们的国家的军队中现行的法律、规章和军令。对他们的任何不服从的行为应采取必要的严厉措施。

对脱逃的俘虏，在未能返归其本国军队或未能离开俘获他们的军队所占领的领土之前又被俘获时，应处以纪律惩罚。曾经脱逃成功的战俘如再次被俘，不应由于前次脱逃而受任何惩罚。

如战俘所属国家的法律许可，战俘得通过宣誓获得释放。在此情况下，他们的本国政府有义务不要求、也不接受他们的任何违反誓言的服务。战俘不得被强迫接受宣誓释放。同样，敌国政府也没有义务必须接受战俘要求宣誓释放的申请。

任何战俘经宣誓释放后，如又持武器对曾向之做出荣誉担保的政府或其盟国作战，并再次被俘获时，即丧失战俘待遇并得送交法庭。

战俘享有进行宗教仪式的自由，包括出席本人所信奉宗教的礼拜，唯一条件是遵守军事当局所规定的治安和警察措施。

交战国在媾和后，应尽速遣返战俘。

交战国对病员和伤员的义务应遵照1864年8月22日的日内瓦公约，但应遵守该公约的任何可能修改的规定。①

（3）敌对行为

（a）伤害敌人的手段、包围和轰击

交战者在损害敌人的手段方面，并不拥有无限制的权利。除各专约规定禁止者外，特别禁止：

---

① 1864年8月22日，瑞士、法国、比利时、荷兰、葡萄牙等12国在日内瓦签订《改善战地武装部队伤者病者境遇之日内瓦公约》。该公约规定了军队医院和医务人员的中立地位和伤病军人不论国籍都应受到接待和照顾等。后来对此又进行了修订，1949年8月12日，在日内瓦又签订了保护战争中的伤病员的《改善战地武装部队伤者病者境遇的公约》（日内瓦第一公约）和《改善海上武装部队伤者病者及遇船难者境遇的公约》（日内瓦第二公约）。

一、使用毒物或有毒武器；

二、以背信弃义的方式杀、伤属敌国或敌军的人员；

三、杀、伤已经放下武器或丧失自卫能力并已无条件投降的敌人；

四、宣告决不纳降；

五、使用足以引起不必要痛苦的武器、投射物或物质；

六、滥用休战旗、国旗或敌军军徽和制服以及日内瓦公约所规定的标记；

七、毁灭或没收敌人财产，除非此项毁灭和没收是出于紧迫的战争需要。

（b）采用战争诈术和使用必要的取得有关敌人和地形情报的手段应视为许可的。

（c）禁止攻击或轰击不设防的城镇、村庄、住所和建筑物，禁止抢劫即使是以突击攻下的城镇等地方。

（d）在包围和轰击中，应采取一切必要措施，尽可能保全用于宗教、艺术、科学和慈善事业的建筑物以及医院和病员、伤员的集中场所，但以当时不作军事用途为条件。被围困者有义务用易于识别的特别标志标明这些建筑物或场所，并须事前通知敌方。

（4）间谍和军使

只有以秘密或伪装方式在交战一方作战区内搜集或设法搜集情报，并企图将情报递交敌方的人员方能视为间谍。没有伪装而深入敌军作战区搜集情报的军人不得被视为间谍。同样，因负责将信件递交本国军队或敌军而公开执行任务的军人和平民也不得被视为间谍。被派乘气球递送信件或通常在军队或地方的各部分之间维持联络的人员亦属此类。

当场逮捕的间谍不得未经预先审判而受到惩处。

重归所属部队而日后被敌方俘获的间谍，应作为战俘对待并对他过去的间谍行为不承担任何责任。

由交战一方授权与另一方进行联系并持白旗前来的人员应被视为军使。他与随同来的号手或鼓手、旗手和译员均享有不受侵犯的权利。如有明显的无可争辩的事实证明，军使利用其特殊地位挑动或犯下叛卖行为，即丧失其不受侵犯的权利。

（5）投降

缔约国之间议定的投降书必须照顾军人荣誉的通例。

投降书一经确定，双方必须严格遵守。

（6）停战

停战是交战双方通过相互协议停止战争行动。如没有规定停战的期限，则交战各方得随时恢复战斗，但应按照停战条件在议定的时间内通知敌方。

停战可以是全面的或局部的。前者为交战国间军事行动的全部停止，后者则只是交战国的部分军队之间并在一定范围内军事行动的停止。

停战必须正式和及时通知主管当局和部队。通知发出后或到规定时间时，敌对行为必须立即停止。

交战一方对停战的任何严重违犯，均使交战另一方有权废除停战协议，并有权在紧急情况下立即恢复敌对行为。

（7）在敌国领土上的军事当局

领土如实际上被置于敌军当局的权力之下，即被视为被占领的领土。占领只适用于该当局建立并行使其权力的地域。

合法政权的权力实际上既已落入占领者之手，占领者应尽力采取一切措施，在可能范围内恢复和确保公共秩序与安全并且除非万不得已，应尊重当地现行的法律。

禁止强迫被占领地居民参加反对其本国的军事行动。禁止强迫被占领地居民向敌国宣誓效忠。

家庭的荣誉和权利、个人的生命和私有财产以及宗教信仰和活动，应受到尊重。私有财产不得没收。应正式禁止抢劫。

除非占领军需要，不得向市政当局或居民征用实物或劳务。所征实物或劳务必须与当地资源成比例，其性质不致迫使居民参加反对祖国的作战行动。

占领军只能占有严格属于国家的现款、基金和有价证券、武器库、运输工具、货栈和给养以及一般供作战用的一切属于国家的动产。铁路器材、陆上电报、电话、不受海商法管辖的轮船和其他船舶、武器库以及一般地即使属于社团或私人的军火，都是可供作战之用的物资，但在媾和后必须归还，并予以补偿。

占领国对其占领地内属于敌国的公共建筑物、不动产、森林和农庄，只是被视为管理者和收益的享用者。占领国必须维护这些产业并按照享用收益的规章加以管理。

市政当局的财产，包括宗教、慈善、教育、艺术和科学机构的财产，即使是国家所有，也应作为私有财产对待。对这些机构、历史性建筑物、艺术和科学作品的任何没收、毁灭和故意的损害均应予以禁止并受法律追究。

8.《陆战时中立国及其人民的权利义务公约》

1907年10月18日，《陆战时中立国及其人民的权利义务公约》签订。该公约规定了中立国的权利和义务以及交战国对中立国的义务。

主要内容：

（1）中立国的领土不得侵犯；在他国的战争中，遵守中立规则；中立国不采取任何使其卷入战争的行动；中立国使用武力抵抗侵害其中立地位企图的行为不得被认为是敌对行为。

（2）禁止交战国的军队及其运输队通过其领土，但可允许交战部队的伤员过境；禁止交战国在中立国领土上设置军事通信设施；拘留进入其领土的交战部队人员，但不包括逃跑的战俘。

（3）中立人民不得对交战一方采取敌对行为或有利于交战一方的行为，特别是自愿加入交战一方的武装力量，否则不享受中立地位。但向交战方供应物资或贷款的人既不居住于另一方领土，也不居住于另一方所占的领土，且所供应的物资也不来自上述领土，则不被视为有利于交战方的行为。

9.《关于战争开始时敌国商船地位的公约》

1907年10月18日，《关于战争开始时敌国商船地位的公约》签订。该公约旨在战争开始时对商业中的敌国商船予以保护，以保护国际商业安全。

主要内容：

（1）在敌对行动开始时停泊于敌国港口的交战国的商船，应准其立即或在合理的宽容期限自由离去，并随带通行证直接开往其目的地港口或所指定的任何其他港口。本规定也适用于在战争开始以前已经离开最后出发港，并在不知道战争已开始的情况下进入敌国港口的商船。

（2）商船由于不可抗力的情况未能在第一条所指的期限内离开敌国港口，或未能获得驶离许可时，不得予以没收。交战国只能在战后归还的条件下无偿扣留商船或者有偿征用之。

（3）对在海上相遇的在战争开始前就已离开最后出发港并对战事毫无所知的敌国商船，不得予以没收。它们只能在战后予以归还的谅解下才能无偿地予以扣留，或在给予补偿的前提下予以征用或击毁。在后述情况下必须对船上人员的安全和船舶文件的保护做出安排。

此类船舶，经抵达本国港口或中立国港口后，就受海战法规和惯例的管辖。

（4）第一条和第二条所指船上的敌国货物同样可连同船舶一起或单独地予以扣留并在战后无偿归还，或予以有偿征用。

（5）本公约不适用于其结构表明它们的目的在于改装成为战舰的商船。

10.《关于商船改充战舰的公约》

1907年10月18日，《关于商船改充战舰的公约》签订。该公约制定了交战国将商船改为军舰需遵守的规则。

主要内容：

（1）任何改装为军舰的商船，被置于船旗国的直接管辖、控制下，否则，不能取得军舰的权利和义务。

（2）改装为军舰的商船必须具备本国军舰特有的外部标志；舰长应为国家服役并由主管机关正式任命，其姓名必须列入战斗舰队军官名册。

（3）改装为军舰的商船船员应受军队纪律的约束。

（4）任何改装为军舰的商船，必须在作战中遵守战争法规和惯例；把商船改装为军舰的交战国应尽快宣布此项改装，并将其载入军舰名单中。

11. 《敷设自动水雷公约》

1907年10月18日，《敷设自动水雷公约》签订。该公约制定了保障战时船舶及和平航运安全、限制战争中使用水雷的品种和使用范围的规则。

主要内容：

（1）禁止敷设水雷的种类：无系缆自动触发水雷，即没有安装脱离敷设人员控制后一小时内可自动无害解构的水雷；系缆自动触发水雷，指在脱离系缆后不能立即变成无害的水雷；未触发却不能立即变成无害的鱼雷。

（2）禁止敷设水雷的范围：禁止以截断商业航运为唯一目的而在敌国海岸的港口敷设自动触发水雷；在使用有锚的自动触发水雷时，应对和平航运的安全采取一切可能预防措施。

（3）布雷国的责任：中立国如在其海岸外敷设自动触发水雷，必须遵守强加交战国应遵守的同样规则并采取同样预防措施；战争结束后，各缔约国立即扫除各自敷设的水雷。战争中敷设的系缆触发水雷脱离该国的监视时，在不妨碍军事需要的条件下，必须迅速把危险水域通知各航海者。

12. 《关于战时海军轰击公约》

1907年10月18日，《关于战时海军轰击公约》签订。该公约是限制战时海军轰击作战行动和轰击目标的规则。

主要内容：

（1）禁止海军轰击不设防的港口、城镇、村庄、居民区和建筑物；一个地方不能由于其港口外敷设自动触发水雷而遭到轰击。

（2）规定轰击的目标是：军事工程、陆军或海军设施；武器或战争物资仓库、可用于满足敌国舰队或军队需要的车间和设施以及停泊在港口内的军舰。但轰击前应警告对方于限期内拆除，逾期不执行方可轰击。如地方当局经正式警告后，拒绝为停泊在该地海军征集所急需的粮食和供应，则经正式通知后，海军可对该不设防的港口、城填、村庄、居住区或建筑物进行轰击。

（3）在海军进行轰击时，指挥官必须采取一切必要的措施，尽可能保全宗教建筑、文艺、科学和慈善事业的建筑物。

13.《日内瓦公约诸原则适用于海战的公约》

1907年10月18日,《日内瓦公约诸原则适用于海战的公约》签订。该公约是为减轻战争中不可避免的伤害,规定1906年7月6日签订的日内瓦公约的原则也适用于海战。

主要内容:

(1) 医院船的范围:该公约适用于各交战国专为救助伤病者装备的军事医院船、救济团体出资装备的医院船和中立国团体出资装备的医院船,上述船舶将其船名通知敌方后,应受尊重并免受拿捕。

(2) 医院船的义务:上述医院船应向各交战国的伤病者和遭遇船难者给予救济和援助,而不分国籍。各国政府保证不将此类船只用于任何军事目的。

(3) 交战国的权利与义务:交战国得吁请中立国商船、游艇或小船的船长收容伤者和病者并予治疗。这种船舶应享受特别保护和某些豁免权;交战一方的任何军舰得要求上述医院船、商船、游艇和小船,将船上的伤者、病者或遭遇船难者移交给该军舰;任何被捕船舶的宗教、医务人员均不可侵犯,并不能作为战俘;在军舰上进行战斗的情况下,应尽可能给予舰上的医务室以尊重和照顾;交战一方的遭遇船难者、伤者或病者落入另一方控制下,即应成为战俘。俘获者可根据情况,把他们送往本国港口、中立国港口,甚至是敌国港口;在每一战斗结束以后,交战双方在军事利益许可的范围内,应采取措施搜寻遭遇船难者、伤者或病者以及死者,保护他们免遭抢劫和虐待。

14.《海战时限制行使捕获权的公约》

1907年10月18日,《海战时限制行使捕获权的公约》签订。该公约制定了对在海战中捕获权限制的规则。

主要内容:

(1) 对邮政通信的保护:在海上的中立国或交战国船舶中发现的中立国或敌国的邮件,不论属于官方或私人,均不可侵犯。如船舶遭扣留,则捕获者应尽快将邮件寄送出去。在发生破坏封锁时,对发自或寄往被封锁港口的邮件不适用上述规定;邮政通信的不可侵犯性并不使中立国邮船对一般中立国商船应遵守的海战法规和惯例享有豁免,但除在绝对必要的情况下不得予以搜查,在搜查时应尽可能谨慎迅速。

(2) 对非军用、非敌对行动的船舶的保护:专用在沿岸捕鱼的船只或从事地方商业活动之用的小船,包括其用具、绳索、船具和货物等均免受拿捕,但必须以不以任何方式参加敌对行动为条件;负有宗教、科学或慈善使命的船舶也不受拿捕。

(3) 对捕获交战国商船船员的保护:当敌国商船被交战一方捕获时,船员中属于中立国国民者不能作为战俘;属于中立国国民的船长和高级船员,如书面正式保证不在战争持续期间在敌国船舶上服务,也同样不能作为战俘;属于敌国国民的船长、高级船员和船员如做出正式书面保证,不在战争持续期间进行任何与作战有关的服务时,不能作为战俘。

15.《关于设立国际捕获物法庭的公约》

1907 年 10 月 18 日,《关于设立国际捕获物法庭的公约》签订。该公约旨在设立一个在管辖权和诉讼程序方面做出周密规定的国际法院,以公平方式解决海战进程中因各国国内捕获法庭的判决而可能引起的争端。

主要内容:

(1) 国际捕获法院的组成

国际捕获法院由各缔约国任命的精通国际海事法问题的法官和候补法官组成,法院由 15 名法官组成,法定有效人数是 9 名。

(2) 国际捕获法院的诉讼程序

(a) 向国际捕获法院上诉,应通过书面申请向受理的国家法院或国际事务局提出,如向国际事务局提出上述申请可用电报提出。

(b) 如向国家法院提出上诉申请,不论上诉是否在适当的期限内提出,该法院应于接到申请后 7 天内即将案卷送交国际事务局。

(c) 国际法院诉讼程序分书面辩护和口头辩论两个不同的阶段。

（d）国际捕获法院应对全部事实、证据和口头陈述进行自由裁量。

（3）裁决和诉讼权利

（a）拿捕商船及其所载货物的合法性，如涉及中立国或敌国的财产，应由捕获法院按照本公约予以裁定；

（b）拿捕的管辖权应首先由拿捕的交战国的捕获法院行使；

（c）对国家捕获法院的判决可以向国际捕获法院提出上诉；

（d）如法院宣告对船只和货物的拿捕为合法，则应按照拿捕的交战国的法律办理；

（e）各缔约国保证遵从国际捕获法院的判决并尽速予以执行。

16.《海战时中立国权利义务公约》

1907年10月18日，《海战时中立国权利义务公约》签订。该公约规定了交战国对中立国承担的义务和中立国的权利和义务。

主要内容：

（1）交战国的义务

（a）交战国必须尊重中立国的主权，并避免在中立国领土或领水内从事任何可能构成违反中立的行为；

（b）交战国军舰在中立国领水内的任何敌对行为，包括捕获和行使搜索权在内，均属侵犯中立，应严加禁止；

（c）禁止交战国将中立国港口和领水作为攻击敌国的海战基地，交战国也不得在中立国领土内或在中立国领水内的船舶上设立任何捕获法庭。

（2）中立国权利和义务

（a）凡遇船只在中立国领水内被捕获，如被捕获的船只仍在该国管辖的范围内，该中立国应使用它所掌握的一切手段使该船连同全体职员和船员一并释放。如被捕获的船只不在中立国管辖范围内，则捕获国政府经中立国的要求，应将捕获的船只连同船上职员和船只一起予以释放。

（b）禁止中立国以任何方式将军舰、弹药或任何作战物资，直接或间接供给交战国。中立国没有义务阻止交战国任何一方载运武器、弹药以及一般为陆、海军所需的物资出口或过境。

（c）中立国政府应尽其所能，以阻止任何船只在它的管辖范围内得到装备和武装。该政府对于在其管辖范围内进行全部或部分改装以适应战争之用的旨在进行游弋或从事作战行动的任何船只，也应尽力阻止其驶离它的管辖范围。

（d）中立国应将它对交战国军舰或捕获船只进入其港口、锚地或领水方面所制订的条件、限制或禁令，公平地适用于交战双方。但中立国对于不遵守它所发布的命令和规章或侵犯其中立的交战国军舰，仍须禁止进入其港口或锚地。

（e）一个国家的中立不因交战国军舰和捕获船只仅仅通过其领水而受影响。

## 二 日内瓦体系

日内瓦体系是关于在武装冲突和战争中对平民和战争受害者保护的国际规则，它由4个对人员的保护性公约（《日内瓦四公约》）和1个对文化财产的保护性公约以及2个附加议定书构成。①

4个日内瓦公约：

《改善战地武装部队伤者病者境遇的公约》

《改善海上武装部队伤者病者及遇船难者境遇的公约》

《关于战俘待遇的公约》

《关于战时保护平民的公约》

1个文化财产保护公约：《关于发生武装冲突时保护文化财产的公约》

2个附件议定书：

《1949年8月12日日内瓦四公约关于保护国际性武装冲突受难者的附加议定书》

《1949年8月12日日内瓦四公约关于保护非国际性武装冲突受难者的附加议定书》

1.《改善战地武装部队伤者病者境遇的公约》

1949年8月12日，《改善战地武装部队伤者病者境遇的公约》

---

① 这4个对人员保护性的公约一般被称为《日内瓦四公约》。

(《日内瓦第一公约》）签订。① 该公约制订了对战争中的伤病者给予保护和待遇的规则。

公约主要内容：

（1）对伤病人员等的禁止行为

对不实际参加战事之人员，包括放下武器之武装部队人员及因病、伤、拘留或其他原因而失去战斗力之人员在内，在一切情况下应予以人道待遇及照顾，不得基于种族、肤色、宗教或信仰、性别、出身或财力或其他类似标准而歧视。对于上述人员，不论何时何地，不得有下列行为：

（a）对生命与人身施以暴力，特别是各种谋杀、残伤肢体、虐待及酷刑或供生物学的实验；

（b）故意不给予医疗救助及照顾，以及造成使其冒传染病危险之情况；

（c）使其作为人质；

（d）损害个人尊严，特别是侮辱和降低其身份的待遇；

（e）未经具有司法保障的正规组织之法庭的宣判而判罪及执行死刑。

（2）对伤病者等的保护

（a）只要有医疗上的紧急理由，就给予伤病者以提前诊治，对于妇女的待遇应充分顾及其性别。冲突一方被迫弃伤病者于敌人时，应留下一部分医疗人员与器材以便照顾；

（b）交战国的伤病者落于敌人之手应为战俘，对他们应适用国际法有关战俘的规定；

（c）无论何时特别在每次战斗之后，冲突各方应立即采取一切可能的措施以搜寻并收集伤病者，对其加以保护以使其免受抢劫虐待，并搜寻死者而防其被剥劫。在环境许可时，应商定停战

---

① 该公约最初签订于1864年，1906年和1929年曾两次修订和补充。1956年11月5日，中华人民共和国全国人民代表大会常务委员会第五十次会议做出决定，批准《改善战地武装部队伤者病者境遇的公约》，但同时决定对该公约第四条作如下保留："拘留伤者、病者或医务人员及随军牧师的国家请求中立国或人道组织担任应由保护国执行的任务时，除非得到被保护人本国政府的同意，中华人民共和国将不承认此种请求为合法。"

或停火或局部之办法，以便搬移、交换及运送战场上遗落的受伤者和搬移、交换被包围地区的伤病者；

（d）冲突各方应尽速登记落于其手中的每一名敌方伤病者或死者的任何可以证明其身份之事项；

（e）任何人不得因看护伤病者而被侵扰或定罪。

（3）对医务人员的保护

（a）医务部门的固定医疗所及流动医疗队，在任何情况下不得被攻击，应受到冲突各方的尊重及保护，对海上医院船也不得从陆上进行攻击；

（b）专门从事寻觅、收集、运送、医治伤病者及预防疾病的医务人员和专门从事管理医疗队及医疗所的职员以及随军牧师，应受尊重和保护；

（c）经本国政府正式认可并核准的各国红十字会及其他志愿救济团体的人员担任上述任务时，应与上述人员具有同样的地位。

（d）上述医务人员、职员、随军牧师、红十字会及其他救济团体的人员落于敌手时，仅在战俘健康状况精神需要以及人数上均有此要求时方得留用，不得被视为战俘。他们在执行其医疗及精神任务时应享受应有的便利。

（e）武装部队中曾受特别训练以备需要时充当医院勤务员、护士或辅助担架员，从事寻觅、收集、运送或诊疗伤病者的人员，如在执行任务时与敌人接触，或落于敌方之手，应受到尊重与保护。武装部队的流动医疗队落于敌方之手时，其器材应留作照顾伤病者之用。武装部队的固定医疗所的建筑物、器材及物资，应受战争法规定的保护。

（f）伤病者或医疗设备的运输队，应与流动医疗队受到同样的尊重和保护。不得袭击医务飞机，医务飞机在各交战国间约定的高度、时间及航线飞行时应受各交战国的尊重。

2.《改善海上武装部队伤者病者及遇船难者境遇的公约》

1949年8月12日，《改善海上武装部队伤者病者及遇船难者境遇的公约》（《日内瓦第二公约》）签订。① 该公约制订了保护海战中伤病者及遇船难者以及医院船及船上有关人员、器材及从事医疗运输的船只的规则。实际上，该公约是将《改善战地武装部队伤者病者境遇的公约》规则适用于海上冲突的版本。

公约主要内容：

（1）对伤病者及遇船难者的禁止行为

对在海上受伤患病或遇船难的武装部队人员及其他有关人员，在一切情况下应予以人道待遇及照顾，不得基于种族、肤色、宗教或信仰、性别、出身或财力或其他类似标准而歧视。对于上述人员，不得有下列行为：

（a）对生命与人身施以暴力，特别是各种谋杀、残伤肢体、虐待及酷刑或供生物学的实验；

（b）故意不给予医疗救助及照顾，以及造成使其冒传染病危险之情况；

（c）使其作为人质；

（d）损害个人尊严，特别是侮辱与降低身份的待遇；

（e）未经具有司法保障的正规组织之法庭之宣判而判罪及执行死刑。

"船难"一词应理解为系指任何原因的船难，并包括飞机被迫降落海面或被迫自飞机上跳海者在内。

（2）对伤病者和遇船难者的保护

（a）只要有医疗上的紧急理由，就给予伤病者以提前诊治。对于妇女的待遇应充分顾及其性别；

（b）交战国的伤病者落于敌人之手应为战俘，对他们应适用国际法有关战俘的规定；

（c）每次战斗之后，冲突各方应立即采取一切可能措施以搜寻并收集遇船难者、伤病者，对其加以保护以使其免于被抢劫及虐待，并搜寻死者而防其被剥劫。在环境许可时，冲突各方应商定局部办法以便经由海路搬移被包围地区之伤病者，并使送往该

---

① 1956年12月28日中国交存了对该公约的批准书，中国对该公约第10条作了保留。

地区的医疗与宗教人员及器材得以通过；

（d）冲突各方应尽速登记落于其手之敌方遇船难者、伤病者或死者之任何可以证明其身份之事项；

（e）冲突各方得呼吁中立国商船、游艇或其他中立国船只之船长以慈善精神收容与照顾伤病者或遇船难者于其船上，并收集死者。上述船只不得因从事此项运输而受到拿捕。

（3）对医务人员的保护

（a）军用医院船即各国特别并专用以救助、医治并运送伤病者及遇船难者而建造或装备的船只，在任何情况下都不得对其攻击或拿捕，而应予以尊重与保护。若在军舰上发生战斗，则病室应予以尊重，并尽可能予以保全。凡停泊于陷落敌方手中的港口的任何医院船，应准其离开该港；

（b）医院船上的宗教、医务及医院工作人员以及船员，应受尊重及保护，不论船上有无伤病者，在医院船上服务期间不得被俘；

（c）为医疗运输目的而租用的船只，应准其运输专为医治武装部队的伤病者或者防止疾病用的设备，但须将该船航行的事项通知敌国并经其认可。敌国保留登船检查权，但不得不予以拿捕或截留其所载的设备；

（d）医务飞机不得成为袭击目标，在冲突各方特别约定的高度、时间及航线飞行时，应受冲突各方尊重。

3.《关于战俘待遇的公约》

1949年8月12日，《关于战俘待遇的日内瓦公约》（《日内瓦第三公约》）签订。① 该公约制订了保护战俘和战俘待遇的规则。公约要求各缔约国制定必要的法律，对犯有或指使他人犯有严重破坏本公约的人员，处以有效的刑事制裁。

公约主要内容：

（1）"战俘"的定义

"战俘"系指落于敌方权力之下的武装部队、民兵、志愿部队

---

① 1956年12月28日中国交存了对该公约的批准书，但对该公约第10条、第12条和第85条作了保留。

人员、合乎一定条件的抵抗运动的人员,以及经准许的伴随武装部队的有关人员等。

(2) 拘留国的责任和义务

(a) 战俘系处在敌国国家权力管辖之下,而非处在俘获他的个人或军事单位的权力之下,故拘留国应对战俘负责,应免费维持战俘生活及给予其健康状况所需的医疗照顾;

(b) 战俘在任何时间均须受到人道待遇和保护,不得对战俘采取任何不法行为或可导致战俘死亡或严重危害其健康的行为,尤其不得对战俘加以肢体残伤,或供任何医学或科学试验,不得使其遭受暴行或恫吓及侮辱和公众好奇心的烦扰,禁止对战俘施以报复措施;

(c) 对战俘可以拘禁,但除适用刑事和纪律制裁外不得监禁,纪律性处罚不得是非人道、残暴或危害战俘健康的;

(d) 不得使战俘从事危险性和屈辱性的劳动;

(e) 对战俘不得施以肉体或精神上的酷刑或以任何其他胁迫方式来获得任何情报;

(f) 战事停止后,应立即释放或遣返战俘,不得迟延。

(3) 战俘的权利

(a) 战俘在一切情况下应享受人身及荣誉的尊重,享有被俘时所享受的全部民事能力;

(b) 战俘的自用物品,除武器、马匹、军事装备和军事文件外,应仍归战俘保有。战俘的等级与国籍的徽章、勋章以及特别具有个人或情感价值的物品不得自其本人取去;

(c) 战俘的住宿、饮食及卫生医疗照顾等条件应得到保障;

(d) 在任何情况下,战俘均不得放弃公约所赋予的一部分或全部权利。

4.《关于战时保护平民的公约》

1949 年 8 月 12 日,《关于战时保护平民的公约》(《日内瓦第四公约》）签订。① 该公约制订了对战时处于冲突一方权力下的敌方平民保护和人道待遇的规则。公约要求各缔约国对犯有或指使他人犯有严重破坏本公约的人员，处以有效的刑事制裁。

公约主要内容：

(1) 被保护人定义

公约规定：在冲突或占领的场合，在一定期间内及不论任何方式，处于非本国的冲突一方或占领国手中之人，即为受本公约保护的人。

(2) 各方对在其权力下被保护人的责任和义务

(a) 被保护人的人身、荣誉、家庭权利、宗教信仰与仪式、风俗与习惯，在一切情况下均应予以尊重；

(b) 无论何时，被保护人均需受到人道待遇和保护，特别使其免受一切暴行或暴行的威胁及侮辱与公众好奇心的烦扰；

(c) 妇女应受到特别保护以免其荣誉受辱，尤其须防止强奸、强迫为娼或任何形式的非礼的侵犯；

(d) 冲突各方对在其权力之下的被保护人，在不妨害有关其健康状况、年龄、性别的各项规定的条件下，应同等待遇之，不得基于种族、宗教或政治观点而歧视；

(e) 禁止采取使被保护人遭受身体痛苦或消灭的措施，包括谋杀、酷刑、体刑、残伤肢体及非为治疗所必需的医学或科学实验等；

(f) 禁止集体惩罚、恫吓、掠夺或对被保护人员及其财产采取报复行为；

(g) 禁止将被保护人作为人质；

(h) 在冲突一方领土内的一切被保护人，在冲突开始时或冲突进行中，希望离境者，除非其离去有违所在国的国家利益，均应有权离境；

(i) 禁止将被保护人个别或集体强制自占领地移送及驱逐往占

---

① 1956 年 12 月 28 日中国交存了对该公约的批准书，但对该公约的第 11 条和第 45 条作了保留。

领国的领土或任何其他被占领或未被占领的国家领土；

（j）占领国不得强迫被保护人在其武装或辅助部队中服务；

（k）占领国负有保障居民的食物与医疗供应品的义务；

（l）冲突各方在拘禁敌方侨民或占领地的居民时，被拘禁人应保有其全部民事能力。

5.《关于发生武装冲突时保护文化财产的公约》

除了以上对平民和战争受害者保护的日内瓦体系的四个公约外，还有一个在武装冲突中保护文化财产的专门国际法律文书，即1954年5月14日在海牙签订的《关于发生武装冲突时保护文化财产的公约》及其议定书，也是在武装冲突和战争中的保护性国际规则。

公约主要内容：

（1）文化财产的定义

文化财产包括：

（a）对各国人民的文化遗产具有重大意义的动产或不动产，例如建筑、艺术或历史上的纪念物，考古遗址，具有历史或艺术上价值的整套建筑物，艺术品等；

（b）为保存或展览上述文化财产的建筑物；

（c）用以存放上面两款所述文化财产的中心站。

（2）对文化财产的保护

（a）各国承诺采用适当措施，保障在其领土内的文化财产免受武装冲突时可以预见的后果；

（b）各国承诺尊重在其领土内的以及在其他缔约各国领土内的文化财产，不得对文化财产及其保护设备做任何使用。如果使用目的可能在发生武装冲突时使此项财产遭受到毁灭或损失，则不得采取针对此项文化财产的任何敌对行为；

（c）各国承诺设法禁止、防止及制止对文化财产以任何形式实施的盗窃、抢劫或侵占以及任何破坏行为，也不得征用在他国领土内可以移动的文化财产；

（d）各国不得对文化财产实施任何报复行为；

（e）任何一方占领他国领土的全部或一部分时，应支持被占领国主管当局为保障并保全其文化财产所采取的措施；

（f）在特别保护之下可以有少数的保藏所，以便在发生武装冲突时掩护可以移动的文化财产，也可以有贮藏纪念物的中心站和具有重大意义的其他不可以移动的文化财产。文化财产一经载入"受特别保护的文化财产国际登记册"后，即给予特别保护；

（g）各方承诺保证受特别保护的文化财产享有豁免权，从其载入国际登记册时起，不得针对此项财产做任何敌对行为，不得将此项财产或其周围用于任何军事目的。

6.《1949年8月12日日内瓦四公约关于保护国际性武装冲突受难者的附加议定书》

1977年6月8日，《1949年8月12日日内瓦四公约关于保护国际性武装冲突受难者的附加议定书》（《第一议定书》）签订。该议定书是根据国际形势的发展特别是新作战方法的出现，对日内瓦四公约关于在国际武装冲突中保护平民和受难者规则的补充和加强，并对冲突中的军事行为进行限制。

议定书主要内容：

（1）对伤病者和遇船难者的保护

（a）所有伤病者和遇船难者，均应受尊重、保护和人道待遇，并应得到根据其状况所需的医疗照顾和注意；

（b）对所有伤病者和遇船难者，即使经本人同意，也禁止对有其以下行为：残伤肢体、医疗或科学实验、除为其健康理由外的为移植而取去组织或器官；

（c）所有伤病者和遇船难者有权拒绝任何外科手术，献血或献皮均应处于自愿，而不加任何胁迫或劝诱，且只限于治疗目的。

（2）对医疗队的保护

（a）医疗队无论何时均应受尊重和保护，不应成为攻击的对象；

（b）在任何情况下，均不应利用医疗队以掩护军事目标不受攻击。冲突各方应尽可能保证医疗队设在对军事目标的攻击不致危害其安全的地方；

（c）平民医疗队有权享受的保护不应停止，除非用于从事人道主义职责以外的敌对行为；

（d）占领国有义务保护被占领领土内平民居民的医疗需要继续得到满足，且不得征用平民医疗队及其设备、器材或其人员的服务；

（e）平民医务人员和宗教人员应受到尊重和保护；

（f）医务运输工具包括医务车辆、船只和飞机应受到同样的尊重和保护。

（3）对作战方法和手段的限制

（a）在任何武装冲突中，冲突各方选择作战方法和手段的权利，不是无限制的；

（b）禁止使用属于引起过分伤害和不必要痛苦性质的武器、投射体和物质及其作战方法；

（c）禁止使用旨在或可能对自然环境引起广泛、长期而严重损害的作战方法或手段；

（d）缔约国有义务断定新的武器、作战手段或方法的使用是否为本议定书或任何其他国际法规则所禁止；

（e）禁止诉诸背信弃义行为以杀死、伤害或俘获敌人；

（f）不禁止战争诈术，但这种诈术包括使用伪装、假目标、假行动和假情报等不违反任何武装冲突国际法规则之方法；

（g）禁止下令杀无赦，禁止以此威胁敌人，或在此基础上进行敌对行动。

（4）对战斗员和战俘的保护

（a）被认为失去战斗力的人员，不应成为攻击的对象；

（b）武装部队人员及战斗员如果落于敌方权力之下，均应成为战俘，享有战俘的权利；

（c）有权作为战俘享受保护的人，在不能按日内瓦第三公约第三部第一编的规定撤退的非常战斗情况下落于敌方权力之下时，应予释放，并应采取预防措施保证其安全；

（d）从遇难飞机上跳伞降落的人，在其降落中不应成为攻击的对象，在落在敌方所控制的领土的地面时，除其从事敌对行为外，在成为攻击的对象前，应有投降的机会；

（e）在从事间谍行为时落于敌方权力下的冲突一方武装部队的任何人员，不应享受战俘身份的权利，而得给以间谍的待遇。

（5）对平民居民的保护

（a）冲突一方的军事行动仅应以军事目标为对象，应在平民居民和战斗员之间和在民用物体和军事目标之间加以区别；

（b）平民居民和平民个人应享受免受军事行动所产生的危险的一般保护；

（c）禁止以在平民居民中散布恐怖为主要目的的暴力行为或暴力威胁；

（d）禁止不分皂白的以下攻击：不以特定军事目标为对象的攻击，使用不能以特定军事目标为对象的作战方法或手段，使用其效果不能按照本议定书的要求加以限制的作战方法或手段，使用任何将平民或民用物体集中的城镇、乡村或其他地区内许多分散而独立的军事目标视为单一的军事目标的方法或手段进行轰击的攻击，可能附带使平民生命受损失、平民受伤害、平民物体受损害且与军事利益相比损害过分的攻击；

（e）依据有关国际文件或依据避难国或居留国国内法律视为无国籍人或难民的人，在任何情况下，均应是日内瓦第四公约第一部和第三部的意义内的被保护人；

（f）妇女应受到特别尊重和保护，特别是防止强奸、强迫卖淫和任何其他形式的非礼侵犯。被逮捕、拘留或拘禁的孕妇或抚育儿童的母亲的案情应得到最优先考虑。冲突各方应尽力避免对孕妇或抚育儿童的母亲因有关武装冲突罪行而宣判死刑，对这类妇女不应执行因该罪行而宣判的死刑；

（g）儿童应是特别尊重的对象并应受保护，以防止任何形式的非礼侵犯。冲突各方应采取一切可能措施，使15岁以下的儿童不直接参加敌对行动，特别是不应征募其参加武装部队。15岁以下的儿童直接参加敌对行动并落于敌方权力下，不论是否战俘均应继续享受本条所给予保护的利益。对于犯罪时不满18岁的人，不应执行因有关武装冲突的罪行而宣判的死刑。

（6）对民用目标的保护

（a）民用和文化物体不应成为攻击或报复的对象，如礼拜场所、房屋、学校和历史纪念物、艺术品等；

（b）禁止使用旨在或可能对自然环境造成损害从而妨害居民的健康和生存的作战方法或手段，禁止作为报复对自然环境的攻击；

（c）对含有危险力量的工程和装置，如堤坝和核发电站等，即使这类物体是军事目标，也不应成为攻击的对象，除非其作用是使军事行动得到经常、重要和直接支持，且这种攻击是终止这种支持的唯一可能的方法；

（d）用于民防目的的建筑物和物资和为平民居民提供的避难所，不得加以毁坏或转移其正当用途。

（7）对不设防地方的保护

（a）禁止冲突各方以任何手段攻击不设防地方；

（b）冲突方有关当局得将武装部队接触的地带附近或在其内的可以被敌方自由占领的任何居民居住地方宣布为不设防地方。

7.《1949年8月12日日内瓦四公约关于保护非国际性武装冲突受难者的附加议定书》

1977年6月8日，《1949年8月12日日内瓦四公约关于保护非国际性武装冲突受难者的附加议定书》（《第二议定书》）签订。该议定书的目的是将日内瓦公约确定的国际武装冲突法则适用于国内冲突，但不限制各缔约国维持或恢复法律与秩序的主权，也不得被认为是为外国干涉提供合法性。

议定书主要内容：

（1）本议定书适用范围

（a）本议定书适用于为《1949年8月12日日内瓦四公约关于保护国际性武装冲突受难者的附加议定书》所未包括、而在缔约一方领土内发生的该方武装部队和在负责统率下对该方一部分领土行使控制权，从而使其能进行持久而协调的军事行动并执行本议定书的持不同政见的武装部队或其他有组织的武装集团之间的一切武装冲突；

（b）本议定书不应适用于非武装冲突的内部动乱和紧张局势，如暴动、孤立而不时发生的暴力行为和其他类似性质的行为；

（c）本议定书的任何规定均不应援引以损害国家的主权，或损害政府采取一切合法手段维持或恢复国内法律和秩序或保卫国家统一和领土完整的责任，也不应被援引作为以何种理由直接或间接干涉武装冲突或冲突发生地的缔约一方的内部或外部事务的根据。

（2）对非战斗和停止战斗人员的保护

一切未直接参加或已停止参加敌对行动的人，均有权享受对其人身、荣誉以及信念和宗教仪式的尊重，禁止下令杀无赦。对上述人员禁止以下行为：

（a）对人的生命、健康和身体上或精神上幸福的暴行，特别是谋杀以及虐待，如酷刑、残伤肢体或任何形式的体罚；

（b）集体惩罚；

（c）扣留人质；

（d）恐怖主义行为；

（e）对人身尊严的侵犯，特别是侮辱性和降低身份的待遇、强奸、强迫卖淫和任何形式的非礼侵犯；

（f）各种形式的奴隶制度和奴隶贩卖；

（g）抢劫；

（h）以从事任何上述行为相威胁。

（3）对儿童的保护

应给予儿童所需的特别照顾和援助：

（a）儿童应按照其父母的愿望，或父母不在时，按照负责照顾的人的愿望得到教育，包括宗教和道德教育；

（b）应采取一切适当步骤，以便利暂时离散的家庭重聚；

（c）对未满15岁的儿童不应征募其参加武装部队或集团，也不应准许其参加敌对行动；

（d）未满15岁的儿童直接参加敌对行动并被俘获，仍应适用本条所规定的特别保护。

（4）对伤病者和遇船难者的保护

所有伤病者和遇船难者，不论曾否参加武装冲突，均应受尊重、保护和人道待遇，并应在最大实际可能范围内和尽速得到所需的医疗照顾和注意。

（5）对医务和宗教人员的保护

（a）医务和宗教人员应受尊重和保护，并在其履行职责中应得到一切可能的帮助，不应迫其执行与其人道主义使命不符的任务；

（b）对从事医疗活动的人，不应迫其从事或进行违反医疗道德规则、其他为伤者和病者的利益而制订的规则或违反本议定书的行为或工作；

（c）从事医疗活动的人除受国内法的限制外应受尊重，不得因拒绝提供或未提供关于在其照顾下或曾在其照顾下的伤病者的情报而受任何形式的处罚；

（d）医疗队和医务运输工具无论何时均应受尊重和保护，不应成为攻击的对象，除非其用于从事人道主义职能以外的敌对行为。

（6）对平民居民的保护

（a）平民居民不应成为攻击的对象，禁止以在平民居民中散布恐怖为主要目的的暴力行为或暴力威胁；

（b）除为有关平民的安全或迫切的军事理由所要求外，不应基于有关冲突的理由下令平民居民迁移。如必须进行迁移，则应采取一切可能的措施，保障平民居民的住宿、卫生、健康、安全和营养条件；

（c）对平民不应基于有关冲突的理由而迫其离开其本国领土。

（7）对含有危险力量的工程和装置的保护

含有危险力量的工程或装置，如堤坝和核发电站，如果对之进行攻击可能引起危险力量的释放，从而在平民居民中造成严重的损失，即使这类物体是军事目标，也不应成为攻击的对象。

（8）对文物和礼拜场所的保护

在不妨碍1954年5月14日《关于发生武装冲突时保护文化财

产的公约》的规定条件下，禁止对构成各国人民文化或精神遗产的历史纪念物、艺术品或礼拜场所采取任何敌对行为，以及利用这些物体以支持军事行动。

## 第五节　反恐

联合国通过的反恐法律文书主要有以下宣言、决议和公约。

### 一　反恐宣言

反恐宣言有：
《消灭国际恐怖主义措施宣言》
《补充1994年"消除国际恐怖主义措施宣言"的宣言》
《全球努力打击恐怖主义的宣言》
《打击恐怖主义的宣言》
《关于反恐怖主义、反腐败和打击跨国有组织犯罪国际合作的布加勒斯特宣言》

1. 《消灭国际恐怖主义措施宣言》

1994年12月9日联合国大会第49/60号决议通过。

主要目的：敦促各国按照《联合国宪章》和国际法，采取有效措施并进行国际合作打击国际恐怖主义。

主要内容：

（1）谴责恐怖主义的一切行为、方法和做法；恐怖主义的行为、方法和做法严重违反联合国的宗旨和原则，威胁国际和平与安全，危害国家间友好关系，妨碍国际合作并企图摧毁人权、基本自由和社会的民主基础。为了政治目的而企图或蓄意在一般公众、某一群人或某些人种引起恐怖状态的犯罪行为，不论引用何种政治、哲学、意识形态、种族、人种、宗教或任何其他性质的考虑作为借口，在任何情况下都不可辩护。

（2）各国必须按照《联合国宪章》的宗旨和原则及国际法有关规则，履行其打击国际恐怖主义的义务，采取坚决有效措施，迅速彻底消灭国际恐怖主义。不组织、怂恿、协助或参与其他国家境内的恐怖主义行为，或默许或鼓励在其境内从事此种活动。

（3）各国应加强合作，特别是通过系统地交换关于预防和打击恐怖主义的情报，以及有效地执行有关国际公约，并在双边、区域和多边领域缔结司法互助和引渡协定。

（4）联合国、各有关专门机构和政府间组织以及其他有关机构必须全力以赴，促进采取各种打击和消灭恐怖主义行为的措施。秘书长应采取实际措施加强国际合作，以协助执行本宣言。

（5）敦促所有国家真诚和有效地促进并执行本宣言所有方面的规定。强调通过加强国际合作，逐步发展和编纂国际法，提升联合国和各有关专门机构的效率，以消灭一切恐怖主义行为。

2.《补充1994年"消除国际恐怖主义措施宣言"的宣言》

1996年12月17日联合国大会第51/210号决议通过。

主要目的：敦促各国根据本国法律和国际法，采取措施确保寻求庇护者未曾参加恐怖主义行动，加强在恐怖分子引渡、信息交换等方面的国际合作。

主要内容：

（1）重申谴责一切恐怖主义行为、方法和做法，恐怖主义行为、方法和做法违反联合国的宗旨和原则。

（2）各国应根据本国法律和国际法的有关规定，包括根据国际人权标准，采取适当措施，在给予难民地位之前，确保寻求庇护者未曾参加恐怖主义行动，在这方面应考虑寻求庇护者是否由于与恐怖主义有关的罪行受到调查或起诉或被定罪，并在给予难民地位之后，确保难民地位不被利用来筹备或组织意图对其他国家或公民实施恐怖主义行为。强调寻求庇护者在等待办理其庇护申请期间不能因此而免于对恐怖主义行为的起诉。

（3）鼓励各国在缔结或适用引渡协定时，不将与恐怖主义有关的罪行视为不属于引渡协定范围的政治罪行。根据国内法律采取一切适当步骤，将恐怖分子加以引渡，或将案件提交本国主管当局进行起诉。

（4）必须确保会员国开展有效合作，以便将参与恐怖主义行为的人和资助、策划或煽动恐怖主义行为的人绳之以法。决心按照国际法的有关规定，包括按照国际人权标准，共同努力防止、打击和消灭恐怖主义。强调分享关于恐怖主义分子、活动、所获支助及其武器等专门知识和情报，并分享关于调查和起诉恐怖主义行为的资料。

3.《全球努力打击恐怖主义的宣言》

2001年11月12日安理会第1377/（2001）号决议通过。

主要目的：呼吁所有国家拒绝给予恐怖分子和支持恐怖主义的人以财政和其他一切形式的支持和安全庇护。

主要内容：

（1）呼吁所有国家采取紧急步骤，全面执行安理会第1373（2001）号决议，并强调各国有义务对于恐怖分子和支持恐怖主义的人拒绝给予财政和其他一切形式的支持，拒绝给予安全庇护。

（2）执行安理会第1373（2001）号决议需要援助的国家，应通知反恐怖主义委员会它们需要的援助。反恐怖主义委员会就此应与国际、区域和分区域组织探讨：在安理会第1373（2001）号决议所涉领域推广最佳做法，包括酌情制订法律范本；现有哪些技术、金融、规章、立法或其他方面的援助方案，可能有助于执行安理会第1373（2001）号决议；促进这些援助方案之间可能的协同作用。

4.《打击恐怖主义的宣言》

2003年1月20日安理会第1456（2003）号决议通过。

主要目的：要求各国紧急采取行动防止并压制一切支持恐怖主义的行为，吁请各国尽快缔结所有关于打击恐怖主义的国际公约和议定书。

主要内容：

（1）各国必须紧急采取行动，防止并压制一切主动、被动支持恐怖主义的行为，尤其必须充分遵守安理会各项有关决议，特别是安理会第1373（2001）号、第1390（2002）号和第1455（2003）号决议。

（2）吁请各国尽快缔结所有关于打击恐怖主义的国际公约和议定书，特别是1999年联合国大会通过的《制止资助恐怖主义的国际公约》；尽最大可能相互协助防止、调查、起诉和惩罚恐怖主义行为；充分实施对恐怖分子及其同伙，特别是"基地"组织、塔利班及其同伙的制裁，采取紧急行动制止它们获得其行动所需财政资源。

（3）各国必须按照国际法特别是根据引渡或起诉的原则，将那些资助、计划、支持或犯下恐怖主义行为或提供安全庇护所的人绳之以法。

（4）反恐怖主义委员会必须加紧努力，推动各会员国执行安理会第1373（2001）号决议的所有方面，特别是审查各国的报告，促进国际援助与合作，继续以透明和有效的方式开展活动。

（5）各国必须确保为打击恐怖主义而采取的任何措施符合国际法规定的全部义务，并应按照国际法，尤其是国际人权、难民和人道主义法采取这种措施。

（6）各国际组织应评估能提高其打击恐怖主义的行动效力的各种方式，包括建立对话、交流情报，并对负责对使用或取得核、化学、生物和其他致命材料进行管制的技术机构和组织发出这一呼吁；强调必须充分履行裁军、军备控制和不扩散领域现有的法律义务，并在必要时加强这一领域的国际文书。

5.《关于反恐怖主义、反腐败和打击跨国有组织犯罪国际合作的布加勒斯特宣言》

2006年11月30日联合国大会第61/601号决议通过。

主要目的：敦促与会国加入并执行具有普遍性的反恐、反腐和打击国际犯罪的国际法律文书并就此加强合作。

主要内容：

（1）鼓励与会国执行有关联合国安理会决议以及联合国大会通过的《联合国全球反恐战略》（A/RES/60/288），在打击恐怖主义中充分合作，以便根据引渡或起诉原则找到支持、便利、参与或企图参与资助、策划、准备或实施恐怖行为或者提供安全庇护所的人，不向他们提供庇护所并将其绳之以法。

（2）敦促与会国加入并执行具有普遍性的反恐国际法律文书《联合国打击跨国有组织犯罪公约》和《联合国反腐败公约》以及

有关的区域性义务和承诺。

（3）呼吁与会国依照国际法，尤其是安理会第1624号决议和欧洲委员会《预防恐怖主义公约》的规定，以法律形式预防和禁止煽动实施恐怖犯罪的行为。

（4）呼吁与会国缔结并执行提升刑事案件国际司法合作的双边协定，推动司法互助和引渡工作。

（5）鼓励与会国在必要时申请有关国际、区域和次区域组织和机构所提供或推动的打击恐怖主义、跨国有组织犯罪和腐败行为的技术援助并加以利用。

（6）呼吁有关参与组织和机构在各自的任务规定范围内适当地充分协助与会国打击恐怖主义、跨国有组织犯罪和腐败行为。

（7）呼吁与会国加强及时交换关于预防和打击恐怖主义、跨国有组织犯罪和腐败行为的准确信息，为此，利用刑警组织 I-24/7 全球警用通信系统并利用、促进和定期更新涉及这些问题的国际信息库，例如刑警组织失窃、丢失旅行证件数据库。

（8）呼吁与会国为联合国打击跨国有组织犯罪公约缔约方会议审查公约及其议定书的履行情况提供便利。

## 二　反恐决议

反恐决议有：

"联合国安理会1373号决议"

"国家和商业界打击恐怖主义伙伴关系战略"

1．"联合国安理会1373号决议"

2001年9月28日联合国安理会第4385次会议一致通过。安理会第1373号决议是在美国发生"9·11"恐怖袭击后，国际社会对防止、制止、打击恐怖主义的一项在反恐历史上具有重大影响的法律文书，是安理会根据《联合国宪章》第七章所采取的强制性行动，对各国均有法律约束力。

主要内容：

（1）对以任何手段，直接或间接为恐怖活动提供或筹集资金的人或事，各国应将其定为犯罪。

（2）立即冻结协助、资助和参与恐怖行为的个人和实体的各类资产。

（3）禁止为协助、资助和参与恐怖行为的个人和实体提供任何资金和金融资产及有关服务。

（4）各国不得向参与恐怖行为的实体或个人提供任何支持和帮助。

（5）应将恐怖行为定为重罪，并确保将恐怖分子绳之以法。

（6）各国应为调查和起诉恐怖主义行为相互给予最大程度的协助。

（7）有效加强边界管制和证件签发等，防止恐怖分子和恐怖主义集团的跨国移动。

（8）加强关于恐怖情报的交流，并在行政和司法事项上进行合作。

（9）在安理会设立监督委员会，监测各国执行决议的情况。

2. "国家和商业界打击恐怖主义伙伴关系战略"

2006年11月30日联合国大会第61/606号决议通过。

主要目的：推动各国政府和商业间在预防和制止国际恐怖主义方面建立伙伴关系。

主要内容：

（1）政府和商业界应建立伙伴关系致力于打击恐怖主义，以确保世界各地经济、社会稳定和安全，这样的伙伴关系应该是自愿的。

（2）政府和商业间的伙伴关系，可通过相互有效交流情报、知识和经验，还可通过共同行动或协调行动，也可制订、完善、落实防止和制止恐怖主义的各种措施。

（3）政府和商业界应在金融、电信和信息安全、因特网、旅游业、交通、国际货物运输等领域采取上述合作措施，共同打击恐怖主义。

（4）政府和商业界应共同评估恐怖威胁等级及有效传播有关信息，协作消除恐怖行为后果。

（5）政府和商业界应协助建立非正式国际工作组，致力于建议、制订、落实国家和商业界的具体合作项目以加强反恐。

### 三 反恐公约

反恐公约有：

《制止恐怖主义爆炸事件的国际公约》

《制止向恐怖主义提供资助的国际公约》

《联合国打击跨国有组织犯罪公约关于打击非法制造和贩运枪支及其零部件和弹药的补充议定书》

《制止核恐怖主义行为国际公约》

1.《制止恐怖主义爆炸事件的国际公约》

1997年12月15日，联合国大会第52/164号决议通过了《制止恐怖主义爆炸事件的国际公约》。该公约自1998年1月12日至1999年12月31日在纽约联合国总部开放供所有国家签署。按照其第22条规定，该公约于2001年5月23日生效。该公约旨在使缔约国承诺制定和采取包括国内立法在内的有效措施，防止恐怖主义行为并使恐怖主义犯罪行为受到刑事处罚。

公约主要内容：

（1）义务

（a）缔约国应根据本国国内法将本公约所述的罪行定为刑事犯罪，并使这些罪行受到相应惩罚；

（b）缔约国应采取必要措施，包括酌情制定国内立法，以确保本公约范围内的犯罪行为在任何情况下都不可引用政治、思想、意识形态、种族、人种、宗教或其他类似性质的考虑为之辩护，并使其受到与其严重性质相符的刑事处罚。

（2）适用范围

（a）本公约不适用于罪行仅在一国境内实施、被指控的罪犯和被害人均为该国国民、被指控的罪犯在该国境内被发现、并且没有其他国家行使管辖权的情况。

（b）为了引渡或相互法律协助的目的，本公约所述罪行不得视为政治罪行、同政治罪行有关的罪行或由政治动机引起的罪行。因此，就此种罪行提出的引渡或相互法律协助的请求，不可只以其涉及政治罪行、同政治罪行有关的罪行或由政治动机引起的罪行为由而加以拒绝；如被请求的缔约国有充实的理由认为引渡或请求相互法律协助的目的是因某人的种族、宗教、国籍、族裔或政治观点，则本公约的任何条款不应被解释为规定该国有引渡或提供相互法律协助的义务。

（3）缔约国管辖范围

缔约国对以下范围的犯罪拥有管辖权：

（a）罪行在该国领土内实施；

（b）罪行的实施场所为在罪行实施时悬挂该国国旗的船舶或按该国法律登记的航空器；

（c）罪行的实施者是该国国民；

（d）犯罪的对象是该国国民；

（e）犯罪的对象是一国在国外的国家或政府设施，包括该国大使馆或其他外交或领事馆；

（f）罪行系由惯常居所在该国境内的无国籍人实施；

（g）犯罪的意图是迫使该国从事或不从事某种行为；

（h）罪行的实施场所为该国政府操作的航空器。

（4）定义

（a）本公约所称的犯罪，是指任何人非法和故意在公用场所、国家或政府设施、公共交通系统或基础设施，或针对公用场所、国家或政府设施、公共交通系统或基础设施投掷、放置、发射或引爆爆炸性或其他致死装置；

（b）任何人有实施上述行为的意图或以共犯身份参加或协助上述行为也构成犯罪。

2.《制止向恐怖主义提供资助的国际公约》

1999年12月9日，联合国大会第54/109号决议通过了《制止向恐怖主义提供资助的国际公约》。该公约于2000年1月10日至2001年12月31日在纽约联合国总部开放供所有国家签署。按照其第26条规定，该公约于2002年4月10日生效。该公约旨在使各缔约国承诺加强国际合作，制定和采取有效措施防止向恐怖主义提供资助。

公约主要内容：

(1) 义务

(a) 缔约国应根据本国国内法将本公约所述罪行定为刑事犯罪，并以相应刑罚惩治这些罪行；

(b) 缔约国应根据其本国法律原则采取必要措施，使一个负责管理或控制设在其领土内或根据其法律设立的法律实体的人在以此身份犯下了本公约所述罪行时，得以追究该法律实体的责任，这些责任可以是刑事、民事或行政责任；

(c) 缔约国应采取措施，包括制定国内立法，确保本公约范围内的犯罪行为在任何情况下都不可引用政治、思想、意识形态、种族、族裔、宗教或其他类似性质的考虑因素为其辩解，并使其受到与其严重性质相符的刑事处罚。

(2) 适用范围

(a) 本公约不适用于罪行仅在一国国境内实施，犯罪嫌疑人为身在该国境内的本国国民，而且其他国家没有行使管辖权的情况。

(b) 为引渡或司法互助的目的，不得将本公约所述任何罪行视为财务金融罪。缔约国不得只以事关财务金融罪为理由而拒绝引渡或司法互助的请求。

(c) 为引渡或司法互助的目的，不得将本公约所述任何罪行视为与政治犯罪、同政治犯罪有关的罪行或出于政治动机的犯罪。因此，对于就此种罪行提出的引渡或司法互助请求，不得只以其涉及与政治犯罪、同政治犯罪有关的罪行或出于政治动机的罪行为由而加以拒绝；如被请求的缔约国有充实的理由认为引渡或请求相互法律协助的目的是因某人的种族、宗教、国籍、族裔或政治观点，则本公约的任何条款不应被解释为规定该国有引渡或提供司法互助的义务。

(3) 缔约国管辖范围

缔约国对以下范围的犯罪拥有管辖权：

(a) 罪行在该国境内实施；

(b) 罪行在案发时悬挂该国国旗的船只上或根据该国法律登

记的航空器上实施；

（c）罪行为该国国民所实施；

（d）犯罪的目的或结果是在该国境内或针对该国国民实施犯罪；

（e）犯罪的目的或结果是针对该国在国外的国家或政府设施，包括该国外交或领事馆实施犯罪；

（f）犯罪的目的或结果是以迫使该国从事或不从事任何一项行为；

（g）罪行是由惯常居所在该国境内的无国籍人实施；

（h）罪行是在该国政府营运的航空器上实施。

（4）定义

本公约所称的犯罪，是指任何人以任何手段，直接或间接地非法和故意地提供或募集资金，其意图是将全部或部分资金用于或者明知全部或部分资金将用于实施以下行为：

（a）附件所列条约范围并经其定义为犯罪的一项行为；

（b）意图致使平民或在武装冲突情势中未积极参与敌对行动的任何其他人死亡或重伤的任何其他行为；

（c）以共犯身份参加或组织、指使他人实施或协助实施上述所述罪行。

3.《联合国打击跨国有组织犯罪公约关于打击非法制造和贩运枪支及其零部件和弹药的补充议定书》

2001年5月31日，联合国大会第55/255号决议通过了《联合国打击跨国有组织犯罪公约关于打击非法制造和贩运枪支及其零部件和弹药的补充议定书》。该议定书于2005年7月3日生效。该议定书旨在使缔约国采取必要措施包括国内立法，预防和打击非法制造、贩运枪支及其零部件和弹药的跨国有组织犯罪，防止其落入恐怖主义组织手中。

议定书主要内容：

（1）义务

（a）刑事定罪

缔约国均应采取立法和其他措施将下列故意行为定为刑事犯

罪；非法制造枪支及其零部件和弹药；非法贩运枪支及其零部件和弹药；伪造或非法擦掉、消除或改动枪支标识；实施上述犯罪未遂或作为同犯参与这种犯罪；组织、指挥、协助、教唆实施上述犯罪，或为此提供便利或参谋。

（b）没收、扣押和处置

缔约国应在本国法律制度的范围内尽最大可能采取必要措施，以便能够没收非法制造或贩运的枪支及其零部件和弹药；通过扣押和销毁非法制造和贩运的枪支及其零部件和弹药等办法，防止其落入未获许可者之手。

（2）适用范围

（a）本议定书应当适用于预防非法制造和贩运枪支及其零部件和弹药，以及侦查和起诉根据本议定书所确立的带有跨国性质且涉及有组织犯罪集团的犯罪。

（b）如果适用议定书便会影响缔约国根据《联合国宪章》采取有利于国家安全的行动的权利，本议定书不应适用于国家间交易或国家转让。

4.《制止核恐怖主义行为国际公约》

2005年4月13日，联合国大会第59/290号决议通过了《制止核恐怖主义行为国际公约》。该公约于2007年7月7日生效。该公约旨在使缔约国承诺采取必要措施，对基于恐怖主义目的的获取、利用放射性材料及其装置或破坏核设施等犯罪行为进行惩罚。

公约主要内容：

（1）义务

（a）缔约国应根据其国内法将本公约所述犯罪定为刑事犯罪，并对这些犯罪处以相应的刑罚；

（b）缔约国应采取必要措施，包括制定国内立法，以确保本公约范围内的犯罪行为，在任何情况下都不得以政治、思想、意识形态、种族、族裔、宗教或其他类似性质的考虑因素为之辩解，并使之受到与其严重性质相符的刑罚。

（2）适用范围

（a）本公约不适用于犯罪仅在一国国境内实施、被指控罪犯和被害人均为该国国民、被指控罪犯在该国境内被发现，而且没有其他国家具有行使管辖权的情况。

（b）为了引渡或相互司法协助的目的，本公约所述的任何犯罪不得视为政治罪、同政治罪有关的罪行或由政治动机引起的犯罪。因此，就此种犯罪提出的引渡或相互司法协助的请求，不可以其涉及政治罪、同政治罪有关的犯罪或由政治动机引起的犯罪为由而加以拒绝；如果被请求的缔约国有充实理由认为，请求的引渡或提供相互司法协助，是为了基于某人的种族、宗教、国籍、族裔或政治观点而对该人进行起诉或惩罚，则本公约的任何条款均不应被解释为规定该国有引渡或提供相互司法协助的义务。

（c）武装冲突中武装部队的活动，由国际人道主义法予以规定，不受本公约管辖；一国军事部队为执行公务而进行的活动，由国际法其他规则予以规定，因此不受本公约管辖。

（d）本公约不以任何方式涉及，也不能被解释为以任何方式涉及国家使用核武器或威胁使用核武器的合法性问题。

（3）缔约国管辖范围

缔约国对以下范围的犯罪拥有管辖权：

（a）犯罪在本国境内实施；

（b）犯罪发生在犯罪实施时悬挂本国国旗的船舶或根据本国法律登记的航空器上；

（c）犯罪行为人是本国国民；

（d）犯罪的对象是本国国民；

（e）犯罪的对象是本国在国外的国家或政府设施，包括本国使馆或其他外交或领事馆；

（f）犯罪行为人是其惯常居所在本国境内的无国籍人；

（g）犯罪的意图是迫使本国实施或不实施某一行为；

（h）犯罪发生在本国政府营运的航空器上。

（4）定义

（a）犯罪

本公约所称的犯罪是指任何人实施以下非法和故意行为：拥有放射性材料或制造或拥有一个装置；以任何方式利用放射性材料或

装置，或以致使放射性材料外泄或有外泄危险的方式利用或破坏核设施；在显示威胁确实可信的情况下，威胁实施上述行为；在显示威胁确实可信的情况下通过威胁使用武力，非法和故意索要放射性材料、装置或核设施；任何人实施前两条所述犯罪未遂也构成犯罪；任何人以共犯身份参加或组织、指使他人实施或办助实施上述犯罪。

（b）有关材料、设施

基于本公约目的的定义如下：

"放射性材料"是指核材料和其他含有可自发裂变核素的放射性物质，此种材料和物质，由于其放射或可裂变性质，可能致使死亡、人体受到严重伤害或财产或环境受到重大损害。

"核材料"是指：钚，但钚238同位素含量超过80%者除外；铀233；富集了同位素235或233的铀；非矿石或矿渣形式的铀，其中同位素的比例与自然界存在的天然铀同位素混合的比例相同；或任何含有一种或多种上述物质的材料。

"富集了同位素235或233的铀"是指含有同位素235或233或兼含二者的铀，而这些同位素的总丰度与同位素238的丰度比大于自然界中同位素235与同位素238的丰度比。

"核设施"是指：任何核反应堆，包括装在船舶、车辆、飞行器或航天物体上，用作推动这种船舶、车辆、飞行器或航天物体的能源以及用于其他任何目的的反应堆；用于生产、储存、加工或运输放射性材料的任何工厂或运输工具。

"装置"是指：任何核爆炸装置；任何散布放射性物质或释出辐射的装置，此种装置由于其放射性质，可能致使死亡、人体受到严重伤害或财产或环境受到重大损害。

"国家或政府设施"包括一国代表，政府、立法机关或司法机关成员，或一国或任何其他公共当局或实体的官员或雇员，或一个政府间组织的雇员或官员，因公务使用或占用的任何长期或临时设施或交通工具。

"一国军事部队"是指一国按照其国内法，主要为国防或国家安全目的而组织、训练和装备的武装部队以及在其指挥、控制和负责下向其提供支助的人员。

# 第六章　国际军控与裁军规则

本章专门就军控与裁军领域的国际规范进行梳理。按照第三章"国际安全规则体系"的构建，国际军控与裁军领域的国际规范分为军备控制、军备裁减、防扩散和建立信任措施四个方面的国际规则。

## 第一节　军备控制的国际规则

军备控制是对武器装备的研制、试验、生产、部署、使用或军队进行限制。从军备控制限制的内容和目的看，其主要限制的是军力（武器装备和军队）的发展和使用，下面按照这两个方面划分军备控制规则。限制军力发展包括限制武器装备的研制、生产、试验，以及限制拥有武器的数额。限制军力使用可分为限制军力部署范围和限制使用武器的种类与行为这两个方面。

### 一　限制军力发展的军备控制规则

限制军力发展的军备控制规则有：

《禁止在大气层、外层空间和水下进行核武器试验条约》（《部分禁止核试验条约》）

《美苏限制地下核武器试验条约》（《限当量条约》）

《美苏和平利用地下核爆炸条约》（《和平核爆炸条约》）

《全面禁止核试验条约》

《限制反弹道导弹系统条约》（《反导条约》）

《美苏关于限制进攻性战略武器的某些措施的临时协定》（《第

一阶段限制战略武器条约》）

《美苏限制进攻性战略武器条约》（《第二阶段限制战略武器条约》）

前4个条约是关于限制核试验的条约，对核试验从试验介质、当量逐渐强化限制，直到全面禁止。有关限制和禁止核试验的军备控制条约，限制的是核武器质量的发展，这是军备控制作用的重要体现。①

《反导条约》则是美苏（俄）双方对各自的反弹道导弹数量和部署范围进行限制的条约。虽然这是一个对防御性力量而非进攻性力量进行限制的条约，看起来似乎影响到一个国家自卫的权利，但由于进攻性战略力量与防御性战略力量是大国战略力量的一体两面，任何一个方面的不平衡都会导致战略失衡，也会刺激军备竞赛，从而影响全球战略稳定。② 因此，美苏（俄）在对进攻性战略力量进行限制的同时，也需限制防御性战略力量，这就是《反导条约》达成的渊源。故而，《反导条约》被誉为防止军备竞赛、维护战略稳定的基石。

最后2个条约是冷战时美苏就限制进攻性战略力量达成的最初的两个条约，对各自核武库的最高限额做出了规定，限制的是核武器数量的发展。

1. 《部分禁止核试验条约》

《部分禁止核试验条约》（PTBT）是第一个限制核试验的条约。③ 1963年8月5日，苏联、美国和英国三国在莫斯科签署了《部分禁止核试验条约》，条约于同年10月10日生效。该条约规定禁止除地下核试验以外的其他核试验，其目的是缓解冷战的军

---

① 核试验的主要目的是验证核武器的理论设计和结构设计方案，鉴定核武器的各种性能指标等。只有进行核试验，才能研制新型核武器、改进核武器。而只在实验室进行计算机模拟实验是无法做到这些的。因此，禁止核试验就能限制住核武器质量的发展。

② 加强防御性战略力量能制约对手进攻性战略力量的有效性，特别是随着核裁军进程的不断进展，核大国核武库规模不断减少，防御性战略力量对核大国的整体战略力量影响越来越大，因此，大国之间的裁军必须兼顾进攻性战略力量与防御性战略力量。

③ 有130个国家签署了该条约，核国家中的中国和法国基于条约的歧视性并没有签署条约，但中国在1996年9月24日签署了《全面禁止核试验条约》，从而禁止了一切核试验。

备竞赛势态，减小核试验对环境特别是大气环境产生的放射性尘埃。

条约主要内容：

（1）缔约国承诺在其管辖或控制下的下列任何地方禁止、防止并且不进行任何核武器试验爆炸或任何其他核爆炸：

（a）在大气层及在大气层范围以外，包括外层空间；

（b）在水下，包括领海或公海；

（c）在任何其他环境中，如果这种爆炸所产生的放射性尘埃出现于在其管辖或控制下进行这类爆炸的国家领土范围以外。

（2）缔约国承诺不在上述的任何环境内，或可能产生影响的任何地方，引起、鼓励或以任何方式参与任何核武器试验爆炸或任何其他核爆炸。

2.《限当量条约》

1974年7月3日，美国和苏联在莫斯科签署了《限当量条约》（TTBT），这是一个限制双方地下核试验当量的条约。由于美国以核查不充分为由拒不批准这一条约，致使该条约一直没有生效，直到1990年两国签订了新的核查议定书，美苏批准了这一条约后，《限当量条约》才得以生效。尽管在1974年该条约签署后一直没有生效，但美苏双方都遵守了条约的规定。

美苏之所以达成限制核试验当量的条约，原因在于两国的核试验技术已大幅度提高，不再需要大当量的核试验用以发展核武器，而且达成这一条约也有助于缓解国际社会要求其停止核试验的压力。

条约主要内容：

（1）禁止范围

（a）缔约双方自1976年3月31日起，在各自管辖或控制下的任何地方，禁止、防止和不进行当量超过15万吨以上的地下核武器试验，并将各自的地下核武器试验限制在最低次数；

（b）缔约国核武器试验产生的放射性尘埃不得超出其边境以外；

（c）为和平目的而进行的地下核爆炸，不受这一条约的限制。

（2）核查

双方将根据国际法原则，使用国家技术手段进行核查。

3.《和平核爆炸条约》

1976年5月28日，美国和苏联分别在华盛顿和莫斯科签署《和平核爆炸条约》（PNET）。这一条约是对《限当量条约》的补充，以防止任何一方以和平目的为名，进行《限当量条约》禁止的核试验，因为民用核试验与军用核试验难以区分。这样，这两个条约就限制住了任何的15吨以上的核爆炸。虽然此后美苏两国一直都未能批准该条约，但双方基本遵守了条约。

条约主要内容：

（1）缔约国可在条约所规定的试验场之外各自管辖或控制的任何地方进行15万吨以下的和平核爆炸，也可应他国要求在该国领土内进行、参加或协助15万吨当量以下的和平核爆炸。但缔约国双方不得进行15万吨当量以上的单个和平核爆炸，也不得进行总当量超过150万吨的组合和平核爆炸。

（2）进行和平核爆炸的一方必须在事前及事后向对方提供详细的资料。

4.《全面禁止核试验条约》

《全面禁止核试验条约》（CTBT）是一项全面彻底禁止一切形式的核爆炸的条约，是关于禁止核试验的终极条约。[①] 1994年3月，"日内瓦裁军谈判会议"正式启动《全面核禁试条约》的谈判，经过两年半的艰苦努力，会议终于在1996年8月20日拟订了《全面禁止核试验条约》文本。1996年9月10日，联合国大会以压倒多数票通过了《全面禁止核试验条约》。9月24日，《全面禁止核试验条约》在纽约联合国总部开放供签署，同日，包括中国

---

① 到1996年《全面禁止核试验条约》供开放签署为止，全世界共进行了2000多次核试验。其中，美国从1945年至1992年进行了1032次试验，苏联从1949年至1990年进行了715次试验，英国从1952年至1991年进行了45次试验，法国从1960年至1996年进行了210次试验，中国从1964年至1996年进行了45次试验。从1996年9月该条约开放供签署之后，全世界共进行了17次试验。其中，印度于1998年进行了5次核试验，巴基斯坦于1998年进行了6次核试验，朝鲜从2006年至2017年进行了6次核试验。

等 5 个核国家在内的 71 个国家签署了条约。目前由于条约所列的 44 个国家尚未全部批准条约，未能满足条约规定的生效条件，因此，《全面禁止核试验条约》尚未生效。①

《全面禁止核试验条约》的目的是通过全面禁止核武器试验爆炸及其他任何核爆炸，以限制核武器质量的改进和新型先进核武器的研制，以有效防止核武器扩散，促进核裁军进程，从而增进国际和平与安全。② 同时，该条约也有助于保护环境。

条约主要内容：

（1）禁止范围

（a）每一缔约国承诺不进行任何核武器试验爆炸或任何其他核爆炸，并承诺在其管辖或控制下的任何地方禁止和防止任何此种核爆炸；③

（b）每一缔约国还承诺不导致、鼓励或以任何方式参与进行任何核武器试验爆炸或任何其他核爆炸。

（2）组织机构

（a）在维也纳设立《全面禁止核试验条约》组织，以实现本条约的宗旨和目标。所有缔约国均为条约组织的成员；

（b）组织机构包括缔约国大会、执行理事会和技术秘书处，技术秘书处应包括国际数据中心。

（3）核查

为确保本条约得到遵守，建立一个由下列部分组成的核查

---

① 在现有世界战略格局和安全局势下，本条约的生效条件非常苛刻，这致使条约到现在也没有生效，这也是条约谈判的教训之一。条约虽然没有生效，但五个核国家都遵守了条约，而印度、巴基斯坦和朝鲜仍在条约达成后违反条约进行了核试验。从目前局势看，条约生效仍遥遥无期。

② 在不得进行任何当量的核试验情况下，即使拥有先进计算机模拟技术，拥有核武器的国家也很难发展新一代的核武器。因此《全面禁止核试验条约》的达成，就将核国家的核武器基本冻结在现有第二代核武器的发展水平上。

③ 在《全面禁止核试验条约》谈判过程中，美国等有核国家为在条约达成后出于维持核武库的安全性和可靠性的需要，曾提出条约"开口子"问题，即保留进行某些核试验的权利，需要在实验室进行"几公斤级而非几吨级当量的爆炸"。但迫于舆论压力和基于拥有先进计算机模拟技术的考虑，美国最终做出了条约禁止任何当量、任何形式的核爆炸的决定，从而关闭了进行任何核试验的大门（"关口子"），条约采用了这个禁止范围。

机制：

（a）一个国际监测系统。① 国际监测系统应由地震监测、放射性核素监测包括经核证的实验室、水声监测、次声监测的设施及相关通信手段组成，并应由技术秘书处的国际数据中心提供支助；

（b）磋商和澄清。在不妨害任何缔约国请求进行现场视察权利的前提下，各缔约国应首先尽一切努力，在缔约国之间或与本组织或通过本组织澄清并解决任何可能对遵约问题产生的怀疑；

（c）现场视察。每一缔约国有权请求对在任何缔约国领土内或其管辖或控制下的任何地方发生的可疑事件进行现场视察，以澄清被怀疑方是否进行了违反条约义务的核武器试验爆炸或任何其他核爆炸，并尽可能收集查明任何可能违约的一切事实；

（d）建立信任措施。建立信任措施主要是指缔约国对大规模化学爆炸进行自愿申报，这有助于及时解决对因此产生的核查数据而引起的任何遵约的关切。

（4）生效

条约规定，在其本条约附件二所列的44个有核能力的国家全部交存批准书后第180天起生效。44国包括美、俄、英、法、中5个核国家，印度、巴基斯坦、以色列、朝鲜4个核门槛国家，以及其他35个有核能力的国家。条约规定本条约无限期有效。

5.《反导条约》

1972年5月26日，美国和苏联在莫斯科签署了《反导条约》（ABM）。该条约旨在通过限制双方反导导弹的数量和部署范围，达到禁止双方建立全国性反导系统的目的，以保证双方对对方核威慑的有效性，以维持战略平衡，防止核战争。条约规定条约无限期有效，但2001年12月13日，美国总统布什正式宣布退出《反导条约》，致使这一条约失效。然而，不能因此否定《反导条约》的战略价值和历史意义，特别是其对未来核裁军进程的影响。

---

① 国际监测系统是核查体制的核心要素，该系统主要由分布于世界各地的337个监测台站和实验室组成：50个主要地震站和120个辅助地震站监测；11个水声台站；60个地面台站；80个放射性核素台站；16个放射性核素实验室。

条约主要内容：
(1) 反弹道导弹系统定义

本条约所指的反弹道导弹系统，系指用以拦截在飞行轨道上的战略弹道导弹或其组成部分的系统，包括反弹道导弹截击导弹、弹道导弹发射器和反弹道导弹雷达。这些反弹道导弹系统组成部分不管是已投入使用的、正在制造的、正在试验的，还是处于维修或库存的，都在计算之列。

(2) 禁止数量和范围

双方保证除下述情况外不部署反弹道导弹系统或其组成部分：[①]

(a) 在以各自的首都为中心、半径150公里的一个反弹道导弹系统部署区内，双方可部署：不超过100个反弹道导弹发射架和不超过100枚反弹道导弹截击导弹于发射场内；反弹道导弹雷达不超过6个的反弹道导弹雷达联合体内，每个联合体部署在半径不超过3公里的圆形地区；

(b) 在一个半径为150公里设有洲际弹道导弹地下发射井的反弹道导弹系统部署区内，双方可部署：不超过100个反弹道导弹发射架和100枚反弹道导弹截击导弹于发射场内；2个大型相控阵反弹道导弹雷达，其功率可相当于在条约签订之日设有洲际弹道导弹地下发射井的反弹道导弹系统部署区内已投入使用或正在建造的相应的反弹道导弹雷达的功率；不超过18个功率小于上述2个大型相控阵反弹道导弹雷达中较小1个的反弹道导弹雷达。

(3) 禁止种类和条件

(a) 双方保证不研制、试验或部署以海洋、空中、空间为基地的以及陆地机动的反弹道导弹系统及其组成部分；

(b) 双方保证不研制、试验或部署能从每部发射架上同时发射1枚以上的反弹道导弹截击导弹的反弹道导弹发射架，不改进已部署的发射架以使之具有上述的能力，也不研制、试验或部署反

---

① 1974年7月3日，美苏又签订了《反导条约》的议定书，把此项规定的可在两个地区部署改为只在一个地区部署反弹道导弹系统。

道导弹发射架上快速装填用的自动化或半自动化或者其他类似的装置;

(c) 超过本条约规定的数目的或在本条约指明的地区以外的反弹道导弹或其组成部分,以及本条约所禁止的反弹道导弹系统或其组成部分,应在商定的时间内根据商定的步骤予以销毁或拆除。

(d) 每方保证不把本条约所限制的反弹道导弹系统或其组成部分移交给其他国家,并且不在自己的国家领土以外进行部署。

(4) 核查

(a) 为了保证本条约的条款得到遵守,每方应以符合公认国际法原则的方式使用自己拥有的国家核查技术手段对对方遵约情况进行核查;

(b) 每方保证不干扰另一方使用国家核查技术手段;

(c) 每方保证不采取蓄意的隐蔽措施来妨碍应用国家技术手段核查遵约情况。

6.《美苏关于限制进攻性战略武器的某些措施的临时协定》

1972年5月26日,美国与苏联在达成《反导条约》的同时,签署了《关于限制进攻性战略武器的某些措施的临时协定》(SALT-I,也称为《第一阶段限制战略武器条约》),其主要目的是冻结固定发射的陆基洲际弹道导弹发射器和潜艇上的弹道导弹发射器的总数,但没有涉及限制核弹头数量。这是美苏历史上第一个限制核军备的国际法律文书。该条约于同年10月3日生效,条约有效期为5年。

条约主要内容:

(1) 规定双方的陆基洲际导弹冻结在1972年7月1日的水平上,即苏联为1618枚,美国为1054枚。

(2) 规定双方的潜射导弹和导弹核潜艇冻结在1972年5月26日的水平上,即苏联为950枚和62艘,美国为710枚和44艘。

(3) 规定弹道导弹及其发射架可进行现代化和更新(即该协定只限数量,不限质量)。

(4) 允许双方利用国家技术手段对对方遵约情况进行核查,

当事国不得对这种核查进行干扰。

7.《美苏限制进攻性战略武器条约》

1979年6月18日，美国和苏联在维也纳签署了《美苏限制进攻性战略武器条约》（SALT-Ⅱ也称为《第二阶段限制战略武器条约》）。条约规定了战略武器运载工具的总限额、分导式多弹头运载工具的构成、战略武器质量改进的限度和核查方式等。条约签署后，由于苏联入侵阿富汗，美国推迟批准该条约，条约未能生效。但美苏两国政府都表示愿意遵守这一条约。

条约主要内容：

（1）规定各方包括陆基洲际弹道导弹发射器、潜射弹道导弹发射器和重型战略轰炸机携带的射程超过600公里的空对地弹道导弹在内的战略武器的总限额为2250件，1981年1月1日开始削减，并于1981年12月31日前完成。

（2）规定各方可携带分导式多弹头的导弹总数限额为1320枚，携带分导式多弹头的陆基洲际弹道导弹发射器、潜射弹道导弹发射器和空对地弹道导弹的总数限额为1200件，其中，分导式多弹头的陆基洲际弹道导弹发射器总数限额为820件。

（3）规定一枚新型陆基洲际弹道导弹限装再入飞行器即分导式多弹头（MIRV）10枚，潜射弹道导弹限装再入飞行器14枚，空射弹道导弹限装再入飞行器14枚，空射巡航导弹限装再入飞行器20枚，新生产的空射巡航导弹限装再入飞行器28枚。

（4）规定双方不得通过加密故意拒绝向对方提供与核查条约有关的遥测信息。

## 二 限制军力使用的军备控制规则

限制军力部署范围的军备控制规则有：

《南极条约》

《关于各国探测及使用外层空间包括月球与其他天体活动所应遵守原则的条约》（《外空条约》）

《禁止在海洋底床及其下层土壤放置核武器及其他大规模毁灭武器条约》（《海床条约》）

《关于各国在月球和其他天体上活动的协定》(《月球协定》)

以上这4个条约是关于限制或禁止在南极、外空、海床和月球这些国际公域内有关武器的部署、试验、军事演习和使用等活动的国际规则。

限制武器使用（种类与行为）的军备控制规则有：

《禁止在战争中使用窒息性、毒性或其他气体和细菌作战方法的议定书》

《禁止为军事或任何其他敌对目的使用改变环境的技术的公约》(《禁止改变环境公约》)

《禁止或限制使用某些可被认为具有过分伤害力或滥杀滥伤作用的常规武器公约》(《特定常规武器公约》)

《关于无法检测的碎片的议定书》(《特定常规武器公约》第一议定书)

《禁止或限制使用地雷（水雷）、饵雷和其他装置的议定书》(《特定常规武器公约》第二议定书)

《禁止或限制使用燃烧武器议定书》(《特定常规武器公约》第三议定书)

《关于激光致盲武器议定书》(《特定常规武器公约》第四议定书)

《禁止或限制使用地雷、诱杀装置和其他装置的修正议定书》

《战争遗留爆炸物议定书》(《特定常规武器公约》第五议定书)

前2个军备控制条约是对生物武器和改变环境的技术的使用进行禁止的国际规则，后7个军备控制条约是对特定常规武器的使用进行限制或禁止的国际规则。

1. 《南极条约》

在"国际公域"一节中，已对《南极条约》的国际安全规则进行了阐释。有关在南极上的军备控制规则，是条约的第1条："禁止任何军事性措施，包括建立军事基地和设防工事，举行军事演习，以及试验任何类型的武器"和条约的第5条："禁止在南极洲进行任何核爆炸"。

## 2. 《外空条约》

在"国际公域"一节中,也对《外空条约》的国际安全规则进行了阐释。有关在外空领域的军备控制规则,主要体现在条约对外空规定的"非军事化"上,即第4条规定:

"本条约当事国承诺不将任何载有核武器或任何其他大规模毁灭性武器之物体放入环绕地球之轨道,不在天体上安置此种武器,也不以任何其他方式将此种武器放置于外空。禁止在天体建立军事基地、设施和工事;禁止在天体试验任何类型的武器以及进行军事演习。"

## 3. 《海床条约》

1971年2月11日,联合国大会通过了《海床条约》,该条约于1972年5月18日生效,无限期有效。该条约旨在禁止在海床洋底及其底土埋没或安置核武器及其他大规模毁灭性武器及其设施。

条约主要内容:

(1) 各缔约国承诺不在《领海及毗连区公约》规定的毗连区的海床区外部界限以外的海床洋底及其底土,埋没或安置核武器或其他大规模毁灭性武器,以及专为储存、试验和使用这类武器而设计的建筑物、发射装置或任何其他设备。

(2) 各缔约国承诺不协助、鼓励或引导任何国家进行第1款所提及的活动,也不以任何其他方式参与这类行动。

## 4. 《月球协定》

在"国际公域"一节中,也对《月球协定》的国际安全规则进行了阐释。有关在月球上的军备控制规则,除《外空条约》制定的规则外,《月球协定》也对武力使用行为及武器部署做了进一步限制,即该协定第3条规定:

"禁止在月球上使用武力或以武力相威胁,或从事任何其他敌对行为或以敌对行为相威胁;禁止利用月球对地球、月球、宇宙飞行器、宇宙飞行器或人造外空物体上的人员实施任何此类行为或从事任何此类威胁。"

"禁止在环绕月球的轨道上或飞向或飞绕月球的轨道上,放置载有核武器或任何其他种类的大规模毁灭性武器的物体,或在月球上或月球内放置或使用此类武器。"

5.《禁止在战争中使用窒息性、毒性或其他气体和细菌作战方法的议定书》

1925年6月17日,《禁止在战争中使用窒息性、毒性或其他气体和细菌作战方法的议定书》在日内瓦签订,该议定书于1928年2月8日生效,且无限期有效。[①] 这是军备控制历史上第一个禁止使用一整类武器的条约,也是第一个关于大规模杀伤性武器的军备控制条约。[②] 该议定书虽然禁止了生物武器的使用,但并没有禁止其研制、生产、试验及拥有等活动,直到1972年达成了《禁止细菌(生物)和毒素武器的发展、生产及储存以及销毁这类武器的公约》,才实现了彻底禁止和销毁生物武器的最终目标。

该议定书规定,缔约国承诺在战争中禁止使用窒息性、毒性或其他气体,以及使用一切类似的液体、物质或器件,禁止使用细菌作战方法。

6.《禁止改变环境公约》

1976年12月10日,联合国大会通过了《禁止改变环境公约》,该公约于1978年10月5日生效,无限期有效。该公约旨在禁止为军事或任何其他敌对目的使用改变环境的技术,以消除使用这种技术对人类造成的危险,保护环境。

公约主要内容:

(1)"改变环境的技术"定义

"改变环境的技术"是指通过蓄意操纵自然过程改变地球(包括其生物群、岩石圈、地水层和大气层)或外层空间的动态、组成或结构的技术。

---

① 中国政府于1952年7月13日声明,承认中华民国政府于1929年8月7日加入的《禁止在战争中使用窒息性、毒性或其他气体和细菌作战方法的议定书》,中国将在"互相遵守的原则下,予以严格执行"。

② 禁止有毒武器是传统的国际惯例之一,1899年海牙第二公约附件和第二宣言都对此进行了编纂。但在第一次世界大战中,交战双方使用了约54种化学战剂,造成约130万人的直接伤亡和更多人战后的痛苦,这促使战后国际社会达成了禁止在战争中使用此类武器的法律文书。

（2）禁止行为

（a）各缔约国承诺不为军事或任何其他敌对目的使用具有广泛、持久或严重后果的改变环境的技术，作为摧毁、破坏或伤害任何其他缔约国的手段；

（b）各缔约国承诺不协助、鼓励或引导任何国家、国家集团或国际组织从事违反（a）款规定的活动。

7.《特定常规武器公约》

1980年10月10日，联合国禁止或限制使用某些可被认为具有过分伤害力或滥杀滥伤作用的常规武器会议通过了《特定常规武器公约》，该公约于1983年12月2日生效，旨在禁止或限制使用某些被认为具有过分伤害力或滥杀滥伤作用的常规武器，包括地雷、饵雷、燃烧武器、激光致盲武器以及战争遗留爆炸物，并附加五个议定书。①

公约主要内容：

（1）适用范围

本公约及其所附各项议定书适用于1949年8月12日关于保护战争受难者的《日内瓦四公约》共有的第2条所指的场合，包括日内瓦四公约第一号附加议定书第1条第4款所指的场合。

（2）同其他国际协定的关系

本公约及其所附各项议定书中任何条款均不得被解释为减损缔约国根据适用于武装冲突的国际人道主义法律所承担的其他义务。

（3）批准与生效

本公约须经各签署国的批准、接受或核准，在第二十份批准、接受、核准或加入书交存之日后六个月，本公约开始生效。

8.《关于无法检测的碎片的议定书》

1980年10月10日，联合国禁止或限制使用某些可被认为具有过分伤害力或滥杀滥伤作用的常规武器会议通过了《特定常规

---

① 这5个附加议定书分别是：《关于无法检测的碎片的议定书》（第一号议定书）、《禁止或限制使用地雷（水雷）、饵雷和其他装置的议定书》（第二号议定书）、《禁止或限制使用燃烧武器议定书》（第三号议定书）、《关于激光致盲武器的议定书》（第四号议定书）、《战争遗留爆炸物议定书》（第五号议定书）。

武器公约第一议定书》，即《关于无法检测的碎片的议定书》。该议定书于 1983 年 12 月 2 日生效。

该议定书规定：禁止使用任何其主要作用在于以碎片伤人而其碎片在人体内无法用 X 线检测的武器。

9.《禁止或限制使用地雷（水雷）、饵雷和其他装置的议定书》

1980 年 10 月 10 日，联合国禁止或限制使用某些可被认为具有过分伤害力或滥杀滥伤作用的常规武器会议通过了《特定常规武器公约第二议定书》，即《禁止或限制使用地雷（水雷）、饵雷和其他装置的议定书》。该议定书于 1983 年 12 月 2 日生效。该议定书旨在对地雷（水雷）、饵雷等武器的使用进行限制，1996 年修订后对这类武器又进一步进行了限制。

议定书主要内容：

（1）适用范围

本议定书针对地雷（水雷）、饵雷和其他装置的陆上使用，包括为封锁水滩、水道渡口或河流渡口而布放的水雷，但不适用于海洋或内陆水道中反舰水雷的使用。

（2）定义

本议定书所称的：

（a）"地雷（水雷）"是指任何置于地面或其他表面上、下或其附近地点而在人员或车辆出现、接近或接触时引爆的弹药，而"遥布地雷（水雷）"是指以大炮、火箭、迫击炮或类似工具或以飞机投布本定义范围内的任何地雷（水雷）。

（b）"饵雷"是指人工安装的具有特殊设计和构造、可在有人扰动或趋近一个表面无害的物体或进行一项表面安全的行动时出乎意外地造成杀伤的装置。

（c）"其他装置"是指人工放置、旨在利用遥控或于一定时间后自行引爆从而造成杀伤或破坏的弹药和装置。

（d）"遥布地雷（水雷）"是指装有一种有效毁雷器械即一种自动器械，当预期该地雷（水雷）不再用于当初安装时的军事目的时，可使地雷（水雷）变为无害或使其自动销毁，或一种遥控器械，当该地雷（水雷）不再用于当初安装时的军事目的时，可使地雷（水雷）变为无害或使其销毁。

（3）禁止使用

（a）禁止使用地雷（水雷）、饵雷和其他装置：禁止在一切情况下，无论是攻击、防卫或报复对平民居民或个别居民使用这些武器，禁止不分青红皂白地使用这些武器；

（b）禁止使用某些饵雷：禁止使用任何伪装成表面无害的轻便物体，但具有特殊设计和构造，能装入爆炸物并在受到扰动或趋近时引爆的饵雷。

（4）限制使用

（a）限制在居民地区使用除遥布地雷以外的地雷（水雷）、饵雷及其他装置：除非此类武器是装置于敌方或敌方控制的军事目标上或目标的紧邻区域内，或已采取使平民不受其影响的保护措施，否则禁止使用；

（b）限制使用遥布地雷（水雷）：除非这种地雷（水雷）只使用于自身为军事目标或包含军事目标的区域内，否则禁止使用。

10.《禁止或限制使用燃烧武器议定书》

1980年10月10日，联合国禁止或限制使用某些可被认为具有过分伤害力或滥杀滥伤作用的常规武器会议通过了《特定常规武器公约第三议定书》，即《禁止或限制使用燃烧武器议定书》。该议定书于1983年12月2日生效。该议定书对燃烧武器的使用做出了规定。

议定书主要内容：

（1）定义

本议定书所称的"燃烧武器"是指任何武器或弹药，其主要目的是使用一种通过化学反应在击中目标时引起火焰、热力或两者兼有的物质，以便使击中的目的物燃烧或引起人员的烧伤。

（2）禁止范围

（a）禁止以平民居民、个别居民或平民目的物作为燃烧武器攻击的目标；

（b）禁止以空投燃烧武器攻击位于平民集聚地区内的任何军

事目标；

（c）禁止以空投燃烧武器以外的燃烧武器攻击位于平民集聚地区内的任何军事目标，除非该军事目标与平民集聚点明显区分或隔离，并已采取一切可行的预防措施以便使燃烧的效果仅限于军事目标；

（d）禁止以森林或其他种类的植被作为燃烧武器的攻击目标，但当这种自然环境被用来掩蔽、隐藏或伪装战斗人员或其他军事目标，或它们本身即军事目标时，则不在禁止范围。

11. 《关于激光致盲武器议定书》

1995年10月13日，《特定常规武器公约》缔约国会议通过了《特定常规武器公约第四议定书》，即《关于激光致盲武器议定书》。该议定书于1998年7月30日生效。

议定书主要内容：

（1）禁止使用专门设计以对未用增视器材状态下的视觉器官，即对裸眼或戴有视力矫正装置的眼睛，造成永久失明为唯一战斗功能或战斗功能之一的激光武器。缔约方不得向任何国家或非国家实体转让此种武器。

（2）缔约方在使用激光系统时应采取一切可行的预防措施，避免对未用增视器材状态下的视觉器官造成永久失明。这种预防措施应包括对其武装部队的培训和其他切实措施。

（3）属军事上合法使用激光系统包括针对光学设备使用激光系统的意外或连带效应的致盲不在本议定书禁止之列。

（4）本议定书所称的"永久失明"是指无法挽回的和无法矫正的视觉丧失，此种视觉丧失为严重致残性且无恢复可能。严重致残相当于用双眼测定视敏度低于20/200斯内伦。

12. 《战争遗留爆炸物议定书》

2003年11月28日，《特定常规武器公约》缔约国会议通过了《特定常规武器公约第五议定书》，即《战争遗留爆炸物议定书》。该议定书于2006年11月12日生效。该议定书旨在通过缔结一项关于冲突后补救措施的法律文书，使战争遗留爆炸物的危害和影响减至最小。

议定书主要内容：

（1）定义

议定书所称的定义如下：

（a）"爆炸性弹药"是指含有炸药的常规弹药，但《特定常规武器公约》经1996年5月3日修正后的第二号议定书中界定的地雷、诱杀装置和其他装置除外；

（b）"未爆炸弹药"是指已装设起爆炸药、装设引信、进入待发状态或以其他方式准备或实际在武装冲突中使用的爆炸性弹药；

（c）"被弃置的爆炸性弹药"是指在武装冲突中没有被使用但被一武装冲突当事方留下来或弃置而且已不再受将之留下来或弃置的当事方控制的爆炸性弹药；

（d）"战争遗留爆炸物"是指未爆炸弹药和被弃置的爆炸性弹药。

（2）义务

（a）各缔约方和武装冲突当事方在敌对行动停止之后，对于在其控制之下的区域内负有标示、清除、排除或销毁战争遗留爆炸物的责任；

（b）各缔约方和武装冲突当事方应最大限度地记录和保存关于战争遗留爆炸物的资料，以便迅速标示、清除、排除或销毁战争遗留爆炸物；

（c）各缔约方和武装冲突当事方应在其控制下的受战争遗留爆炸物影响的区域内采取一切可行的预防措施，使平民群体、个别平民和民用物体不受战争遗留爆炸物的危害和影响；

（d）各缔约方和武装冲突当事方应保护在其所控制的区域内开展活动的人道主义特派团或组织以免其受战争遗留爆炸物的影响。

13.《禁止或限制使用地雷、诱杀装置和其他装置的修正议定书》

1996年5月1日，《特定常规武器公约》缔约国会议通过了《禁止或限制使用地雷、诱杀装置和其他装置的修正议定书》，该议定书于1998年12月3日生效。该议定书是1980年10月10日通过的《禁止或限制使用地雷（水雷）、饵雷和其他装置的议定书》（《特定常规武器公约第二议定书》）的加强版，对此类武器的使用强化了限制和禁止。

议定书主要内容：

（1）对使用地雷、诱杀装置和其他装置的总的限制

（a）每一缔约方或冲突当事方对其布设的所有地雷、诱杀装置和其他装置负有清除、排除、销毁或维持之责任；

（b）禁止使用设计成或性质为造成过度杀伤或不必要痛苦的任何地雷、诱杀装置或其他装置；

（c）禁止使用装有以现有普通探雷器正常用于探雷作业时因其磁力或其他非接触影响引爆弹药而专门设计的机制或装置的地雷、诱杀装置或其他装置；

（d）禁止使用装有一种按其设计在地雷不再能起作用后仍能起作用的防排雷装置的自失能地雷；

（e）禁止针对平民群体或个别平民或平民物体使用适用地雷、诱杀装置和其他装置；

（f）禁止滥用地雷、诱杀装置和其他装置。

（2）对使用杀伤人员地雷的限制

（a）禁止使用不符合可探测性技术要求的杀伤人员的地雷；①

（b）禁止使用不符合技术附件中的自毁和自失能规定的武器；

（c）禁止使用诱杀装置和其他装置。

（3）禁止转让

（a）承诺不转让任何其使用受本议定书禁止的地雷；

（b）承诺不向除国家或经授权可接受此种转让的国家机构以外的任何接受者转让任何地雷；

（c）承诺在转让任何其使用受本议定书限制的地雷方面实行克制，特别是每一缔约方承诺不向不受本议定书约束的国家转让任何杀伤人员地雷，除非接受国同意适用本议定书；

（d）承诺确保根据本条进行的任何转让由转让国和接受国双

---

① 可探测性技术要求见本修正议定书附件第2款。

方完全按照本议定书的有关规定和适用的国际人道主义法准则行事。

### 三 军备控制有关宣言

除上面的具有约束力的国际法律文书外，联合国还通过了关于军备控制的宣言等，这些宣言对国际军备控制具有重要的政治道义约束力。联合国通过的关于军备控制的宣言有：

《禁止使用核及热核武器宣言》
《把裁军节省下来的资金转用于和平需要的宣言》
《国际合作裁军宣言》
《宣布1980年代为第二个裁军十年宣言》
《关于防止核浩劫的宣言》
《关于各国在冻结和裁减军事预算领域内进一步行动所应遵循的各项原则》
《宣布1990年代为第三个裁军十年宣言》
《世界建立一个无核武器世界宣言》

1.《禁止使用核及热核武器宣言》

1961年11月24日联合国大会第1653号决议通过。

主要目的：确认使用核及热核武器违反国际法，是犯罪行为。

主要内容：

（1）宣告

（a）核及热核武器之使用实属违背联合国之精神、文字与宗旨，因而直接破坏联合国宪章之规定；

（b）核及热核武器之使用甚至超越战争范围，其结果将使人类及其文化普遍横遭荼毒与毁灭，因是有违国际法规与人道法则；

（c）核及热核武器之使用并非专为对付敌人之战争，而且为反全人类之战争，盖世界人民不卷入战争漩涡者，亦不免遭受由于使用此种武器而产生之一切祸害；

（d）任何国家使用核及热核武器，一概作为破坏《联合国宪章》，违反人道法则，以及犯摧残人类及文化之罪行。

（2）请秘书长与各会员国政府磋商，推动召开特别会议签订一项禁止使用核及热核武器之公约。

2. 《把裁军节省下来的资金转用于和平需要的宣言》

1962年12月18日联合国大会第1837号决议通过。

主要目的：敦促各国停止军备竞赛以节省经费用于经济社会发展。

主要内容：

（1）敦促各国政府加倍努力及早实现有效国际管制下之普遍彻底裁军。

（2）坚信理性与正义之原则将战争永远摒除于人类社会生活之外，以各国共同改善生活之有效合作替代耗损庞大资源的军备竞赛。

（3）联合国在组织对欠发达国家之国际援助和研究裁军之经济社会影响中承担重要角色。

（4）促请各会员国，尤其与目前军事计划有深切关系或深受其影响之各国，深入研究裁军之经济社会影响，以便于对裁军时及实现彻底裁军之各阶段中在经济与社会方面做必要之调整。

（5）请秘书长与发展中国家政府共同努力，制订并施行国家及地区之周密方案及通盘发展计划，以便于在有效国际管制下普遍彻底裁军协定达成后有节余的资源时，加速经济发展。

3. 《国际合作裁军宣言》

1979年12月11日联合国大会第34/88号决议通过。

主要目的：敦请各国进行有效和建设性合作以尽快达成裁军协议、实现裁军目标。

主要内容：

（1）实现裁军目标的措施

（a）采取旨在消除核战争威胁以及停止和扭转军备竞赛的有效新措施，为实现有效国际监督下全面彻底裁军的最终目标铺平道路；

（b）依据《联合国宪章》维持国际安全与国家安全的利益，积极参加裁军领域所采取的各项措施；

（c）就所有优先裁军项目进行诚意谈判，包括建立信任措施，以期早日实现裁军领域决定性的突破；

（d）确保有关停止军备竞赛和达成裁军的谈判获得持续迅速的进展，特别是不要让各项同裁军无关的问题妨碍这些谈判；

（e）在裁军谈判过程中，确保裁军谈判走在武器质量发展和储存的前面，尽力防止新型武器及系统、特别是大规模毁灭性武器的出现；

（f）确保裁军多边、区域和双边谈判遵循第十届特别会议《最后文件》各项条款；

（g）努力达成具体的裁军措施并予以实施，可节省大量资金用于经济社会需要，且可缩小发达国家与发展中国家之间的经济差距。

（2）改善裁军谈判所需国际环境的措施

（a）采取加强国际和平与安全并建立各国间信任的措施和政策，以减少爆发军事冲突的危险，增强国际和平与安全的有利气氛；

（b）采取有效措施促使《联合国宪章》所规定的安全体系发挥作用，其方法是消除紧张局势，并以和平手段解决争端，特别不应寻求军事上的优势，不采取对全面裁军努力造成不利影响的任何其他步骤，并相应地不为侵略目的使用军事潜力，如对任何国家的主权、领土完整或政治独立，或对正在争取行使自决权利和实现独立的那些受殖民或受外国统治的人民进行武力威胁或使用武力，或干涉其他国家的内政；

（c）坚定放弃一切以军事威胁和以实力政策为基础的理念，这种理念将使军备竞赛更加严重或永无休止；

（d）根据《联合国宪章》的原则，采取包括立法等一切措施，防止并禁止煽动战争和军备竞赛的宣传。

（3）裁军谈判的原则

（a）在一切裁军谈判中，遵循和平共存的原则和其他获得普遍承认的国际法原则；

（b）确保裁军问题均将本着联合国大会第十届特别会议《最后文件》的精神予以解决，不使任何一个国家或任何一个国家集团在任何阶段获得优于任何其他国家的优势，并使参加谈判的国家安全和整个国际社会的安全都将得到加强，同时各国安全不受减损的原则不受损害；

（c）以充分负责的态度和合作的精神来研究一切旨在达成彼此可以接受的具体裁军措施和协助加快裁军谈判进度的提案和倡议。

（4）本《宣言》之解释

（a）本《宣言》的各项条款在其解释和执行上是彼此相关的，每一条款都是各国为充分尊重和适用联合国大会第十届特别会议的《最后文件》所有各项原则而制订；

（b）本《宣言》任何条款不得被解释为抵触《联合国宪章》的宗旨和原则，或取代第十届特别会议《最后文件》，其任何条款也不得妨碍每一个国家根据宪章直接行使单独或集体自卫的权利，或妨碍殖民地人民采取一切可能手段进行斗争以争取其国家自由和独立的权利。

4.《宣布1980年代为第二个裁军十年宣言》

1980年12月3日联合国大会第35/46号决议通过。

主要目的：确定联合国第二个裁军十年的目标和原则以及进行的活动，以促进裁军进程。

主要内容：

（1）裁军目标

（a）停止和扭转军备竞赛，特别是停止和扭转核军备竞赛；

（b）缔结和执行有效的裁军协定，特别是核裁军协定；

（c）按照联合国大会裁军特别会议《最后文件》的各项条款，在公平基础上将1970年代裁军领域的有限成果加以扩展；

（d）将实施裁军措施节省下来的大部分资金用来促进达成联合国第三个发展十年的目标，特别是促进发展中国家的经济发展，以加速建立新的国际经济秩序。

（2）裁军原则

（a）遵照《联合国宪章》加强国际和平与安全；

（b）第二个裁军十年期间的裁军进程和各项活动应按照《最

后文件》所确定的基本原则并以公平对等的方式进行，通过采取适当措施确保每一国家获得安全的权利，并须考虑到核裁军和常规裁军的重要性；

（c）拥有最大武器库的国家负有特殊责任；

（d）各国的安全不因军备和武装力量降到尽可能低的水平而受到减损。

（3）裁军活动

a. 一般活动

1980年代的十年应由所有国家政府和联合国做出共同努力，就基于在有效国际监督下全面彻底裁军的目的采取有效措施达成协议并加以执行。应特别注意第十届特别会议所通过的《行动纲领》，应在第二个裁军十年期间通过多边谈判加以完成。关于核查的适当方法和程序，应在国际裁军谈判的范畴内加以审议。

b. 综合裁军方案

裁军谈判委员会应加速拟订综合裁军方案，至迟在1982年召开的第二届专门讨论裁军问题的联合国大会特别会议期间予以通过。

c. 联合国优先项目

裁军谈判委员会应全力就下列各项问题进行谈判，并在第二届专门讨论裁军问题的特别会议之前向大会提出商定的案文：

（a）全面禁止核试验条约；

（b）禁止发展、生产和储存一切化学武器并销毁此种武器的条约；

（c）禁止发展、生产和使用放射性武器条约；

（d）保证不对无核武器国家使用或威胁使用核武器的有效国际安排。

d. 区域优先项目

（a）批准《限制进攻性战略武器条约》（《第二阶段限制战略武器条约》），并开始就第三阶段限制战略武器条约进行谈判；

（b）批准《拉丁美洲禁止核武器条约（特拉特洛尔科条约）第一号附加议定书》；

（c）签署并批准联合国禁止或限制使用某些可被认为具有过分伤害力或滥杀滥伤作用的常规武器会议已谈判达成的协定；

（d）达成一项关于中欧相互裁减军队和军备以及相关措施的协议；

（e）欧洲安全和合作会议成员国应就有效建立欧洲信任措施和裁军措施进行谈判；

（f）通过裁减和限制军备及军队的协定，使欧洲能在大致均等和均势的基础上，以较低水平的军事潜力达成更为稳定的局势。

e. 优先措施

（a）停止核武器系统的质量改良和发展；

（b）停止生产一切类型的核武器及其运载工具，并停止生产武器用裂变材料；

（c）在可行情况下采取分阶段进行的综合方案，逐步均衡裁减核武器及其运载工具；

（d）防止新型大规模毁灭性武器及其系统的产生；

（e）有关双方进一步就限制战略武器进行谈判，以商定战略武器的大量裁减和质量限制；

（f）就防止核武器的扩散达成一项国际协商一致的意见；

（g）加强现有的无核武器区和建立新的无核武器区；

（h）通过国际协定以实现确保避免使用核武器、防止核战争的目标；

（i）禁止在军事上或任何其他敌对行动上使用改变环境的技术；

（j）采取限制和裁减常规武器和武装部队的多边、区域和双边措施；

（k）削减军事支出；

（l）采取建立信任的措施以加强各国的安全。

5.《关于防止核浩劫的宣言》

1981年12月9日联合国大会第36/100号决议通过。

主要目的：宣布使用核武器和进行核战争均属非法，以遏制和避免核战争。

主要内容：

现以联合国会员国的名义庄严宣告：

（1）首先使用核武器的国家和政治家将对人类犯下滔天罪行。

（2）决定首先使用核武器的政治家，根本没有辩解理由，更不容饶恕。

（3）任何容许首先使用核武器的理论以及任何把世界推向浩劫的行为，都是与人类的道德标准和联合国的崇高理想毫不相容的。

（4）拥有核武器国家的领导人的至高职责和直接义务，乃是采取行动力求消除爆发核冲突的危险。核军备竞赛必须通过平等基础上进行诚意谈判的共同努力加以停止和扭转，以达到全面消除核武器的最终目标。

（5）核能应只用于和平目的，并只以造福人类为限。

6.《关于各国在冻结和裁减军事预算领域内进一步行动所应遵循的各项原则》

1989年12月15日联合国大会第44/114号决议通过。

主要目的：敦促所有国家缔结冻结和裁减军事预算的国际协定，以停止军备竞赛并将节省下来的经费用于经济社会发展。

主要内容：

（1）所有国家特别是拥有最庞大武器库的国家，应通过谈判力求缔结冻结和裁减军事预算的国际协定。这些协定应有助于真正裁减各缔约国军备和军队，以期在尽可能低的军队和军备水平上加强国际和平与安全。冻结和裁减军事开支的协定具有特别重要的意义，并应在最短的期间内达成，以遏制军备竞赛、缓和国际紧张局势，并增加将现在用于军事用途的资源转用于经济和社会发展，特别是用于造福发展中国家的可能性。

（2）裁减军事开支，应根据百分率或绝对数字逐步和均衡地予以执行，以确保没有一个国家或国家集团在任何阶段占有优势，也不影响所有国家的安全不受减损和主权权利及采取必要自卫措施的权利。

（3）冻结和裁减军事预算是所有国家的责任，应按照最大责任原则分阶段执行,这个过程应从拥有最大军火库和最大军费开支的核武器国家开始,其他核武器国家和军事大国随即跟进,就均衡裁减其各自的军事开支达成协议。

(4)应把裁减军事支出节省下来的人力和物力资源用于世界经济和社会的发展,特别是为了造福发展中国家。

(5)关于冻结和裁减军事支出的各项协定应包括核查措施,以确保所有缔约国均严格执行和履行各该条款。

7.《宣布1990年代为第三个裁军十年宣言》

1990年12月4日联合国大会第45/62号决议通过。

主要目的:确认未来10年在核、生、化武器和常规武器领域的裁军目标,以推动裁军进程。

主要内容是确认1990年代裁军的目标:

(1)在核领域,继续谋求早日裁减和最终消除核武器,并为全面禁止核试验而进行工作。为了实现不扩散目标,应进一步加强不扩散制度以防止核武器扩散,并应根据国际保障制度无歧视地促进和平利用核能的合作。

(2)在生、化武器领域,应努力早日缔结关于禁止发展、生产、储存和使用一切化学武器和关于销毁化学武器的公约。呼吁必须严格遵守1925年6月17日在日内瓦签订的《禁止在战争中使用窒息性、毒性或其他气体和细菌作战方法的协定书》。

(3)在常规武器领域,努力寻求裁减世界各地区的武器和军队,尤其是军备密度最高的地区。呼吁圆满结束关于欧洲常规力量的谈判。

(4)在军备透明领域,增强一切有关军事事项的公开性和透明性,扩展核查的范围和技术发展,促进科学和技术用于和平目的并审议其对安全的非军事威胁。

为实现上述目标,国际社会确认拥有最大军事武库的国家负有特别责任。

8.《世界建立一个无核武器世界宣言》

2015年12月7日联合国大会第70/57号决议通过。

主要目的:宣誓共同致力于实现建立一个无核武器世界的目标

和决心。

主要内容：

（1）宣布共同致力于实现建立一个无核武器世界的目标；呼吁所有国家共同推进全面、可持续的国际安全与稳定，从而为建立一个无核武器的世界做出贡献；强调各国必须确保国家政策和做法与建立一个无核武器世界的目标相一致。

（2）严重关切核武器的存在对人类构成的危险和核武器的任何使用造成灾难性人道主义后果；彻底消除核武器是防止使用或威胁使用核武器的唯一绝对保障。

（3）重申核武器的任何使用都违背《联合国宪章》精神，违反国际法特别是国际人道主义法；促请所有国家在任何时候都必须遵守国际法，包括国际人道主义法。

（4）对人力和经济资源被继续用于发展、维护核武器及核武器的现代化再次表示关切，强调必须将这些资源用于加强和平与安全及可持续发展。

（5）重申联合国在裁军、不扩散和军备控制进程中的核心作用；多边主义是裁军和不扩散领域谈判的核心原则；核裁军和核不扩散是相辅相成的进程。

（6）促请所有核武器拥有国消除所有类型的核武器，同时降低核武器在安全政策中的作用，避免任何妨碍建立一个无核武器世界的活动。

（7）呼吁谈判拟订和通过一项关于彻底消除核武器的全球性、非歧视性、多边、具有法律约束力的文书；建立一个无核武器的世界将通过一个附有时间表、分阶段的进程实现。

（8）有关核武器的裁军措施应满足多边严格核查、不可逆和透明的标准，将通过对实现彻底消除所有核武器的具有法律约束力的承诺加以实施。

## 第二节　军备裁减的国际规则

从历史实践看，迄今为止的国际军备裁减活动主要是拥有庞大核武库的美苏（俄）谈判达成并实施一系列裁减战略武器条约。除此之外，军备裁减还包括对生、化武器和常规力量的裁减、禁止和销毁。① 因此，我们按照对核武器和生、化武器以及常规力量这三个方面的国际军备裁减规则进行分类归纳。

**一 核武器的军备裁减规则**

自"二战"以后，世界就进入了以美苏对抗为主的冷战时代，双方进行了疯狂的军备竞赛特别是核军备竞赛，两国各自的核武库一度达到 3 万枚之多，均可毁灭地球几十次。在高强度对抗中，世界一直处于核战争的巨大阴影下，美苏两国也处在相互恐怖的核威胁中。核裁军成为世界人民的强烈诉求，也是美苏各自的安全需求，还是美苏解决不堪重负的经济负担的需要。因此，在冷战中和冷战后，美苏（俄）达成并实施了一系列裁减战略武器条约，这成为冷战时国际裁军主要的和最重要的内容。

美苏（俄）达成的裁减战略武器的条约有：
《美苏消除两国中程和中短程导弹条约》（《中导条约》）
《美苏第一阶段削减战略武器条约》（START Ⅰ）
《美俄第二阶段削减战略武器条约》（START Ⅱ）
《新削减战略武器条约》（New START）

此外，在多边领域，2017 年联合国大会通过了《禁止核武器条约》，但这是一个不具有法律约束力的条约。

1.《中导条约》

1987 年 12 月 8 日，美、苏两国首脑在华盛顿签订了《美苏消除两国中程和中短程导弹条约》即《中导条约》。条约规定，美国和苏联在条约生效 3 年内全部销毁和彻底禁止射程 500 公里至 5500 公里的陆基弹道导弹和巡航导弹及其发射装置和辅助设施。2019 年 8 月 2 日，美国总统特朗普以俄罗斯多次违反条约为由，

---

① 由于生物武器与化学武器具有同质性，国际上一般将这两种武器归为一类武器并称。裁减常规军力包括对武器装备和军队两个方面的限制、裁减，因此，我们使用"常规力量"而非"常规武器"来描述在常规军力方面的裁军问题。

宣布正式退出《中导条约》。俄罗斯迅速做出反应，宣布终止履行《中导条约》义务。至此，《中导条约》正式失效。

（1）条约达成背景①

为争夺战略优势和世界霸权，美苏两国都发展拥有了庞大核武库，保持相互间的"恐怖"战略威慑。到20世纪70年代，美国在欧洲部署了可在十几分钟内精确打击苏联的"潘兴"导弹，而苏联也在1977年开始部署SS-20重型核导弹。由于这些中程、中短程导弹不易预警、容易使用，所以双方相互核威胁加大，发生核战争的风险大幅升高。美苏都意识到了部署这些中导武器带来的巨大核战争风险，于是开始谈判限制中导武器问题，但由于双方在削减武器的型号、数量、范围和步骤等问题上存在严重分歧，故而谈判一直处于胶着状态而未取得任何突破。直到20世纪80年代中期，苏联总统戈尔巴乔夫提出了"新思维"理念，加之苏联经济出现困难，苏联放弃了将英、法中导武器计算在内，将中导武器与太空武器挂钩，拒绝美方提出全球"零点方案"等原有立场。美国和苏联终于就销毁中导武器问题达成一致，于1987年12月8日缔结了《中导条约》。

（2）条约主要内容

（a）双方在条约生效后的3年内，必须全部销毁所拥有的中程导弹及其发射装置和辅助设施，在条约生效18个月内全部销毁中短程导弹及其发射装置和辅助设施；②

（b）条约生效后任何一方均不得再生产和试验中程导弹和中短程导弹；

（c）每方都拥有对对方进行现场视察的权利，以监督核查对方执行条约、遵守条约的情况。现场视察包括基线视察（baseline

---

① 邹治波：《美国退出〈中导条约〉的当代含意与影响》，《国际经济评论》2020年第1期。

② 一般而言，中程导弹是指射程在1000—5000公里的导弹，中短程导弹是指射程在500—1000公里的导弹。在《中导条约》中，中程导弹专指射程在1000—5500公里的陆基发射的弹道导弹和巡航导弹，中短程导弹专指射程500—1000公里的陆基发射的弹道导弹和巡航导弹。

inspections)、收尾视察（closeout inspections）、短期通知视察（short-notice inspections）、销毁视察（elimination inspections）。在条约生效后 13 年内均可进行核查。

根据条约规定，美苏双方共要销毁 2695 枚已部署和未部署的中程导弹和中短程导弹。其中美国为 859 枚导弹，可携带 859 枚核弹头，苏联为 1836 枚导弹，可携带 3136 枚核弹头。条约生效后头 3 年每年进行 20 次核查，其后 5 年每年进行 15 次核查，在最后 5 年每年进行 10 次核查。

（3）条约达成意义[①]

从《中导条约》实施的结果看，美苏（俄）各自销毁的导弹数量并不对等，苏联（俄）销毁的导弹是美国的两倍多，似乎美国获益更多。但从裁军的目的看，苏联（俄）并没有吃亏，反而在安全上的获益比美国大。按照条约规定，美国销毁的是部署在欧洲的"潘兴"弹道导弹和陆基"战斧"巡航导弹，这些导弹能在较短时间内打击苏联（俄）境内的战略目标，对苏联（俄）的国家安全构成极大威胁。而苏联（俄）销毁的是 SS-20、SS-23 等中程、中短程弹道导弹，这些导弹仅能威胁欧洲目标而无法威胁美国本土，对美国的国家安全没有战略威胁。因此，《中导条约》在很大程度上消除了美国在欧洲对苏联（俄）的核威胁，也消除了苏联（俄）对美国在欧洲军事基地的核威胁。从国家安全角度看，苏联（俄）比美国获益大。当然，总体而言，《中导条约》全面增进了美苏（俄）各自的安全利益。

《中导条约》是在冷战时期美苏达成的第一个真正意义上的裁军条约，此前两国达成的双边裁军条约仍属于军备控制范畴。而且，这是一个销毁一整类导弹武器的条约，对防止美苏（俄）误判、降低战争风险，以及维护处在高强度对抗中的世界和平与安全，具有重大意义。不仅如此，《中导条约》的达成还为美苏（俄）谈判、缔结削减战略武器条约提供了经验和先例，从此开辟

---

[①] 邹治波：《美国退出〈中导条约〉的当代含意与影响》，《国际经济评论》2020 年第 1 期。

了美苏（俄）核裁军之路。受《中导条约》成功达成的影响，1991年美苏达成了《第一阶段削减战略武器条约》（START Ⅰ），1993年美俄达成了《第二阶段削减战略武器条约》（START Ⅱ），2010年两国又达成了《新削减战略武器条约》（New START）。这一系列裁军条约的达成和实施，使美苏（俄）庞大的核武库削减了一个数量级，大大降低了两国的核对抗水平和对世界的核威胁程度，增进了世界的和平与安全。可以说《中导条约》是美苏（俄）核裁军的先锋和基石。

(4) 美国退约影响[①]

美国退出被誉为核裁军基石的《中导条约》，将对世界安全局势、大国关系、国际秩序和地缘政治等产生重大负面影响。

美国退约的影响主要有：第一，大国进行军备竞赛，战略博弈升级。美国将中国和俄罗斯视为主要战略对手，采用各种手段与中俄进行战略对抗，退出《中导条约》进而研发、部署中导武器就是其重要举措。若美国部署此类导弹，受到威胁的中国和俄罗斯必将做出回应，大国间的军备竞赛和战略对抗将不可避免地升级。第二，大国战略安全失衡，危及世界和平。在《中导条约》制约下，美国对中俄进行战略威慑主要依赖"三位一体"的战略武器。退出《中导条约》后，美国将在靠近中俄的盟国部署中导武器，从而对中俄增加新的核威慑。大国原有的战略平衡状态必然被打破，安全失衡状态将危及世界和平。第三，核战争风险上升，人类生存危机加重。由于500公里射程以下的核导弹射程太近，在战争中本国也会受到波及而一般不会使用，而5500公里射程以上的导弹射程远，对方有足够的预警反应时间进行反击，因此也不会轻易使用而主要用于战略威慑。正是介于这两者之间的中短程和中程导弹实战性最强，触发战争的风险最大。美国退约后将发展部署这种导弹武器，那么，一旦大国发生冲突和战争，中导武器必会用于首轮攻击，而在不易预警、战场情况复

---

① 邹治波：《美国退出〈中导条约〉的当代含意与影响》，《国际经济评论》2020年第1期。

杂、高强度对抗环境下，核武器使用的可能性必然会显著上升。第四，国际秩序失序状态继续发展，国际核裁军进程严重受阻。《中导条约》虽是双边军控条约，但却是维系现有国际安全秩序的重要基石。美国退出《中导条约》不仅对美俄双边核裁军谈判是一个打击，而且对多边军控进程也会产生负面影响。今后外控、网络等军控议题谈判将更加步履维艰，《不扩散核武器条约》审议大会将面临复杂局面。美国已连续退出一系列经济、政治、安全、文化等多边协议，表明美国正在抛弃现有国际秩序，国际秩序正经受自"二战"以来最大的失序危机。第五，破坏中俄地缘政治环境，羁绊中俄发展。美国退出《中导条约》后，在亚洲和欧洲盟国部署中导武器必将成为美国今后的军事战略目标。如果这些国家顶不住美国的压力而部署中导武器，中国和俄罗斯必将采取政治外交、军事安全等方面的反制措施。中国和俄罗斯与这些国家将陷入新的对抗，亚欧地缘政治环境将遭受严重破坏。

2.《美苏第一阶段削减战略武器条约》

1991年7月31日，美国总统老布什与苏联总统戈尔巴乔夫在莫斯科签署了《美苏第一阶段削减战略武器条约》（START I）。条约规定，美俄将各自的核武库的核弹头削减至6000枚，将战略武器运载工具削减至1600件。条约有效期为15年，但苏联解体后，条约生效随之延迟。1992年5月23日，美国与独立后的俄罗斯、白俄罗斯、哈萨克斯坦和乌克兰四个核武器继承国在里斯本签署了附加条约的"里斯本议定书"。议定书规定后三个国家将其核武器移交给俄罗斯，同时要求它们加入《不扩散核武器条约》（NPT），从而成为无核国家。1994年12月5日，这五个缔约国在布达佩斯交换批准书协议后，该条约正式生效。这样，按照条约规定，该条约于2009年12月5日到期，到期后若各方同意可顺延5年。2001年12月5日，美俄完成了START I规定的将各自部署的核弹头削减到6000枚的目标，乌、白、哈三国也完成了移除和销毁部署在其领土上的核武库的目标。

条约主要内容

（1）裁减数量

条约规定每方部署的战略运载工具（洲际导弹、潜射弹道导弹、战略轰炸机）总数不得不超过 1600 件，其中重型弹道导弹不得超过 154 枚；每方部署的战略核弹头总数不得超过 6000 枚，其中洲际和潜射弹道导弹弹头不得超过 4900 枚，重型洲际弹道导弹弹头不超过 1540 枚，机动洲际弹道导弹弹头不超过 1100 枚。

（2）武器换算

重型轰炸机无论携带多少枚核巡航导弹或短程攻击核导弹，均按 1 枚战略核弹头计算。

对于携带射程超过 600 公里的核巡航导弹的重型轰炸机，美国的重型轰炸机不得超过 150 架，每架重型轰炸机携带的核巡航导弹不得超过 20 枚，但每架只按 10 枚战略核弹头计算；相应地，苏联的重型轰炸机不得超过 180 架，每架可携带的此类核巡航导弹不得超过 16 枚，但每架只按 8 枚战略核弹头计算。

（3）禁止范围

（a）武器种类

禁止发展新式重型洲际弹道导弹和重型潜射弹道导弹；禁止发展能携带 10 个以上分导式多弹头的洲际和潜射弹道导弹；禁止发展能携带分导式多弹头的远程空射核巡航导弹；海射远程核巡航导弹不受本条约约束，但部署总数不得超过 880 枚，且不得携带分导式多弹头。

（b）部署及转让

禁止在本国领土以外建立永久性的进攻性战略武器基地。

禁止将进攻性战略武器转让给第三国，除已经有的合作协议以外。

（4）核查机制

条约包括一套严格的核查制度，包括现场核查、交换数据、监控监督和磋商机制，具体有 12 种形式的现场检查，定期交换条约限制项目的基准数据和通报有关信息，应用国家技术手段连续监控对方活动，使用这些核查技术和手段以核实对方是否遵守条约义务。双方还建立了核查组织——联合监察委员会（JCLC），以监督条约执行情况，解决双方因核查可能出现的争端。

在执行条约中，美俄双方首先于1995年进行了"基线视察"（现场核查中的一种），即首先对对方按照条约规定申报的武器种类和数量进行现场确认。从1995年3月到6月，美方对俄方（包括乌、白、哈）72个地点进行了现场视察，俄方对美方35个地点进行了现场视察。条约允许双方应用包括卫星技术手段在内的国家技术手段，对对方整个执行条约情况进行监督核查，为此，核查条款中规定双方应展示被核查项目的技术特性和可辨认特征。[①]

3.《美俄第二阶段削减战略武器条约》

1993年1月3日，美国总统老布什与俄罗斯总统叶利钦在莫斯科正式签署了《美俄关于进一步削减和限制进攻性战略武器条约》，即《美俄第二阶段削减战略武器条约》（START Ⅱ）。条约规定，在2003年1月1日以前，美俄各自将部署的进攻性战略武器上的核弹头数量削减到3000—3500枚，条约还规定双方销毁全部陆基多弹头洲际弹道导弹，并将潜射弹道导弹的核弹头减至1700—1750枚。该条约分两个阶段实施。但此后，美国乘俄罗斯衰弱之机大力推进北约东扩，使两国关系急剧恶化，美俄迟迟未批准该条约。直到1996年1月，美国参议院才批准该条约。俄罗斯杜马也于2000年4月批准了该条约，但将履约与美国遵守《反导条约》挂钩。美俄双方未能互换批准书，致使条约一直未能生效。2002年6月，随着美国正式退出《反导条约》，俄随即宣布不再接受《美俄第二阶段削减战略武器条约》的约束，至此该条约完全被废止。

---

① 国家技术手段（National Technical Means，NTM）一般是指用于军控核查目的的国家拥有的技术手段。这种技术手段需要符合三个条件：各国自己拥有的技术手段，能够对缔约他方违约活动进行监督核查，符合国际法。因此，当前符合这三个条件的技术手段主要是卫星技术手段，因为只有卫星才能够合法地飞越他国上空，应用照相、电子和雷达等监控技术手段合法地对他国领土进行全面监测、监控，而地震、次声、水声等技术手段只能对特定目标特性进行监控，是一种辅助手段。按照上述条件，谍报等人力情报则不是国家技术手段，不具有军控核查的合法性。

条约主要内容:

(1) 战略核弹头限额

该条约分两个阶段实施:第一阶段,在条约生效后7年内各方将部署的洲际弹道导弹、潜射弹道导弹和重型轰炸机所载的核弹头削减到3800—4250枚。其中,部署的陆基多弹头洲际导弹弹头不得超过1200枚,部署的重型洲际导弹弹头不得超过650枚,部署的潜射导弹弹头不得超过2160枚;第二阶段,到2003年1月1日,各方将最终部署的战略核弹头削减到3000—3500枚。[①]

(2) 战略弹道导弹限制

各方消除所有陆基多弹头洲际导弹,其中重型洲际导弹或销毁,或用作运载器提供发射以消除;销毁或改装所有多弹头洲际导弹的发射装置,消除或改装所有重型洲际导弹的发射井;重型洲际导弹不得转让。

各方将潜射弹道导弹弹头削减到1700—1750枚。

双方不得生产、试验和部署超过本条约规定的载弹数的洲际弹道导弹和潜射弹道导弹。

(3) 重型轰炸机限制

部署的机载核武器数目按实际载弹数计算,各方不超过750—1250枚;允许各方将100架未装备远程核巡航导弹的重型轰炸机改为执行非核任务,不计入限额总数。

(4) 核查

本条约的核查基本沿用《美苏第一阶段削减战略武器条约》的核查机制。

4.《新削减战略武器条约》

2010年4月8日,美国总统奥巴马和俄国总统梅德韦杰夫在捷克首都布拉格签署了《新削减战略武器条约》(New START),这一条约又称《第三阶段削减战略武器条约》。根据条约规定,美俄在7年内将洲际弹道导弹的数量削减至700枚,核弹头数量削减至1550枚,并将用于发射核弹头的已部署和未部署发射工具数量

---

① 1997年9月26日双方签署议定书,将该日期延迟到2007年12月31日。

削减至 800 个。《新削减战略武器条约》于 2011 年 2 月 5 日生效，有效期为 10 年，即到 2021 年 2 月 5 日止。

（1）条约达成背景

《美俄第一阶段削减战略武器条约》于 2009 年 12 月 5 日到期，本来美俄应继续执行达成的《美俄第二阶段削减战略武器条约》，但由于该条约一直没有生效，对两国也一直没有法律约束力。这样到 2009 年年底，在《美俄第一阶段削减战略武器条约》到期后，美俄就没有了核裁军条约限制，而无论是从两国战略需求，还是政治外交需要，两国都需要达成新的削减战略武器条约。从 2007 年开始，美俄举行了一系列双边谈判，以求达成新的裁军条约，但由于北约持续东扩、美国在东欧推进导弹防御计划，以及俄罗斯与格鲁吉亚爆发军事冲突，致使美俄关系降至冷战结束后的最低点，美俄核裁军谈判也陷入困境。

2008 年，高举"变革"旗帜的奥巴马当选美国总统后，对外奉行多边主义路线，表示将致力于推动建立一个无核武器世界，要降低核武器在国家安全战略中的地位。同时，奥巴马表示要"重启"与俄罗斯的关系。因此，美国"重启"并积极推动了与俄罗斯的核裁军谈判，终于在 2010 年 4 月在布拉格签署了《新削减战略武器条约》。巧合的是，布拉格也是奥巴马一年前向世界首次提出"无核世界"倡议的地方。

（2）条约主要内容

（a）裁减限额

各方部署的洲际弹道导弹、潜射弹道导弹和重型轰炸机总数不超过 700 个；

各方部署的洲际弹道导弹、潜射弹道导弹的弹头，和已部署重型轰炸机所携带的核弹头总数不超过 1550 个；

各方部署的和未部署的洲际弹道导弹发射器、潜射弹道导弹发射器和重型轰炸机总数不超过 800 个。

各方有权自行决定本国进攻性战略武器的成分和结构，可对进攻性战略武器进行现代化改造和更换。

(b) 裁减计数

700个发射器数量按照部署的每个洲际弹道导弹、潜射弹道导弹、重型轰炸机各作一个计算；

1550个核弹头按照部署的洲际弹道导弹、潜射弹道导弹配装的再入飞行器数量，部署的重型轰炸机上的核弹头数量计算。

800个发射器按照部署的和未部署的洲际弹道导弹发射器、潜射弹道导弹发射器、重型轰炸机都各以一个计算。

(c) 不受条约约束的战略武器

如果用于洲际弹道导弹或潜射弹道导弹的所有发射装置被销毁，或按照本条约议定书第三章进行了改装，那么，这种类型的洲际弹道导弹或潜射弹道导弹不再受本条约约束；

专为拦截和打击非地球表面目标而研制和试验的导弹不被视为适用于本条约规定的弹道导弹；

装备核武器的某一类型最后一架重型轰炸机被销毁，或改装成装备非核武器的重型轰炸机时，那么，这类重型轰炸机就不再受本条约约束。

(d) 对战略武器的其他限制

各方不得对洲际弹道导弹和潜射弹道导弹的发射装置进行重新装备并为其配备反导导弹；

各方不得对反导导弹的发射装置进行重新装备并为其配备洲际弹道导弹和潜射弹道导弹。本规定不适用于本条约签署前已重新装备并配备了反导导弹的洲际弹道导弹发射装置；

双方都不向第三方提供本条约规定范围内的进攻性战略武器。

(e) 核查机制

核查：各方都有权在洲际弹道导弹基地、潜艇基地和空军基地进行现场核查。这种核查的目的是证实所提供的以下全部数据是否准确：本条约规定范围内的已部署和未部署的进攻性战略武器的数量和型号；安装在已部署的洲际弹道导弹和已部署的潜射弹道导弹上的弹头数量；安装在已部署的重型轰炸机上的核武器数量；进攻性战略武器被重新装备或被销毁的事实。

监督：各方均可按照公认的国际法准则利用其所具有的国家技

术监督手段对对方履约情况进行监督；一方不得干扰另一方为此而采取的技术监督手段：禁止采取那些会阻挠利用技术监督手段对履约情况进行监督的伪装措施。

信息透明：各方建立与本条约义务相关的数据库（本条约议定书第二章列出了该数据库所涉数据的范畴），双方利用降低核危险中心来提供和获取通报数据库信息及其变化，并可以在自愿的基础上提供额外的通报；各方有权公开各自的进攻性战略武器的相关数据；任何一方可预先提供关于本方同进攻性战略武器部署或准备程度提高有关的活动的信息，以防另一方对其行为可能产生的误解；在协商并对等基础上交换洲际弹道导弹和潜射弹道导弹发射的遥测信息。

磋商：为了促进本条约的落实，双方应建立双边磋商委员会，就本条约落实过程中得到的数据和信息公开的问题及任何其他不清楚的问题进行磋商。

（3）续约失效影响

目前，虽然俄罗斯对继续维护《新削减战略武器条约》的有效性即续约问题态度积极，也表示了与美继续谈判新的削减战略武器条约的愿望，但美国对此比较消极，甚至提出让中国参加中美俄三边裁军谈判的非分要求。在美国奉行单边主义政策、连续退出一系列国际条约趋势下，美俄就2021年《新削减战略武器条约》续约的可能性不大。

一旦《新削减战略武器条约》不能如期续约，美俄将完全没有了任何约束战略军备竞赛的条约，世界将面临任何失去维护战略稳定法律基础的局面。因为，从全球战略稳定角度看，大国之间的进攻性战略力量与防御力量需受到制约并取得平衡，因此，对进攻性战略力量进行限制的《中导条约》和最新的《新削减战略武器条约》（这两个条约覆盖了两国所有类型的战略武器），就是限制美俄进攻性战略力量的条约，而《反导条约》则是限制美俄防御力量的条约。这两个方面的三个条约就为维护战略稳定带来了这样一种效果：一方面限制了大国的进攻性战略力量，避免了两国进攻性战略力量的军备竞赛，降低了其相互间和对世界的核威胁；另一方面又约束了防御力量，使双方在进攻性战略力量不断削减条件下，不因这种力量的削减而损害其相互间的战略威慑力，维持两国间整体战略平衡，这不仅是美俄继续进行裁军的前提，也是避免双方在防御力量进行军备竞赛的基础。[①] 因此，《反导条约》《中导条约》和《新削减战略武器条约》是维护全球战略稳定的三个支柱。现在，前两个条约已经失效，《新削减战略武器条约》续约前景比较悲观，而一旦其不能续约，则世界将失去制约大国军备竞赛和维护全球战略稳定的任何保障。

**二 生、化武器的军备裁减规则**

生物武器和化学武器的裁减规则主要有以下1个双边条约和2个多边条约：

《美苏削减和销毁化学武器协定》

《禁止细菌（生物）和毒素武器的发展、生产及储存以及销毁这类武器的公约》（《禁止生物武器公约》）

《关于禁止发展、生产、储存和使用化学武器及销毁此种武器的公约》（《禁止化学武器公约》）

1.《美苏削减和销毁化学武器协定》

1990年6月1日，美国和苏联签署了《美苏关于销毁和不生产化学武器及促进多边禁止化学武器公约的措施的协定》，即《美苏削减和销毁化学武器协定》。该协定规定，美苏停止化学武器的生产，将化学武器削减到同一个较低水平。同时，双方承诺促进多边裁军谈判，以达成一项全面的和全球性的禁止化学武器公约。协定无限期有效，但由于双方分歧，该协定从未生效。

协定规定美苏的义务主要有：

各方自《美苏削减和销毁化学武器协定》生效起即停止生产化学武器；

各方承诺将各自的化学武器总量削减到5000吨化学战剂的水平；

---

① 这也是美苏在1972年5月26日这一天同时达成《美苏关于限制进攻性战略武器的某些措施的临时协定》（SALT-Ⅰ）和《反导条约》的原因。

双方承诺将尽一切努力及早缔结正在进行的多边禁止化学武器公约，并把该公约置于双边协定之上；

双方在多边公约生效后 8 年内将各自的化学武器库存削减到 500 吨的水平。

2.《禁止生物武器公约》

1971 年 12 月 16 日，联合国大会通过决议，决定将由美国、英国、苏联等 12 个国家向第 26 届联大联合提交的《禁止生物武器公约》草案开放供各国签字、批准和加入。按照公约生效条件规定，本公约在包括经指定为本公约保存国政府在内的 22 个国家政府交存批准书后，于 1975 年 3 月 26 日生效。该公约无限期有效。

生物武器是利用细菌、病毒等致病微生物以及各种毒素和其他生物活性物质来杀伤人、畜和毁坏农作物，以达成战争目的的一类武器。由于生物武器传染性强、传播途径多、杀伤范围大、作用持续时间长且难防难治。因此，生物武器与化学武器和核武器被视为大规模杀伤性武器，一直受到国际社会的严控、严防。1925 年 6 月 17 日在日内瓦签订的《禁止在战争中使用窒息性、毒性或其他气体和细菌作战方法的议定书》，只是禁止生物武器的使用，并没有禁止研制、生产和拥有生物武器，而且其禁止的范围也没有完全涵盖一切生物武器。《禁止生物武器公约》则是对生物武器的完全禁止和彻底销毁，是世界上第一个完全废除一整类武器的国际裁军条约。

人类自进入 21 世纪以来，随着科技特别是生物技术的快速发展，以及地缘政治的巨变和宗教矛盾的上升，国际恐怖主义、大规模杀伤性武器扩散和传染病流行等对国际安全构成的威胁越来越严峻，在当前世界安全格局中，《禁止生物武器公约》的严格有效实施对维护国际安全具有十分重要意义。

公约主要内容：

（1）义务

（a）各缔约国承诺决不发展、生产、储存或以其他方法取得或保有凡是类型和数量不属于预防、保护或其他和平用途所正当需要的微生物剂或其他生物剂或毒素，以及为使用这类生物剂或毒素而设计的武器、设备或运载工具；

（b）各缔约国承诺尽快但至迟应于本公约生效后9个月内，将其所拥有的或在其管辖或控制下的一切物剂、毒素、武器、设备和运载工具销毁或转用于和平目的；

（c）各缔约国承诺不将任何物剂、毒素、武器、设备或运载工具直接或间接转让给任何接受者，并不以任何方式协助、鼓励或引导任何国家、国家集团或国际组织制造或以其他方法取得上述任何物剂、毒素、武器、设备或运载工具。

（2）履约争端解决

（a）各缔约国承诺，在解决有关本公约的目标所引起的或在本公约各项条款的应用中所产生的任何问题时，彼此协商和合作。这种协商和合作可在联合国范围内根据《联合国宪章》通过适当国际程序进行。

（b）任何缔约国如发现任何其他缔约国的行为违反本公约时，得向联合国安理会提出控诉。这种控诉应包括能证实控诉成立的一切可能证据和提请安理会予以审议的要求。

（c）各缔约国承诺，在安理会根据所收到的控诉而进行的任何调查中给予合作。安理会应将调查结果通知本公约各缔约国。

（d）各缔约国承诺，如果安理会断定由于违约而使本公约任何缔约国面临危险，即按照《联合国宪章》向请求援助的该缔约国提供援助或支持。

（3）和平利用

（a）各缔约国承诺促进、有权参与充分交换关于细菌（生物）剂和毒素用于和平目的的设备、材料和科技情报。鼓励为预防疾病或为其他和平目的而进一步发展和应用细菌学（生物学）；

（b）在实施本公约时，应设法避免妨碍各缔约国的经济或技术发展，或有关细菌（生物）的和平活动领域内的国际合作，包括用于和平目的的细菌（生物）剂和毒素以及加工、使用或生产细菌（生物）剂和毒素设备的国际交换。

3.《禁止化学武器公约》

1992年9月3日，经过长达20多年的艰苦谈判，"日内瓦裁军谈判会议"终于完成并通过了《禁止化学武器公约》草案。该公约草案于 1992 年 11 月 30 日由第 47 届联大一致通过，并于 1993 年 1 月 13 日在巴黎供开放签署。该公约于 1997 年 4 月 29 日生效，公约规定该公约无限期有效。①《禁止化学武器公约》是一个全面禁止和彻底销毁一整类大规模杀伤性武器的国际军控条约，对维护国际和平与安全具有重要意义。

《禁止化学武器公约》包括 24 个条款和 3 个附件，3 个附件是"保密附件""核查附件"和"化学品附件"。②

公约主要内容：

（1）义务

（a）禁止发展、生产、以其他方式获取、储存或保有化学武器，或者直接或间接向任何一方转让化学武器；

（b）禁止使用化学武器和为使用化学武器进行任何军事准备，以及把控暴剂用作战争手段；

（c）每一缔约国应销毁其所拥有或占有的或位于其管辖或控制下的化学武器、化学武器生产设施以及其遗留在另一缔约国领土上的所有化学武器；

（d）按照公约"核查附件"的规定并按照议定的销毁速度和先后次序销毁所有化学武器。应至迟于本公约对其生效后 2 年开始销毁，并应至迟于本公约生效后 10 年完成销毁。③ 在本公约生效

---

① 1997 年 4 月 7 日，中国批准了《禁止化学武器公约》，成为该公约的原始缔约国。

② "保密附件"规定了公约组织在进行核查活动中信息保密的原则、程序、措施等。"核查附件"详细规定了核查的规则、程序、活动、安排、设备等。"化学品附件"列明了三类化学品明细。

③ 按照"核查附件"要求，缔约国应按照下列销毁期限销毁化学武器：第 1 阶段应至迟于本公约生效后 3 年销毁至少 1% 的第 1 类化学武器，第 2 阶段应至迟于本公约生效后 5 年销毁至少 20% 的第 1 类化学武器，第 3 阶段应至迟于本公约生效后 7 年销毁至少 45% 的第 1 类化学武器，第 4 阶段应至迟于本公约生效后 10 年销毁所有的第 1 类化学武器；至迟于本公约对其生效后 1 年开始销毁第 2 类化学武器，并应至迟于本公约生效后 5 年完成销毁；至迟于本公约对其生效后 1 年开始销毁第 3 类化学武器，并应至迟于本公约生效后 5 年完成销毁。每一缔约国宣布的三类化学武器为：第 1 类以附表 1 化学品为基础的化学武器及其部件和组分；第 2 类以所有其他化学品为基础的化学武器及其部件和组分；第 3 类为未装填弹药和装置以及经专门设计其用途与化学武器的使用直接有关的设备。

后立即停止生产所有化学武器生产设施,在 90 天内关闭这些设施,最迟在 1 年后开始销毁,在 9 年内完成全部销毁工作;

(e)缔约国应采取一切适当的法律、行政和其他措施,包括实施刑事制裁以防止和制止任何人在其管辖或控制下或者在受其管辖或控制的领土上从事本公约禁止缔约国进行的任何活动。

(2)定义与标准

(a)"化学武器":有毒化学品及其前体,但预定用于本公约不加禁止的目的除外,只要种类和数量符合此种目的;经专门设计通过使用后而释放出的上述所指有毒化学品的毒性造成死亡或其他伤害的弹药和装置;经专门设计其用途与上述所指弹药和装置的使用直接有关的任何设备。

(b)"有毒化学品":通过其对生命过程的化学作用而能够对人类或动物造成死亡、暂时失能或永久伤害的任何化学品,无论其来源或其生产方法如何,也无论其是否在设施中、弹药中或其他地方生产出来。

(c)"前体":在以任何方法生产一有毒化学品的任何阶段参与此一生产过程的任何化学反应物。其中包括二元或多元化学系统的任何关键组分,该关键组分是在决定最终产品的毒性中发挥非常重要作用的一种前体。

(d)"控暴剂":可在人体内迅速产生感觉刺激或失能生理效应,而此种刺激或效应在停止接触后不久即消失的任何化学品。

(e)"化学武器生产设施":1946 年 1 月 1 日以后的任何时间设计、建造或使用的、作为生产禁止化学品的最终技术阶段的一部分设备及其有此种设备的任何建筑,或者用于把化学武器填充到弹药中或大型储存容器中的设备及其建筑,或者把化学子弹药装入化学弹药的设备及其建筑。该类设施不包括为本公约不加禁止的目的生产有毒化学品的单一小规模设施。

(f)"不加禁止的目的":工业、农业、研究、医疗、药物或其他和平目的;防护性目的,即与有毒化学品防护和化学武器防护直接有关的目的;与化学武器的使用无关而且不依赖化学品毒性的使用作为一种作战方法的军事目的;执法目的,包括国内防暴目的。

（3）宣布

缔约国至迟于本公约对其生效后 30 天内，向本公约组织提交位于其领土上或管辖或控制下的化学武器和化学武器生产设施，以及位于另一国管辖或控制下的任何化学武器，及销毁这些武器和设施的计划。

（4）公约不禁止的活动

缔约国有权为本公约不加禁止的目的而发展、生产、以其他方式获取、保有、转让和使用有毒化学品及其前体。

（5）组织

为实现本公约的宗旨和目标，确保本公约的各项规定、包括对本公约遵守情况进行国际核查的规定得到执行，特此设立"禁止化学武器组织"。设立缔约国大会、执行理事会和技术秘书处作为本组织的机构。

（a）缔约国大会：由全体缔约国成员组成，每年召开一次例会，审议公约范围内任何问题并做出决定，为禁止本组织的最高决策机构，如有特殊情况可召开特别会议。

（b）执行理事会：由 41 个缔约国成员组成，是组织的执行机构，在公平、合理的基础上分别代表亚洲、非洲、拉美、欧美及东欧五个区域，监督技术秘处的各项活动，并对缔约国大会负责。

（c）技术秘书处：协助大会和执行理事会行使其职能，特别是执行公约的核查职能。

（6）协商与调查

（a）各缔约国应直接或通过本组织或其他适当的国际程序，就可能提出的与本公约的宗旨和目标或本公约条款的执行有关的任何问题进行协商与合作。

（b）在不妨害任何缔约国请求进行质疑性视察的权利前提下，各缔约国应通过相互间交换情况和协商，澄清并解决任何可能对本公约的遵守产生疑问的问题，或对某一可能被认为不明确的有关问题产生关注的问题。

（c）请求澄清程序：缔约国有权请求执行理事会协助澄清任

何可能被认为不明确的情况或对另一缔约国可能未遵守本公约产生关注的情况；有权请求执行理事会澄清从另一缔约国取得关于任何可能被认为不明确的情况或对其可能未遵守本公约产生关注的情况；有权请求执行理事会澄清任何被认为不明确的情况或对其可能未遵守本公约产生关注的情况。

（d）质疑性视察程序：缔约国有权只为澄清和解决与本公约条款可能未得到遵守有关的任何问题而请求对位于其他缔约国领土上或其管辖或控制下的任何设施或地点进行现场质疑性视察，并由总干事指派的一个视察组按照"核查附件"进行视察；缔约国有义务使视察请求不超出本公约的范围，在视察请求中提供据以对本公约可能未得到遵守产生关注的一切适当资料；为核查本公约条款的遵守情况，缔约国应允许技术秘书处进行现场质疑性视察。

（7）争端的解决

（a）有关本公约的适用或解释的争端应按照本公约有关条款和《联合国宪章》的规定加以解决。

（b）如果两个或两个以上缔约国之间或一个或一个以上缔约国与本公约组织之间就本公约的解释或适用发生争端，有关各当事方应共同商议，通过谈判或有关各当事方选择的其他和平手段，包括提交公约的适当机构处理以及经有关各当事方同意依照《国际法院规约》提交国际法院审理，以迅速解决此争端。

（c）执行理事会可采取一切其认为适当的手段促成争端的解决，包括进行斡旋、促请争端的有关各缔约国进行其所选择的解决程序以及为任何议定的程序设立一个时限。

（d）大会审议与缔约国提出的或执行理事会提请其注意的争端有关的问题。若认为必要，大会应按照公约规定设立或委托机构来进行与解决该争端有关的工作。

（e）大会和执行理事会经联合国大会授权，分别有权请国际法院就本组织活动范围内发生的任何法律问题提供咨询意见。

（8）纠正与制裁

（a）大会应采取按公约规定的必要措施以确保本公约得到遵

守，并纠正和补救与本公约条款相违背的任何情况。

（b）如果执行理事会要求某一缔约国采取措施纠正引起遵约方面问题的情况，而该缔约国未能在规定的时间内满足请求，经执行理事会建议，大会可限制或中止该缔约国在本公约下的权利和特权，直到其采取必要行动履行其公约义务为止。

（c）如果缔约国进行了本公约所禁止的活动对本公约的宗旨和目标造成严重损害，大会可建议缔约国采取符合国际法的集体措施。

（d）如果情况特别严重，大会可提请联合国大会和联合国安全理事会注意该问题。

（9）经济和技术发展

公约各条款的执行应避免妨碍各缔约国的经济或技术发展，以及为本公约不加禁止的目的进行化学活动方面的国际合作，包括为本公约不加禁止的目的而进行生产、加工或使用化学品方面的科学和技术资料以及化学品和设备的国际交流。

### 三 常规力量的裁减规则

常规力量裁减规则主要包括对常规武器装备和常规部队进行裁减的如下多边条约及协定等：

《欧洲常规武装力量条约》

《关于禁止使用、储存、生产和转让杀伤人员地雷及销毁此种地雷的公约》（《渥太华禁雷公约》）

《关于禁止使用、储存、生产和转让杀伤人员地雷及销毁此种地雷的公约》（缔约国会议——马普托宣言）

《关于在边境地区相互裁减军事力量的协定》（《莫斯科协定》）

《集束弹药公约》

1. 《欧洲常规武装力量条约》

《欧洲常规武装力量条约》也称为《欧洲常规裁军条约》，是在1990年11月19日由北约组织和华约组织两大军事集团达成的，旨在削减双方在欧洲地区的常规武装力量。1973年10月，北约和华约两大集团开始谈判欧洲常规武装力量裁军问题，但历经15年、47轮谈判，一直没有取得任何结果。1985年戈尔巴乔夫成为苏联最高领导人后，美苏关系和东西方关系趋向缓和，北约和华约就削减欧洲常规武装力量谈判进程加快并取得重大进展，终于在1990年11月欧安会首脑会议召开前夕达成条约。1992年11月9日，《欧洲常规武装力量条约》生效，该条约无限期有效。

条约主要内容：

（1）总体限额

双方在从大西洋至乌拉尔山脉的整个限制区域内可各保留坦克2万辆、装甲战斗车3万辆、火炮2万门、作战飞机6800架、作战直升机2000架、陆基海军作战飞机430架。

（2）区域限额

将整个限制区域划为4个分区，即中欧区（包括波兰、捷克和斯洛伐克、匈牙利、德国、荷兰、比利时、卢森堡）、中欧扩大区（包括中欧区和英国、法国、意大利、丹麦及苏联波罗的海、白俄罗斯、喀尔巴阡、基辅4个军区）、大西洋—乌拉尔区（包括中欧扩大区和西班牙、葡萄牙及苏联莫斯科、伏尔加—乌拉尔2个军区）、侧翼区（包括罗马尼亚、保加利亚、冰岛、挪威、希腊、土耳其及苏联敖德萨、北高加索、南高加索、列宁格勒4个军区）。双方在各分区内部署的坦克、装甲战斗车和火炮数量均受到严格限制。

（3）国家限额

为防止某一国家常规武器数量过大，两大集团中任何一国拥有的常规武器数量不得超过双方总限额的33.3%—37.8%（主要是限制美苏武器装备的数量）。在上述总体限额和区域限额的基础上，除对德国作特别规定外均由北约和华约分别另行制定本集团成员国的军备限额。统一后的德国可保留坦克4166辆、装甲战斗车3446辆、火炮2705门、作战飞机900架、作战直升机306架，并保证在3—4年内裁军至37万人。

（4）核查制度

建立包括情报交换、现场核查和质疑核查在内的核查制度，双方每年接受近百次核查。

（5）销毁规定

条约生效后40个月内分三个阶段销毁全部裁减下来的武器，第一年销毁25%，2年内销毁60%。

2.《渥太华禁雷公约》

1997年9月17日，国际地雷大会在挪威奥斯陆举行，会议通过了《关于禁止使用、储存、生产和转让杀伤人员地雷及销毁此种武器的公约》。1997年12月3日，121个国家的代表在加拿大的渥太华签署了这一公约，因此该公约又被称为《渥太华禁雷公约》。该公约在得到45个国家批准后于1999年3月1日正式生效，无限期有效。《渥太华禁雷公约》是一项全面禁止杀伤人员地雷的国际公约。

公约主要内容：

（1）义务

（a）禁止使用杀伤人员地雷；

（b）禁止发展、生产、以其他方式获取，储存、保留或者直接或间接向任何人转让杀伤人员地雷；

（c）缔约国承诺按照本公约的规定销毁或确保销毁所有杀伤人员地雷。销毁储存中的杀伤人员地雷：至迟在本公约对其生效后4年内，销毁或确保销毁其所储存的属其所有或拥有或在其管辖或控制下的所有杀伤人员地雷；销毁雷区内的杀伤人员地雷：至迟在本公约对该缔约国生效后10年内，销毁或确保销毁在其管辖或控制下的雷区内的所有杀伤人员地雷。

（d）缔约国应采取一切适当的法律、行政和其他措施，包括实施刑事制裁以防止和制止任何人在其管辖或控制下或者在受其管辖或控制的领土上从事本公约禁止缔约国进行的任何活动。

（2）定义

（a）"杀伤人员地雷"：设计成在人员出现、接近或接触时爆炸而使一名或一名以上人员丧失能力、受伤或死亡的一种地雷。设计成在车辆而不是人员出现、接近或接触时引爆，并且装有防排装置的地雷，不被视为杀伤人员地雷。

（b）"地雷"：布设在地面或其他表面之下、之上或附近，并设计成在人员或车辆出现、接近或接触时爆炸的一种弹药。

（c）"防排装置"：一种旨在保护地雷、构成地雷的一部分，连接、附着或置于地雷之下而且一旦企图触动或以其他方式故意扰动地雷时会引爆地雷的装置。

（d）"转让"：除包括将地雷实际运入或运出国家领土外，还包括地雷的所有权和控制权的转让，但不包括布设了地雷的领土的转让。

（e）"雷区"：由于布有或者怀疑布有地雷而具有危险性的区域。

（3）不禁止的活动

（a）为发展探雷、扫雷或销毁地雷的技术和进行这方面的训练而保留或转让一定数量的杀伤人员地雷。这种地雷的数量不应超过基于上述目的需要的最低数目；

（b）为销毁目的而转让杀伤人员地雷。

（4）透明措施

缔约国至迟在本公约对其生效后180天内，向联合国秘书长报告它所储存的属其所有或拥有或在其管辖或控制下的所有杀伤人员地雷的有关信息，包括总数、每种型号及数量、部署区域、时间等。

（5）遵约澄清

（a）各缔约国应就本公约各项规定的执行进行协商和合作，以促进本公约的执行。

（b）如果缔约国希望澄清或试图解决有关另一个缔约国对本公约规定遵守情况的问题，可通过联合国秘书长就此事向该缔约国提出澄清请求，也可以通过联合国秘书长将此事提交下一次缔约国会议。

（c）在缔约国会议召开前，缔约国可以请求联合国秘书长进行斡旋，促使有关方应请求做出澄清。

（d）如果需要做进一步澄清，缔约国会议或缔约国特别会议应以出席并参加表决的缔约国过半数，授权派出一个实情调查团，并决定它的职权范围。实情调查团成员应尽早进入被请求的缔约国领土。被请求的缔约国可以在任何时候邀请实情调查团前往该国领土。实情调查团应通过联合国秘书长，向缔约国会议或缔约国特别会议报告其调查结果。

（e）缔约国会议或缔约国特别会议应审议一切有关的资料，包括实情调查团所提交的报告，并可请被请求的缔约国采取措施在特定期限内解决遵约问题。

（f）缔约国会议或缔约国特别会议可向有关的缔约国建议进一步澄清或解决审议中的事项的方法和方式，包括依照国际法开始适当的程序。

（g）缔约国会议或缔约国特别会议应努力以协商一致方式达成上述的决定，否则应以出席并参加表决的缔约国三分之二多数做出这种决定。

（6）争议解决

（a）缔约国应互相协商和合作解决任何可能因本公约的适用或解释发生的争议。每一缔约国均可将任何这种争议提交缔约国会议处理。

（b）缔约国会议可采取它认为适当的任何方式促成争议的解决，包括进行斡旋、促请争议各当事缔约国进行其选择的解决程序以及为任何议定的程序建议一个时限。

（c）本条不妨害本公约关于促进遵约和遵约澄清问题的规定。

（7）国际合作与援助

（a）缔约国在履行其在本公约下的义务时，有权寻求和接受其他缔约国在可能范围内提供的援助。

（b）缔约国承诺促进并应有权参加与本公约执行有关的设备、物资以及科学和技术资料尽可能充分的交换。

（c）有能力的缔约国应帮助受地雷伤害的人们康复及重新融入社会和经济生活，以及实施防雷宣传方案提供援助，也应为扫雷、销毁储存中的杀伤人员地雷等活动提供援助。

3.《关于禁止使用、储存、生产和转让杀伤人员地雷及销毁此种地雷的公约》（缔约国会议——"马普托宣言"）

1999年5月7日,《关于禁止使用、储存、生产和转让杀伤人员地雷及销毁此种地雷的公约》缔约国会议通过了旨在敦促各缔约国有效履行公约义务的"马普托宣言"。

该宣言主要内容如下:

一、敦促缔约国履行公约义务和承诺:保证不再使用;销毁库存;停止开发、生产和转让;清理雷区。

二、确定工作计划重点处理以下各专题:公约的一般状况和运作;地雷的清除;对受害者的援助和地雷知识的宣传;储存地雷的销毁;用于禁止地雷的技术。

三、呼吁为清除地雷行动和受地雷影响的国家、人员提供技术和财政等援助和帮助,那些尚未加入缔约国行列的国家尽快加入公约。

4.《关于在边境地区相互裁减军事力量的协定》

1997年4月24日,中国和由哈萨克斯坦、吉尔吉斯斯坦、俄罗斯、塔吉克斯坦组成的联方(以下简称"双方")元首在莫斯科,签署了《关于在边境地区相互裁减军事力量的协定》,即《莫斯科协定》。该协定是在中国与这四个前苏联加盟共和国谈判解决边界划界问题中达成的,旨在缩减双方部署在边境地区的军事力量,加强边境地区的安全与稳定,这为有关国家缓和与邻国边境地区局势、增进睦邻友好关系树立了典范。

根据该协定,双方裁减驻扎在边境地区包括陆军、空军、防空军航空兵和边防部队在内的军事力量,将主要武器装备和军事技术装备数量削减到与防御性质相适应的最低水平。该协定还规定,双方有义务互不使用武力或以武力相威胁,不谋求单方面的军事优势。双方建立相互透明机制和核查机制,定期交换边境地区军事资料,相互对对方军事力量和边防部队进行视察和核查。

5.《集束弹药公约》

2008年5月30日,107个国家在爱尔兰首都都柏林通过了《集束弹药公约》,这是继1997年达成《渥太华禁雷公约》之后在常规武器领域通过的第二个国际裁军公约。该公约禁止使用、发展、生产、获取、储存、保留或转让集束弹药,以减轻集束弹药对平民的伤害和痛苦，减缓遗留集束弹药对冲突后环境的影响。该公约于2008年12月3日开放供签署，于2010年8月1日生效，无限期有效。

公约主要内容：

（1）义务

（a）禁止使用集束弹药；

（b）禁止发展、生产、获取、储存、保留或者直接或间接向任何人转让集束弹药；

（c）销毁库存和储存的集束弹药：各缔约国将在其管辖和控制下的所有集束弹药与留作作战用途的弹药分开，并为销毁目的标明集束弹药；至迟在本公约对其生效后8年内，销毁或确保销毁所有集束弹药；

（d）清理集束弹药：各缔约国在公约对其生效之日起10年内，清理其领土上的未爆炸子弹药；

（e）对受害人的援助：各缔约国对于在其管辖或控制下地区的集束弹药受害人，均应依照适用的国际人道主义法和人权法，适当提供顾及年龄和性别的援助；

（f）国家施行措施：各缔约国均应采取一切适当的法律、行政和其他措施施行本公约，包括采用刑事制裁，防止和制止其管辖或控制下的人或者在受其管辖或控制领域内从事本公约禁止缔约国进行的任何活动。

（2）定义

（a）"集束弹药"：设计用于散射或发放每颗重量在20公斤以下的爆炸性子弹药的一种常规弹药，包括爆炸性子弹药。根据不同的模式，集束弹药散射或释放的子弹药的数量少则几十，多则可超过600个。

（b）"集束弹药受害人"：使用集束弹药而被炸死或遭受心身伤害、经济损失、社会边缘化或在实现其权利方面受到严重阻碍的所有人，包括受集束弹药直接影响的人及其家庭和社区。

（3）不禁止的范围

如果每一弹药所含爆炸性子弹药在10颗以下，同时具备每一爆炸性子弹药的重量在 4 公斤以上，能够测到和锁定单一目标并装配有电子自毁装置和自行失效装置之特点，则不被视为集束弹药。本公约并不禁止和限制使用这些弹药，不过其使用受到国际人道法一般规定的限制。

（4）透明措施

各缔约国均至迟应在本公约对其生效后 180 天内，就下列事项向联合国秘书长提出报告：所有集束弹药的总数，包括爆炸性子弹药，分类列出其类型和数量；公约对其生效前生产的每一类集束弹药和目前拥有或掌握的集束弹药的技术特点；集束弹药生产设施改为别用或停产的方案的现况和进展；销毁集束弹药情况，包括进展、类型和数量等；列出其管辖或控制下的所有集束弹药沾染区的面积和位置。

（5）遵约与澄清

（a）各缔约国就本公约各项规定的执行互相协商和合作，以促进各缔约国遵守本公约规定的义务。

（b）缔约国如果希望澄清并试图解决有关另一个缔约国遵守本公约规定的问题，可以通过联合国秘书长就此事向该缔约国提出澄清请求。

（c）提出请求的缔约国还可通过联合国秘书长，将此事提交下一次缔约国会议。

（d）在任何缔约国会议召开之前，任何有关的缔约国可请求联合国秘书长进行斡旋，促使有关方应请求做出澄清。

（e）缔约国会议应首先根据有关缔约国提交的全部资料，决定是否进一步审议此事。缔约国会议如果决定进一步审议此事，可向有关缔约国提议进一步澄清或解决审议中的问题的方式方法，包括根据国际法启动适当程序。

（f）除以上程序外，缔约国会议可决定采取其认为适当的其他一般程序或澄清包括事实在内的遵约情况的特定机制，解决不遵守本公约各项规定的问题。

（6）争端的解决

（a）如果两个或两个以上国家之间发生与本公约的解释或适

用有关的争端，有关缔约国应彼此协商，通过谈判或其选择的其他和平手段，包括诉诸缔约国会议和根据《国际法院规约》提交国际法院审理，尽快解决争端。

（b）缔约国会议可以采取其认为适当的任何方式促成争端的解决，包括进行斡旋、促请有关缔约国启动其选择的解决程序以及为任何议定的程序建议一个时限。

## 第三节　防扩散的国际规则

防止武器特别是包括核武器在内的大规模杀伤性武器及其部件、材料和技术的扩散，是国际社会维护国际安全的主要内容之一，特别是随着交通和通信信息技术日益发达，武器扩散更为易行、产生的安全风险更高，防扩散对维护国际安全越来越重要。从防扩散领域看，防扩散主要分为核不扩散、生化武器防扩散和常规武器防扩散三个方面，防扩散的国际规则也按照三个方面的规则来划分。其中，《不扩散核武器条约》是整个国际防扩散机制的基石，而"核供应集团""澳大利亚集团"、《导弹及其技术控制制度》和《关于常规武器和两用物品及技术出口控制的瓦森纳协定》，则是对核物项、生化物项、导弹物项和其他常规物项进行出口控制的机制，这"一体四翼"构成了整个国际防扩散主体框架。

### 一　核不扩散的国际规则

无论是从安全重要程度还是从国际社会工作内容看，核不扩散机制都是整个国际防扩散体制的核心，而《不扩散核武器条约》则是核不扩散机制的核心。因此说，《不扩散核武器条约》是整个国际防扩散体制的基石。

以《不扩散核武器条约》为依据，国际社会随后建立了一些多边及双边核不扩散机制，主要有：一是围绕防止核材料、核设备、核技术扩散问题，国际社会达成了相关条约并成立了有关组织；二是为防止核扩散和保护地区环境，一些地区的国家还建立了相应的无核区，无核区的建立是核不扩散机制的重要内容；三是除了以上防止无核国家成为核国家的有关条约外，对于因地缘政治变化或自身违反国际法而成为事实核国家的一些国家，联合国等有关组织对此通过了国际法律文书，对这些事实核国家的法律地位做出了安排和认定。

（一）《不扩散核武器条约》

1968年7月1日，联合国大会通过了《不扩散核武器条约》（NPT）。同日，英国、美国、苏联等59个国家分别在伦敦、华盛顿和莫斯科签署了这一条约。该条约的宗旨是防止核扩散、推动核裁军和促进和平利用核能的国际合作，这三点也被誉为《不扩散核武器条约》的三大支柱。《不扩散核武器条约》于1970年3月5日生效，有效期为25年。根据条约规定，缔约国每5年举行一次会议，审议条约的执行情况。1995年5月11日，在该条约到期之际，178个缔约国在联合国《不扩散核武器条约》的审议和延长大会上，以协商一致方式决定无限期延长该条约。

1. 条约达成背景

核武器自诞生后一直兼具"天使"与"魔鬼"的双重属性。一方面，作为一种超级大规模杀伤性武器，核武器对战争的遏制发挥着史无前例的作用。比如在第二次世界大战的末期，美国率先研制出了核武器，并于1945年8月首先对日本广岛和长崎使用核武器，对促使日本尽快投降起到了重要作用。在冷战高强度对抗时期，美苏各自拥有庞大核武库，这对遏制双方走向战争而引发世界大战起到重大作用；另一方面，核武器具有超大破坏能力，其使用对一个城市、一个国家和人类赖以生存的地球，都具有毁灭性后果。因此，如何限制、消除核武器，在无法消除核武器的情况下，又如何防止出现更多核国家而降低世界核威胁，就成为关乎世界人民生存和国际社会安全的重大议题。同时，伴随着核武器的出现，原子能技术的发展也为人类带来了福音，原子核裂变和聚变所释放的巨大能量，为人类社会发展提供了新的重要能源。因此，如何既能防止核武器扩散、降低和消除核威胁，同时又能使各国充分利用核能、服务于经济社会发展，就成为一个新的课题。

1946年7月，美国在联合国原子能委员会第一次会议上提出，应建立一个国际原子发展机构来管制世界的原子能发展和使用。美国提出这一建议的目的，是在其独有核武器情况下防止其他国家发展拥有核武器，以保持对核武器的垄断地位。但因苏联等反对，美国的这一建议没有如愿。在苏联随后也很快发展拥有核武器后，1953年12月，美国总统艾森豪威尔向联合国大会第八届会议提出"原子能和平用途"建议，敦促建立一个旨在传播和平核技术、同时防止其他国家发展核武器的国际组织，这一建议促使了1957年"国际原子能机构"的诞生。该机构承担着促进和管制核技术的双重责任。此后在联合国框架内一直进行着核不扩散谈判工作。1959年和1961年，联合国大会先后通过爱尔兰提出的要求核国家不向无核国家提供核武器和"防止核武器更大范围扩散"的议案，这成为《不扩散核武器条约》的雏形。

1960年和1964年，法国和中国先后成功进行了核试验成为核国家，已成为核国家的美苏担心将会有更多国家发展拥有核武器，于是加紧了缔结条约的努力。美国于1965年8月向日内瓦18国裁军委员会提出一项防止核武器扩散条约草案。同年9月，苏联也向联合国大会提出一项条约草案。美苏两国经秘密谈判于1967年8月24日向日内瓦18国裁军委员会提出了"不扩散核武器条约"的联合草案。1968年7月1日，联合国大会通过了《不扩散核武器条约》，并开放供各国签署。

2. 条约达成意义

自《不扩散核武器条约》达成后，虽然国际上对这一条约存在争议，特别是一些无核国家和国际组织认为这一条约存在歧视性。因为，这一条约赋予了1967年1月1日前制造并爆炸核武器或其他核爆炸装置的国家以核国家地位，而其他国家将不具有核国家法律地位。但是，如果从世界发展史和基于人类社会和平与福祉的大局看，《不扩散核武器条约》则具有重大历史作用和意义。其首要和最主要作用是防止了更多国家成为核国家，维护和促进了世界的和平与安全。同时，这一条约也推动了核裁军和各国和平利用核能。

《不扩散核武器条约》生效之时，世界上仅有美、苏（俄）、英、法、中5个核国家。按照当时一些观察家的看法，如果没有这一条约限制，在未来几十年内世界将会出现20到30个核国家，而且他们都是相互间存在竞争与对抗的国家。若此，世界将是一个到处充满核武器的世界。在充斥着激烈的地缘纷争和复杂的国家民族矛盾的环境下，核战争就很难避免，那么，我们居住的地区和整个地球就不会是今天所看到的样子。诚然，印度、巴基斯坦和朝鲜在此后也进行了核试验，以色列也发展拥有了核武器，但正是因为有《不扩散核武器条约》的存在，他们才没有取得合法的核国家地位，其拥有核武器是非法的。《不扩散核武器条约》对其核武器发展和其他国家的效仿起到了遏制作用。

《不扩散核武器条约》对防止核扩散作用的另一个重要体现，则是推动了世界范围内无核区的建立，如1967年达成的《拉丁美洲禁止核武器条约》，1985年达成的《南太平洋无核区条约》，1995年达成的《东南亚无核区条约》，1996年达成的《非洲无核武器区条约》，2006年达成的《中亚无核武器区条约》。无核区的建立，对防扩散和保护环境意义重大。

除防扩散这一主要作用外，《不扩散核武器条约》还促进了核国家进行核裁军和各国和平利用核能。《不扩散核武器条约》的三个义务：防扩散、核裁军与和平利用核能是平衡的，即无核国家承诺不发展拥有核武器，而核国家则承诺进行核裁军，同时各国合作和平利用核能。在《不扩散核武器条约》压力下，拥有庞大核武器的美苏（俄）相继达成了一系列核裁军条约，其核武库不断缩小。其他核国家也采取了实质性裁军措施，并将核武库维持在较低水平。和平利用核能的国际合作也不断深入发展，一些技术能力不发达的国家也从国际合作中受益匪浅，核能已成为造福于各国经济社会发展的重要能源。

3．条约主要内容

（1）核国家义务

承诺不直接或间接向任何接受国转让核武器或其他核爆炸装置

或对这种武器或爆炸装置的控制权；

承诺不以任何方式协助、鼓励或引导任何无核武器国家制造或以其他方式取得核武器或其他核爆炸装置或对这种武器或爆炸装置的控制权；

承诺使无核武器的缔约国能在不受歧视的基础上获得对核爆炸的任何和平应用的潜在利益；

承诺就及早停止核军备竞赛和核裁军方面的有效措施，以及就一项在严格和有效国际监督下的全面彻底裁军条约真诚地进行谈判。

（2）无核国家义务

承诺不直接或间接从任何让与国接受核武器或其他核爆炸装置或对这种武器或爆炸装置的控制权的转让。

承诺不制造或以其他方式取得核武器或其他核爆炸装置，也不寻求或接受在制造核武器或其他核爆炸装置方面的任何协助。

承诺接受按照《国际原子能机构规约》及该机构的保障制度与该机构谈判缔结的协定中所规定的各项保障措施。这些保障措施之目的专为核查监督本国根据本条约所承担义务的履行情况，以防止将核能从和平用途转用于核武器或其他核爆炸装置。

（3）共同义务

承诺不将原料或特殊裂变物质或特别为处理、使用或生产特殊裂变物质而设计或配备的设备或材料，提供给任何无核武器国家，以用于和平的目的，除非这种原料或特殊裂变物质受本条所要求的各种保障措施的约束；

承诺促进并有权参加在最大可能范围内为和平利用核能而交换设备、材料和科学技术情报。

（4）核国家定义

本条约所称有核国家系指在1967年1月1日前制造并爆炸核武器或其他核爆炸装置的国家。

4. 全面保障协定附加议定书

按照《不扩散核武器条约》规定，无核国家承诺与"国际原子能机构"签订全面保障协定，让该机构能在该国实施各项保障措施，以核查监督该国根据本条约所承担义务的履行情况。但"国际原子能机构"在实际履职中发现，尽管按照全面保障协定对已申报核材料和设施进行了有效核查，但仍存在一些国家未申报的核材料和活动，这给防扩散带来了漏洞和风险。

为了更有效地防止核扩散，1997年5月15日，"国际原子能机构"理事会通过了保障协定附加议定书，目的就是在全面保障协定中增加对未申报核材料和核活动的核查监督，扩大"国际原子能机构"的保障权限。该附加议定书主要内容有：有关国家提供有关核燃料循环的一切信息，以及保证视察员进入这些场所的权利；提供有关核场址上的一切建筑物的信息，以及保障视察员临时通知进入这些建筑物的权利；改进视察员指派过程的行政安排，发放多次入境签证和保证"国际原子能机构"利用现代通信手段的权利；"国际原子能机构"遵守实施的卫生、安全、实物和其他保安方面的规定及尊重个人权利，并采取一切预防措施保护由此得知的商业、技术和工业秘密及其他机密信息等。

（二）多边核不扩散机制

多边核不扩散组织和条约如下：

"国际原子能机构"

"核供应国集团"

《核转让准则》及其相关触发清单

《核材料实物保护公约》

《核安全公约》

1. "国际原子能机构"

"国际原子能机构"（IAEA）是联合国系统内建立的服务于"原子能用于和平与发展"这一宗旨的全球组织，也是核领域的国际合作中心，其目的是促进各国安全、可靠、和平地利用核技术。国际原子能机构是核不扩散体制所依赖的技术支助组织，对核查、监督、监视核扩散活动发挥着主体功能作用。

1954年12月，第九届联合国大会通过决议，决定成立一个专门致力于和平利用原子能的国际机构。1956年10月23日，在联合国总部举行的由82个国家参加的会议通过了《国际原子能机构规约》（下称《规约》）。《规约》于 1957 年 7 月 29 日生效。

《规约》确定建立国际原子能机构，总部设在奥地利首都维也纳。

《规约》规定了国际原子能机构的目标："机构应谋求加速和扩大原子能对全世界和平、健康及繁荣的贡献。机构应尽其所能，确保由其本身或经其请求或在其监督或管制下提供的援助不致用于推进任何军事目的。"

《规约》规定了国际原子能机构的职能：鼓励和支援和平利用原子能的科学技术发展、应用（包括提供材料、设备、设施及服务）和国际合作及培训；制定并执行安全保障措施，以防原子能用于非和平目的；制定或采取安全标准以保障核技术应用的安全；对特种裂变材料进行管制以确保其用于和平目的；为联合国裁军政策和所订立的协定提供技术支持等服务；向联合国大会、安理会、经济与社会理事会等联合国机关提供有关情况报告。

《规约》建立了国际原子能机构的组织机关：大会、理事会和秘书处。法定原子能机构的决策机关是大会和理事会，这两个机关共同决定原子能机构的方案和预算并任命原子能机构的总干事。秘书处是执行机构，由总干事领导，下设政策制定办公室、技术援助及合作司、核能和核安全司、行政管理司、研究和同位素司以及保障监督司。

《规约》规定了争端的解决方法：与本规约的解释或实施有关的任何问题或争端，未能以谈判方式解决，有关各方又未商定其他解决方法的，则应按照国际法院的规约，提交国际法院；在联合国大会授权下，机构的大会及理事会都有权请求国际法院，就机构活动范围内的任何法律问题发表咨询意见。

《规约》还给出了关于重要核材料的定义：

"特种裂变材料"一词系指钚 239；铀 233；富同位素 235 或 233 的铀；含有上述一种或数种材料的任何材料以及理事会随时确定的其他裂变材料；但"特种裂变材料"一词不包括源材料。

"富集同位素 235 或 233 的铀"一词系指含有同位素 235 或 233 或兼含二者的铀，而这些同位素的总丰度与同位素 238 的丰度比大于自然界中的同位素 235 与同位素 238 的丰度比。

"源材料"一词系指含有自然界中同位素混合物的铀；贫同位素 235 的铀；钍；呈金属、合金、化合物或浓缩物形态的上述各项材料；含有上述一种或数种材料的其他材料，其浓度应由理事会随时确定；由理事会随时确定的其他材料。

2．"核供应国集团"

"核供应国集团"（NSG）是一个由拥有核出口能力的国家组成的多边出口控制机制，其目的是通过各成员国加强核出口管制并进行合作，防止敏感物项出口到未参加《不扩散核武器条约》的无核国家，以防止核扩散。该组织成立于 1975 年，截至 2019 年 4 月，组织成员国数量达到 48 个。2004 年 5 月 28 日，中国加入核供应国集团。

1974 年 5 月，印度进行了首次核爆炸试验，当时印度使用了国外提供的原本只作和平用途的核反应堆生产出的核武器用料——钚。印度的行动引起美、英、苏等主要核出口国核扩散的担心。从 1975 年起，美、英、法、苏、联邦德国、加拿大、日本等 7 个主要核出口国在伦敦多次召开会议，讨论加强对相关敏感核产品的出口控制问题，并于 1976 年通过了《核转让准则》和《核两用品触发清单》，要求进口国接受国际原子能机构全面保障监督作为核出口条件，严格控制敏感核物项及技术，如后处理、铀浓缩和重水生产物项的出口。他们形成的多边出口控制组织，外界称其为"伦敦俱乐部"，即"核供应国集团"。核供应国集团不定期召开会议，对《核转让准则》和《核两用品触发清单》的执行情况进行审议。该集团议事规则采取"协商一致"方式。

1991 年海湾战争后，核供应国集团发现对核燃料循环系统专用物品和技术的管制不够严密，无法防范某些国家通过国际市场获得军民两用核材料发展核武器。为适应国际核不扩散领域的形势变化，进一步加强全球核出口控制，1992 年该集团专门举行会议，要求进口国接受国际原子能机构全面保障作为核出口条件，并将控制范围扩大到与核有关的两用设备、材料和相关技术的转让。会议通过了《与核有关的两用设备、材料、软件和相关技术的转让准则》及其附录《触发清单》。因此，实际上集团建立了两套核出口的准则：一套是《核转让准则》载于国际原子能机构通报文件INFCIRC/254第一部分，是关于出口核材料、核设备及反应堆用非核材料的物项和技术准则，另一套是《与核有关的两用设备、材料、软件和相关技术的转让准则》，载于国际原子能机构通报文件INFCIRC/254第二部分，是关于出口核相关两用品的物项和技术准则。两个准则都不定期进行修订。

3.《核转让准则》及其相关触发清单

（1）《核转让准则》

（a）总则

下列有关保障和出口控制准则适用于为和平目的的对任何无核国家的核转让，并应在再转让控制情况下适用于对任何国家的转让。

（b）禁止核爆炸准则

供应方只有在得到接受国政府正式保证，不导致任何核爆炸装置的使用时，才可批准触发清单所确定物项或相关技术的转让。

（c）实物保护准则

触发清单中所确定的所有核材料和核设施均应置于有效的实物保护之下，以防止擅自使用和处理。

（d）保障准则

供应方只有在接受方同国际原子能机构缔结保障协议情况下，或若无核国家没有保障协议，但供应方确认这种转让对于现有设施的安全运行必不可少且已对这些设施实施保障，才可批准向无核国家的这类转让。

（e）敏感物项的特别控制准则

供应方在转让敏感设施、设备、技术和核武器或其他核爆炸装置用材料（如铀浓缩和后处理设施及其技术、设备、材料）时，应实施特别控制政策和严格条件，包括接受方加入《不扩散核武器条约》、没有违反保障协议义务、遵守《核转让准则》等条件。

（f）再转让控制准则

只有在接受方做出与上述对原供应方相同的保证时，供应方才可转让触发清单物项或相关技术。

（g）防扩散原则

供应方只应在确信进行触发清单中确定的物项或相关技术的转让不会助长核武器或其他核爆炸装置扩散或被转用于核恐怖主义行为时，才可批准这种转让。

（2）《核转让准则》触发清单

"核供应国集团"的准则规定了技术控制要求，即触发与清单所列任何物项直接有关的"技术"转让将在国家法律允许的范围内经受与物项本身同等程度的详细审查和控制。除为核不扩散目的对"技术"转让进行控制外，出口方还应考虑恐怖分子袭击的危险，促进保护这类触发清单设施的设计、建造和运行技术，并应向进口方强调保护这类技术的必要性。

触发清单主要内容：

（a）"定义"

包括对"技术""基础科学研究""研制""生产""技术援助""技术数据""使用"等重要概念的定义。

（b）"材料和设备"清单

"源材料和特种可裂变材料"：

其定义和范围同上述《国际原子能机构规约》的定义和范围。但对于本准则而言，不包括同位素钚-238浓度超过80%的钚，和向某一接受国在12个月内出口低于50有效克的特种可裂变材料或源材料。

"设备和非核材料"：

政府采用的设备和非核材料物项应为核反应堆以及为其设计或制造的设备和部件；反应堆用非核材料；辐照燃料元件后处理厂以及专门为其设计或制造的设备；核反应堆元件后处理制造厂以及专门为其设计或制造的设备；天然铀、贫化铀或特种可裂变材料同位素分离厂以及专门为其设计或制造的除分析仪器以外的设备；生产或浓缩重水、氘或氘化物的工厂以及专门为其设计或制造的设备；可用于制造燃料元件和铀同位素分离的铀和钚的转化厂以及专门为其设计或制造的设备。

（3）《与核有关的两用设备、材料、软件和相关技术的转让准则》

（a）基本原则

供应方不得批准附件清单中所确定的设备、材料、软件或相关技术在下列情况下的转让：用于无核国家的核爆炸活动或未受保障的核燃料循环活动；在存在转用于此类活动的风险时，或这种转让违反防止核武器扩散的目标时；在存在转用于核恐怖主义行为的风险时。

（b）出口许可证审批准则

供应方应制定基于防扩散原则和目标的用于转让附件所确定的设备、材料、软件和相关技术的出口许可证审批程序和制度。

（c）转让条件

供应方在批准转让前，应以符合本国法律和惯例的方式获得以下文件：最终用户提交的一份声明，详细说明拟议中的转让的用途和最终使用地点；一份担保书，明确声明拟议中的转让或其他复制品不会用于任何核爆炸活动或未保障的核循环活动。

（d）再转让保证

供应方在批准将附件清单中所确定的设备、材料、软件或相关技术转让给一个未接受本准则的国家之前应得到保证；在将转让的设备、材料、软件或相关技术或任何复制品再转让给第三国之前，要以符合供应方法律和惯例的方式获得供应方的同意。

（4）与核有关的两用设备、材料、软件和相关技术清单

与核有关的两用设备、材料、软件和相关技术清单与上述《核转让准则》触发清单类似，也包括"技术控制"、"定义"条款，和具体的"工业设备""材料""铀同位素分离设备和部件""与重水生产厂有关的设备""研制核爆炸装置所用的试验和测量设备""核爆炸装置的部件"六个方面的技术清单（各部分都包括"设备、组件和部件""试验和生产设备""材料""软件""技术"的定义和范围详细说明）。

4.《核材料实物保护公约》

《核材料实物保护公约》于 1980 年 3 月 3 日达成并开放供签

署，于 1987 年 2 月 8 日生效，其目标是针对用于和平目的的核材料在国际运输过程中进行实物保护，以保护核材料和核设施的安全，防范恐怖分子及其组织的盗取和损害。这是目前核材料实物保护领域内唯一一个具有法律约束力的国际条约。20 世纪 90 年代初，随着东欧剧变和苏联解体，一些地区核材料与核设施的管理和保护处于失控状态，偷盗和丢失核材料事件频发。同时，恐怖主义滋长蔓延，核恐怖风险加大。在这种形势下，国际社会对《核材料实物保护公约》进行了修订和补充，于 2005 年 7 月 8 日通过《核材料实物保护公约》修正案，修正案于 2016 年 5 月 8 日生效。

公约主要内容：

(1) 义务

(a) 缔约国应建立、实施和维护适用于在其管辖下核材料和核设施的适当的实物保护制度；

(b) 缔约国应采取符合国际法的适当步骤，以便尽可能切实保证其国境内的核材料，或装载在往来该国从事运输活动并属其管辖的船舶或飞机上的核材料，在进行国际核运输时，均按照附件一所列级别予以保护；

(c) 缔约国不应输出或批准输出核材料，除非该缔约国已经取得保证：这种核材料将于国际核运输中获有附件一所列级别的保护；

(d) 缔约国不应从非本公约缔约国输入或批准核材料，除非该缔约国已经取得保证：这种核材料将于国际核运输中获有附件一所列级别的保护；

(e) 缔约国不应允许来自非本公约缔约国的核材料经由其陆地或内河航道，或经由其机场或海港，运至另一非本公约缔约国，除非该缔约国已经取得尽可能切实的保证：这种核材料将于国际核运输中获有附件一所列级别的保护；

(f) 缔约国对自该国某一地区经由国际水道或空域运至本国另一地区的核材料，给予附件一所列级别的实质保护。

(2) 适用范围

(a) 本公约应适用于使用、贮存和运输中用于和平目的的核材料和用于和平目的的核设施，但本公约第三条和第四条以及第五条第四款应仅适用于国际核运输中的此种核材料。

(b) 武装冲突中武装部队的活动由国际人道主义法予以规定，不受本公约管辖；一国军事部队为执行公务而进行的活动由国际法其他规则予以规定，因此不受本公约管辖。

(c) 本公约不适用于为军事目的使用或保存的核材料或含有此种材料的核设施。

(3) 定义

(a) "核材料"是指：钚，但同位素钚-238含量超过80%者除外；铀-233；同位素235或233浓缩的铀；含有天然存在但非矿砂或矿渣形式的同位素混合物的铀；任何含有上述一种或多种成分的材料。

(b) "同位素235或233浓缩的铀"是指含有铀同位素235或233或两者之量达到其总含量对同位素238的相对丰度超过天然存在的同位素235对同位素238的相对丰度。

(c) "国际核运输"是指使用任何运输工具打算将一批核材料运至发货启运国国境以外的载运过程，从离开该国境内托运人的设施开始，一直到抵达最后目的地国境内收受人的设施为止。

(d) "核设施"是指生产、加工、使用、处理、贮存或处置核材料的设施，包括相关建筑物和设备，这种设施若遭破坏或干扰可能导致显著量辐射或放射性物质的释放。

(e) "蓄意破坏"是指针对核设施或使用、贮存或运输中的核材料采取的任何有预谋的行为，这种行为可通过辐射照射或放射性物质释放直接或间接危及工作人员和公众的健康与安全或危及环境。

(4) 国家责任

(a) 缔约国应直接或经由国际原子能机构相互指明并公布各自负责实质保护核材料并在核材料未经许可而被移动、使用或变更或确实受到此种威胁时负责协调追回和对策行动的中央负责机构和联系单位。

(b) 各缔约国在核材料被偷窃、抢劫或任何非法盗取或确实受到此种威胁时，应依照本国法律尽可能向提出请求的国家提供合作和协助，以追回和保护这种材料。

（c）缔约国应采取符合其国家法律的适当措施，以保护由于本公约的规定而从其他缔约国得到的或经由参与执行本公约的活动而得到的任何机密情报的机密性。

（d）缔约国应按照其国家法律规定，对有关核材料的蓄意犯罪予以惩处。

（5）争端的解决

（a）两个或两个以上缔约国之间发生有关本公约的解释或适用的争端时，缔约国应进行协商以用谈判方法或争端各方都可接受的任何其他和平解决争端方法来解决争端。

（b）任何这种性质的争端，如无法以上述所规定方式解决，经争端任何一方的请求，应提交仲裁或提交国际法院裁决。

5.《核安全公约》

1994年6月17日，在国际原子能机构总部维也纳召开的由各国政府代表参加的外交会议，讨论通过了《核安全公约》。该公约旨在加强各国核设施及其运行的安全，防止核事故，保护环境和人类健康。

公约主要内容：

（1）目的

（a）通过加强本国措施与国际合作，包括适当情况下与安全有关的国际技术合作，以在世界范围内实现和维持高水平的核安全；

（b）在核设施内建立和维持防止潜在辐射危害的有效防御措施，以保护个人、社会和环境免受来自此类设施的电离辐射的有害影响；

（c）防止带有放射性后果的事故发生和一旦发生事故时减轻此种后果。

（2）义务

（a）履约措施：缔约方应在其本国法律的框架内采取为履行本公约规定义务所必需的立法、监管和行政措施及其他步骤。

（b）提交报告：缔约方应就其为履行本公约的每项义务已采取的措施提出报告以供审议。

（c）对已有核设施的措施：缔约方应采取适当步骤，以确保本公约对该缔约方生效时已有的核设施的安全状况能尽快得到审查。必要时该缔约方应确保作为紧急事项采取一切合理可行的改进措施，以提高核设施的安全性。如果无法实现，则应尽可能快地执行使这一核设施停止运行的计划。

（d）立法和监督管理：缔约方应建立并维持一个管理核设施安全的立法和监管框架。

（e）安全责任：缔约方应采取适当步骤确保从事与核设施直接有关活动的一切组织为核安全制定应有的优先政策；应采取适当步骤以确保核设施设计、建造、运行安全，并确保辐射照射量保持在合理可行尽量低的水平。

（3）定义

（a）"核设施"：在其管辖下的任何陆基民用核动力厂，包括设在同一场址并与该核动力厂的运行直接有关的设施，如贮存、装卸和处理放射性材料的设施。当按照批准的程序永久地从堆芯卸出所有核燃料元件和安全贮存以及其退役计划经监管机构同意后，该厂即不再为核设施。

（b）"监管机构"：由该缔约方授予法定权力，颁发许可证，并对核设施的选址、设计、建造、调试、运行或退役进行监管的任何一个或几个机构。

（c）"许可证"：由监管机构颁发给申请者使其对核设施的选址、设计、建造、调试、运行或退役承担责任的任何批准文件。

（4）适用范围

本公约应适用于核设施的安全。

（三）无核区国际法律文书

有关无核区国际法律文书如下：

《非洲非核化宣言》

《拉丁美洲禁止核武器条约》

《南太平洋无核区条约》

《南太平洋无核区条约第二号议定书》
《南太平洋无核区条约第三号议定书》
《东南亚无核区条约》
《非洲无核武器区条约》
《中亚无核武器区条约》

1.《非洲非核化宣言》

1965年12月3日联合国大会第2033号决议通过了《非洲非核化宣言》。这是联合国关于建立无核区问题的第一个文件，开辟了世界各地区建立无核区的道路。

主要目的：推动非洲实现无核化目标。

主要内容：

（1）重申其敦促所有国家尊重非洲大陆为非核区之要求。

（2）敦促所有国家勿在非洲大陆使用或威胁使用核武器。

（3）敦促所有国家勿在非洲大陆试验、制造、使用或布置核武器，也不取得核武器或采取逼使非洲各国援例之任何行动。

（4）敦促拥有核武器及能力之国家勿将核武器、科学资料或工艺协助直接或间接转让给任何非洲国家之控制，以防止以任何方式协助此等国家在非洲制造或使用核武器。

（5）希望非洲团结组织采取必要措施以达到此目的。

2.《拉丁美洲禁止核武器条约》

1967年2月14日，墨西哥、智利等14个拉丁美洲国家在墨西哥城的特拉特洛尔科区签订了《拉丁美洲禁止核武器条约》（亦称《特拉特洛尔科条约》）。这是世界上第一个地区性无核区条约。随着古巴2002年对该条约的签署，《拉丁美洲禁止核武器条约》涵盖了拉丁美洲和加勒比海的所有国家。该条约无限期有效。

条约主要内容：

（1）义务

（a）禁止以任何方式在各自领土内试验、使用、制造、生产或取得任何核武器；

（b）不得以任何方式接受、储存、安装、部署和拥有任何核武器；

（c）不得直接或间接地从事、鼓励或授权，或以任何方式参加任何核武器的试验、制造、使用、拥有或控制。

（2）不禁止活动

（a）为和平目的利用核能：本条约的任何规定均不得妨碍缔约各国为和平目的，特别是为其经济发展和社会进步而依照本条约利用核能的权利；

（b）为和平目的的爆炸：缔约各国可进行为和平目的核装置爆炸——包括涉及类似核武器所用装置的爆炸，但以符合本条约规定为限。

（3）适用范围

本条约适用于对其发生效力的所有的拉丁美洲共和国和所有全部领土位于西半球北纬35°以南的其他主权国家及被全体会议接纳成为主权国家的国家。

（4）组织

成立"拉丁美洲禁止核武器组织"，设立全体会议、理事会和秘书处。全体会议为最高权力机关，审议和决定本条约所涉及的任何事项或问题。理事会为监督机关，保证监督制度按照本条约的规定和全体会议通过的决议正常地运行。秘书处为本组织的日常办公和执行机关。

（5）监督机制

应建立一种监督制度以核查缔约各国遵守本条约义务情况，特别是和平使用核能的装置、服务和设备不使用于试验或制造核武器，在缔约各国领土上没有用从国外引进的核材料或核武器进行本条约所禁止的活动，用于和平目的的爆炸符合本条约的规定。

缔约各国应与国际原子能总署谈判多边或双边协定，使其保障办法适用于该缔约国的核活动。

此外，本条约第二议定书要求有核武器国家充分尊重该地区的非核化地位，不对缔约国使用或威胁使用核武器。与该议定书有关的英国、美国、法国、中国和苏联五个核国家都已签署并批准了第二议定书。

3. 《南太平洋无核区条约》

1985年8月6日，13个南太平洋国家在拉罗汤加签署了《南太平洋无核区条约》（也称《拉罗汤加条约》）。该条约于1986年12月11日生效，无限期有效。与其他地区追求达成无核区条约情况稍有不同的是，该地区国家达成无核区条约的背景和动因是：美国、英国和法国三个核国家都在南太平洋地区拥有领土和属地，从第二次世界大战后这里就被他们用作进行核试验的试验场，这给当地安全、环境带来了重大危害。因此，南太平洋国家达成无核区条约的主要目的是禁止核国家在该地区进行包括核试验等在内的核活动。

条约主要内容：

（1）义务

（a）放弃核爆炸装置：不通过任何方式在南太平洋无核区内外的任何地方生产或以其他办法获取、拥有或控制任何核爆炸装置；不寻求或接受任何援助以生产或获取任何核爆炸装置；不采取任何行动协助或鼓励任何国家生产或获取任何核爆炸装置。

（b）和平核活动：不向以下国家提供原料、特种裂变材料或专门为加工、使用或生产用于和平目的的特种裂变物质而设计和准备的设备或材料：任何无核武器国家，除非接受《不扩散条约》所要求的保障，或任何核武器国家，除非接受与国际原子能机构达成的可适用的保障协议。

（c）防止安置核爆炸装置：防止在其领土上安放任何核爆炸装置；在行使其主权权利时可以自行决定是否允许外国船舶和飞机在其港口和机场停留，外国飞机在其空域过境，外国船舶在其领海或群岛海域以不属无害通过、群岛航道通过或海峡过境通行权利范围的方式航行。

（d）防止试验核爆炸装置：防止在其领土上试验任何核爆炸装置；不采取任何行动协助或鼓励任何国家试验任何核爆炸装置。

（e）防止倾倒：不在南太平洋无核区内的任何地方将放射性废料和其他放射性物质在海中倾倒；防止任何人在其领海内倾倒放射性废料和其他放射性物质；不采取任何行动协助或鼓励任何

人在南太平洋无核区内的任何海面倾倒放射性废料和其他放射性物质；支持尽早缔结拟议的关于保护南太平洋地区自然资源和环境的公约，和关于防止因倾倒而污染南太平洋地区的议定书，目的是防止任何人在本地区任何地方将放射性废料和其他放射性物质在海中倾倒。

（2）适用范围

（a）该条约及其议定书适用于南太平洋无核区以内的领土。

（b）本条约的任何规定都不得妨碍或以任何方式影响任何国家根据国际法在海洋自由方面享有的权利或行使这种权利。

（3）监督制度

（a）在其管辖范围内影响该条约实施的任何重大事件和因本条约引起或与条约有关事项的报告和资料交换；

（b）就涉及本条约的任何问题或审查其执行情况进行协商和合作；

（c）附件二规定的对和平核活动施行国际原子能机构的保障监督机制；

（d）附件四规定的申诉程序。

该条约没有建立专门的组织，但规定每个缔约国应向南太平洋经济合作局主任（下称主任）报告在其管辖范围内影响该条约实施的任何重大事件，主任应立即向所有缔约国散发这些报告。缔约国应将因本条约引起或与条约有关的事项告知其他缔约国，也可通过照会主任的方式交换资料，主任应把资料散发给所有缔约国。主任每年应向南太平洋论坛报告本条约的现状和因本条约引起或与条约有关的事项。

此外，本条约还附加了让核国家承担义务的两个议定书：《南太平洋无核区条约第二号议定书》（第二议定书）和《南太平洋无核区条约第三号议定书》（第三议定书）。第二议定书要求核国家承诺不对本条约各缔约国或第一号议定书的缔约国对位于南太平洋无核区范围内负有国际责任的任何领土使用或威胁使用任何核爆炸装置；第三议定书要求核国家承诺不在南太平洋无核区内任何地区试验任何核爆炸装置。与该议定书有关的英国、美国、法国、中国和苏联五个核国家都已签署并批准了这两个议定书。

4.《东南亚无核区条约》

1995年12月15日,东南亚10个国家签署了《东南亚无核区条约》(也称《曼谷条约》),该条约于2013年生效,无限期有效。与其他无核区条约不同的是,《东南亚无核区条约》命运多舛,其达成过程和达成后的真正有效受到一些核国家的阻挠。

早在1971年,东盟五国在曼谷发表了《东南亚中立化宣言》,宣布决心把东南亚建成"一个不受外部强国以任何方式干涉的和平、自由和中立地区"。1976年,东盟五国签署了《东南亚友好合作条约》,强调用和平方式解决国家之间的纠纷,并制定了具体的步骤与方法。但长期以来,超级大国在东南亚地区进行激烈的地缘博弈,使东盟建立"中立区"的主张一时难以实现。1987年,第三届东盟首脑会议做出了建立"东南亚无核区"的决定,以防止超级大国在东南亚的军备竞赛升级为核竞赛,但此举受到美国的反对,该计划进展缓慢。1995年,东南亚国家达成《东南亚无核区条约》后,也附加了让核国家承担不对条约缔约国使用或威胁使用核武器义务的议定书,但受到一些核国家的抵制。[①] 法国强调保留"自卫权",英国强调其受到了"新威胁",俄罗斯强调保留其船只和飞机越过无核区的权利,而美国则称需"观察其他国家的立场",因此,这些核国家迟迟没有签署该条约议定书。早在20世纪90年代,中国就明确表示,一旦《东南亚无核区条约》议定书开放供签署,中国愿率先签署该议定书,并做努力推动议定书早日生效。

条约主要内容:

(1) 义务

(a) 承诺在本无核武器区内外任何地方均不:发展、制造或取得、拥有或支配核武器,以任何手段部署或运输核武器,试验或使用核武器;

---

① 根据条约议定书的规定,五个核武器国家将在签署和批准议定书后,承担不对条约缔约国使用或威胁使用核武器的义务。

（b）承诺不允许在其领土内任何其他国家：发展、制造或取得、拥有或支配核武器，部署核武器，试验或使用核武器；

（c）承诺不在本无核武器区内任何地方向海洋倾倒或向大气释放任何放射性物质或废物，不在其他国家领土或管辖下的土地上处置放射性物质或废料，不允许在其领土内任何其他国家向海洋倾倒或向大气释放任何放射性物质或废物；

（d）承诺不寻求或接受任何援助或不采取任何行动帮助或鼓励做出任何违反上述义务的行为。

（2）适用范围

（a）本条约及其议定书应适用于本条约生效的地区中缔约国的领土、大陆架和专属经济区。

（b）本条约的任何内容均不得损害《联合国海洋法公约》规定的任何国家的权利或这些权利的行使，尤其是关于船舶和飞机的公海的自由、无害通过权、群岛海道通过或过境通过，并且要与《联合国宪章》保持一致。

（c）本条约的任何内容均不得损害缔约国使用核能，尤其是为它们的经济发展和社会进步使用核能的权利。

（3）组织

建立东南亚无核武器区委员会，委员会的职能应为监督本条约的实施并保证其条款得到遵守。建立委员会的附属机构即执行委员会，其职能是：保证按条约规定的监督制度执行核查措施；对澄清情况和派遣实况调查团的要求进行审议并做出决定；根据本条约附件成立实况调查团；审议实况调查团的结论并做出结论，报告委员会。

（4）监督制度

（a）每一个缔约国应与国际原子能机构签署全面保障协定；

（b）就其领土和其管辖和监督地区内影响本条约实施的任何重大事件向执行委员会提交报告，就本条约引起或与条约有关的事项交换情况；

（c）就有关缔约国遵守本条约方面产生怀疑的任何情势进行澄清；

(d) 派出实况调查团以便澄清与解决产生怀疑的任何情势。

5. 《非洲无核区条约》

1965年12月联合国大会通过《非洲非核化宣言》后，联合国大会一直呼吁非洲建立无核武器区。经过多年谈判，1996年4月11日，42个非洲国家终于在埃及首都开罗签署了《非洲无核区条约》（也称《佩林达巴条约》）。该条约无限期有效。

条约主要内容：

（1）义务

（a）放弃核爆炸装置：不以任何方法在任何地点进行核爆炸装置的研究、发展、制造、储存或以其他方式取得、拥有或控制任何核爆炸装置，不寻求或接受任何研究、发展、制造、储存、取得、或拥有核爆炸装置方面的援助，不采取行动协助或鼓励研究、发展、制造、储存或取得或拥有任何核爆炸装置；

（b）防止部署核爆炸装置：禁止在其领土上部署任何核爆炸装置；

（c）禁止试验核爆炸装置：不试验任何核爆炸装置，禁止在其领土内试验核爆炸装置，不协助或鼓励任何国家在任何地点试验任何核爆炸装置；

（d）处理核爆炸装置和制造它们的设施：公布任何制造核爆炸装置的能力，拆除和销毁它在本条约生效以前制造的任何核爆炸装置，销毁制造核爆炸装置的设施或在可能的情形下将装置改变为和平用途，允许国际原子能机构核查核爆炸装置的拆除和销毁过程以及它们生产设施的销毁或改变过程；

（e）禁止倾倒辐射性废物：执行《禁止向非洲输入有害废料并管制有害废料在非洲境内跨界移动的巴马科条约》各项措施，不采取任何行动协助或鼓励在非洲无核武器区内任何地点倾倒辐射性废物和其他辐射性物质；

（f）和平用途的核查：所有为和平利用核能而进行的活动都应严格遵守不扩散措施以保证完全用于和平用途，与国际原子能机构缔结全面保障协议以核查遵守上述规定。除非接受国与国际原子能机构缔结全面保障协议，不向任何无核武器国家提供原材料或特种核裂变材料或特别为和平目的处理、使用或生产特种裂变材料的设备或材料；

（g）核材料和设施的实物保护：维持最高安全标准，对核材料、设施和设备进行有效的实物保护，以防止盗窃或未经许可的使用和处理。为此，实施相当于《核材料实物保护公约》和国际原子能机构为此目的拟定的建议和指导准则所规定的实物保护措施；

（h）禁止对核设施进行武装攻击：不采取或协助或鼓励任何旨在以常规或其他方法对非洲无核武器区内的核设施进行武装攻击的行动。

（2）适用范围

（a）本条约及其议定书应适用于附件一地图表明的非洲无核武器区内的领土。

（b）本条约任何条款不得损害或以任何方式影响任何国家根据国际法在公海自由方面享有的权利或行使此项权利。

（c）本条约不应解释为防止为和平目的利用核科学和技术。

（3）遵约机制

建立非洲核能委员会（以下称为委员会），以确保缔约国遵守它们对本条约的义务。委员会职责是核实缔约国按规定提交的报告和交换资料；安排有关磋商以及召开缔约国会议以处理因履约产生的事项；审查将国际原子能机构的保障制度应用于和平核活动的情况；实施有关申诉程序；促进为和平利用核科学和技术的国际合作。

《条约》另附有 3 个议定书。第一号和第二号议定书分别要求中国、美国、俄罗斯、英国和法国五个核武器国家承诺不对非洲无核武器区使用或威胁使用核爆炸装置，不在非洲无核武器区内试验核爆炸装置。这两个议定书规定应由上述 5 个核国家分别签署和批准。第三号议定书则要求法国和西班牙在其非洲领地内履行条约。

6.《中亚无核区条约》

2006 年 9 月 8 日，哈萨克斯坦、吉尔吉斯斯坦、乌兹别克斯坦、塔吉克斯坦和土库曼斯坦五国在哈萨克斯坦东部城市塞米巴拉金斯克签署了《中亚无核区条约》。该条约于 2009 年 3 月 21 日生效，无限期有效。

相比于其他无核区条约，《中亚无核区条约》有以下四个特点：一是它是首个在曾经拥有核武器的地区建立无核区的条约；二是条约要求缔约国需在 18 个月内缔结并批准与国际原子能机构的保障协定和《不扩散核武器条约》的附加议定书，并且要求缔约国严格遵守《全面禁止核试验条约》的各项规定；三是条约要求缔约国按照国际有关保障严格控制核材料，严禁向没有签署《不扩散核武器条约》附加议定书的无核国家出口核裂变材料；四是该条约的达成使中亚成为北半球的首个无核区。

条约主要内容：

（1）义务

（a）承诺不以任何方法在任何地点进行核爆炸装置的研究、发展、制造、储存或以其他方式取得、拥有或控制任何核爆炸装置，不寻求或接受任何研究、发展、制造、储存、取得或拥有核爆炸装置方面的援助，不采取行动协助或鼓励研究、发展、制造、储存或取得或拥有任何核爆炸装置；

（b）承诺禁止在其领土内从事：核武器或核爆炸装置的生产、获取、放置或使用、接受、存储、安置或任何形式的拥有或控制和接受以上方面的援助，以及对此的协助和鼓励行为；

（c）承诺按照《全面禁止核试验条约》（CTBT），不进行任何核武器爆炸试验或其他核爆炸，禁止或防止在其管辖和控制下的地方发生这样的核爆炸，制止引发、鼓励或以任何方式参与实施任何核武器爆炸试验或其他核爆炸；

（d）承诺不允许其他国家在其领土内处置放射性废料。

（2）适用范围

（a）本条约适用于中亚 5 国即哈萨克斯坦、吉尔吉斯斯坦、塔吉克斯坦、土库曼斯坦和乌兹别克斯坦的所有领土包括领陆、领水和领空；

（b）本条约的任何规定都不得妨碍或以任何方式影响任何中亚国家对任何关于领土归属与主权争议的权利。

(3) 遵约机制

(a) 磋商：缔约国举行年度会议和特别会议，审议履约问题或其他与执行条约有关的事项；

(b) 争议解决：在缔约国之间产生的有关条约解释和实施条约的争议，通过磋商或缔约国认为需要的其他方法解决。

此外，该条约还附加了议定书。2014 年 5 月 6 日，中国、美国、俄罗斯、英国和法国五个核国家均签署了该议定书。[①]

(四) 处理非法核国家拥核问题的国际法律文书

这些国际法律文书有：

《里斯本议定书》

《布达佩斯安全保证备忘录》

《中法俄英美五国外长会议关于印巴核试验的联合声明》

"联合国安理会 1172 号决议"

"联合国安理会第 1540 号决议"

"联合国安理会第 1718 号决议"

1. 《里斯本议定书》

1992 年 5 月 23 日，白俄罗斯、哈萨克斯坦、俄罗斯和乌克兰与美国签署了《里斯本议定书》，确立了白俄罗斯、哈萨克斯坦和乌克兰三国作为美苏 1991 年 7 月 31 日签署的《第一阶段削减进攻性战略武器条约》（START－Ⅰ）继承国的地位，三国承诺恪守成为无核国家的方针并准备加入核不扩散条约。START－Ⅰ也由美苏双边核裁军条约变成了以美俄为主的多边核裁军条约。

议定书主要内容：

(1) 白俄罗斯、哈萨克斯坦、俄罗斯和乌克兰作为苏联的继承

---

① 该议定书使五个核国家对该条约缔约国提供"消极安全保证"，即签署国承诺不对《中亚无核区条约》任何缔约国使用或威胁使用核武器或其他核爆炸装置。"安全保证"分为"消极安全保证"和"积极安全保证"，前者是指核国家承诺不使用或威胁使用核武器，只是"消极、被动"地不使用或威胁使用，而后者则是在被保证对象遭遇核打击或核威胁时，承诺方要对其提供帮助、援助，是一种"积极、主动"行为。当然，这种帮助、援助可以是军事性质的，也可以是政治性质的和经济性质的，这取决于提供方与接受方的关系形态。

者履行苏联在《第一阶段削减进攻性战略武器条约》之下的义务。

（2）白俄罗斯、哈萨克斯坦和乌克兰应按照《不扩散核武器条约》规定作为无核国家在尽可能短的时间内加入该条约。

2.《布达佩斯安全保障备忘录》

《布达佩斯安全保障备忘录》是1994年12月5日由乌克兰与美国、俄罗斯、英国在匈牙利首都布达佩斯签署的一份备忘录形式的外交文件，旨在解决乌克兰继承的在苏联解体后遗留下来的核武器问题。该外交文件不属于正式的国际条约，其是否具有国际法律约束力，取决于该备忘录确立的签署国之间的权利与义务关系及各方签署的意图，显然，该备忘录不属于有国际法律约束力的文书。

（1）备忘录签署背景

本来，《里斯本议定书》就是为了解决苏联解体后乌克兰、白俄罗斯和哈萨克斯坦继承苏联的核武器问题，使三国履行 START - Ⅰ 义务，成为无核国家。哈、白两国分别于1992年7月2日和1993年2月4日批准了 START - Ⅰ，并以无核国家的身份加入《不扩散核武器条约》。而乌克兰虽然也承诺要成为无核国家，但因俄罗斯杜马先后通过决议，声称克里米亚、塞瓦斯托波尔市为俄领土；《俄罗斯外交政策构想》也提出，如果俄罗斯的利益受到侵犯，俄罗斯有权使用核武器，这让乌克兰对自身安全增加了担心，因而迟迟拒不执行议定书。乌克兰提出，乌克兰要履行消除其境内核武器的义务，须得到俄罗斯的安全保证和其他核大国的安全承诺与经济补偿。为此，美国、俄罗斯、英国与乌克兰进行了谈判。

1994年12月，乌克兰与这三个核国家签署了《布达佩斯安全保证备忘录》，解决了乌克兰的关切，另外两个核国家中国、法国也向乌克兰提供了安全保证。[①] 按照《布达佩斯安全保障备忘录》，

---

[①] 1994年12月4日中国政府声明：中国政府的一贯立场是，无条件不对无核国家和无核武器区使用或威胁使用核武器，这一原则立场适用于乌克兰。2013年12月5日，中乌发表《中华人民共和国和乌克兰关于进一步深化战略伙伴关系的联合声明》：中方根据联合国安理会第984号决议和1994年12月4日中国政府关于向乌克兰提供安全保证的声明，承诺无条件不对作为无核武器国家的乌克兰使用或威胁使用核武器，并在乌克兰遭到使用核武器的侵略或受到此种侵略威胁的情况下，向乌克兰提供相应安全保证。

乌克兰将核武器转交给了俄罗斯，并关闭和销毁了有关核设施，加入《不扩散核武器条约》，完全成为一个无核国家。2014年3月，克里米亚通过公投加入了俄罗斯版图，乌克兰指责俄罗斯违反了《布达佩斯安全保障备忘录》，俄罗斯公然破坏了乌克兰领土完整。但俄罗斯予以否认，表示克里米亚重新并入俄罗斯没有违反该备忘录，这是克里米亚人民自由行使自决权，与乌克兰损失领土的完整性无关。

（2）备忘录主要内容：

（a）俄罗斯、英国和美国重申尊重乌克兰的独立、主权和现行边界。

（b）俄罗斯、英国和美国承诺不对乌克兰领土完整和政治独立使用或威胁使用武力，除非根据《联合国宪章》行使自卫权。

（c）俄罗斯、英国和美国承诺不通过经济胁迫方式使乌克兰屈从于他们的经济或安全利益。

（d）乌克兰承诺，正式宣布永久放弃核武器，不研制、发展和使用核武器，加入《不扩散核武器条约》。

（e）俄罗斯、英国和美国重申对乌克兰的承诺：当加入《不扩散核武器条约》而成为无核国家的乌克兰受到入侵或受到核威胁时，应立即通过联合国安理会采取行动对其提供援助。

3.《中法俄英美五国外长会议关于印巴核试验的联合声明》

1998年5月中旬，印度首先进行了5次核试验，作为对抗措施，巴基斯坦随后进行了6次核试验。印巴轮番进行的核试验，严重威胁了南亚的和平与安全，也挑战了国际核不扩散体制，引起国际社会极度担忧。对此，联合国安理会五个常任理事国对这一严重威胁国际安全的事态迅速做出反应。

1998年6月4日，五国外长会议通过了《中法俄英美五国外长会议关于印巴核试验的联合声明》。这一声明的核心是，印巴虽然进行了核试验，事实上拥有了核武器，但其是非法的，印巴不具有合法核国家地位。

声明主要内容：

（1）谴责印度和巴基斯坦于1998年5月进行核试验，这些核试验对地区和平与安全构成威胁。

（2）要求印度和巴基斯坦立即停止核试验，放弃核武器化，不部署核武器，不试验和部署能运载核武器的导弹，停止生产武器用裂变材料。

（3）要求印度和巴基斯坦立即无条件加入《全面禁止核试验条约》。

（4）尽管印度和巴基斯坦进行了核试验，但根据《不扩散核武器条约》，印度和巴基斯坦并不具有核武器国家的地位。

（5）五国确认各自国家的有关政策，防止向印度或巴基斯坦出口任何可能有助于印、巴核武器计划或能运载核武器的弹道导弹计划的设备、材料或技术。[①]

4."联合国安理会1172号决议"

1998年6月6日，在五国发表关于印巴核试验联合声明两天后，联合国安理会一致通过了关于印巴核试验问题的第1172号决议，核可了中国、法国、俄罗斯、英国和美国外交部长于1998年6月4日在日内瓦会议上发表的联合声明，从而在法律上确认了这一声明的地位。

该决议谴责印度和巴基斯坦在1998年5月进行的核试验，要求印度和巴基斯坦立即停止核试验，停止其核武器发展计划，立即无条件加入《不扩散核武器条约》和《全面禁止核试验条约》。根据《不扩散核武器条约》，印度或巴基斯坦不具有核武器国家的地位。

5."联合国安理会第1540号决议"

2004年4月28日，联合国安理会第4956次会议通过了关于防止核武器、生化武器及其运载工具扩散的第1540号决议，这是迄

---

[①] 2006年3月，美国和印度签署了《民用核能合作协议执行协议》。根据这份有效期为40年的协议，美印两国将展开全方位民用核能合作，美国保证向印度提供核技术、核装置和核燃料，并帮助印度建立战略核能储备；同时允许印度在"国际原子能机构"监督下，对使用过的核燃料进行再处理。虽然美国要求印度须将其民用核项目与军事核项目分离，并接受美国对其民用核设施的检查，但无疑这一协议将使印度的核技术、核能力获得很大的发展，严重违反了五国声明。

今为止联合国安理会最为重要的一项防扩散决议,成为国际社会在防扩散领域制定文书、采取行动、进行合作的重要依据。

决议主要内容:

(1)各国不向企图开发、获取、制造、拥有、运输、转移或使用核生化武器及其运载工具的非国家行为者提供任何形式的支持,并通过和实施适当、有效的法律,禁止任何非国家行为者,尤其是为恐怖主义目的而制造、获取、拥有、开发、运输、转移或使用核生化武器及其运载工具,以及禁止企图从事上述任何活动、作为共犯参与这些活动、协助或资助这些活动。

(2)各国应建立国内管制,包括对相关材料建立管制及违反管制条例的刑罚,以防止核生化武器及其运载工具的扩散。

(3)设立一个安理会的委员会,由其向安理会报告本决议的执行情况以供审查。

(4)对本决议所规定任何义务的解释均不得抵触或改变《不扩散核武器条约》《禁止化学武器公约》及《禁止生物武器公约》缔约国的权利和义务,或者改变国际原子能机构或禁止化学武器组织的责任。

(5)吁请所有国家促进普遍批准、全面执行以及加强旨在防止核生化武器扩散的各项多边条约。

6. "联合国安理会第1718号决议"

2006年10月9日,朝鲜首次进行了核试验,对东北亚安全局势和国际核不扩散体制均构成重大威胁,联合国安理会对此迅速做出反应。2006年10月14日,安理会第5551次会议通过了第1718号决议。该决议不仅对朝鲜核试验性质进行了认定,要求朝鲜重返《不扩散核武器》,而且对朝鲜进行了制裁。

如同安理会第1172号决议是对印巴进行核试验反应一样,第1718号决议表明了对朝鲜核试验的严正态度,其核心是不因朝鲜进行核试验而取得合法核国家地位。

决议主要内容:

(1)谴责朝鲜2006年10月9日进行的核试验,认为这一试验威胁了国际和平与安全。

（2）要求朝鲜立即收回其退出《不扩散核武器条约》的宣告，重返《不扩散核武器条约》和"国际原子能机构"的保障监督。

（3）要求朝鲜不再进行任何核试验或发射弹道导弹，以完全、可核查和不可逆的方式放弃所有核武器和现有核计划，严格履行《不扩散核武器条约》和国际原子能机构保障监督的义务，暂停所有与弹道导弹计划相关的活动。

（4）要求朝鲜以完全、可核查和不可逆的方式放弃现有的其他所有大规模杀伤性武器和弹道导弹计划。

（5）对朝鲜实施武器禁运：禁止向朝鲜提供、销售或转让与大规模杀伤性武器有关的物项，和与《联合国常规武器登记册》所界定的武器及其零部件、材料，或由安理会或为此设立的委员会认定的物项，以及奢侈品。

（6）对朝鲜进行金融制裁：立即冻结由委员会或安理会指认参与、支持朝鲜核相关、其他大规模杀伤性武器相关和弹道导弹相关计划的人或实体直接或间接拥有或控制的资金、其他金融资产和经济资源。

（7）对朝鲜实施入境限制：采取必要措施防止委员会或安理会指认的对朝鲜的核相关、弹道导弹相关和其他大规模杀伤性武器相关计划的政策负责人，包括支持或推动这些政策的人及其家属入境或过境。

（8）对朝鲜进行货物检查：呼吁所有会员国根据本国当局和立法的规定并遵循国际法采取合作行动，包括需要时对进出朝鲜的货物进行检查。

（9）为落实以上条款要求，安理会决定成立一个由安理会全体成员组成的委员会，专门监督、处理相关事宜。

（10）申明安理会将不断审议朝鲜的行动，视朝鲜遵守本决议各项规定的情况，根据需要加强、修改、中止或解除这些措施。

## 二　生化武器防扩散的国际规则

生化武器是除核武器以外的另外两类大规模杀伤性武器。不同于核武器的是，生化武器受到国际法律的严格禁止，《禁止生物武器公约》和《禁止化学武器公约》从法律上完全禁止和彻底销毁这两类类武器。即使如此，由于这两类武器及技术的两用性和核查难度较大，防止这两类武器的扩散仍是国际防扩散领域的重要内容。"澳大利亚集团"是生化武器防扩散领域的主要多边机制。

"澳大利亚集团"是一个对生化物项出口进行控制的多边机制。1985年，澳大利亚建议实施出口管制的国家举行一次会议，以协调各国的出口许可措施并增进相互合作。1985年6月，有关国家在布鲁塞尔举行了第一次会议，讨论加强出口管制措施以防止生化武器扩散问题，自此，澳大利亚集团成立。该组织的目标是：加强出口许可制度，确保某些化学品、生物用品以及用于制造化学和生物两用品的设施和设备的出口，不为生化武器的扩散所利用。集团通过协调各参加国的出口许可措施来实现这一目标。该组织现有43个成员国。中国虽然不是该集团的成员国，但在制定生化出口管制条例和清单时，借鉴了该集团的有关准则及管制清单。

1. 成员国义务

澳大利亚集团成员国都是《禁止化学武器公约》和《禁止生物武器公约》的缔约国，它们并不承担任何具有法律约束力的义务，其合作的有效性有赖于对不扩散生化武器目标的共同承诺及其各自所采取的相应措施的力度。在制订其出口许可措施时，成员国应考虑：

这些措施应当能够有效阻止生化武器的生产；

这些措施应当行之有效，且易于实施；

对于用于合法目的的原料与设备，这些措施不应成为其正常贸易的障碍。

集团成员国都应按照《敏感化学或生物物项转让指导原则》对其有关出口进行管制。它们已经对63种化学武器前体采取了许可措施，还被要求对以下特定产品的出口采取许可措施：

化学两用品的制造设施、设备及相关制造技术；

植物病原体；

动物病原体；

生物用品；

生物两用设备。

2. 敏感化学或生物物项转让指导原则

在考虑对有可能协助生化武器活动的设备、材料、技术和软件进行转让时，应按照如下指导原则采取行动：

（1）该指导原则根据《禁止生物武器公约》第三条、《禁止化学武器公约》第一条以及所有联合国安理会有关决议，通过对国家或非国家行为人的生化武器活动的转让进行管制，旨在限制涉及化学和生物武器（生化武器）的扩散和恐怖主义。根据《禁止生物武器公约》第十条和《禁止化学武器公约》第十一条，该指导原则不会助长生化武器活动或恐怖主义的生物或化学产品贸易，也无意阻碍国际合作。该指导原则，包括附加的澳大利亚集团管制清单及此后的修订本，构成了对生化武器活动的材料、设备技术和软件转让到本国政府管辖或管制范围之外的任何目的地的管制基础。该国政府将根据本国法律执行该指导原则。

（2）该指导原则将适用于集团管制清单上任何物项的每一次转让。但该国政府可以自行决定是否及在多大程度上对其判定在不扩散方面一向表现优秀的转让目的地使用快速许可措施。如政府根据包括第三段在内的各项要素评估出的所有可获得并具说服力的信息认定受管制物项将用于化学武器或生物武器计划或生化武器恐怖主义，或存在明显的用途转移风险，则将禁止该物项的转让。当然关于转让的决定仍然属于该政府主权的行使范畴。

（3）在实现该指导原则宗旨时，包括执法和对违例实施制裁在内的国家出口管制立法发挥着重要作用。

（4）为实现该指导原则宗旨，在审查出口申请时应考虑以下要素：

（a）涉及生化武器的扩散和恐怖主义的信息，包括任何同扩散或恐怖主义有关的活动，或交易方参与秘密或非法采购活动的信息；

（b）接收国从事生物和化学活动的能力和目标；

（c）该转让在声明的最终用途的恰当性，包括接收国或最终用户提交的任何相关保证方面和发展生化武器的潜力方面的意义；

（d）经销商、经纪人或其他中介在转让，包括提供转让物项进口商和最终用户的认证证书，以及物项到达所述最终用户的保证证书的能力方面的作用；

（e）评估该转让的最终用途，包括过去是否曾拒绝向该用户进行转让，该用户是否曾将批准过的转让转用于未经许可的目的，以及尽可能审核该用户是否能够安全地处理和储藏被转让物项；

（f）接收国和中介国出口管制体系的范围和有效性；

（g）包括《禁止生物武器公约》和《禁止化学武器公约》在内的有关多边协议的适用性。

（5）该国政府根据其国家立法和实践，应该在授权转让集团管制的物项前，应或是认定该商品不会转口；或者认定如该商品转口，接收国政府将根据该指导原则对商品进行管制；或是得到经该国政府事先同意才能向第三国再转让商品的保证。

（6）不应违反该指导原则的宗旨而转让任何含一个以上受管制并能被拆下或用于其他目的的主要部件的非管制物项。同时不应违反该指导原则的宗旨而转让用于生产生化武器制剂或受集团管制化学前体的任何规模的整套厂房。

（7）该国政府保留对其认为必要的转让施加更多条件；将该指导原则用于未在集团管制清单上列出的物项；出于其他与其条约义务一致的公共政策理由采取措施限制出口的裁量权。

（8）为加强对该指导原则的执行效果，该国政府将和运用相同指导原则的其他国家政府就相关信息进行必要和恰当的交流。

（9）该国政府鼓励所有国家为了国际和平与安全遵守该指导原则。

3. 管制清单

上述各项构成了集团的"一般管制清单"基础。

"一般管制清单"包括以下清单：

（1）化学武器前体出口管制清单①

该清单共有63种化学前体物质，其中在《禁止化学武器公约》附件中已列明39种。

（2）化学两用品制造设施、设备及相关技术和软件出口管制清单②

该清单包括制造设施与设备（反应罐、反应器或搅拌器，储存罐、容器或接受器，热交换器或冷凝器，蒸馏塔或吸收塔，充装设备，阀门，多壁式管道，泵，焚烧炉）、毒气检测系统与检测器、相关技术（指与下列内容直接相关的技术：化学战用品，集团管制的前体，集团管制的两用设备）、软件。

（3）生物两用设备及相关技术和软件出口管制清单③

该清单包括设备［P3或P4防护水平的全面防护设施，发酵罐，离心分离器，截流（切向）过滤设备，冻干设备，喷雾干燥设备，保护和防护设备，气溶胶吸入箱，有关喷雾或雾化系统及其部件］、相关技术（直接与下列内容相关的技术：集团管制的生物用品，集团管制的两用设备）、软件。

（4）生物制剂出口管制清单④

该清单包括39种病毒、20种细菌、19种毒素及其亚单位、2种真菌以及相关的遗传物质和转基因生物。

（5）植物病原体出口管制清单⑤

该清单包括5种细菌、11种真菌、2种病毒以及相关的遗传物质和转基因生物。

（6）动物病原体出口管制清单⑥

该清单包括17种病毒、2种真菌以及相关的遗传物质和转基因生物。

---

① 石颖主编：《国际多边出口管制集团》，法律出版社2016年版，第362—364页。
② 石颖主编：《国际多边出口管制集团》，法律出版社2016年版，第364—370页。
③ 石颖主编：《国际多边出口管制集团》，法律出版社2016年版，第372—375页。
④ 石颖主编：《国际多边出口管制集团》，法律出版社2016年版，第378—381页。
⑤ 石颖主编：《国际多边出口管制集团》，法律出版社2016年版，第383—384页。
⑥ 石颖主编：《国际多边出口管制集团》，法律出版社2016年版，第385—386页。

### 三 常规武器防扩散的国际规则

常规武器的防扩散是按照导弹武器防扩散和其他常规武器防扩散两个方面区分的,其着眼点不同:导弹武器往往被视为大规模杀伤性武器的运载工具,受到格外重视而被纳入防扩散范畴,对其防扩散措施非常之严格;而其他常规武器则是作为一般进攻性武器被纳入防扩散范畴,其防扩散目的在于控制和透明,重点是透明。

常规武器防扩散的国际规则有:

《导弹及其技术控制制度》

《防止弹道导弹扩散国际行为准则》(ICOC)

《反弹道导弹扩散国际行为守则》

《关于常规武器和两用物品及技术出口控制的瓦森纳协定》(《瓦森纳协定》)

《武器贸易条约》

1.《导弹及其技术控制制度》

1987年4月16日,在美国主导下,美国、加拿大、法国、联邦德国、意大利、日本和英国7个西方国家达成了《导弹及其技术控制制度》(MTCR)。这是一个集团性的对导弹及其技术出口进行控制的多边机制,目的是防止可运载大规模杀伤性武器的导弹和无人驾驶航空飞行器及相关技术扩散到集团外的其他国家。虽然该制度不是一项正式的国际条约,对成员国没有法律约束力,各成员国可根据本国的政策和立法参照实施,自愿遵守。但在现实国际政治中,这一制度在国际有关导弹及其技术的出口贸易中发挥着主要限制和规范作用。该制度现有35个成员国。中国虽未加入该制度,但在制定导弹出口管制条例和清单时,借鉴了该制度的准则和技术附件。

《导弹及其技术控制制度》由"与导弹有关的敏感转让准则"("准则")和"设备、软件和技术附件"("附件")组成。"准则"确立了成员国对转让导弹及其技术进行控制的指导原则,"附件"则列明了各类导弹系统、部件、组件、设备、材料、燃料、软件等分类技术控制清单。

（1）"准则"

（a）本准则旨在对可能用于发展核武器、化学和生物武器等大规模杀伤性武器运载系统（不包括有人驾驶飞机）的转让项目加以控制，以减少上述武器的扩散风险。本准则的另一目的是减少管制项目及其技术落入恐怖组织和恐怖分子手中的风险。

制定这些准则不是为了阻碍那些与发展大规模杀伤性武器运载系统无关的国家空间项目或国际空间合作项目。各成员国政府将根据本准则及其附件的规定，对所有能够投射大规模杀伤性武器的运载系统（不包括有人驾驶飞机）以及与负载能力和射程超过规定参数的导弹有关的设备和技术的转让进行监管，对上述设备和技术向其管辖和控制范围以外任何地点的转移加以控制。对附件中所列项目的转让活动将慎重考虑，所有这类转让都将根据具体情况逐一审查。政府将按照国家法律实施本准则。

（b）附件由甲乙两类项目构成，项目包括设备和技术。甲类项目最为敏感，统统列入附件第一项和第二项。如果某个系统中包括甲类项目，该系统也将被视为甲类项目，除非构成系统一部分的该项目不能从系统中分离、拆除或复制。对甲类项目的转让，无论出于何种目的，都将进行格外慎重的审查，而且很可能会拒绝批准这类转让。如果政府根据第三段所列举的各项因素，对所有能够得到的具有说服力的情报进行评估之后做出判断，认为附件中所列的任何项目或任何导弹（不论是否列入附件）将被用于运载大规模杀伤性武器之目的，则将对上述项目或导弹的转让加以格外慎重的审查，而且很可能会拒绝批准这类转让。在另行通知之前，对甲类生产设施的转让将不予授权。甲类其他项目的转让只有在极个别的情况下才能得到授权，而且必须满足以下条件：政府根据本准则第五段的规定，从接收国得到政府对政府的具有约束力的保证；政府承担责任，采取一切必要步骤以确保上述项目只用于明文规定的最终用途。还应明确一点，即转让事宜只能由政府根据独立自主的判断做出决定。

（c）在对附件所列项目的转让申请进行评审时，将考虑以下因素：

对大规模杀伤性武器扩散的关切；

接收国发展导弹和空间计划的能力及目的；

转让项目对于发展大规模杀伤性武器运载系统（不包括有人驾驶飞机）的潜在作用；

对于转让项目最终用途的评估，包括下列第五段前两小段提到的接收国提出的有关保证；

有关多边协定的适用性；

管制项目落入恐怖组织和恐怖分子手中的风险。

（d）在国家法律许可的情况下，与附件所列项目直接有关的设计和生产技术的转让将和设备本身的转让一样，受到严格的审查和控制。

（e）如果转让项目可能被用于发展大规模杀伤性武器的运载系统，转让国政府须在收到接收国政府提出的适当保证之后，才能对附件所列项目的转让予以授权。接收国政府必须保证：

转让项目只用于明文规定的目的，在没有得到转让国政府事先同意的情况下，不得更改上述用途，也不得改变或复制转让项目；

在没有得到转让国政府同意的情况下，不得对相关项目或其复制品或衍生产品进行转让。

（f）为了促进本准则的有效实施，转让国政府将在必要和适当的情况下与实行同样准则的他国政府交换相关情报。

（g）转让国政府将做出以下规定：

如果出口商从政府相关主管部门得到情报，表明未列入清单的项目可能被全部或部分用于与大规模杀伤性武器运载系统（不包括有人驾驶飞机）有关的目的，则国家出口监管部门将要求上述项目须经过授权方能进行转让；

如果出口商得知未列入清单的项目可能被全部或部分用于上述活动，政府将依照国家出口监管制度，要求出口商向上述主管部门发出通知，由主管部门决定是否应对相关出口项目予以授权。

（h）欢迎所有国家遵守上述准则，以维护国际和平与安全。

（2）"附件"

附件中将受控物项分为以下两大类：

"Ⅰ类项目"是最敏感的项目，包括主要参数超过300公里射程/500公斤载荷的完整火箭系统（包括弹道导弹、空间运载火箭和探空火箭）和无人驾驶航空飞行器系统（包括巡航导弹、靶机和侦察机），以及上述系统的生产设施、主要分系统（包括火箭各级）、再入飞行器、火箭发动机、制导系统及弹头机制。Ⅰ类项目在转让时不论目的如何，均应加以特别限制，适用"强烈推定不予转让"原则；Ⅰ类项目生产设施的转让一般不应批准。

"Ⅱ类项目"包括可用于运载大规模杀伤性武器、但未包括在Ⅰ类项目中的完整火箭系统（包括弹道导弹、空间运载火箭和探空火箭）和无人驾驶航空飞行系统（包括巡航导弹、靶机和侦察机），以及可用于Ⅰ类项目中各系统的设备、材料和技术。Ⅱ类项目在转让时应予逐案审批。

附件详细列明了这两类物项的技术清单，包括"完整运载系统""完整运载系统的子系统""推进部件和设备""推进剂、化学品和推进剂生产""结构复合材料生产、热解沉积和增密及结构材料""仪表、导航和定向""飞行控制""航空电子设备""发射保障""计算机""模/数转换器""试验设施及设备""建模仿真及一体化设计""隐身""核效应防护""其他完整的发射系统"和"其他完整的子系统"。

2.《防止弹道导弹扩散海牙行为准则》

2002年11月25日，由《导弹技术控制制度》成员国发起的"防止弹道导弹扩散海牙行为准则"在荷兰海牙签署，其目标是通过透明和建立信任措施等手段，防止可运载大规模杀伤性武器的弹道导弹及其技术的扩散。不同于国际公约，行为准则不具有法律约束力，也没有国际组织负责监督签署国履行准则，但具有政治和道义约束力。该准则也是重要的防扩散国际规范。

该准则主要内容：

（1）通过多边、双边和国家努力，在全球和区域两个层次制止和预防能够运载大规模毁灭性武器的弹道导弹扩散。

（2）为了全球和区域和平与稳定，在研制、试验和部署能够运载大规模毁灭性武器的弹道导弹方面尽可能克制，如可能，减少国家拥有弹道导弹的数目。

（3）在考虑援助任何其他国家空间运载火箭项目时保持必要的警惕性，防止帮助大规模毁灭性武器运载系统的发展，同时考虑到此类方案可用于掩盖弹道导弹方案。

（4）不帮助、不支持、不协助可能研制或获取大规模毁灭性武器的国家的弹道导弹方案，这些国家违反了国际裁军和不扩散条约规定的准则及其根据这些条约承担的各项义务。

（5）为促进防止能够运载大规模毁灭性武器的弹道导弹的扩散，应采取下列透明度措施：（一）弹道导弹方案：每年通报弹道导弹政策，包括关于弹道导弹系统和陆地（试验）发射场的有关信息，前一年发射弹道导弹的数目和种类。（二）空间运载火箭方案：每年通报空间运载火箭方案政策和陆地（试验）发射场情况，包括前一年在这些发射场发射的弹道导弹的数目和种类。在自愿的基础上（包括允许开放的程度），考虑邀请国际观察员参观陆地（试验）发射场。（三）弹道导弹和空间运载火箭方案：通报弹道导弹和空间运载火箭的发射和试验飞行情况：弹道导弹和空间运载火箭的种类、计划发射窗口、发射地点和拟定的发射方向。

（6）在本准则框架内建立交流通知和其他信息的程序，并建立适当机制自愿解决国家通报引起的问题，以及（或）与弹道导弹和（或）空间运载火箭方案有关的问题。

3.《反弹道导弹扩散国际行为守则》

2003年2月6日，联合国大会第57/724号文件通过了《反弹道导弹扩散国际行为守则》。该守则的目的是加强对防止能够运载大规模毁灭性武器的弹道导弹系统扩散的安排和机制，以应对此类武器扩散对全球安全带来的挑战。

守则主要内容：

（1）遵守原则

确认应全面预防和制止能够运载大规模毁灭性武器的弹道导弹系统的扩散，须加强并争取广泛加入多边裁军和不扩散机制；

不应排斥任何国家和平利用外层空间，但在获取这种利益和进行有关合作时，必须避免能够运载大规模毁灭性武器的弹道导弹的扩散；

空间运载火箭计划不应用于隐藏弹道导弹计划，就弹道导弹计划和空间运载火箭计划采取适当的提高透明度措施，以增强信任，促进弹道导弹和弹道导弹技术的不扩散。

本守则向所有会员国开放，可自愿参加。

（2）一般性措施

批准、加入或遵守《关于各国探索和利用包括月球和其他天体在内外层空间活动的原则条约》，《外空物体所造成损害之国际责任公约》，及《关于登记射入外层空间物体的公约》；

在研制、试验和部署能够运载大规模毁灭性武器的弹道导弹方面尽可能克制，减少国家拥有弹道导弹的数目；

在考虑援助任何他国空间运载火箭项目时保持必要的警惕性，防止帮助大规模毁灭性武器运载系统的发展，同时考虑到此类计划可用于掩盖弹道导弹计划；

不帮助、不支持、不协助可能研制或获取大规模毁灭性武器的国家的弹道导弹计划，这些国家违反了国际裁军和不扩散条约规定的准则及其根据这些条约承担的各项义务。

（3）透明度措施

弹道导弹透明：每年申报弹道导弹政策、关于弹道导弹系统和陆地（试验）发射场的有关信息、前一年发射弹道导弹的数目和种类。

空间运载火箭透明：每年申报空间运载火箭方案政策和陆地（试验）发射场情况、前一年发射火箭的数目和种类，在自愿的基础上邀请国际观察员参观陆地（试验）发射场。

提前通报：发射前通知说明弹道导弹和空间运载火箭的发射和试验飞行情况，包括弹道导弹和空间运载火箭的种类、计划发射通知窗口、发射地点和拟定的方向。

4.《关于常规武器和两用物品及技术出口控制的瓦森纳协定》

1996年7月，西方33个国家在奥地利首都维也纳签署了《关于常规武器和两用物品及技术出口控制的瓦森纳协定》(《瓦森纳协定》,又称"瓦森纳安排"),决定从 1996 年 11 月 1 日起对常规武器与技术转让实施新的控制清单和信息交换规则。"瓦森纳安排"是一个建立在自愿基础上的集团性出口控制机制,其所称的目的是通过成员国间的信息通报制度,提高常规武器和双用途物品及技术转让的透明度,以对常规武器和双用途物品及相关技术转让进行监督和控制。

(1) 机制背景

"瓦森纳安排"实际上是"巴黎统筹委员会"(简称"巴统")的继承。"巴统"是冷战时期西方国家对社会主义国家实行禁运和贸易限制的集团组织。随着 1991 年苏联的解体,"巴统"于 1994 年宣告解散,包括"巴统"17 国在内的 28 个国家于 1995 年 9 月在荷兰瓦森纳召开会议,决定建立常规武器和双用途物品及技术出口控制机制,以弥补"巴统"解散后在常规武器领域出口控制方面的空缺。

(2) 机制内容

"瓦森纳安排"包含两份控制清单:一份是军民两用商品和技术清单,涵盖了先进材料、材料处理、电子器件、计算机、电信与信息安全、传感与激光、导航与航空电子仪器、船舶与海事设备、推进系统等 9 大类物项;另一份是军品清单,涵盖了各类武器弹药、设备及作战平台等共 22 类物项。"瓦森纳安排"成员国对控制清单上物项的出口实行国家控制,即由各国政府自行决定是否允许或拒绝转让某一物品,并可自愿向其他成员国通报有关信息,协调控制出口政策。

(3) 成员国条件

"瓦森纳安排"机制规定,申请加入该机制的国家须满足以下三个条件:一是为武器或工业设备的生产国或出口国;二是遵守防扩散有关制度,即遵守"核供应国集团""导弹及其技术控制制度"和"澳大利亚集团"的政策、控制清单和准则,遵守《不扩散核武器条约》《禁止生物武器公约》和《禁止化学武器公约》;三是实施全面、有效的出口控制制度。

（4）机制歧视性

虽然该机制组织声称其不针对任何国家和国家集团，不妨碍正常的民间贸易，也不干涉通过合法方式获得自卫武器的权利，但从该机制渊源、目的、成员国构成，特别是从该机制的实际运行来看，"瓦森纳安排"具有明显的针对性、歧视性和排他性，其针对的是广大发展中国家，也拒绝这些国家加入该机制，其真正目的并非所谓的"防扩散"，而是凭借成员国技术优势，防止先进技术输入发展中国家，使发展中国家始终处于世界技术和经济的中低端，而保持自身技术和产业的领先地位。与"核供应国集团""澳大利亚集团"和"导弹及其技术控制度"这三个对大规模杀伤性武器及其运载工具与技术进行出口控制不同，"瓦森纳安排"控制的是常规的高科技产品及技术，因此，其对发展中国家的技术进步和经济社会发展影响较大，与开放、包容、合作、共赢的世界发展潮流格格不入，是一个应该被时代所抛弃的集团机制。

5.《武器贸易条约》

2013年4月2日，联合国大会第67/234B号决议通过了《武器贸易条约》。该条约为监管8类常规武器的国际贸易制定了国际标准，规定缔约国应设立管制武器出口机制，以确保所输出的武器不被用于种族灭绝、战争罪行，或落入恐怖分子和犯罪团伙手中。该条约于2014年12月24日生效，无限期有效。

条约主要内容：

（1）宗旨和目的

（a）宗旨

促进国际和区域和平、安全与稳定；减少人类苦难；促进缔约国在常规武器国际贸易方面的合作、透明和负责任的行动，从而在缔约国之间建立信任。

（b）目的

制定用于监管常规武器国际贸易或改进对常规武器国际贸易监管的尽可能高的共同国际标准；防止和消除常规武器非法贸易并防止其转作他用。

（2）义务

（a）建立管制制度

缔约国应建立和维持一个国家管制制度，包括一份国家管制清单，以实施本条约的规定。

（b）禁止转让

如果转让违反联合国安理会所采取的措施、尤其是武器禁运措施规定的义务，则缔约国不得批准本条约所述常规武器及其弹药、零部件物项的转让；

如果转让违反缔约国应承担的相关国际义务，尤其是涉及常规武器转让或非法贩运的义务，则缔约国不得批准本条约所述常规武器及其弹药、零部件物项的转让；

如果缔约国在批准的本条约所述常规武器及其弹药、零部件物项将用于犯下灭绝种族罪、危害人类罪、严重违反1949年《日内瓦四公约》的行为，则缔约国不得批准武器或物项的转让。

（c）出口和出口评估

如果未禁止某项出口，缔约国在审议批准本条约所述常规武器及其弹药、零部件物项出口时，应以评估拟议出口的常规武器或物项：是否会促进或破坏和平与安全；是否会用于犯下或有助于犯下严重违反国际人道主义法、国际人权法的行为；犯下或有助于犯下根据出口国作为缔约国的与恐怖主义有关的或与跨国有组织犯罪有关的国际公约或议定书构成犯罪的行为。若有此等风险，则出口缔约国不得批准出口。

（d）进口协助

进口缔约国应根据请求向出口缔约国提供适当和相关的信息，协助出口缔约国进行出口评估。进口缔约国应采取措施，使其监管其管辖范围内的本条约所述常规武器的进口，上述措施可包括进口制度。

（e）过境和转运监管

缔约国应采取措施监管其管辖范围内的本条约所述常规武器经过其领土的过境或转运及中介活动。

（f）防止转用

参与转让本条约所述常规武器的缔约国应采取措施，包括建立国家控制制度，防止其转作他用。缔约国如发现已转让的常规武器被转用，该国应采取措施处理这种转用问题。

（g）记录与报告

缔约国应保留本条约所述常规武器的出口批准书或实际出口的国家记录，记录至少应保留10年。

缔约国应在本条约对其生效后的第一年内向秘书处提交一份初步报告，说明为执行本条约而采取的措施，包括制定的国内法律、国家管制清单以及其他法规和行政措施。缔约国每年都应在5月31日前向秘书处提交一份报告，说明上个历年本条约所述常规武器的批准或实际进出口情况。

（3）定义

（a）本条约所述常规武器是指以下8类常规武器：作战坦克、装甲战斗车、大口径火炮系统、作战飞机、攻击直升机、军舰、导弹和导弹发射器、小武器和轻武器。

（b）转让：国际贸易活动，包括出口、进口、过境、转运和中介活动。

（c）弹药：本条约所述的8类常规武器射击、发射或运载的弹药。

（d）零部件：本条约所述的8类常规武器的零部件。

（4）适用范围

本条约不适用于某个缔约国或代表某个缔约国进行的供本国使用的常规武器国际移动，但条件是有关常规武器仍为该缔约国所有。

## 第四节 建立信任措施的国际规则

在一个充满矛盾、竞争的世界中，国家之间难免存在相互猜忌和误解，这可增加对抗和冲突的风险。因此，有关国家之间达成了直接联系、信息交流、军力透明等建立信任的协议等，增加了相互理解和信任，加强了地区和世界的安全与稳定。按照范围划分，建立信任措施的国际规则分为多边和双边的建立信任措施国际规则。从实际意义上说，双边的建立信任措施国际规则比多边的建立信任措施国际规则更为重要，因为，双边规则往往是在存在矛盾和对抗的两个国家之间达成的，这种协议对消除相互猜忌和误解、增加安全与稳定更为有效和重要。

### 一　多边的建立信任措施国际规则

多边的建立信任措施国际规则主要有以下国际法律文书：

《关于登记射入外层空间物体的公约》

《关于建立信任措施和安全与裁军若干问题的文件》

《斯德哥尔摩文件》

《维也纳文件》

《开放天空条约》

《联合国常规武器登记册》

《关于在边境地区加强军事领域信任的协定》（《上海协定》）

《在获得常规武器方面实现透明的美洲公约》

《外空活动行为准则》

1. 《关于登记射入外层空间物体的公约》

1974年11月12日，联合国大会第3235（XXIX）号决议通过了《关于登记射入外层空间物体的公约》，公约于1976年9月15日生效。该公约旨在建立射入外层空间物体的登记制度，以增加外层空间的透明度，促进和平探索和利用外层空间。

公约主要内容：

（1）义务

发射国在发射一个外空物体进入或越出地球轨道时，应以适当登记册的方式登记该外空物体，并将其登记册事项通知联合国秘书长。

（2）登记内容

登记册包括以下信息：

（a）发射国的国名；

（b）外空物体的适当标志或其登记号码；

（c）发射的日期和地域或地点；

（d）基本的轨道参数，包括运行周期、倾斜角、远地点、近地点；

（e）外空物体的一般功能；

（f）已不在地球轨道内的外空物体。

（3）定义

（a）"发射国"是指：一个发射或促使发射外空物体的国家；一个从其领土上或设备发射外空物体的国家。

（b）"外空物体"是指一个外空物体的组成部分以及外空物体的发射载器及其零件。

（c）"登记国"是指一个将外空物体登入其登记册的发射国。

2. 《关于建立信任措施和安全与裁军若干问题的文件》

1975年8月1日，欧洲安全与合作会议在赫尔辛基签署了包括《关于建立信任的措施和安全与裁军若干问题的文件》（《赫尔辛基文件》）在内的《最后文件》。《关于建立信任措施和安全与裁军若干问题的文件》旨在减少在北约和华约国家之间武装冲突的危险，降低军事活动的误解或误判，增加欧洲的安全与稳定。

《关于建立信任措施和安全与裁军若干问题的文件》规定，成员国应提前21天（3周）通报在距离共有边界250公里以内举行的25000人以上的军事演习。如果军事演习动用大量两栖部队或空降部队，少于25000人参加的军事演习也需进行通报。通报的内容包括：演习名称或代号，演习目的，参加演习的国家，参加演习部队类型及数量，演习地点及预计时间跨度等。军事演习国家也可邀请观察员出席演习。

这一文件和后续的《斯德哥尔摩文件》《维也纳文件》，是在冷战对抗时期两大军事集团达成的在军事领域建立信任与安全措施，对缓解东西方紧张局势、防止世界战争，发挥了重要作用。

3. 《斯德哥尔摩文件》

1986年9月19日，欧洲安全与合作会议在斯德哥尔摩通过了《斯德哥尔摩文件》，进一步强化了对军事活动的通报，增强了信任措施。

该文件规定的通报如下:

提前通报:要求成员国须提前42天(6周)通报13000人以上参加的军事行动,或至少有300辆作战坦克参加的行动,或至少有两个旅或团参加的行动;有空军参加的行动,超过200架次的作战飞机飞行也需通报;有两栖部队或空降部队参加的至少3000人的军事活动,都需通报。这样,一定规模的军事演习和调动都在通报之列。

年度通报:成员国须在每年11月15日前将计划的下一公历年举行、参加部队在40000人以上的军事行动进行通报;参加部队在75000人以上的军事行动,如果未经事先通报,不得举行;参加部队在40000人以上的军事行动,如果未纳入年度计划,不得举行。

4.《维也纳文件》

1990年、1992年、1994年和1999年,欧洲安全与合作会议先后在维也纳通过了后续制定的几个建立信任与安全措施的文件,统称为《维也纳文件》,进一步扩大了《斯德哥尔摩文件》建立信任措施的范围。

1990年11月17日通过的文件规定:就各自军事力量的组织、兵力及主要武器装备部署计划、年度军事预算等信息进行交流;就各自军事力量在平时正常驻扎地以外所举行的非正常、计划外的,且某一方对此有安全关切的活动进行磋商;在5年内安排其他方代表访问其空中作战部队的空军基地一次;参加部队在40000人以上的军事行动,如果未经事先通报,不得举行。

1992年3月4日通过的文件规定:各方提供部队总数信息;通报9000人以上参加的军事行动;13000人以上参加的军事行动,或至少有3500名空降部队参加的两栖登陆或空中突击活动应接受视察;在两个公历年内,任何一方举行的参加部队超过40000人或900辆坦克的军事活动不得超过一次,这种活动如果没有年度预先通报则不得举行。

1994年11月28日通过的文件规定:至少有500辆装甲车或至少250门火炮参加的军事行动须通报。该文件还包含了一个军事交流和合作计划。

1999年11月6日通过的文件增加了新的一章，计划将满足地区性特定需求的自愿约束措施，作为对整个欧洲安全与合作会议范围内建立信任与安全措施的补充。文件还扩大了军事信息交流、军事活动通报的范围等。

5.《开放天空条约》

《开放天空条约》是俄罗斯与美国等北约国家在1992年签署的一个关于军事透明的条约。该条约规定，允许对方对自己领土进行非武装空中侦察，以检查其执行军备控制条约情况的军事透明机制。该条约于2002年生效。但2020年5月21日，美国政府以俄罗斯违反条约为由，宣布将退出《开放天空条约》，美国国务院则于5月22日向《开放天空条约》所有签约国递交退约决定通知。这样，按照条约规定，美国将在6个月后正式退出该条约，这是美国在近年来继退出《伊朗核协议》《中导条约》后的又一个破坏国际军控体制的重大举动。

（1）条约达成背景

早在美苏处在对抗初期的1955年，美国总统艾森豪威尔就提出了"开放天空"设想，建议为消除相互大规模突然袭击的风险，美苏应相互交换关于军队实力、指挥体系、兵力配置、武器装备、军工厂和军事设施等信息，并由双方的飞机对对方进行没有限制的空中侦察，以核实这些信息，增强相互信任。鉴于当时没有侦察卫星，空中侦察几乎是了解对方境内军事部署和活动的唯一途径。由于苏联在空中侦察技术远远落后于美国，苏联以领空主权不容侵犯为由断然拒绝了美国的这一提议。

冷战后期，随着美苏关系日趋缓和，美苏达成了一系列裁军条约，"开放天空"问题开始进入美苏谈判日程。1989年5月，美国总统老布什又重提"开放天空"建议，得到许多北约和华约组织成员国的欢迎。1990年2月，北约和华约国家在加拿大的渥太华举行了第一轮"开放天空"问题谈判，但由于双方分歧较大，没有达成协议。

1991年，国际局势开始发生重大变化，华约解散、苏联解体在即，美国等西方国家凭借战略有利形势，对苏联及此后的俄罗斯步步紧逼，加紧"开放天空"问题的谈判，终于在1992年达成《开放天空条约》。《开放天空条约》本应于1993年生效，但由于俄罗斯、白俄罗斯和乌克兰认为在谈判中吃亏而一直未批约。直到2001年，俄罗斯才批准《开放天空条约》，该条约也于次年生效。

（2）条约主要内容

条约规定，缔约国开放天空的范围应涵盖其行使主权的全境。在对缔约国领土进行侦察飞行时，被侦察国只能基于飞行安全原因对行动进行限制，而不能以国家安全理由予以拒绝。被侦察国和来自其他缔约国的第三方专业人员也应登上执行任务的侦察机，以监督机上侦察设备是否符合条约规定。

条约规定，双方的侦察飞机要事先协商飞行路线，可以利用对方的机场进行起降停留，但不能涉及核心军事机密设施区域，并且在执行侦察任务中须有被侦察国家的军方人员跟随飞机飞行。

条约对执行侦察任务的机型、次数等细则也作了详尽规定。各国须遵照条约要求改装特定型号的非武装侦察机，向条约组织报备获批后方可飞行。条约为每个缔约国分配侦察飞行配额，还要求每次获取的图像情报应向全部缔约国公开，以提高信息透明度。条约还规定，侦察至少提前72小时进行通报，飞行中不得搜集对方的电磁波信号，被侦察国可派2名观察员、1名测量员、1名翻译搭乘飞机进行监督，防止对方更改航线或进行计划外的侦察。

（3）条约失效影响

美国已经启动退出《开放天空条约》程序，条约失效势在必行。一旦该条约失效，将产生如下影响：一是降低美俄相互信任。从两国侦察技术看，该条约并不具有实质性意义，因为美俄现在拥有的卫星侦察的分辨率远高于该条约限制的飞机侦察的分辨率（0.3m），这一条约不会增加美苏对对方信息的了解。但该条约使美俄开放自己的领空，增加相互信任，降低对抗水平，这是一个重要的军事透明机制。一旦该条约失效，美俄相互信任将大受影响；二是欧洲安全将受到损害。由于《开放天空条约》的存在，对俄罗斯始终抱有恐惧心理的欧洲国家可名正言顺地到俄罗斯进行空中"视察",以了解俄罗斯军事动向等,增加安全感。这也是欧洲国家反对美国退约的原因。同时,美国退约也会以此施压欧洲北约国家提高防务经费,这会刺激俄罗斯对此做出回应;三是军控体制遭受打击。美国已连续退出一系列军控条约,《开放天空条约》目前几乎是唯一的美俄双边军控条约。若该条约失效,则在美俄这两个核大国之间则没有了任何军控条约的约束,两国的军备竞赛将失去任何制约机制。同时,没有了作为一种核查双方履约情况的机制的《开放天空条约》,今后美俄谈判达成新的军控条约将更加艰难。

6.《联合国常规武器登记册》

1991年12月9日,第46届联合国大会通过了题为《军备透明》的第46/36L号决议。该决议提出:增加军备透明可加强相互信任,减缓紧张局势,加强地区及国际和平与安全;要求联合国秘书长制定并设立常规武器登记册,以登记国际武器转让数据以及成员国提供的军事资产、武器采购与生产及有关政策;吁请成员国定期向联合国秘书长提供在登记范围的常规武器进出口情况。

1992年1月1日,联合国秘书长根据第46届联合国大会第46/36L号决议在联合国总部纽约设立《联合国常规武器登记册》。同年,联合国还成立了一个政府专家组,以审查常规武器登记册机制的运行情况,以核实登记册的准确性。这是联合国在常规武器转让领域的一项透明机制,旨在增进国家间相互信任。

根据此联合国决议和登记册要求,所有会员国在每年5月31日前,向联合国秘书长提供上一年度的7大类常规武器进出口数据。这7大类武器包括作战坦克、装甲战斗车、大口径火炮系统、作战飞机、攻击直升机、战舰、导弹和导弹发射器。其具体武器类型及技术参数如下:

(1)作战坦克系履带式或轮式自行推进的装甲车辆,有高度越野机动性和高度自卫能力,空车自重至少为16.5吨,装有高初速、可直接瞄准射击、发射管口径75毫米或75毫米以上的主炮。

(2)装甲战斗车系指履带式或轮式自行推进、有装甲保护、具有越野能力的车辆,或用于运载4人以上步兵分队,或配备了一件口径至少20毫米的武器,有的配备反坦克导弹发射器。

(3) 大口径火炮系指各种加农炮、榴弹炮、加农榴弹炮、迫击炮或齐射火箭系统,主要以间接瞄准射击的火力攻击地面目标,口径不小于100毫米。

(4) 作战飞机系指固定翼或后掠翼飞机,其设计、装备或经过改装后可使用导弹、非制导火箭、炸弹、航炮、机关炮或其他毁伤性武器攻击目标,其中包括专门执行电子战、压制空防或侦察任务的上述飞机的变型机。初级教练机不包括在内,但按上述作战飞机的性能进行设计、装备或改装的初级教练机需列入登记范围。

(5) 攻击直升机系指旋转翼飞机,装备齐全可以使用反装甲、空对地或空对空制导武器,并装有上述武器所需的射击控制和瞄准系统。

(6) 作战舰艇系标准排水量750吨或750吨以上,配备了供军事用途的武器和装备的水面舰艇和潜艇。通常情况下,标准排水量500吨以上的水面舰艇通称为舰,标准排水量500吨以下的水面舰艇通称为艇,潜艇无论吨位大小习惯上均称为艇。

(7) 导弹和导弹发射系统系指射程25公里或25公里以上的各类制导火箭、弹道导弹或巡航导弹,包括设计或改装后可用以发射导弹的车辆、设备或装置。

7.《关于在边境地区加强军事领域信任的协定》

1996年4月26日,中国(中方)与哈萨克斯坦、吉尔吉斯斯坦、俄罗斯、塔吉克斯坦(联方),在上海签署了《关于在边境地区加强军事领域信任的协定》(《上海协定》)。这一协定旨在限制双方在边境地区的军事活动,增加军事透明,以促进五国边境地区的安全、和平与稳定,成为集体安全的新模式。

该协定规定:双方(中方和联方)部署在边境地区的军事力量互不进攻;双方不进行针对对方的军事演习;限制军事演习的规模、范围和次数;相互通报边境100公里纵深地区的重要军事活动情况;相互邀请观察实兵演习;在边境地区采取措施预防危险军事活动；加强双方边境地区军事力量和边防部队之间的友好交往。

8.《在获得常规武器方面实现透明的美洲公约》

1999年6月7日，日内瓦裁军谈判会议第CD/1591号文件通过了《在获得常规武器方面实现透明的美洲公约》。该公约旨在通过各缔约国提供获得常规武器的情况而进一步提高本地区在获得常规武器方面的公开性和透明度，以增强美洲国家之间的信任。该公约于2002年11月21日生效，无限期有效。

公约主要内容：

（1）义务

（a）缔约国应每年至迟于6月15日向保存机构（美洲国家组织总秘书处）报告其在上一个日历年进口和出口常规武器的情况：如属进口，应列明所进口的常规武器的出口国以及数量和类型。如属出口，则应列明所出口的常规武器的进口国以及数量和类型；

（b）缔约国还应向保存机构通知在获得常规武器方面的以下情况：通过进口获得常规武器的情况，通过本国生产获得常规武器的情况，未进行任何活动的情况；

（c）未加入美洲国家组织的任何国家可每年向保存机构提供其向本公约缔约国出口常规武器的情况，包括所出口的任何常规武器的进口国以及数量和类型。

（2）常规武器清单

本公约所列常规武器清单与《联合国常规武器登记册》相同，包括作战坦克、装甲战斗车、大口径火炮系统、作战飞机、攻击直升机、战舰、导弹和导弹发射器这7大类常规武器，其具体武器类型及技术参数也相同。

9.《外空活动行为准则》

2008年12月9日，欧盟委员会通过了《外空活动行为准则》（ICOC），其目的是通过增强外空活动的透明度和建立信任措施，以减少空间碎片、避免在轨物体碰撞，防止对空间物体的有意攻击，维护太空安全。该准则是自愿参加的，没有国际法律约束力，但对增加各国在外空活动的相互信任，规范各方行为以防止意外发生，维持一个有序的外空秩序，维护外空安全具有重要意义。

但该准则的局限性也是显而易见的：第一，该准则没有将当前影响外空和平与安全最为紧迫的武器化问题和防止外空冲突作为其处理的主要问题，反而强调"单独或集体自卫的固有权利"，这实际上是对在外空使用武力的某种默许和纵容，不利于防止外空军备竞赛和冲突；第二，欧盟将本准则作为主要外空议题在国际上大力推动，这对防止外空武器化和使用武力这一主题是一个冲击，将外空的次要矛盾置于其主要矛盾之上，冲淡了外空主题，影响了国际上推动防止外空武器化和使用武力的努力和进程。

该准则主要内容：

（1）目的与范围

（a）准则的目的是增强所有空间活动的和平、安全和可预见性。

（b）准则适用于参加国独自或与其他参加国共同从事的，或参加国管辖范围内的非政府实体从事的所有外空活动，包括在政府间国际组织框架内进行的外空活动。

（c）准则通过编纂有助于透明度和建立信任措施的最佳实践，对规范外空活动的现有相关机制加以补充。

（d）遵守本准则及其包含的措施以自愿为原则，本准则对所有国家开放。

（2）遵循原则

（a）承认为和平目的不受干扰地进入外空、使用外空以及运行空间物体的自由，同时充分尊重在轨空间物体的安保、安全和完整。

（b）承认《联合国宪章》赋予各国的单独或集体自卫的固有权利。

（c）承认采取一切适当措施并开展善意合作的责任，以防止对空间物体和活动造成有害干扰。

（d）承认在从事科学、商业和军事活动时，有责任促进和平利用外空，并采取一切适当措施防止空间成为冲突区域。

（3）透明和建立信任措施

（a）空间交通管理措施：避免任何对空间物体造成直接或间接损坏或损毁的故意行为，除非这种行为意在减少空间碎片的产生和/或出于必要的安全考虑；采取一切步骤最大限度地减少碰撞风险；遵守并执行"国际电信联盟"在分配无线电波段和轨道方面的建议和规定。

（b）控制和减少空间碎片措施：避免有意破坏任何在轨空间物体或在空间从事可能产生长期存在的空间碎片的其他有害活动；根据本国法律程序，采取适当政策和程序实施机构间空间碎片协调委员会的准则和"联合国和平利用外层空间委员会"关于空间碎片的减缓准则。

（c）空间活动透明

尽最大努力及时向其他所有可能受影响的参加国通报：可能因过于靠近其他空间物体而造成危险的拟定移动空间物体的动作；变轨或再入活动以及其他相关轨道参数；已发生的碰撞或事故；可能导致再入大气层或引起碰撞的在轨空间物体的故障。

参加国决定每年度分享可获得的信息：国家空间政策和战略，包括与安全和防务相关活动的基本目标；防止和最大限度减少产生事故、碰撞的可能性以及其他形式有害干扰活动的国家空间政策和程序；最大限度减少产生空间碎片的国家空间政策和程序；促进规范外空活动的法律和政治性文书普遍性的努力。

（4）争端解决机制

（a）磋商机制：当出现有关空间活动违背本准则宗旨时，任何参加国均可提出磋商请求，以达成可接受的解决方案；磋商参加国将依据主要危险决定磋商的合理时间框架，任何其他参加国如提出要求也有资格参与磋商；参与磋商的国家将在利益均衡的基础上寻求解决方案。

（b）调查机制：参加国可建议设立一个调查机制以调查影响空间活动的事件。这一机制可建立在参加国自愿提供的国家信息和/或国家调查手段基础上，由一组得到国际承认的各国专家开展调查。

## 二 双边建立信任措施国际规则

双边的建立信任措施国际规则主要有以下国际法律文书：

《美苏关于建立直接通讯联系的谅解备忘录》（《美苏热线协定》）

《美苏关于减少爆发核战争危险措施的协议》（《美苏核意外协议》）

《美苏关于防止核战争协定》（《防止核战争协议》）

《苏法防止意外或未经授权使用核武器协定》

《苏英防止意外发生核战争协定》

《关于建立减少核危险中心的协议》

《美苏关于发射洲际弹道导弹和潜射弹道导弹进行通报的协议》

《美苏关于重要战略演习提前通报的互惠协议》

《美苏防止危险军事行为协议》

《美俄导弹互不瞄准协议》

《中俄关于互不首先使用核武器和互不将战略核武器瞄准对方的联合声明》

《中美战略武器互不瞄准协议》

《1999年拉合尔谅解备忘录》

《印巴导弹试验通报协议》

《中俄发射弹道导弹和商用舰载火箭通报协议》

1. 《美苏关于建立直接通讯联系的谅解备忘录》

1963年6月20日，美苏两国在日内瓦签订《美苏关于建立直接通讯联系的谅解备忘录》（《美苏热线协定》）。建立热线的目的是建立在紧急时刻两国领导人可快速、直接且保密地进行沟通和联系的管道，以排除因误解或误判对方行动而导致核战争的风险，建立两国在军事上的相互信任。该协定也成为美苏之间所达成的第一份双边军备控制协议。

20世纪50年代，美苏开始进行疯狂的核军备竞赛，美苏都拥有并大量部署可在数十分钟内对对方实施毁灭性打击的陆基洲际导弹和海基潜射导弹。在美苏处于高强度对抗而没有任何沟通渠道的情况下，这极易导致核战争，给双方带来巨大生存威胁。在这种局势下，美苏双方都有设立通信联络以在发生危机时进行直接沟通的想法。

1962年4月8日，美国在向十八国裁军委员会提交的全面裁军条约草案中，提出了美苏两国政府最高领导人之间设立快速可靠的直接通信联络的建议。苏联在7月提交的一份裁军条约草案中也包含了相同的内容，但两国并未就此取得实质性进展。1962年的古巴导弹危机，推动了两国热线的建立。在危机期间，因美苏双方都向对方隔空喊话，不能直接进行沟通，引起的误读、误判一度导致爆发核战争的巨大危险。这种情况加快了双方设立热线电话的进程。

1963年6月20日，美苏代表在日内瓦签署了《美苏热线协议》。该协议规定，两国建立一条华盛顿和莫斯科之间的电传线路，同年8月31日开始使用。热线最初用的是传统的文电通信。主线是连接莫斯科—赫尔辛基—斯德哥尔摩—哥本哈根—伦敦—华盛顿的全天工作的双向有线电报网络；辅线是连接过莫斯科—丹吉尔—华盛顿的双向无线电报网络。为了改进热线沟通的可靠性和有效性，1971年，双方签署了《美苏关于改进直接通讯联系措施的协议》，将热线系统升级为卫星传输的电话系统，真正实现了语音通话。1984年，美苏双方又签署了一个换文，将热线再次升级。热线升级后，双方可将各种图解特别是那些对解决危机至关重要的地图、图表或绘图等及时传输给对方。

在美国，热线电话的终端设置于五角大楼的国家军事指挥中心，再由此与白宫相连接，五角大楼内的终端由国防部长负责人员配备及日常管理。在苏联，热线也有两个终端，一个设置于克里姆林宫地下的一间地下室，另一个位于红场对面的共产党总部。

2.《美苏关于减少爆发核战争危险措施的协定》

1971年9月30日，美苏在华盛顿签订了《美苏关于减少爆发核战争危险措施的协定》（《美苏核意外协议》）。该协定同日生效，无限期有效。该协定的目的是防止因意外引发核战争，这是美苏重要的建立信任措施。

尽管都拥有庞大的核力量，但美苏都不想走入核战争而导致"双亡"的结果。而在高强度对抗局势下，美苏仍不能避免因意外或未经授权的情况而导致"偶然发生核战争"的可能。比如，由卫星系统或预警雷达系统的"虚警"、计算机与通信系统故障，会产生"对方发动核进攻"的错误信号而导致核反击，或因人为操作失误出现误发射而导致严重后果。因此，在1969年11月开始的美苏限制战略武器会谈过程中，双方也同时谈判防止因意外爆发核战争问题，终于在1971年达成协议。

协定主要内容：

（1）双方承诺从组织上和技术上采取必要的安全措施，防止意外使用或未经授权使用核武器。

（2）一旦发生具有导致核战争危险的偶然事件，或预警系统发现不明目标，应立即相互通告。如果发生了这样的事故，核武器的责任方须在不造成任何破坏情况下，立即采取措施使核武器失去危害或将其销毁。

（3）如果一方计划向本国国土以外朝对方方向试射导弹，应事先向对方通报有关发射情况。

（4）减少爆发核战争危险的通信联络，通过两国的"热线"进行。

3.《美苏关于防止核战争协定》

1973年6月22日，美苏在华盛顿签订了《美苏关于防止核战争协定》（《防止核战争协定》）。该协定的目的是将蓄意挑起而非意外发生核战争的可能性降低到最低程度。协定自签署之日起有效，无限期有效。

在达成防止因意外情况而导致发生核战争后果的同时，美苏双方也想尽量减少有意导致核战争的可能性，但双方的出发点是不愿意因第三国（盟国）原因而导致双方发生核战争，而美国又担心这会使盟国对其防卫义务产生怀疑。① 因此，经过反复磋商谈判，美苏最终达成了这个仅从文字上看并不明显但暗含不因第三国原因而导致美苏发生核战争的协议。

协定主要内容：

（1）双方承诺，如果出现任何可能造成双边关系恶化的危险情况，双方都要采取措施防止危险形势的发展。

（2）双方承诺，避免军事冲突，以排除核战争办法的可能性。

（3）为避免核战争，一个前提条件是每一方都要避免对另一方、对方的盟国以及其他国家以武力相威胁或使用武力。

（4）双方或一方与其他国家之间的关系出现核冲突的危险时，双方须立即进行紧急磋商，尽一切努力化解危机。

（5）本协定不影响或损害联合国第51条规定的行使单独或集体自卫权的权利，以及《联合国宪章》有关条款，包括关于维持或恢复国际和平与安全的条款以及双方对盟国或其他国家承担的义务。

4.《苏法防止意外或未经授权使用核武器协定》

1976年7月16日，苏联和法国在莫斯科签订了《苏法防止意外或未经授权使用核武器协定》。该协定同日生效。这是仿照《美苏核意外协议》而达成的协定，目的也是为了防止苏法之间因意外发生核战争。

协定主要内容：

（1）双方采取组织和技术措施，防止意外或未经授权使用核武器。

（2）一旦发生可能导致核武器爆炸并有损于另一方的意外事件或不明核事故，双方将使用直接通信线路通知对方。

---

① 1972年苏联首先向美国递交了防止核战争协定草案，明确提出双方应防止出现因为第三国的行动而可能导致核战争的局面。美国虽意识到苏联的草案会影响盟国对美国核保护的信心，但仍表示对该草案有兴趣。美国随后表明了关于该协定的立场："我们这样做不是同意禁止使用任何特定的武器，而是为将来消除我们两国之间或其中一国和其他国家之间的战争危险。""同时，我们不使我们两国中任何一国的权利和彼此承担的义务受到损害。"

（3）为尽量减少对不明核事故的误解，每一方都应向另一方通报，或要求对方通报它认为必需的情况。

5.《苏英防止意外发生核战争协定》

1977年10月10日，苏联和英国在莫斯科签订了《苏英防止意外发生核战争协定》。该协定同日生效。

协定主要内容：

（1）双方采取组织和技术措施，防止意外或未经授权使用核武器。

（2）一旦出现可能导致核武器爆炸或其他方式造成爆发核战争威胁的意外事件，双方应通过两国政府间直接通信线路立即互相通报，并尽一切努力避免出现危险事态。

（3）为减少对上述意外事件的误解，每一方都承担义务向另一方通报，或要求对方通报有关情况。

6.《关于建立减少核危险中心的协议》

1987年9月15日，美苏在华盛顿签订了《关于建立减少核危险中心的协议》，决定在各自的首都建立"减少核危险中心"，以专门监视、通报和防止偶发性核战争。该协议是《美苏热线协定》的补充、延伸和发展，是美苏（俄）透明和加强信任的措施。

1988年3月，美苏两国各自的"减少核危险中心"开始运行。2013年10月7日，美俄两国又签署了《关于建立减少核危险中心的协议》的修订案。

7.《美苏关于发射洲际弹道导弹和潜射弹道导弹进行通报的协议》

1988年5月31日，美苏签订了《美苏关于发射洲际弹道导弹和潜射弹道导弹进行通报的协议》。该协议要求双方须向对方提前通报战略导弹的发射活动，以免产生误判，增加相互信任。

协议主要内容：双方须提前24小时通报将要发射的洲际弹道导弹或潜射弹道导弹的发射日期、发射区和受影响的地区。对于从陆地上发射的导弹，须说明发射地点；对于从潜艇上发射的导弹，须说明发射位置。

8. 《美苏关于重要战略演习提前通报的互惠协议》

1989年9月，美苏签订了《美苏关于重要战略演习提前通报的互惠协议》。这是对《美苏关于重要战略演习提前通报的互惠协议》的补充，补充的内容是各方提前14天，向对方通报包括洲际弹道导弹、潜射弹道导弹和战略轰炸机在内的战略演习活动。

9. 《美苏防止危险军事行为协议》

1989年6月，美苏签订了《美苏防止危险军事行为协议》，目的是确保在和平时期双方军队在接近时的安全，防止产生严重事态。该协议于1990年生效。

协议主要内容：

（1）义务

（a）双方承诺任何由危险军事行为引起的事件都必须通过和平方式中止和解决，不能诉诸武力；

（b）如果一方的人员或装备进入另一方的领土，那么这些人员或装备必须严格遵守协议附录的内容，包括附录规定的双方武装力量之间建立并保持联系、解决突发事件的程序；

（c）在任何情况下，双方都必须采取适当的安全措施，以避免危险军事行为；

（d）如果有干扰对方指挥和控制系统的情况发生，则须提前通知对方。

（2）定义

（a）"危险军事行为"是指：因为不可抗拒的原因或无意识行为，一方人员或装备进入另一方领土范围；使用的激光辐射能够伤害对方武装力量人员或装备；妨碍对方武装力量人员或装备在特别注意区活动；干扰指挥和控制系统，给对方武装力量或人员造成伤害或损坏。

（b）"人员"是指在双方武装力量中服役的任何军事或民事人员。

（c）"装备"是指武装力量拥有的所有船只、军用飞机或地面装备。

（d）"特别注意区"是指由双方共同划定的区域，双方武装力量的人员和装备都在这个区域,而且由于该地区的特殊情况而须采取特别措施。

(e)"干扰指挥和控制系统"是指那些妨碍、打断或限制提供给指挥人员和装备的信号和情报传送的活动。

10.《美俄导弹互不瞄准协议》

1994年1月15日,美俄达成了《美俄导弹互不瞄准协议》。这是美俄之间达成的具有重要政治意义的建立信任措施。

该协议规定,从1994年5月30日起,美俄双方将各自的战略核导弹不再将对方作为目标。不再瞄准对方的导弹被重新设置为没有目标,或者对于需要一个固定目标的导弹则应将瞄准目标设置于公海。

实际上,导弹互不瞄准协议属于一种"君子协定",对双方而言只具有政治意义、象征意义,而军事意义和真正的安全意义则不大。因为,第一,导弹瞄准目标和容易改变。导弹瞄准是导弹诸元计算问题,是目标数据在计算机系统上的重新输入和调整,这个过程可在几分钟内完成。第二,导弹瞄准不可核查。瞄准目标及其计算机系统属于导弹核武器的绝密信息,任何核国家都不可能允许其他国家对此进行核查,所以导弹的瞄准是否调整、改变也不可得知。但仍不可由此否认此类协议的价值,特别是对处于对抗和敌对中的两国而言,达成此类协议可缓解紧张关系、增加相互信任,特别是有助于增加民众的安全感和双方好感,有助于他们关系的改善。

11."中俄关于互不首先使用核武器和互不将战略核武器瞄准对方的联合声明"

1994年9月3日,中俄发表"中俄关于互不首先使用核武器和互不将战略核武器瞄准对方的联合声明"。声明宣告,重申关于互不使用武力,特别是互不首先使用核武器的义务,双方采取措施不将各自控制的战略核武器瞄准对方。这是核国家第一次达成互不首先使用核武器的政治文件,这对推动核国家之间达成互不首先使用核武器协议,进而有效防止核战争,具有先导作用。

12. "中美战略武器互不瞄准承诺"

1998年6月27日,中美两国首脑在北京宣布,中美不把各自控制的战略核武器瞄准对方。2009年11月美国总统奥巴马访华,中美发表"中美联合声明",重申1998年6月27日做出的关于不把各自控制下的战略核武器瞄准对方的承诺。

13.《印巴建立相互信任备忘录》

1999年2月20日,印巴签署了《印巴建立相互信任备忘录》,要求两国政府及时采取行动,减低彼此误射或擅自使用核武器,并在核武器及常规武器问题上推动建立互信机制,以免爆发核冲突和大规模军事冲突。这是在印巴两国于1998年连续进行多次核试验、进行高强对抗后达成的旨在缓解紧张关系、建立互信信任的重要步骤。

作为在克什米尔领土问题上一直冲突不断并拥有核武器的两个宿敌,印度和巴基斯坦之间持续对抗的紧张关系,使南亚成为世界上发生核战争风险最高的地区。因此,印巴之间达成任何建立信任措施之举,都对缓解地区紧张局势、降低核战争风险、增进南亚的和平与安全,显得尤为珍贵。

14.《印巴导弹试验通报协议》

2005年10月3日,印度和巴基斯坦在巴基斯坦首都伊斯兰堡签署了《印巴导弹试验通报协议》。印方称:"该协议规定,两国任何一方在准备进行地对地弹道导弹试射前应事先通知对方。"

印度在此次会谈中提交了一份谅解备忘录草案,其中提出了一些具体措施来减少在两国监管下发生的意外或未经授权使用核武器的情况。这个草案包括开通一条印巴核热线,来减少可能导致核冲突的误解。印巴谈判结束后发表了联合声明,就尽快开通核热线达成共识。两个计划于9月开通,旨在"消除误解,减少因核问题产生的风险"。

除以上两个重要的建立信任措施外,印巴还就降低核风险和互不攻击对方核设施问题达成协议。2007年印巴签署了《降低核武器意外风险协议》。该协议要求双方从国家层面保持和完善预防核事故的机制和技术措施,即时通报能造成放射性危害及核冲突风险的任何可能的核武器事故，以避免双方因突发事件而导致核战争的风险。该协议从签署之日起生效。

1985年印巴双方签署了互不攻击核设施协议。双方承诺即使在战争情况下，也不得攻击对方核设施。该协议自1991年1月27日生效，两国自1992年后每年第一个工作日都要通过外交渠道互相交换核设施清单。

15.《中俄关于互相通报弹道导弹和商用运载火箭发射的协议》

2009年10月13日，中俄签署了《中俄关于互相通报弹道导弹和商用运载火箭发射的协议》。该协议的达成，是中俄战略互信进一步提升的标志。

协议规定，中俄两国在发射或试验发射弹道导弹和商用运载火箭之前，要向对方通报包括发射弹道导弹和火箭的型号、发射地点、发射区域、发射数量及射向、射程、射高等信息。

# 第七章 国际安全秩序的发展

总的来看,现行国际安全秩序基本维护了世界和平大局和发展需要,但这一国际安全秩序仍不完善,仍不够公正合理,仍需要进行调整、完善。因为,一方面,雅尔塔秩序建立时反映的是当时的国际格局与政治环境,本身就存在固有的不合理性和弱点。另一方面,时代在变,世界格局和人类生存环境及观念也在变,特别是世界正处于百年未有之变局,当今时代的发展也呈现出新的特征,作为旨在维护全球和平、稳定与发展、繁荣的国际安全秩序,也应与时俱进地演进,以反映大多数国家和世界人民的普遍要求愿望。因此,现有国际安全秩序需要改革完善,向更加公正合理的方向迈进。

## 第一节 国际安全秩序发展的方向和目标

### 一 世界百年未有之变局

世界格局是国际秩序的决定性因素,国际秩序是世界格局的时代反映,要预测并推动国际秩序的发展,首先要看清当下世界格局的变迁和演进方向。当前,世界正处于百年未有之变局,这一变局超出了我们仅从传统维度所看到的变化,而是关系到人类历史发展更高维度上的变化。

从传统意义或狭义层面看,"百年之变局"有三个维度。一是大国力量对比之变,这是世界战略格局变化的主体。第二次世界大战后,世界形成了美苏"两极"格局,这一格局一直延续到20世纪90年代初冷战的结束。苏联解体后,美国没有了与之匹敌的战略对手，其政治、军事、经济、科技等实力和世界影响力一度达到顶峰，世界形成了"一超多强"格局。但是，美国很快就犯了一个霸权国家所习惯犯的战略错误——战略肆意扩张，连续发动阿富汗战争和伊拉克战争，大大耗损了其软硬实力，再加之 2008 年金融危机的打击，美国实力呈相对衰落之势，"一超多强"格局也随之逐渐弱化、瓦解，目前世界正在向未来一个新的战略格局演变。这是百年之变局。

二是东西方力量对比之变。自哥伦布发现新大陆，世界成为一个真正的一体化世界以来，国际政治、经济格局和秩序始终为西方国家所主导、控制。但当下，西方国家经济发展和社会治理进入困境，其内嵌的教条民主制度、过度福利制度和逆向人口结构发展这三大结构性问题，将使西方无法从困境中自拔并继续衰落下去。而同时，以中国、印度为代表的新兴经济体却呈崛起之势，逐渐缩小与西方大国的实力差距，东西方力量对比将向对等、平衡方向发展，最终形成东西方力量对比历史性逆转局面，这是人类历史上从未有过的变局。这是五百年之变局。

三是文明中心转移。伴随着经济中心从欧美向东亚（东北亚）转移，世界文明中心也将从欧美向东亚转移，儒家文明将从历史沉沦中复兴。被西方誉为"20 世纪最伟大历史学家"的英国历史学家汤因比，在研究考察了世界上 26 个社会文明后，在其暮年的 70 年代提出解决世界未来出路的结论：最有资格和最有可能为人类社会开创出路的是中国，中华文明将为未来世界转型和 21 世纪人类社会提供文化宝藏和思想资源。这是历史之变局。

以上三个维度还属于狭义层面，若从人类历史发展更宽视野、更广角度即广义层面理解，则还有两个变局：一是人类思想、观念、人性之巨变。技术带来生活方式的改变，比如，人们越来越多采用线上、快捷、虚拟方式进行联系，由此导致相互关系、情感的巨大变化，如恋爱、婚姻等观念和形态的颠覆性变化，人类越来越趋向成为机器人，人性退化而物性强化。再如，战争形态从冷兵器、热兵器时代敌对双方的直面、可见战争，到现代的非直面、无接触战争，战争形态将发生自原始社会以来的根本性改变。

二是人类生存环境之巨变。工业技术的产生和发展、地球人口的剧增使人类消耗能源呈加速增长之势，这带来环境的剧烈变化，使人类生存环境堪忧。"政府间气候变化专门委员会"在2015年《巴黎气候变化协定》达成前夕，发布了迄今"完成的最全面的一份气候变化评估"——《综合报告》（SYR）。该报告指出，气候变化已对人类系统和自然系统产生了广泛影响，大气和海洋温度升高，南极、北冰洋冰川正在快速融化，海平面加速上升，这种变化是以前多年甚至几千年以来前所未有的。气候变化带来了物种加速消失、极端天气频现、粮食安全风险加大。人类生存环境正在发生历史性变化。实际上，即使从我们个人观感也非常明显，近三、四十年以来，我们所居住的周边环境都发生了巨变。

这两个广义维度上的变化都是千年之变。

## 二 当今时代发展特征

时代特征是特定历史阶段国际政治经济关系的基本状态及特点。无疑，多极化和全球化反映了当下国际政治经济关系发展的趋势和特点，是当今时代的两大特征，这也是看清国际安全秩序演进方向的重要依据。

世界多极化是指一定时期内对国际政治有重要影响的国家和国家集团相互作用而朝着形成多极格局发展的一种趋势，是主要力量在全球政治中呈现均衡分布的状态。第二次世界大战后，世界形成了以美国和苏联各自为核心的"两极"格局，这一格局决定了国际政治处于对抗形态。冷战结束后，"两极"格局消失，暂时形成美国"一强"独大的"一超多强"格局。当前，随着以中国、印度等发展中国家的崛起和美国等西方国家陷入制度和治理困境，世界格局向力量均衡的方向发展，全球化下的世界事务的处理越来越需要各国特别是大国的合作，全球治理平台由原来主要以西方国家为主的G7模式，变为包含许多发展中国家的主要经济体的G20模式就是一个例证。

需要特别指出，世界战略格局与世界多极化并非完全是一个概念，前者是一个物理概念，而后者更多是一个政治概念。世界战略格局是大国力量对比及其关系形态的一种自然发展结果，是世界发展的客观存在，而多极化则是一个基于力量基础上的世界政治结构形态，包含着国家的作用、影响与责任、义务。比如，中美两个大国在未来世界格局中并不能主导世界，而应既要发挥世界强国的作用和影响，更要承担维护世界和平与发展的责任和义务，其他大国如俄罗斯、日本、欧洲、印度和广大的发展中国家，都是国际社会的重要力量，在政治上与中、美是平等的，世界事务需要各方民主协商、合作处理。世界多极化是建立在多种力量相互依存又相互制约基础上的，这有利于遏制霸权主义、单边主义和强权政治，有利于世界的和平与发展，更有利于国际关系的民主化，是时代发展的必然趋势。

全球化是全球联系不断增强，各国的人员、技术、资本、信息、服务等在全球范围内流动不断加强，全球共同体意识不断上升的一个过程和态势。虽然全球化最初更多表现为一个基于经济和贸易的概念，但其内涵已向政治、安全、社会、文化等多领域扩展深化。全球化发展背后的推动力是人类社会生产力及其生产方式的发展。实际上，在15世纪末哥伦布依靠先进的航海技术、造船技术和地理学成功发现新大陆后，世界各国就开始了相互联系并且联系日益加深的全球化时代。人类历史上的三次科技革命，特别是第三次科技革命即自20世纪40年代以来的电子和信息革命，使世界各国联系越来越频繁、关系越来越深入，共同体意识越来越强，逐渐形成一个关系和利益相互交织且日益加深的共同体。

当前，第四次科技革命正在到来，这是一个主要以互联网产业化、工业智能化、工业一体化为代表，以人工智能、量子信息、新能源、现代生物等技术为主的全新技术革命，最终实现"物理信息融合"即"物联网+"的生产和生活模式。可见，不可阻挡的科技进步将使人类社会从人与人、人与社会到国家与国家之间的关系越来越紧密，人类社会越来越形成一个利益、责任、命运的共同体。任何人、任何国家都很难置身于这个共同体之外，否则就只能孤立于社会、世界之外。因此，科技进步和生产力发展是全球化的根本动力，全球化加速发展是人类社会和历史发展的必然规律和趋势。

2020年百年不遇的新冠疫情对全球化造成了很大冲击。的确，全球化给这次疫情带来了一定负面效应：全球化下的人员自由流动、国界的开放性，造成和加剧了疫情的广泛传播和疫情的"全球化"，使更多的国家深陷其中、深受其害；同时，全球化下的精细化产业分工，使一些国家在疫情中出现防疫物资短缺、断供情况。疫情也对全球化产生重大影响：一是产业自主意识的上升。在新冠疫情危机中，更多国家意识到无论经济怎么全球化，涉及国家安全、人民生命的产业自主的重要性仍不可忽视。二是国家主权让渡回摆。世界本质的无政府性使各国政府将主权视为圭臬，但在全球化下国家又不得不越来越多地让渡主权，这是全球化进程发展的客观要求和必然趋势。然而这次疫情使国家主权意识增强，更多让渡主权而深度参与国际契约会受到影响，这对全球化发展是一个负面因素。三是反全球化思潮升温。这次疫情造成经济衰退、民生凋敝、社会矛盾加剧，种族主义、民粹主义、极端主义上升，经济全球化成为被"甩锅"的对象，世界面临一股反全球化思潮。

虽然这次疫情影响重大而深远，但它毕竟是人类历史演进中的一个事件而已，不可能超越历史发展规律，也不可能逆转历史发展方向。人类历史波谲云诡、波澜壮阔，但影响和推动历史发展的根本因素是不变的，这就是生产力及其生产方式的发展，马克思说生产力的发展是人类社会发展的最终决定力量。古代东方儒家文化思想及其社会体制皆产生于中原农耕生产方式，古希腊西方哲学思想及其社会体制也产生于城邦商业生产方式。近代以来的三次工业革命，推动着世界政治、经济和社会的格局与秩序的变迁，直至发展成为今天的世界模样。因此，虽然新冠疫情对世界影响重大，可能会使全球化出现某种程度的回摆，但不会改变全球化继续发展的大势，特别是随着第四次科技革命的即将到来，全球化必将走出低谷，重新回归正途并加快发展进程。"青山遮不住，毕竟东流去",历史的车轮将在颠簸中继续前行。

### 三 国际安全秩序演进的方向与目标

涵盖国际安全秩序的国际秩序的演进必有其规律，国际秩序演进应该是继承与发展的融合，应该反映世界格局变化和时代特征，应该符合人类对美好生活的向往与期盼。因此，未来国际安全秩序演进的方向与目标如下：

1. 和平合作

生存是个人与国家存在于世的前提，没有和平与安全，就谈不上其他如自由、幸福、人权、发展等价值追求。纵观人类历史，战争与和平是世界和地区、国家演变的主线，链接、贯穿于历史各个阶段，可以说，人类历史就是一部关于战争与和平的历史。为此，《联合国宪章》开篇即痛感于"今代人类两度身历惨不堪言之战祸"，将其首要宗旨和最主要目的定位于防止战争、维护国际和平与安全。

历史已进入 21 世纪，人类社会已发展到较高水平，但物质文明的发展并没有获得相应精神文明的同步提升，人类社会仍没有摆脱原始本性和历史惯性，冲突和战争仍孕育、存在于全球范畴、地区范围和国家内部中，一些国家仍处在战乱中，一些地区也处在冲突中。比如，据德国海德堡国际冲突研究所的年度报告统计，2019 年全球范围内的武装冲突达 358 起，全面战争次数达 15 次，有限战争次数达 23 次，涉及非洲、美洲、中东和北非等地区。[①]同时，随着中国的发展崛起和美国的相对衰落，一些西方学者和政要开始渲染所谓中美正陷入"修昔底德陷阱"。的确，自 2018 年以来，美国基于维护其全球霸权的战略需要，将对华政策进行重大调整，将中国视为主要战略对手，将竞争与对抗作为对华政策主基调，连续采取贸易战、技术封锁等对华战略打击措施，不

---

① 徐进、周蓓：《全球武装冲突于军事战争形势评估（2019—2020）》，载中国社会科学院世界经济与政治研究所《全球政治与安全报告》（2021），社会科学文献出版社 2021 年版。

断将这种对抗措施升级到外交战、文化战,中美关系不断探底,呈"自由落体"状态,中美关系有向冲突的战争方向演进的风险。由此可见,冲突和战争的风险并没有远离我们,和平与安全对世界和各国而言仍然是第一政治目标,其历史价值没有任何贬损,特别是在百年之变局和新的国际秩序构建中,其价值尤为重要而珍贵。

和平与安全如何实现,是否仍延续第二次世界大战以后主要依靠大国特别是霸权国家主导、控制的方式来实现,这是新格局和新形势下的一大课题。正如前面所言,国际秩序的发展方向应反映时代发展潮流和特征,在世界多极化和经济社会全球化发展大势下,国际安全秩序的调整、修正、完善需要通过各国的合作才能达成目标,任何国家或集团都不可能单独完成。无论是已有规范的调整、修正,还是今后双边、多边、区域、全球性规则的制定,都需要国际协商、协作,这样才能实现维护国际和平与安全的目标。合作是世界实现和平与发展的唯一道路。

2. 公正合理

公平公正是人类社会的基本价值追求,也是人类社会发展的方向和目标。如前所言,虽然现行国际安全秩序基本维护了世界和平大局和发展需要,但并不完善,也不够公正合理。究其原因,一是本身有缺陷。这一秩序是在第二次世界大战后建立的,是由极少数大国决定的,虽维护了世界整体和平与安全大局,但更多反映的是大国利益需要,体现了大国权力,本身就存在一定的不公正、不合理因素。二是受时代局限。第二次世界大战结束已70多年,世界格局、政治环境、思维理念都已发生了很大变化,国际安全秩序也理应与时俱进地调整完善,以适应变化了的时代的和平与稳定的需要,特别是需要反映世界多极化和经济社会全球化的时代特征。

"公正"意为公平正直,没有偏私。① "合理"指合乎道理或事理。②

---

① 中国社会科学院语言研究所词典编辑室编:《现代汉语词典》,商务印书馆出版1998年版,第437页。
② 中国社会科学院语言研究所词典编辑室编:《现代汉语词典》,商务印书馆出版1998年版,第507页。

"公正"与"合理"既有所侧重又高度统一。"公正"所指的没有偏私是根据一定的标准而言的,因而它是一种价值判断,内含有一定的价值标准,一般而言,这一标准就是法律。"公正"的英文为 justice,英语中的 jus 本身就有法的含义。"公正"更多体现了一种理想主义。"合理"则更多要考虑实际情况、按照实际需要而定,强调合乎情理,更多体现了一种现实主义。因此,"公正合理"是理想主义与现实主义的结合。

在国际关系中,公正就意味着国家不论大小、强弱、贫富在政治上一律平等,都有平等参与世界事务的权利,意味着国家事务的处理不偏袒某一国家或某一地区或集团,倡导各国的事情应由各国人民自己决定,国际规则由各国共同制定,全球事务由各国共同处理,反对一切形式的霸权主义和强权政治。在国际关系中,合理就意味着国际事务的处理合情合理,参与国际事务的每个国家都应承担其相应的责任,得到它应得的利益。国际秩序的公正合理意味着各国、各方的责任、权力和利益的有机统一。

3. 普惠共享

作为个人与国家的第一价值追求,和平与安全应是一个普遍安全和共同安全的概念。在全球化日益发展条件下,人类社会越来越成为一荣俱荣、一损俱损的命运共同体,因此,只有建立惠及每一个国家、让所有国家均享有太平盛世的国际安全秩序,实现世界各国、各民族人民的普遍安全和共同安全,才能有真正的安全、持久的安全。为此,应摒弃那种追求自身绝对安全、集团性安全的冷战思维和秩序体制。

安全是相对的而非绝对的,一个国家要建立所谓的绝对安全,往往就会以牺牲他国的安全为代价。20 世纪 90 年代,趁冷战结束、俄罗斯无力与之争锋之机,为追求建立绝对战略优势,拥有强大军事进攻力量的美国开始大力发展建设国家导弹防御系统,为此不惜退出维持全球战略平衡基石的《反导条约》,其意图就是建立攻防兼备的战略力量,获得能对对手实施战略打击而不受对手报复的权利,以追求自身的绝对安全。实际上,这种追求自身绝对安全的行为,会给美国以对他国实施军事威胁和打击的"自由权",严重损害他国的安全。同时,这种行为也会使大国之间冲突与战争的风险升高,给世界和平与安全带来严重威胁,到头来必会损害包括美国自身在内的全世界的和平与安全。因此,追求自身的绝对安全会损人不利己,与时代发展潮流背道而驰。

另一个与当今时代潮流相悖的安全模式是集团性安全,抑或说是军事同盟体系。军事联盟的出现源于安全目的,特别是在安全受到威胁的情况下,拥有共同安全利益的国家就会结成军事联盟,通过结合成更强大的军事力量集团和采取共同行动来实现维护和增加自身安全的目的。但军事同盟是历史产物,军事同盟这一安全体制应与历史发展进程相一致、与时代潮流相适应。在21世纪的今天,和平发展成为时代主题,合作共赢是时代潮流,那种集团式的军事联盟体制已与当今时代发展要求相悖。因为,军事联盟的存在是以威胁存在为前提的,个别大国为了保持全球战略优势和地缘政治主导权,即使没有威胁也非要人为制造出威胁,为此在一些地区制造事端,激化矛盾,以地区威胁将其他国家绑架在自己的战车上。可见,军事联盟体制不仅是一种集团性的安全体制,也是一种排他性的安全体制,与普遍安全、共同安全理念和目标背道而驰,理应被当今时代所摒弃。

4. 开放包容

世界越来越成为一个休戚与共的命运共同体,这是世界发展的趋势和必然结果,这就需要各国共同参与国际规则、机制的制定、修改和完善,新的国际秩序的构建与遵守也需要各国的普遍参与和通力合作,这就要求国际秩序的演进必须体现开放性和包容性。

第二次世界大战以后特别是在冷战时期,基于一些国家的霸权思维和意识形态对抗,国际规则和机制的建立,往往主要体现一些国家的意志和利益,甚至一些地区性和多边条约、机制是建立在对抗性、排他性基础上的,这就带来了世界和地区的对立、对抗、封闭和孤立,严重阻碍了世界的团结、合作,损害了世界和地区的和平、稳定与发展、繁荣。例如,第二次世界大战后美国在西欧实施的马歇尔计划(The Marshall Plan),即欧洲复兴计划

(European Recovery Program),是美国对被战争破坏的西欧各国进行经济援助和重建的计划,对战后西欧经济的恢复和民生改善发挥了重大作用。但基于意识形态考虑,马歇尔计划将东欧国家和苏联排除在外,加剧了欧洲的分化和两大集团的对抗,对欧洲和世界政治格局均产生了深远影响。当前,一些大国在亚太地区推行"印太战略",虽冠以"自由开放"之名,但其意识形态意味强,针对性、排他性凸显,必然造成印太地区的分化、分裂甚至对抗,与地区和世界的和平发展大势相背离,必然会损害印太地区各国的安全与发展利益。与此相反,中国提出的"亚洲基础设施开发银行"和"一带一路"倡议,显示出其宽广的开放性和包容性,不仅域内国家均积极参与,而且域外国家也参与了这种合作机制,各国均共享参与机制带来的发展红利。

在21世纪全球化发展已成为一种必然趋势,在各国利益命运越来越交织交融的今天,国际规则、机制的封闭性和排他性,已与世界发展要求和时代演进特征格格不入,必须加以摒弃,必须以符合世界发展方向和潮流的开放包容将其代替。开放包容促进文明进步,封闭对立带来狭隘落后。

开放包容意味着无论是全球的、区域的、多边的协议、规则和机制的修改、调整和创建,都应保持对所有国家的开放性,不仅在理念、目标设计上要体现共赢共享特征,在参与和构建中保持非歧视性和开放性,而且还应注重每一个成员国和参与方的不同特点和实际情况,尊重和包容其个性,构建一个和而不同、合作共赢的格局。

5. 多元多样

无论是自然界还是人类社会,世界都是多样多元、丰富多彩的。在自然界中,包括众多动物、植物的一切生物处于相互依存、和谐共生的环境中。在人类社会中,由于地域、气候、环境和民族、文化、历史的不同,不同的地区、国家在思维、习惯和行为模式上存在很多差异,因此,作为旨在维护和平与安全的国际安全秩序特别是地区安全秩序的构建,也应充分尊重并结合各地区民族文化的多样性特点,在以《联合国宪章》为国际法基石、以联合国为体系核心基础上，建立、完善多元多样化的组织、规则和机制。

《联合国宪章》第八章专门规定了关于和平解决争端的"区域办法"，提出发挥区域办法或区域机关的作用，采取区域行动以求地区争端之和平解决。因此，在应对和解决地区矛盾、维护地区和平与稳定中，应以《联合国宪章》宗旨和原则为依据，建立适应于地区的多元多样的国际安全组织、规则和机制及其办法。多样性和多元化也是时代发展的一个特点，国际安全秩序的演进也应适应于时代发展需要。

还应指出，国际安全秩序演进的多样多元，是指其形式和方式上的多样多元，但其根本宗旨和原则是不变的，即维护以《联合国宪章》为基石的国际安全秩序，以维护地区整体和全球和平与安全为根本目的，而不是只为维护个别或部分国家安全利益而损害和牺牲其他国家安全利益而建立地区性安全组织和机制。可以说，多样多元的国际安全组织、规则和机制的建立与完善，万变不离其宗，应向形成"多元一体"的国际安全秩序方向演进。

## 第二节 《联合国宪章》演进与联合国改革

《联合国宪章》的确立和联合国的创建，标志着当代国际秩序的形成。70多年来，以《联合国宪章》为国际关系基本行为准则、以联合国为主要国际组织的这一国际秩序，维护了世界和平与安全和发展与繁荣的大局，得到了世界绝大多数国家和人民的认可、尊重和遵守。然而，现在的世界与70年前的世界相比已然发生了很大变化，不仅联合国会员大量增加，联合国组织机构大幅度扩展，而且全球面临的问题与挑战前所未有，特别是在世界正处于百年之变局，处于人类发展大变局的历史阶段，作为旨在维护世界和平与发展、维护全人类根本福祉的《联合国宪章》和联合国也需要与时俱进地演进和改革完善。

## 一 《联合国宪章》内涵的扩展

（一）《联合国宪章》宗旨与目的的扩展

《联合国宪章》确定了四大宗旨和目的，即维持国际和平与安全、尊重和保护人权、促进经济发展与社会进步和促成各国和睦相处。经过70多年的实践和总结，国际社会普遍将联合国的宗旨和目的归结为"安全、人权与发展"三大支柱，并得到联合国大会决议的确认。的确，经历70多年的岁月沧桑，安全、人权与发展成为世界各国、各民族和普通民众最基本、最重要的价值追求。但是，世界现在正处于百年之变局，除传统意义或狭义层面的变局外，更重要的是广义层面的历史性变局，特别是我们共同生活的星球的生存环境之巨变，这是一个我们全人类从未面临的生存危机，会在很大程度上影响世界的安全、人权和发展。

首先，从现在全球发展趋势看，加速发展的现代工业导致大气中的碳含量越来越高，气候越来越变暖，气候变暖之势带来的环境恶化越来越严重。在工业革命以前的世界，虽然由于一些地域自然环境的改变也会导致一些文明的消失，如在古代中国的西北地区，由于当地水资源的枯竭带来沙化的严重，最终导致楼兰古国的消失。但从整体上看，这种自然环境的变化并没有对整个地球生存环境形成影响。而当今时代，现代工业的全球化及其加速发展，给地球环境带来了全局性、长期性影响。如果现在不能有效遏制气候变化趋势，地球环境将越来越不利于人类生存，每个国家的安全、每个人的生命健康都将受到越来越大的影响。因此，气候变化和环境保护是攸关全世界生存与安全的大问题。

其次，气候变化带来了生态环境的恶化，也导致了极端气候的频发，这带来了粮食减产和饥饿，一些地方再也不适合人类生存，贫民、难民不断增加，人民的生活、教育、医疗、就业等基本人权保障受到威胁和损害。因此，气候变化和环境保护也是攸关人权的重大问题。

再次，如果从源头上看，气候变化主要是由人类社会不断发展对化石能源不断增加的巨大消耗导致的，因此，要改变气候变化趋势，我们必须要改变能源结构，特别是改变对碳排放具有决定性影响的化石能源的依赖，这需要更多采用清洁、可再生能源，而这涉及经济转型和发展模式问题，涉及能源、节能等新技术的开发、推广、利用及支持资金的提供、分配，以及各国在减排中的责任、目标和义务等问题，关系到各国的发展权益和发展进程。因此，气候变化和环境保护又是一个攸关各国和全球的发展问题。

最后，气候变化导致的生态环境变化和能源结构的改变，在一些地区会引起和加剧水资源、渔业资源和油气资源等的争夺，从而引发地缘和全球政治危机，对地区和世界和平与稳定产生重大影响。因此，气候变化和环境保护也是一个攸关地区和世界的和平问题。

由此可见，环境保护虽然是关于如何应对气候变化及带来的挑战的问题，看似是人类社会发展某一领域的问题，但与联合国宗旨与目的的三大支柱——安全、人权、发展息息相关，甚至说它会从根本上影响到全世界的安全、人权和发展，是影响人类根本利益和福祉的全局性问题，是一个当代历史性重大课题。

世界各国都应高度重视并一起应对这一问题，作为旨在维护全人类的根本利益和福祉的《联合国宪章》，也应与时俱进地对待和处理这一挑战。无论是从《联合国宪章》原则与目的看，还是从人类面临问题的性质和影响看，气候变化和环境保护都应是联合国和世界各国处理解决的重大而紧迫的议题和优先目标。因此，在新的格局形势和历史条件下，内含应对气候变化、保护生态环境的"环保"，应纳入《联合国宪章》并成为其重要宗旨和目的。这样，《联合国宪章》的宗旨和目的应包括"安全、人权、发展和环保"四大支柱。

(二) 国际关系基本准则的扩展

《联合国宪章》确立了七个国际关系的基本原则，即主权平等原则、和平解决争端原则、不使用武力原则、尊重领土完整和主权独立原则、不干涉原则、集体安全原则和尊重国际法原则。这些原则确立了国与国之间处理关系的基本准则和行为规范，只要国家间遵守这些准则、规范，就能保证地区和世界的和平与稳定大局。但是，在世界进入百年变局和时代呈现新特征条件下，仅仅依靠这些准则应对新问题以实现维护世界和平与稳定大局目标，仍显现出一定的局限，而且，在更高水准上维护人类的根本利益与福祉也存在明显不足。因此，《联合国宪章》确立的国际关系基本原则也需与时俱进地演进。

针对新时代新特征，基于《联合国宪章》的根本目标，国家间关系的处理应加入"合作共赢"这一基本原则。首先，"合作共赢"是全球化条件下正确处理国家间关系的需要。全球化下，各国利益越来越交织、融合，人类越来越形成一个你中有我、我中有你的利益和命运共同体，这需要各国秉持开放心态，通过齐心协力合作，一起解决问题与矛盾，维护共同利益。若各国只强调国家的"主权独立原则、不干涉原则"而各行其是，则交织问题与矛盾特别是全球化下产生的新问题就很难得到解决。比如，对跨境水资源的管理、利用问题，若没有互利合作精神，在追求国家利益最大化诉求下，有关国家就会最大限度地谋取跨境水资源的利益，从而可能损害其他国家的利益，这会激发国家矛盾、引起冲突，最终损害各有关国家的利益。再如，对于越来越重要的互联网管理问题，若各国在这一国际公共空间内为追求自身最大利益而各行其是，就会引起互联网的混乱甚至冲突，最终会危及各国社会经济与安全利益。因此，这些利益交织问题的解决有赖于各国协商、合作。

同时，"合作共赢"也包含各国需相互妥协甚至一定程度的主权让渡而实现各方共同受益结果的含义，这是在《联合国宪章》原有基本原则主要强调"主权"基础上的扩展。在全球化日益发展和人类越来越形成命运共同体的趋势和格局下，为维护和增进各国共同利益，必须秉持"合作共赢"的原则，否则若各国各顾其利、各行其是，大家将面临双输、全输的结局。必须指出，《联合国宪章》强调的"主权"原则是国际关系原则的核心与基础，"合作共赢"是在尊重"主权"原则前提下强调通过相互妥协、协作获得互利共赢的结果，这并不与"主权"原则相背离，而是在新格局与形势下对国际关系原则的有益补充与发展。

其次,"合作共赢"是全球性问题解决的需要。在全球化发展下,地球越来越成为一个地球村,人类面临的重大问题如气候变化、重大自然灾害、传染疾病、恐怖主义等,一个国家或集团都不可能独自应对,必须通过各国共同的参与和合作,才能解决这些影响各国安全与发展的重大问题与挑战。因此,各国通力合作才是解决全球性问题的必由之路,才能维护共同利益。比如,应对气候变化这一影响全球生存与发展的重大问题,只凭一国或部分国家的努力是不可能成功的,只有世界各国共同行动起来,不仅都需要承担减排目标,而且需要发达国家与发展中国家在技术、产业、资金等领域的相互支持与合作,才能实现全球的减排目标,才能遏制气候变化导致的我们共同家园——地球的环境持续恶化趋势。再比如,在2020年新冠疫情暴发后,全球化条件下疫情迅速在全球蔓延,几乎无一国家幸免。疫情不仅带来了对各国人民生命的威胁,而且使各国经济和民生陷入困境。面对这一威胁全球民众生命、健康和经济发展与民生的重大危机,无论是对疫情的阻断与防控,疫苗的研发与供给,还是经济的复工复产,仅凭一国或国家集团都无法做到。只有各国团结起来共同合作应对,才能战胜这一世纪性疫情。

最后,"合作共赢"是新时代人类文明发展的需要。《联合国宪章》所确立的七大原则是防止冲突与战争、维护和平与稳定的需要,从性质和内涵上看,这是为实现目的的"止损"原则,其更多强调的是"不能"做什么,更多的是对国家行为的"规制"。但在全球化和多极化发展趋势下,对不断出现的影响人类生存、安全与发展等根本利益与福祉的新问题,如前面所提到的气候变化导致全球环境恶化问题、重大传染疾病问题、恐怖主义威胁问题等,若只强调国家不能做什么、重点置于"规制"国家行为,则这种被动的约束就不能更好地、全面有效地维护世界各国的根本利益。比如,"发展"是联合国系统的三大支柱之一,而当今世界,恰恰是发展问题越来越严重,特别是国家发展的不平衡趋势即国家发展的两极化问题越来越严重。同时,发展问题也会带来国家间矛盾和危机,从而影响全球和地区安全与稳定。对于这一问题的解决，不能只是强调对国家行为的"规制"而被动应对，而应更多地鼓励开展国家间的相互支持与合作而积极有为。中国提出的"一带一路"倡议，秉持"共商、共建、共享"理念，通过与有关国家合作建设互联互通，实现共同发展目标。"一带一路"建设已经对一些国家和地区的经济发展和民生改善产生了积极效果，"一带一路"倡议是"合作共赢"的典范。因此，在新时代新格局条件下，在国家关系基本原则中，需要加入符合时代要求的"增益"原则，这就是"合作共赢"原则。

## 二 联合国改革

### （一）联合国改革的原则和目标

联合国改革是关于国际安全秩序机制的改革。随着世界格局的演变和形势的发展，联合国体制结构和职能应适应并反映这种变化，目前主要应推进以安理会改革为中心的联合国改革进程。虽然联合国改革分歧较大，但联合国改革的方向和目标应清晰、正确，这就是要秉持集体安全原则和多边主义精神，提升发展中国家的代表权，体现公平正义，提升联合国的权威与效率。

一是提高权威与效率。所谓"没有规矩，不成方圆"，在一个本质上无政府的世界中，联合国在某种程度上体现着世界政府的作用。在过去的70多年中，联合国在维护世界和平与安全、推动合作与发展、促进人权等方面，发挥了关键的、不可替代的作用。在新的世界格局和时代背景条件下，联合国的这种引领、协调、弥合的作用将更为突出、更加重要。为此，应着重提高联合国的权威与效率：一方面要强化各国、各国际行为体对联合国的尊重和对联合国决议等国际文书的执行力；另一方面要提高联合国组织机制的决策、执行效率。在当前新形势下，应反对那种借联合国改革之机或以联合国改革为由，企图削弱联合国权威甚至否定联合国作用、抛弃联合国的思想和行为，同时也应反对那种在联合国改革中为增加自身权力和利益而刻意使联合国组织机制及程序复杂化的做法，这都与加强联合国权威与效率目标背道而驰。

二是促进公平与民主。促进国际权益的公平合理和国际关系的民主化，符合历史发展潮流和联合国价值追求，联合国改革也应向国际秩序公平合理和国际关系民主化方向发展。因此，根据联合国体制现状，一方面，联合国改革应提升其合法性。为此，应着重提升广大发展中国家在联合国的代表性，提高他们在联合国组织机制中的分量，推使联合国成为一个真正代表和体现世界各国和人民利益的一个全球性组织；另一方面，联合国改革应努力促进国际关系的民主化。全球性问题与挑战是各国共同面对的，世界事务也理应由各国共同协商处理。联合国改革应有利于促进各国共同参与国际事务、合作解决全球性问题，促使联合国成为一个更加平等、开放、包容、合作的国际组织。

三是增强团结与共识。联合国改革意味着对有关组织机制的调整，涉及各国的权力和利益，一些国家借联合国改革对有关组织机制的调整之机，为扩大自身权力、谋取更多利益，提出了一些不切实际甚至过分的要求，造成了国际社会对联合国改革的分歧与矛盾，成为当前联合国改革的困难与掣肘。因此，在联合国改革中，应处理好个体与集体、继承与发展的关系，各国需要有大局意识、秉持妥协精神，凝聚共识、加强团结，共同推动联合国改革进程，这是联合国改革取得成功的关键。否则，若各国各顾其利、自行其是，联合国改革就会陷入僵局而难有进展，联合国改革就不会成功，多年来联合国有关组织机制改革的正反两方面的事实就充分说明了这一点。

四是秉持创新与发展。联合国改革应体现与时俱进的精神，因此，基于《联合国宪章》的宗旨与目的，本着联合国创立的初心，联合国改革不仅要对其组织机制进行必要的调整和完善，还应根据世界格局变化和时代发展需要，建立和发展新的组织机制。为此，在新时期、新格局，面对新问题、新挑战，以创新思维改革联合国组织机制尤为重要，这也是联合国改革成功的重要因素。

（二）安理会改革

联合国改革是一项内容广泛的改革，涉及联合国的组织机制和工作方法程序的改革，主要议题包括安理会改革、振兴联合国大会、加强经济社会理事会的作用等。但从对联合国作用影响最大和世界各国最为关注的议题看，安理会改革则是联合国改革的重点和热点。《联合国宪章》将维持国际和平与安全之主要责任赋予安理会，安全理对任何争端或可能引起国际摩擦或争端之任何情势是否足以危及国际和平与安全拥有断定权。因此，安理会是联合国最重要、最核心的机构，其改革事关联合国维持国际和平与安全这一主要职责的效能，受到世界各国特别是大国的高度关切。安理会改革成为联合国改革的核心议题，也成为联合国改革的主要矛盾点。

目前，关于安理会改革主要围绕五个问题进行，即新增安理会成员类别问题、否决权问题、区域席位分配问题、扩大后安理会规模问题，以及安理会工作方法问题。但从问题本质和争议看，席位分配和否决权问题是安理会改革两个焦点问题，拥有不同利益的国家和集团对此持有分歧较大的立场。"四国联盟"提出扩大常任理事国和非常任两类理事国席位的立场（增加6个常任理事国和4个非常任理事国的席位）。① 而"团结谋共识"联盟则反对联合国安理会新增常任理事国席位，提出只增加联合国安理会非常任理事国席位的建议（将安理会非常任理事国席位从10个增加到20个）。② 绝大部分非洲国家也提出了扩大两类安理会理事国席位、非洲国家获得两个带有否决权的常任理事国席位的主张。因此，围绕安理会改革分歧严重，多年都没有取得任何实质性进展。

安理会改革应反映新时期世界格局变化和时代发展潮流，应有利于构建公正合理的新的国际秩序，应适应21世纪维护世界和平与发展的需要，因此，安理会改革虽然艰难但也必须进行下去。今后推进安理会改革，应侧重把握如下几个问题。

---

① 2005年巴西、德国、印度和日本组成的"四国联盟"，向联大提交一份决议草案，要求增加常任与非常任理事国名额，意欲以"抱团"方式、以联合国安理会扩容建议，实现各自成为联合国安理会常任理事国的政治目标。

② "团结谋共识"联盟是以意大利、韩国、墨西哥、阿根廷和巴基斯坦为牵头国家、由70多个发展中国家组成的阵营，以抗衡"四国联盟"加入联合国安理会常任理事国的要求。其中韩国等针对的是日本，意大利和西班牙等国针对的是德国，阿根廷和墨西哥等国针对的是巴西，巴基斯坦等国针对的是印度。

第一，扩容应优先增加发展中国家的代表性。在 20 世纪 60 年代，随着非殖民化运动蓬勃发展，广大发展中国家纷纷获得独立，联合国成员国从最初的 51 个发展到 112 个，这促成了安理会的第一次改革，安理会理事国席位由原来的 11 席增加到 15 席。当前，无论是世界格局还是联合国成员国数量都发生了很大变化，安理会也相应需进一步扩容。安理会扩容不仅要增加其代表性和合法性，提高安理会权威，还应考虑到有利于提高安理会效率，而这两者之间是矛盾的。因为，安理会理事国越多，越难取得共识，安理会效率越低。因此，需要在增加合法性与提高效率之间取得平衡。为此，安理会扩容一方面不能太多，另一方面应侧重增加发展国家的代表性，因为发展中国家已占联合国会员国总数的 2/3 以上，但目前其在安理会的代表性严重不足，这影响了安理会的代表性。

第二，谨慎对待新增常任理事国问题。常任理事国意味着对一个国家的国际权力、地位的确认，扩大常任理事国席位是国际权力的再分配，国际权力结构的再调整，同时，这也会带来安理会决策机制的重大变化。因此，对新增常任理事国席位问题应十分谨慎。为此，一方面，如同前面安理会理事国扩容问题一样，对新增常任理事国席位，需要平衡好合法性与效率问题，不能因改革而降低安理会效率；另一方面，若确需增加常任理事国席位，就要把握好遴选新增常任理事国的标准。根据安理会肩负维持国际和平与安全的主要职责，新增常任理事国的遴选标准，应综合考虑成员国对全球和平与发展的贡献、对联合国维和事业的贡献、对应对全球性挑战的担当、联合国会费的分担、政治外交独立性等多个重要因素。

第三，限制否决权问题。五个常任理事国在安理会拥有"一票否决权"，这是联合国在成立之初在制度设计上"大国一致"原则的体现，也是当时国际权力现实的反映。[①] 但自联合国成立以

---

[①] 中、美、苏（俄）、英、法五个常任理事国在第二次世界大战中为战胜德国、日本等法西斯国家做出了巨大贡献和牺牲，也是联合国成立主要的创始国。五国拥有安理会"否决票"，这既是对其历史贡献的肯定，也是维护世界和平与安全的客观需要。

来，否决权一直受到质疑和指责，因为在实践中由于大国滥用否决权而使安理会效率低下，影响了安理会维持国际和平与安全作用的发挥。对于否决权问题，应有一个客观理性的认知，一方面，否决权的存在有利于大国的沟通和协调，有利于促成"大国一致"，有利于国际社会采取一致行动，总体上有利于维持国际和平与安全大局。同时，否决权也能有效制约大国的霸权行为。大国的霸权行为特别是侵略行径，否决权的存在使其无法获得安理会的认可，其行为就失去了合法性，即使其绕开联合国而采取单边主义行为，也会背负沉重政治和道义负担，这可为其最终失败命运埋下伏笔。1979 年苏联入侵阿富汗和 2003 年美国绕开联合国侵略伊拉克的失败结局，就是最好的佐证。另一方面，在客观上不可能取消否决权情况下，应对否决权进行适当限制。① 这种限制可考虑对安理会决议涉及问题性质否决权的限制（如不对种族清洗罪、战争罪和反人类罪使用否决权），在一定时期内对否决权次数的限制，不再扩大否决权范围（未来新增的常任理事国不再拥有否决权）等，这也是提高安理会效力与效率的有效办法。

（三）集体安全机制的完善

第四章"国际安全秩序基础"对联合国集体安全机制在实践中存在的问题进行了分析。从根本上看，集体安全机制存在的问题特别是效力和效率问题，是由于其存在结构性矛盾所导致的。集体安全机制是通过建立一个普遍性的合作安全机制，以集体力量威慑和制止侵略行为以维护每个国家安全的国际安全保障机制，这是在无政府的现实世界中实现普遍安全、共同安全的最优途径，是维护世界和平与安全的最佳方式。但是，实现这一理想必须依赖一定的物质基础。历史和现实都证明，实现集体安全目标需要依赖于大国的参与和合作，故而，联合国将维持国际和平与安全的主要职责赋予了以大国为构成核心并以"大国一致"为运作方

---

① 根据《联合国宪章》第一百零八至一百一十条规定，安理会常任理事国对于《联合国宪章》及其修正案的生效均有否决权。因此，任何关于否决权的议案都可被现任安理会常任理事国所否决。

式的安理会，而安理会往往囿于现实中大国之间的矛盾与对抗而大大影响了其效力的发挥，这就带来了集体安全机制理想与现实的矛盾。同时，由于时代的发展特别是全球化的发展，国际安全格局和形势出现了新的问题和特征，比如，非传统安全对国际和平与安全影响越来越大，"人道主义干涉"思想和行动的出现，等等。[①] 因此，集体安全机制需要与时俱进地改革完善。

针对集体安全机制的现状和问题，在新的格局和形势下，联合国集体安全机制的完善应侧重于调整适用范围、改革组织机制及加强其侧翼建设。

首先，适当调整联合国集体安全机制的适用范围。联合国集体安全机制的核心要素和主要功能，是安理会对"和平之威胁、和平之破坏或侵略行为"进行断定并做出决定或决议，采取强制性措施。但安理会应对的这种安全威胁的适用范围在新格局和形势下显示出了局限性，需要与时俱进地进行如下两个方面的调整和完善。

一是需要将非传统安全威胁纳入适用范围。安理会应对的"和平之威胁、和平之破坏或侵略行为"，主要是针对的是对国家领土、主权的侵害和威胁等传统安全威胁，而全球化发展形势下，非传统安全威胁如恐怖主义、气候变化、大规模传染性疾病等，对一个国家、地区乃至全球的安全与发展的威胁越来越大。因此，需要将非传统安全威胁纳入安理会应对范畴，纳入联合国集体安全机制适用范围。

二是需将"人道主义危机"纳入适用范围并谨慎处理。"人道主义危机"是指由武装冲突、自然灾害等人为和非人为因素导致的较大规模人员、种族的基本权利受到威胁的状况。无论是从《联合国宪章》宗旨和目的看，还是从安理会运转特别是近30年的实践看，应对"人道主义危机"显然已被纳入安理会"维持国

---

① "人道主义干涉"是指为终止一国国内大规模侵犯人权行为，未经该国许可而采取强制手段特别是武力手段的一种干涉。"人道主义干涉"在国际上一直存在争议，因其并非是国际法已确立和各国普遍接受的实践。

际和平与安全"的职权范畴。但是，安理会在应对和处理"人道主义危机"的实践中，存在较大问题甚至导致失败的案例。例如，在1994年卢旺达出现大规模种族仇杀而造成近百万人丧生的人道灾难时，安理会无所作为。而2011年在利比亚发生内部冲突时，安理会却以"保护平民"为由通过了干预利比亚的决议，使利比亚由此进入派别冲突和长期战乱，造成数万人丧生、几十万人沦为难民的人道灾难。因此，联合国集体安全机制对干预"人道主义危机"应确立正确的标准和方法：一方面，安理会要准确把握"人道主义危机"范畴。"人道主义危机"主要是指发生种族清洗、大规模屠杀等严重侵害人权的情况，而不能动辄将一个国家内部出现冲突而造成人员伤亡纳入"人道主义危机"范畴，除非这种冲突造成上述严重侵害人权的情况。为此，安理会应严格审慎把握、处理"人道主义危机"案例，防止安理会在真正发生"人道主义危机"时无所作为和滥用应对"人道主义危机"情况的发生。另一方面，联合国应按照人道、不干涉、中立原则实施人道主义保护行动。安理会应对处理"人道主义危机"的根本目的是制止人道灾难、保护基本人权，因此，安理会采取的任何行动都要以人道为根本出发点，绝不能带有任何政治目的和意识形态色彩，不能由此干涉一个国家的主权，而应以中立原则进行调解、促和、保护。

其次，改革完善集体安全机制的组织体制。组织机制的改革应主要包括以下三个部分：一是对联合国集体安全机制中枢的安理会进行改革，这是关系到集体安全机制改革成败的关键，也是联合国改革的中心议题，国际社会高度关注，对此，上面一节专门讨论了这个问题。

二是联合国强制执行机制的落实。联合国集体安全机制应对"和平之威胁、和平之破坏或侵略行为"的最强硬措施，是《联合国宪章》第四十二条规定的"采取必要之空海陆军行动"，即军事措施，为此，宪章第四十三条规定要组建联合国军队，并规定了联合国军队的组成、程序、指挥及各成员国提供的便利和协助。但是，自联合国成立以来，由于大国之间的矛盾与对抗，联合国军队从未组建起来，这一集体安全机制的强制性执行机制从未建立，这严重影响了联合国集体安全机制的效力。从大国仍处在竞争与对抗状态的现实看，在可预见的未来一段时间内，联合国军队组建的前景仍不乐观。但是，世界战略格局的重构、全球化进程的发展、全球治理水平的提升，为未来这一联合国强制执行机制的建设带来希望。为此，应根据格局和形势的发展努力推动这一机制的构建，以实现健全联合国集体安全机制的目标。

三是区域办法必须置于安理会授权之下。《联合国宪章》赋予了区域组织在维持国际和平与安全的角色，但强调此种组织和办法须与联合国宗旨和原则相符合。一些区域组织在没有得到联合国安理会授权情况下，以"保护人权"为由以武力介入一个国家的内部冲突，结果造成了更大的人道主义灾难。1999年以美国为首的北约在没有得到联合国安理会授权的情况下，打着所谓的"人道主义"旗号，对南联盟进行了长达78天的狂轰滥炸，造成数万人伤亡、几十万难民的人道主义灾难，并肢解了南联盟，这是以所谓区域办法干涉一国内政而造成人道灾难的典型案例。因此，应对"人道主义危机"，区域办法必须得到安理会授权而不能私自采用。

最后，加强集体安全机制的侧翼——裁军与维和。《联合国宪章》提出，"为促进国际和平及安全之建立及维持，以尽量减少世界人力及经济资源之消耗于军备起见"，安理会"应负责拟具方案，提交联合国会员国，以建立军备管制制度"。裁军成为以国际合作方式促进国际和平与安全的主要方式，是联合国集体安全机制的重要内容。联合国维和行动是在新的国际形势下，除和平方式和强制方式以外的维持国际和平与安全的一种新的方式，也是联合国集体安全机制的创新。裁军是一种常规性维护国际和平与安全的机制，而维和则是应激性维护国际和平与安全的机制，两者构成了联合国集体安全机制的两个侧翼，是其重要组成部分。推进裁军机制和维和机制建设，可有力促进联合国集体安全机制的发展和完善。

## （四）大国峰会机制的建立①

当前，我们正处于百年未有之变局，其中一个重要变局是世界战略格局之变。历史发展进程显示，在世界格局变局和国际秩序调整期，大国特别是守成大国和崛起大国之间的矛盾和利益冲突会大幅上升，这往往会导致大国间的冲突和战争，这是历史发展的一般规律。历史上，在格局、秩序的转型期，大国因不甘于地位、权力和利益的损失，不惜冒险发动战争以维护自身利益，是一种历史常态，更是一个历史教训。第一次世界大战前的德国和奥匈帝国对英法等传统强国已将世界殖民地瓜分完毕强烈不满，妄想改变国际秩序，而第二次世界大战前重新崛起的德国和崛起的日本要求重新划分势力范围，重建国际秩序，这种矛盾都导致了世界大战。当前，历史又来到了相似的一个关键节点上，但崛起国与守成国的对抗逻辑发生了相反的变化。作为崛起国，中国表现出积极融入世界、维护现有国际秩序、奉行多边主义之态。而作为守成国，美国却表现出孤立主义、抛弃现有秩序、对外奉行单边主义之势，这对现有国际秩序是一个重大挑战。美国面临实力下滑和世界霸主地位不保的前景，在这种情况下，美国有可能采取战略冒险以保住其全球霸主地位。在美国以经济手段不能实现削弱对其霸主地位有威胁的国家实力，特别是阻挡不住中国崛起目的的情况下，最后为保住自己世界霸主地位而有可能不惜挑起冲突、引发战争。自2017年年底发布《国家安全战略报告》，将中国和俄罗斯定位为战略对手以后，美国即着意提升了与中俄战略对抗水平，大国对抗态势进入一个新的阶段。

大国对抗攸关世界和平与稳定大局，甚至说，大国在特殊历史时期的对抗攸关世界战争与和平。历史经验也表明，只要大国能建立一定程度的战略沟通机制，即使大国处在一定程度的对抗中，也能有效化解对抗双方的战略误判，确保世界的总体和平与稳定。无论是第二次世界大战后联合国的成立阶段，还是冷战时两大集

---

① 邹治波、李雪：《世界格局的变化与全球治理的发展》，《拉丁美洲研究》2018年第6期。

团的高强度对抗时期，大国均保持了战略沟通渠道和机制，这不仅促成了联合国的成立和新国际秩序的建立，更避免了世界大战、维持了国际和平。因此，鉴于当前大国对抗进入一个新阶段，大国冲突和战争风险升高的实现，根据历史成功经验和维护世界和平的需要，应该建立一个大国首脑峰会机制，大国首脑就世界性事务和各大国关切等重大问题进行沟通和协商，这有利于消除误解、减缓矛盾，有利于避免大国冲突和战争，有利于维护世界的和平与稳定。前面提到的联合国作用发挥也有赖于大国协商一致。2020年1月23日，普京在出席第五届世界大屠杀论坛上，首次提议举办"五国峰会"，即联合国安理会五个常任理事国领导人选择全球任一地点召开峰会，讨论磋商当前国际热点问题及全球安全挑战。这一提议与笔者此前建议不谋而合。

根据大国峰会机制的目的和联合国会议机制现状，可建立一个年度的"五个常任理事国的首脑峰会机制"（"P5首脑峰会机制"），时间可选择在每年9月的联合国大会期间，在联合国总部所在地纽约举行。五国通过"P5首脑峰会机制"，就世界重大事务和问题举行定期沟通和协商，对此提出建设性建议并采取相关行动。在世界格局和国际秩序演变的特殊历史时期，大国的战略沟通与协调格外重要，大国理应担负起维护国际和平与发展的重大责任。

## 第三节　国际安全规则的完善

第五章和第六章对主权与领土安全、国际公域、和平解决争端、武装冲突与战争、反恐和裁军这六个领域的国际安全规则进行了梳理。从法律体系的完备性和联合国维护国际安全的实践看，在这六个领域的国际安全规则中，和平解决争端的规则较为完备、争议也较少，反恐领域的规则除对"恐怖主义"的定义需进一步清晰明确外也较为完备，而其他四个领域的规则则存在一些不足、缺陷甚至重大漏洞，应根据时代发展的特征和维护国际安全的需要,与时俱进地对这四个领域的安全规则进行调整、补充和完善。①

## 一 主权与领土安全国际规则的完善

主权安全和领土划分的国际规则较明确、完备,但领海确定与安全和领空确定与安全的国际规则存在一些模糊和分歧的地方,需要进一步明确清晰,以免引发争议、纠纷而影响国际和平与安全。

关于领海的国际安全规则,军舰"无害通过权"尚存争议。按照国际法,国家对其领土享有完全的和排他的主权,但领土主权并非是绝对的。根据有关国际法的规定,国家主权在一些领域受到一定制约,其典型代表就是外国船舶的"无害通过权"。

按照《联合国海洋法公约》规定,外国船舶均享有无害通过沿海国领海的权利,该公约并规定了"通过""无害通过"的含义,以及沿海国对"无害通过"的义务和权利。但该公约没有对不同性质的外国船舶的"无害通过"进行区分并做出相应对待,因为军舰这种专属武装和专用于作战的舰船,与一般商业、科研等用途船舶在性质上存在根本区别,其对被通过领海的沿海国的安全具有直接的、实质性影响。虽然《联合国海洋法公约》对"无害通过"做了具体定义,并列举了损害沿海国的"和平、良好秩序或安全"的具体行为,但仍存在公约没有列举到的军舰通过时可能损害沿海国安全的行为,且随着科技的进步和武器装备的发展,这种损害行为可能更隐秘、更多。因此,关于军舰是否与商船一样享有"无害通过权"问题在国际上争议较大,各国的实践也不相同。

为了消除由军舰"无害通过权"引起的理念分歧与实践的不同,以免由此可能引发争议甚至冲突,国际社会应对此进行磋商、谈判,对军舰的"无害通过权"做出明确的、一致的规范,并对《联合国海洋法公约》和《领海及毗邻区公约》有关条款加以相应

---

① 在国际反恐领域存在的问题主要是在制度规则执行层面应防止"双重标准"问题。

修正。从消除安全隐患、维护国家和平与稳定的根本目的出发，军舰的"无害通过权"宜严不宜宽，至少外国军舰通过他国领海应得到该国许可，这与《联合国宪章》的主权原则相一致。

关于领空的国际安全规则，"领空"定义中的空气空间的高度值一直没有确定，也未取得共识。领空是国家主权管辖下的领陆、领水之上的一定高度的空间，实际上这个高度值应是空气空间和外层空间的分界线，在领空内国家享有主权，而在外空内国家则不享有主权。但由于国际上对空气空间和外层空间的分界线一直没有取得共识，这为国家的领空主权范围留下模糊之处，而这容易导致国家之间的分歧、矛盾甚至冲突。特别是，随着科学技术的日益发展和国家权益空间的不断拓展，在广阔的空间内国家间的利益争夺和权利保护越来越激烈，这给国际和平与安全带来挑战。为此，国际社会应对"领空"定义中的空气空间的高度值给予确定并达成一致。

对于空气空间高度值的确定，一方面，应从科学技术的角度考虑，如根据空气稠密程度和航空器飞行技术等角度进行确定；另一方面，更应从国际政治特别是维护国际安全的角度对此进行确认。总的来看，对空气空间高度值的确定宜严不宜宽，理应从严格约束航空器对他国主权、权益侵害的角度处理这一问题。

### 二 国际公域安全规则的完善

有关公海的国际安全规则，主要有作为海洋法法典的《联合国海洋法公约》，以及《大陆架公约》《公海公约》《领海及毗连区公约》这三个公约，这些公约构成了较完整的关于公海的国际行为准则体系，因此，在公海的国际安全规则较为完善。有关南极的国际安全规则也较为完善。《南极条约》冻结了各国对南极的主权要求，排除了在南极的非和平行为。从几十年来各有关国家在南极的活动特别是科考活动来看，从法理到实践，在南极各国普遍遵守了条约义务并进行了良好的合作，没有发生严重争议和影响国际安全的事件。但在其他国际公域——北极和外空情况则大不同，国际安全规则存在明显的缺漏，造成了在这些领域的国际纷争日益扩大和安全态势日趋严重的局面。因此，国际公域安全规则的完善，重点在于对北极和外空领域的国际安全规则进行调整、补充和完善。

(一) 北极国际安全规则的完善

1. 北极存在的安全问题

北极地区的自然资源极为丰富并逐渐被人们所认知，除了有富饶的渔业、森林等动植物资源外，北极更有极为丰富的石油、天然气、煤炭和各种金属矿产资源。而且，随着全球气候变暖导致冰山加速融化，北极航道的可航时间越来越长，其商业价值日益凸显。① 此外，厚达几十米到几百米的冰层阻挡了来自卫星、飞机等的跟踪和探测，北冰洋的洋底已成为各国战略核潜艇的理想栖身地，北极的军事价值也日益重要。随着北极战略地位的上升，有关国家加大了对北极的投入和权益争夺，纷纷出台北极战略、进行主权宣示、加大开发力度，而且一些大国已开始加强在北极地区的军事部署并频频进行军演。

目前，北极存在较为严重的三个问题：主权和权益的争夺、开发对北极环境的破坏、军事化日趋严重。② 这三个问题将对国际和平与安全构成日益严重的威胁：第一个问题和第三个问题可引发国家间的对抗和冲突，第二个问题可导致北极环境的恶化，直接影响全球环境进而对人类生存与安全带来影响。③

---

① 北极地区有两条连接大西洋和太平洋的北方航线，即东北航道和西北航道。这两条航道的开启直接缩短了大西洋和太平洋的距离，使得从欧洲到亚洲和北美洲的船只在行驶时间和行驶距离上都大大缩短，显著节省了运输成本。

② 对于北极领土的划分主要有两种主张：一是俄罗斯和加拿大等国主张按"扇形原则"来划分，这一原则对国土东西跨度大、北部海岸线绵长的俄、加较有利，但遭到美国、挪威等其他北冰洋沿岸国家的反对；二是主张依据海底大陆架划分原则，其法律依据是《联合国海洋法公约》。挪威、冰岛、丹麦等近北极国家曾提出划定北极海域外大陆架的申请。

③ 资源丰富的北极环境不仅脆弱，而且自我修复和调节能力较弱，一旦北极地区环境因开发而进一步恶化，其影响对全人类来说将难以预测。世界自然基金会对开发北极对环境造成的影响已经发出警告，北极地区开发与保护的关系业已成为全人类的课题。北极地区丰富的自然资源和恶劣的开发条件、脆弱的生态环境及其对全球环境变化的影响等问题均已超出了国界，需要国际社会高度重视并共同解决。

2. 北极国际安全机制的缺失

与在南极问题上已经有《南极条约》这一各国普遍遵守的国际安全规则不同，在北极问题上还没有一个这样的条约，致使北极国际安全规则存有重大缺漏，这也是造成北极存在以上三个严重问题的原因之一。到目前为止，有关北极的国际法主要有《联合国海洋法公约》和1920年有关国家签订的《斯瓦尔巴德条约》。但这两个法律文书都无法有效处理和解决北极出现的问题。

《联合国海洋法公约》是针对海洋的一般性规定。由于与南极地区不同，北极并不是一整块陆地，其群岛、流动变化的海域、终年冰冻海域等各种各样的地形使得北极呈现出一种碎片化地理形态，《联合国海洋法公约》较难适用于北极地区的科学考察、资源开发、航道开辟、渔业捕捞、环境保护与军事化利用等问题，其有关200海里外大陆架的规定已成为有关北极国家争夺北极主权和权益的凭借。①

作为迄今为止在北极地区唯一的政府间条约，《斯瓦尔巴德条约》解决的是挪威对斯瓦尔巴德群岛的主权问题，并对该群岛做出了永久非军事区域和各国均拥有自由进出权利的规定。显然，《斯瓦尔巴德条约》也远不能解决北极的安全问题。

有关北极治理的区域组织主要是北极理事会，这是1996年9月由美国、加拿大、俄罗斯、挪威、瑞典、丹麦、芬兰、冰岛8个在北极圈内有领土的国家成立的政府间论坛，其宗旨是保护北极地区的环境，促进该地区在经济、社会和福利方面的持续发展。客观来看，北极理事会在监测和评估北极环境、促进原住民参与地区可持续发展等方面取得了一定成效。但不容否定的是，北极理事会并未阻止他们在北极地区争夺主权与权利、军事化日益凸

---

① 俄罗斯于2001年12月向联合国大陆架界限委员会递交申请，要求将北冰洋的罗蒙诺索夫海岭和门捷列夫隆起纳入俄罗斯的专属经济区。2006年11月，挪威向联合国大陆架划界委员会提交了200海里外大陆架划界申请案，以争取北冰洋、巴伦支海、挪威海主权权利。2009年4月，丹麦向联合国大陆架划界委员会提交了200海里外大陆架划界申请案，以争取丹麦格陵兰岛的200海里外大陆架的主权权利。北极国家200海里外大陆架的扩展，将使"人类共同继承财产"国际海底区域缩小。

显的事实,和北极地区安全态势日益严峻的趋势。而且,北极理事会显示出一定的排他性,刻意防范其他国家"染指"北极事务。① 北极理事会也远不是一个应对和处理北极安全的国际组织机制。

由此可见,北极的国际安全机制从规则到组织都存在严重缺漏,必须对此加以调整、补充和完善。

3. 北极国际安全机制的建设

首先,需要制定一部关于北极安全与保护的全面的国际法——《北极条约》,这是攸关北极全局、全球环境的大问题。《北极条约》应着重处理解决以下四个主要问题:一是北极的法律地位。条约应明确北极的国际公域的法律地位,北极为全人类所共有,为此,应冻结各国对北极的主权诉求及其主张;二是北极的非军事化。条约应禁止在北极的任何军事性质的行为,包括建立军事基地、工事,部署武器、武器装备进入,举行军事演习,以及试验任何武器等;三是北极的保护。条约应从保护北极自然环境和人文环境以及应对全球气候变化等角度,对和平利用北极的任何进入北极的行为做出明确严格的有关禁止和限制;四是北极的国际合作。在保护北极的前提下,对和平利用北极以增进人类福祉而进行的国际合作做出规定。

其次,解决《联合国海洋法公约》适用于北极的问题。《联合国海洋法公约》是关于海洋的基本国际法,是处理有关海洋事务包括内水、领海、临接海域、大陆架、专属经济区、公海等重要概念界定,处理领海主权和权益争端等问题的国际法律依据。因此,应明确《联合国海洋法公约》适用于北极诸多事务的法律地位,任何国家或组织对有关北极问题的争议、事项处理和有关双边、多边协议的达成等,均须遵从这一基本海洋法。

最后,应确定联合国在北极问题上的主导地位。鉴于北极具有

---

① 北极理事会文件规定,要成为理事会观察员的国家必须首先承认理事会成员国对北极地区拥有主权和管辖权,观察员的权利也被限定在仅参与科学研究或是某些项目的财政资助等方面。

为全人类所共有的法律地位、北极安全态势特别是军事化日趋严峻的形势，以及北极环境变化对全球生存环境的巨大影响，联合国理应在北极问题上发挥主导作用，成为世界各国应对、处理北极事务和各方协商、谈判有关北极问题的主要平台和主渠道。任何国家或组织都不能将北极事务私有化、集团化，世界各国均有权利和义务参与北极问题的处理。因为北极问题攸关世界各国的安全、发展甚至生存等核心利益：北极日趋紧张的权利争夺有引发对抗和冲突的风险，这会影响世界的和平与安全；气候变化导致的北极冰川的融化将使海平面不断升高，一些临海国家特别是海岛国家的发展与生存都将受到威胁；北极的不当开发和利用也将对北极环境造成难以修复的破坏，这也会加速全球环境的变化。因此，联合国理应成为世界处理北极这一攸关全球命运和各国利益的核心组织。

（二）外空国际安全规则的完善

1. 外空安全态势和问题

自20世纪50年代人类足迹开始进入外空后，外空的价值逐渐得到人们的认知，特别是随着科技水平的不断进步，人类探索和利用外空的步伐也不断加快，世界各国经济社会发展越来越依赖于外空。然而，在造福于人类的同时，外空的军事化和武器化也越来越严重，外空安全问题日益凸显，其未来态势发展攸关人类的福祉。

从严重程度看，外空安全态势发展可有几个阶段：军事化、军备竞赛与武器化、军事冲突与战争。从联合国多年处理外空议题的实践和国际一般认知看，外空军事化是指通过使用外空资源以增强军事力量的能力，或为了军事目的而使用外空资源。外空军备竞赛则是在外空发展与部署武器问题上的一种国家间的竞争与对抗状态，外空武器化则是指在外空部署了武器，或在地球陆地、海洋和空中部署了用以打击、破坏外空物体的武器。军事冲突和战争则是外空竞争与对抗的最严重的形式，它将对世界的和平与发展造成极大破坏。

自人类进入外空后，外空军事化进程就已然开始，冷战时美苏频频发射用于侦查、探测、预警以及通信、导航、气象的军事卫星，军事利用成为超级大国进入外空的首要目的，外空军事化早已成为现实。虽然外空早已军事化，但目前外空仍未实现武器化。然而，随着一些大国外空武器的研发和相应军事机构的成立，外空军备竞赛与外空武器化态势日趋严峻，外空安全态势正处在进入武器化的一个临界点。美国早就开始研发太空武器，并进行外空武器试验（美俄均进行几十次反卫星试验）。从1998年开始美军就制定《太空作战》条例并几经更改升级。2019年美军设立了太空司令部并成立太空军。外空正成为美军除陆海空外的第四个作战领域，外空正在成为大国新的战场。2020年美国防部发布《太空防御战略》，确定美国如何提升太空力量能够在以大国竞争为特征的复杂安全环境中"竞争、威慑和取胜"。2021年联合国秘书长向第76届联大提交的"通过负责任行为的条例、规则和原则以减小外空威胁"的报告，表达了对外空安全的极度担心：未来军事冲突会延伸到外空或者始于外空。[①]

除外空武器化和外空军备竞赛引发的安全外，另一个外空安全问题是空间碎片对空间飞行器威胁问题。随着人类外空活动的增多和外空物体的增加，由外空飞行器失能、失效和自损产生的空间碎片（也称太空垃圾）也越来越多，这些漂浮在外空的空间碎片对处在运行轨道上的飞行器可造成严重损坏，这给外空资产安全带来了重大威胁。

2. 现有外空安全规则缺陷

第五章"国际安全秩序规则"梳理了现有外空国际安全秩序的有关规则。从维护外空安全、保障外空仅用于和平目的和这些规则效用看，现有外空国际安全秩序的规则存在重大疏漏，不足以阻止外空军备竞赛和外空武器化，不能防止外空军事冲突。

作为外空安全基本法的《外空条约》，它禁止在外空部署核武器及其他大规模杀伤性武器，禁止在天体上建立军事基地、设施、

---

① United Nations General Assembly: "Reducing space threats through norms, rules and principles of responsible behaviours", A/76/xx.

工事及试验任何类型的武器和进行军事演习，但它没有禁止除核武器及其他大规模杀伤性武器以外的其他武器在外空的部署和使用，以及禁止除在天体外的其他外空范围内包括在地球轨道上试验任何武器和进行军事演习。此外，《外空条约》也没有禁止以地球为平台对外空资产的攻击，没有禁止以上所有这些武器的研制、试验、生产等。《月球协定》也只解决了月球武器化的部分问题，也同样没有解决任何类型武器在月球及其轨道上的部署等问题，且加入《月球协定》的国家有限，该协定的效力有限。

为防止外空军备竞赛和外空武器化以维护外空安全，针对现有外空国际安全规则存在的重大疏漏，外空国际安全规则必须得到补充和完善。

3. 外空国际安全规则发展

2008年，中国与俄罗斯共同向日内瓦裁谈会提交了"防止在外空放置武器、对外空物体使用或威胁使用武力条约"（PPWT）草案（附后）。该草案提出了防止外空武器化和外空军备竞赛的原则、目标、行为规范及其机制建设，特别提出了"不在外空放置任何武器"和"不对外空物体使用武力"两个核心国际安全规则，弥补了现有外空国际安全规则的不足，是一个国际社会谈判缔结全面防止外空武器化和外空军备竞赛国际公约的基础。2014年，在综合考虑各方意见和建议的基础上，根据外空安全形势的新发展，中国和俄罗斯对原有草案做了进一步更新，并向日内瓦裁谈会提交了新一版的"防止在外空放置武器、对外空物体使用或威胁使用武力条约"（PPWT）草案。

美国等一些西方国家以外空武器难以定义、外空武器无法核查等理由阻挡在日内瓦裁谈会上谈判"防止在外空放置武器、对外空物体使用或威胁使用武力条约"，致使该条约谈判一直没有启动。的确，外空武器因外空设备大都具备军民两用性而较难严格定义、区分，比如，侦查、通信、气象等卫星既可军用也可民用，卫星也可作为攻击武器撞击其他卫星。由于外空设备的两用性和外空监控技术的敏感性及各国空间技术存在巨大差距，外空武器核查也难以一时解决。尽管如此，也不能因此而否定谈判缔结

"防止在外空放置武器、对外空物体使用或威胁使用武力条约"的重大意义。因为,第一,该条约政治意义重大,也具有较强的政治约束力。该条约是一个国际法律文书,一个国家若加入该条约,就要承担其国家责任和法律义务,对其行为就有政治、道德和法律约束力,防止外空武器化和外空军备竞赛就有法律规范和依据。第二,条约有没有核查条款并不妨碍其有效力。《外空条约》《月球协定》等外空法律文书同样没有核查条款,但这并没有影响其有效力发挥。自这两个外空法律文书缔结后,各国均普遍遵守了条约规范。试想,若没有《外空条约》和《月球协定》,率先登月的国家早就宣布月球是其领土,并进行阻止其他国家探月的军事部署,月球也将成为争夺的战场。第三,条约核查问题可得到逐步解决。关于条约核查问题,可在将来通过附加议定书的形式加以解决。从技术角度讲,一个可行方法是射前核查,即在外空物体发射前,由国际组织专家现场核查其是否携带武器,并监督发射过程。

需要指出的是,目前一些国家以各种理由阻挡"防止在外空放置武器、对外空物体使用或威胁使用武力条约"的谈判,历史将证明这是一个重大错误。因为,现在世界正处于外空武器化的临界点上,若现在谈判缔结防止外空武器化的条约,就有可能阻止住外空武器化的步伐,保住目前外空和平与安全的基本态势。但如果此时拒绝谈判缔结防止外空武器化的条约,那么,外空武器化在不远的将来就会成为现实,外空将成为大国军事对抗的新战场,世界各国的安全与发展利益将处在威胁中。到那时再要谈判缔结防止外空武器化条约就为时已晚。

2009年,欧盟提出了"外空活动行为准则",该准则要求各国在从事外空活动中尽可能减少碎片的产生,特别是不要有意摧毁空间物体,并提出了外空透明和信任措施。此后,欧盟一直将"外空活动行为准则"作为在"日内瓦裁军谈判会议"上在外空领域主推的议题。为阻止日益增多的空间碎片的发展态势,维护各国外空资产的安全,国际社会应该就减少空间碎片问题谈判达成有关法律文书,欧盟提出了"外空活动行为准则"是一个谈判空间碎片问题的基础，各方理应推动有关国际规则的谈判缔结。但是必须看到，在当前外空严峻的安全形势下，有关方面不应以谈判"外空活动行为准则"来替代谈判"防止在外空放置武器、对外空物体使用或威胁使用武力条约"，毕竟，外空军备竞赛和外空武器化才是外空安全最主要、最严峻、最紧急的任务，国际社会应优先并着重处理解决这一影响全人类福祉的重大问题，不能以次代主冲淡外空主要问题的处理。

近来，"负责任外空行为"成为国际社会在外空领域关注的议题。联合国秘书长向第76届联大提交的总结2021年"日内瓦裁军谈判会议"进展的报告中，以较大篇幅阐述"负责任外空行为"问题。报告列举了诸如外空行为通报，避免误判的通信联络，不干扰和破坏外空系统，不发展、试验和使用反卫星武器，不在外空放置武器，外空物体的监测信息共享，减少和清除外空碎片，建立信任措施等行为。报告也列举了相应的不负责任外空行为。[①]

应当说，外空安全问题有其复杂特性，对外空行为进行"负责任"和"不负责任"的二元化区分，则过于简单化，在当前个别国家有意挑起对抗而分裂世界的大形势下，这一议题易沦为其政治工具，"日内瓦裁军谈判会议"的实践就显现出这种情势。防止外空军备竞赛和外空武器化是维护外空安全的根本前提。当务之急是尽早谈判达成具有法律约束力的外空军控国际条约。"负责任外空行为"可纳入"防止外空军备竞赛"主题框架，作为其中一项主要内容加以处理。其中的外空透明和建立信任措施有利于减少误判、增进互信，是外空安全的重要内容，但也不能因此而取代外空军控条约，而应是该条约中的重要组成部分。

### 三 武装冲突与战争规则的完善

从第三章"国际安全秩序结构"中可以看出，现有武装冲突和战争的国际规则主要是由海牙体系和日内瓦体系构成。这两个

---

[①] United Nations General Assembly: Reducing space threats through norms, rules and principles of responsible behaviours, A/76/xx.

体系是各方在武装冲突和战争中应遵守的规则,包括对交战方法和手段的限制、基于人道主义对受难者的保护,以及对战犯的惩治等。但随着科学技术的发展,越来越多的新技术武器不断涌现,这些武器对人员的杀伤和对环境的破坏越来越大,无论是从法律、伦理方面还是从人道、安全方面看,都需要制定相应的国际安全规则对新技术武器的发展和使用加以严格限制。

(一) 新技术武器对武装冲突法的挑战

现代科技在飞速发展,高新技术应用到军事领域使新式武器不断涌现并应用到武装冲突和战争中,这给现有武装冲突法带来了挑战。

现有武装冲突法限制使用的武器是以物理和化学技术为基础的对人员造成过分杀伤的武器,这在第五章"国际安全秩序规则"的"武装冲突与战争"一节,和第六章"国际军控与裁军规则"的"军备控制的国际规则"一节中进行了梳理。但新式武器的出现及其应用,突破了现有武装冲突规则,挑战了武装冲突法。比如,美国在科索沃战争、伊拉克战争中,频繁使用集束炸弹、贫铀弹、石墨炸弹等,对目标和人员进行了不分皂白的打击,不仅给平民带来很大附带伤害,而且还对环境造成长期影响,严重违反了武装冲突法的"区分原则"和"比例原则"。①

随着人工智能技术的发展,世界各国特别是技术强国正在将人工智能技术应用到军事领域,这对军事技术和武器装备发展,对现代战争模式和形态都造成了颠覆性影响。同时,人工智能技术在军事领域的应用为国际安全和武装冲突法也带来了严重冲击。第一,降低了战争门槛,容易引发冲突和战争。武器装备的无人化使得使用武器者没有了己方人员伤亡的担心,也减轻了使用武器的国内政治和舆论压力,在国际纠纷和矛盾中就容易引发武装

---

① 现有武装冲突法有两大原则,一是"区分原则",即要求冲突中的各方在使用武力时,在平民和战斗人员之间、在民用目标和军用目标之间划出清晰的界限,以对非战斗人员和非军事目标进行人道保护;二是"比例原则",即要求冲突各方在使用武力时所造成的损失不能超过该行动所获得的军事利益。这两个原则都反映在1977年通过的《第一议定书》中。

冲突和战争，增加了国际安全风险和威胁。第二，引发新一轮军备竞赛。人工智能技术广泛应用于军事领域，大大提升了军事效能，可以说谁拥有先进人工智能技术，谁将在未来战争中赢得主动，这必将刺激各国斥以巨资发展人工智能技术并应用于军事领域，新一轮军备竞赛不可避免，这会严重损害国际和平与稳定。第三，严重冲击武装冲突法。智能化的无人武器装备在战场中难以区分平民与军事战斗员、民用目标与军用目标，且人工智能武器被对手通过恶意代码、病毒植入、指令篡改后会引发灾难性后果，这会严重违反武装冲突法的"区分原则"和"比例原则"。

（二）武装冲突法的补充与完善

针对新式武器的出现及使用造成的过分杀伤问题，应制定相应规则对其加以禁止和限制，以补充完善武装冲突法。目前，除对包括地雷、饵雷、燃烧武器、激光致盲武器以及战争遗留爆炸物等被认为具有过分伤害力或滥杀滥伤作用的常规武器进行禁止或限制使用外，还应对上述新出现的类似武器，如集束炸弹、贫铀弹、石墨炸弹、云爆弹的使用等进行禁止和限制。为此，国际社会应对此尽快谈判缔结相应的条约。

人工智能技术的军事应用引起国际社会的高度关注。近年来，与这一问题相关的致命性自主武器系统（Lethal Autonomous Weapons System，LAWS）控制问题逐渐成为联合国《特定常规武器公约》（CCW）框架下的主要议题。目前，关于这一问题的讨论主要集中在以下五个方面：一是技术问题，即关于致命性自主武器系统的定义和技术特征，这关系到未来需要限制和禁止什么样的人工智能武器问题；二是法律问题，即基于国际人道法任何国家在研发、采购、部署这种武器系统时都需进行法律审查，这涉及审查机制、审查规则和责任认定等问题；三是伦理问题，即致命性自主武器系统在使用中无法遵守人道主义原则，严重违反"区分原则"和"比例原则"；四是安全问题，即致命性自主武器系统的研发和使用会破坏战略安全稳定，加大武器扩散风险，产生自身安全漏洞问题；五是禁止和限制问题，即对这类武器系统的禁止范围和限制程度问题。①

未来对包括致命性自主武器在内的人工智能武器进行禁止和限制比较困难，这是因为：一是科技永远向前发展，科技必然会用于军事领域，军事技术和武器装备的智能化发展趋势不可阻挡；二是人工智能技术具有军民两用性特点，在技术上禁止和限制智能化武器装备的发展有很大难度；三是人工智能武器在实际中难以核查。但即使如此，从维护世界和平与国际安全出发，也要对人工智能武器的发展和使用加以约束和规范，以解决其产生的人道问题和法律问题，降低军备竞赛和武器扩散风险，增进国际和平与安全。为此，国际社会应谈判缔结限制使用人工智能武器的国际法律文书，补充完善现有武装冲突法。

## 第四节　国际军控与裁军规则的完善

从本书所归纳梳理的国际安全规则看，裁军规则部分占了整个国际安全规则近60%的分量，裁军规则是国际安全规则最大的组成部分。同时，国际军控与裁军规则与时代发展关联性较强，更需与时俱进地加以调整、补充和完善。

### 一　军备控制规则的完善

从维护国际战略平衡与稳定大局和从机制建设整体看，国际军备控制规则的调整与完善应主要侧重于以下三项工作：恢复《反导条约》，推动《全面禁止核试验条约》尽快生效，谈判达成《禁止武器用裂变材料公约》。②《反导条约》是基于战略进攻与防御平衡而维系大国战略平衡与稳定的基石，而《全面禁止核试验条约》和《禁止武器用裂变公约》则是从质量和数量上限制核武库发展的规则，这三个条约是控制大国军备竞赛、维持战略稳定、维系

---

① 曹华阳等：《两框架下致命性自主武器系统军控问题磋商进展》，载李驰江主编《国际军备控制与裁军》（2020），世界知识出版社2020年版，第130—135页。

② 本节主要是对战略武器限制规则的完善，对非战略武器限制规则的完善已在本节的"（三）武装冲突与战争规则的完善"中进行了阐释。

世界和平大局的战略性框架。

（一）恢复《反导条约》

1972年美国和苏联达成了《反导条约》，其目的是通过限制双方反导导弹的数量和部署范围，以保证双方对对方核打击的有效性，从而保障双方的核威慑效力，以防止核战争。在冷战时美苏对抗和冷战后美俄对峙中，《反导条约》都发挥了制约核军备竞赛和防止核战争，维持大国战略平衡与稳定，维护国际和平与安全的重大作用。然而，令人遗憾的是，美国在21世纪初乘俄罗斯衰弱而无力与之开展军备竞赛之际，为谋求全球战略优势而断然退出《反导条约》，从而使国际军控失去对战略力量进行限制的重要"一翼"。因此，国际军控与裁军的当务之急就是要恢复《反导条约》。

当然，国际战略格局和形势已发生重大变化，基于维持全球战略平衡与稳定的原则和目的，《反导条约》的未来可能会涉及以下问题：一是《反导条约》的全球化问题，二是反导武器的类别及限制范围问题，三是反导武器的含义扩展问题。

《反导条约》的全球化攸关在未来新的战略格局中全球的战略平衡与稳定问题。从防止军备竞赛和大国战争、维持全球战略平衡与稳定、维护国际和平与安全的角度，《反导条约》应该作为一个全球性的国际条约得到各国特别是大国的遵守。无论未来世界格局和国际形势如何变化，这一基石地位应该得到确立和保障。但在现有形势和条件下，首要的是作为《反导条约》的当事国，美俄应迅速回归《反导条约》，恢复《反导条约》的效力。这不仅是确保战略平衡与稳定的需要，而且随着格局和形势的发展也可为其他国家加入该条约创造基础和条件。

从美苏（美俄）谈判达成的《反导条约》及其实施看，其所限制的反导武器是能对战略导弹的作战效能予以直接损害直至消除的武器，而这样的武器系统不再仅仅局限于《反导条约》谈判达成时所指的在各自国家本土上部署的这类武器系统。随着导弹防御技术的发展，前沿部署的所谓战区导弹防御系统也具有拦截对方战略导弹的能力，从而可削弱对方的战略打击能力，进而损害其核威慑能力。比如，美国发展并在一些盟国部署的"宙斯盾"导弹防御系统就对洲际弹道导弹的中段飞行具备拦截能力，抵近部署的"战区高空区域防御系统"（THAAD）即"萨德"系统及其雷达也能对对方的战略导弹的作战效能构成威胁。① 因此，具备对战略导弹直接拦截和降低效能的作战能力的战区导弹防御系统，也应被纳入《反导条约》限制之列。这是未来《反导条约》必须面对和处理的问题。

《反导条约》所指的反弹道导弹系统，是"指用以拦截在飞行轨道上的战略弹道导弹或其组成部分的系统，包括反弹道导弹截击导弹、弹道导弹发射器和反弹道导弹雷达"。条约还规定双方保证不研制、试验或部署以海洋、空中、空间为基地的以及陆地机动的反弹道导弹系统及其组成部分。这里所指的反弹道导弹系统主要是动能拦截系统，没有将现正在发展的激光、微波等新作用机制的拦截武器包括在内，这些武器是《反导系统》谈判达成时没有出现的武器，同样具有拦截来袭战略导弹的能力。因此，未来《反导条约》应将所有能对战略武器的作战效能造成直接损害的防御武器涵盖在内。

（二）推动《全面禁止核试验条约》尽快生效

《全面禁止核试验条约》自1996年9月24日在纽约联合国总部开放供签署后，当时包括中国等5个核国家在内的71个国家签署了条约。截至2021年2月底，共有185个国家签署了《全面禁止核试验条约》，其中170个国家批准了该条约。尽管如此，按照《全面禁止核试验条约》生效条件，只有在本条约附件二所列的44个有核能力的国家全部交存批准书后，条约才能生效。但由于在所列的44国家中，朝鲜、印度和巴基斯坦既没有签署条约也没有批准条约，美国、中国、以色列、伊朗和埃及签署了条约但没有批准条约，这远未满足条约生效条件，因此，《全面禁止核试验条约》一直没有生效。

---

① 邹治波：《美国谋求在韩部署"萨德"系统的战略意涵》，《当代世界》2016年第4期。

25年来《全面禁止核试验条约》之所以没有能够生效，这既与国际局势和地缘政治有关，也与条约生效条件过于严格有关。朝鲜加入条约涉及朝鲜核问题的解决，朝鲜核问题本身就是世界难题，其能否解决主要取决于美国的战略政策，而美国是不会放弃以朝鲜核问题裹挟韩国和日本在自己战车上，以实现主导和控制东北亚地缘政治格局的战略政策的。[1] 印度和巴基斯坦是一对宿敌，两国一直处于严重对抗中，印巴既已发展拥有了核武器，也难以对此有丝毫妥协。

《全面禁止核试验条约》没有生效的另一个原因，是其规定的生效条件过于严格。实际上，条约生效条件不必过于严格，不严格不等于会影响其效力，因为条约生效后会产生重大的国际政治法律效应，对违反条约的国家是一个震慑。比如，作为防扩散机制基石的《不扩散核武器条约》的生效条件就不那么严格，它只规定美、苏、英三个保存国和其他40个签署国批准本条约后即生效，生效条件只规定了批准国家的数量而没有规定特定的国家必须批准条约，生效条件相对宽松。《不扩散核武器条约》在1968年1月7日缔结后，于1970年3月5日即达到了生效条件而生效，其间只用时2年多一点时间。该条约生效后对防止核扩散、推动核裁军和促进和平利用核能发挥了重大作用。因此，在国际局势和地缘政治难以改变的情况下，为使《全面禁止核试验条约》尽快生效，一个可行的办法是修改《全面禁止核试验条约》的生效条款，这需要条约缔约国大会为此做出努力和安排。

（三）谈判达成《禁止武器用裂变材料公约》

顾名思义，"武器用裂变材料"是指适合做核武器装料的裂变材料，这不仅涉及裂变材料的种类问题，也涉及裂变材料的浓度问题。"武器用裂变材料"是核武器最基本的、主要的用料，原子弹和氢弹都必须使用"武器用裂变材料"。[2] 在核武器设计技术已

---

[1] 邹治波：《朝鲜半岛局势的重大变化和发展》，载张宇燕主编《全球政治与安全报告》（2019），社会科学文献出版社2019年版，第263页。

[2] 原子弹主要使用裂变材料做装料、发生裂变反应，而氢弹则需要使用裂变材料点燃聚变材料、以裂变反应促成聚变反应。

普遍化的今天，只要控制"武器用裂变材料"的生产，就能控制住核武库的增加。因此，谈判缔结"武器用裂变材料公约"对国际军控与裁军进程发展具有重大意义。

自20世纪90年代中期开始，谈判缔结"武器用裂变材料公约"就成为国际军控与裁军领域的主要议题之一，该事项一度列入"日内瓦裁军谈判会议"议程，但由于国际格局和形势的制约，该公约始终没有启动谈判。今后，国际社会应努力推动这项重大军控与裁军议程取得进展。

未来"禁止武器用裂变材料公约"的谈判将涉及以下核心问题。

1. 基本义务

公约缔约国承担的义务应该与本公约宗旨和目标相一致，应包括不生产也不援助其他国家生产用于核武器或其他核爆炸装置的裂变材料，不将民用裂变材料转用于制造核武器或其他核爆炸装置。

2. 定义

公约需要对本公约所指称的"裂变材料"及与此直接相关的"生产"一词给以具体准确的定义。定义问题关系本公约的禁止范围和核查范围。

关于"裂变材料"的定义，公约应将所有可用于作核武器装料的裂变材料在种类和浓度上做出明确的认定。为此，达到一定浓度的高浓铀、所有浓度的钚239、所有浓度的铀233以及含以上一种或多种物质的材料，都应包括在"裂变材料"的定义之内。①

关于"生产"的定义，该定义应专指能制造上述"裂变材料"的过程。因此，"生产"应指通过同位素分离增加裂变材料同位素浓度的过程（铀浓缩），和对辐照过的乏燃料进行分离的过程（后处理）。

3. 核查

公约应建立专门组织，与"国际原子能机构"建立紧密合作

---

① 武器用裂变材料主要包括铀233、铀235和钚239三种物质。从技术上看，任意浓度的钚239和铀233都可以用于制造核武器。而达到一定浓度的铀235才可以适合做核武器装料，理论上讲这个浓度应该为20%，但浓度为20%的高浓铀做出来的核武器又重（质量）又大（体积），很难投射而用于实战。因此，高浓铀的这个浓度值的确定还需要在谈判中确定。

关系并充分利用其保障监督机制，根据公约规定实施相应核查。

## 二 军备裁减规则的完善

从整个军备裁减规则看，生化武器领域的裁减规则较为完备，当然生物武器的核查机制需要进一步加强，常规武器领域的裁减规则的完善已在上面"武装冲突与战争规则的完善"一节中进行阐述，而核武器领域的裁减规则存在重大缺陷。因此，军备裁减规则的发展应针对核武器这一战略武器的裁减规则进行调整、补充和完善，这主要有两项任务：恢复《中导条约》，谈判达成新的《削减战略武器条约》。

### （一）恢复《中导条约》

美国退出《中导条约》刺激了大国间的军备竞赛，提高了冲突和战争风险，恶化了地缘政治形势，对地区和全球安全局势和国际秩序均产生严重冲击。因此，军备裁减领域的首要任务是恢复《中导条约》。

从退出《中导条约》的战略意图看，美国是要部署特别是要在盟国部署中导武器，而一旦美国实施部署，则《中导条约》的恢复希望即化为泡影。因此，目前国际社会的一项紧迫任务是阻止美国部署中导武器，同时推动美俄回归《中导条约》。

从美国战略和地缘态势看，美国决意要部署中导武器。即使在这种严重情势下，从防止大国冲突和战争、维护战略安全与稳定的角度出发，也不应放弃以国际安全规则约束事态进一步恶化的努力。为此，美俄应承诺不在中导武器上安装核弹头并缔结相应法律文书，以防止冲突和战争特别是核战争门槛的降低，以追求在一个难以避免的坏的情况下争取一个相对好的结果。

国际上有一个《中导条约》全球化的倡议。[①] 表面上看，若使《中导条约》全球化，进而消除全球的中程导弹，则可进一步推进

---

① 《中导条约》全球化是让这一美俄之间的双边条约变成一个全球性的多边条约，让拥有陆基中程导弹的国家均加入该条约。2007年10月俄罗斯总统普京在慕尼黑安全峰会上首次倡议《中导条约》全球化，此举得到美国的赞同，也得到很多无核国家的支持，英法因没有陆基中程导弹武器而对此态度超脱。

裁军进程，有利于国际和平与稳定。但是，从国际战略格局现实看，《中导条约》全球化目前还存在很多问题：

第一，《中导条约》全球化会引发战略与安全严重失衡，不利于维护地区和国际安全与稳定。各国国情和地缘不同，武器装备结构不同，维护国家安全的手段和措施也大不相同。中导武器对各国安全影响差别巨大：对美俄军事超级大国而言，陆基中导武器不是战略武器，而且也只是其武器库的一小部分，消除中导武器对两国的国防没有太大影响；[①] 然而，对其他国家而言，中导武器则是主战装备，是国防的中坚力量，若消除中导武器，则会对其国家安全产生重大影响。因此，消除中导武器会造成地区和全球的战略安全失衡。

第二，中导武器的战略含义不同。《中导条约》消除的是射程从500公里到5500公里的弹道导弹和陆基巡航导弹，这是美苏根据两国之间的地理条件定义的中导武器概念。由于地理因素、军事同盟体制因素的制约，对于不同的国家，中导武器的战略含义不同。美国可在靠近中国、俄罗斯的盟国部署中导武器，而中俄两国则不具备这种条件。因而，中导武器对美国而言是对中国、俄罗斯的战略武器，对中俄两国而言则不是对美国的战略武器。[②]

第三，达成并实施《中导条约》是美苏（俄）军事超级大国的应有之义。《中导条约》是两个超级核大国在疯狂军备竞赛中达成的第一个削减核军备条约，达成并执行条约是拥有"超杀"能力的核大国的应有之举，是两国应尽的国际责任，这是两国早应该完成的历史任务。而且从现在来看，《中导条约》的实施也没有影响到两国的核威慑力和战略优势。

第四，美俄履行《中导条约》也是推进全面核裁军的必然条件。美国、俄罗斯不仅要继续履行《中导条约》规定的义务，而且还应继续裁减各自仍然保持的庞大核武库，将核武库削减到与

---

① 《中导条约》的实施仅削减了美苏（俄）两国当时占比3%—4%的核武库。
② 邹治波：《美国退出〈中导条约〉的当代含意与影响》，《国际经济评论》2020年第1期。

其他核国家相当的水平,为其他国家参与核裁军进程创造条件。在此基础上,各核国家谈判缔结一项多边核裁军条约,最终所有国家谈判缔结一项全面禁止和彻底销毁核武器的国际公约,以实现无核世界的终极目标。

(二)谈判缔结新的《削减战略武器条约》

从冷战时期到现在,两个核大国——美国和苏联(俄罗斯)相继达成并实施了《中导条约》、《美苏第一阶段削减战略武器条约》(START Ⅰ)、《美俄第二阶段削减战略武器条约》(START Ⅱ)和《新削减战略武器条约》(New START)。最近的一个核裁军条约——《新削减战略武器条约》于2021年2月5日到期后,美俄两国又决定将该条约延期5年。按照《新削减战略武器条约》,5年后美俄两国仍将保持1550枚实战部署的核弹头,仍拥有"超杀"的核打击能力。因此,美俄应继续深入推进核裁军进程,大幅度裁减各自拥有的核武库,为此,美俄需要谈判达成新的《削减战略武器条约》。

美俄达成新的《削减战略武器条约》是大势所趋。首先,这是维护世界和平与稳定的需要。美俄各自保持多达上千枚核弹头的核武库,对全人类生存都构成一个巨大潜在威胁。在世界进入百年之变局的历史转折期,大国的竞争与对抗大幅度升级,大国间的冲突和战争风险也随之升高,而一旦大国发生冲突和战争,核战争的前景就会变为现实。各自上千枚核弹头的使用已大大超过美俄相互战略报复的需要,足以毁灭整个地球。因此,美俄必须将其核武库大幅度裁减,这关系到人类生存的命运。

其次,这是推动国际军控进程发展的需要。彻底消除核武器是世界人民的普遍愿望和核裁军的终极目标。为实现这个最终目标,需要每个拥有核武器的国家都参与核裁军进程,而这需要拥有远超其他核国家核武器的美俄进一步大幅度裁减其核武库,为其他核国家参与核裁军进程创造条件。因此,美俄达成新的《削减战略武器条约》是开启多边核裁军进程的需要。

最后,这是美俄应尽的国际责任。美俄拥有远超其军事需要的庞大核武库,作为大国,美俄理应承担大幅度核裁军的大国责任。

同时，《不扩散核武器条约》在核国家与无核国家之间达成了一个义务平衡，即无核国家承诺不发展拥有核武器，而核国家则承诺进行核裁军。拥有庞大核武库的美俄继续大幅度进行核裁军，本来就是他们应当承担的国际义务。实际上，维持一个庞大核武库需要大量资金投入，进一步核裁军以削减过多的核弹头可节省大量经费，这也符合美俄自身利益。

为了尽早开启多边核裁军进程以实现彻底消除核武器目标，美俄新的《削减战略武器条约》应将核武库削减到与其他核国家相当的水平。根据 2020 年 6 月 15 日 "斯德哥尔摩国际和平研究所"（SIPRI）发布的《2020 年全球核力量报告》（SIPRI 2020 年鉴），英国、法国和中国大概拥有 200—300 枚核武器。因此，美俄下一步谈判新的《削减战略武器条约》应将核武库削减到 300 枚核弹头。在新的《削减战略武器条约》实施完成后，所有拥有核武器的国家应谈判缔结一项全面禁止和彻底消除核武器的核裁军条约，以推动实现无核世界这一终极目标。

### 三　防扩散规则的调整与完善

国际社会建立了以《不扩散核武器条约》为基石，以多个多边不扩散制度安排为框架的国际防扩散机制。无论是从条约文本内容还是从机制运行实践看，国际防扩散机制并不完美，甚至说还存在缺陷和问题，需要进一步修正、补充和完善。从整体架构看，国际防扩散机制的完善应主要侧重于《不扩散核武器条约》的修正、无核区的扩展、建立处理非法核国家拥核的机制和增加集团性防扩散机制的合法性这四个方面。

（一）《不扩散核武器条约》的修正

《不扩散核武器条约》是国际防扩散机制的核心，在防扩散中发挥着关键作用，但这一条约并非没有问题，仍存在退约门槛低、保障监督体制效力不足和不平衡、无核国家义务存在模糊性等问题。

1. 条约退约门槛过低

《不扩散核武器条约》第十条第一款规定："每个缔约国如果

断定与本条约主题有关的非常事件已危及其国家的最高利益，为行使其国家主权，应有权退出本条约。该国应在退出前三个月将此事通知所有其他缔约国和联合国安全理事会。这项通知应包括关于该国认为已危及其最高利益的非常事件的说明。"按照《联合国宪章》，每个国家均拥有行使维护国家核心利益的主权，包括退出国际条约。但是，《不扩散核武器条约》所规定的退约门槛过低，不利于维护包括退约国在内的整个国际社会的和平与安全。退约门槛过低影响如下：

第一，有损国际防扩散机制效力。不同于一般条约，《不扩散核武器条约》是整个国际防扩散的基石，是维护国际和平与安全的基本法之一，加入该条约是一个国家的庄严政治承诺，退约门槛过低有损《不扩散核武器条约》的效力和地位。

第二，给地区和国际和平与安全带来隐患。退约门槛过低易于国家退出条约而发展核武器，特别是在一种特殊环境和气氛下，某些国家可能情绪化地退出条约，这会给国际安全带来严重影响，也会使地区局势复杂化。

第三，实践证明最终会损害退约国的国家安全。一个国家若退出条约而发展核武器，最终不仅其所追求的安全利益会遭受损失，而且其他重大利益也会受到严重损害。2003年朝鲜退出《不扩散核武器条约》而开始发展核武器，虽然最终拥有了核武器，但与此同时美国等提升了对朝作战水准，将其核目标作为首要打击对象，并声称已做好"今夜就开战"的准备，朝鲜的国家安全受到更大威胁。而且，朝鲜也因此受到联合国多轮严厉制裁，其经济社会发展陷入空前困境。实际上，一个国家面对出现的国家安全问题，完全可以通过联合国渠道、在现有国际安全体制下得到处理。试想，若当年朝鲜不发展核武器，面对美韩军事威胁，朝鲜完全可以通过联合国渠道诉诸表达，会得到中国、俄罗斯等广大国际社会的同情和支持，美韩绝不敢对其军事入侵，否则美韩将面临不可预测的严重后果，联合国也不可能对其实施制裁，朝鲜的和平、安全和发展利益不至于遭受像今天这样的重大损失。

由此可见，《不扩散核武器条约》的退约条款应得到修正，应提高加入国的退约门槛。俄罗斯曾提出建议，在条约退约条款中增加"缔约国在退约前须将以前获得的核材料归还供应国，核设施要接受永久保障监督"的条件。俄罗斯提出的退约约束是基于让退约国中止与国际核合作以增加其退约困难的考虑。除此之外，原有退约条款中没有对"危及其最高利益的非常事件"作明确说明，这样，退约国就会较容易以"非常事件"而退约。因此，《不扩散核武器条约》应增加条款，对"危及其最高利益的非常事件"做出明确而具体的规定和说明，以规范退约行为。

2. 保障监督体制效力不足和不平衡

按照《不扩散核武器条约》规定，每个无核武器的缔约国都要与该机构签订全面保障协定，以核查监督本国根据本条约所承担的义务的履行情况，防止将核能从和平用途转用于核武器或其他核爆炸装置。此后，为堵塞国际原子能机构在履行核查监督的实践中存在的防扩散漏洞，该机构又通过了保障协定的附加议定书，以对无核国家未申报的核材料和核活动进行核查监督。但是，关于附加议定书是否是条约义务问题存在争议。一些无核国家认为，他们与国际原子能机构签订的全面保障监督协定是条约义务，而附加议定书则是信任措施，不是必须履行的条约义务，这使条约监督保障体制的普遍性和效力受到影响。

从"国际原子能机构"在条约履约发挥的关键作用和实践效果看，该机构全面保障监督协定及其附加议定书有力保证了不会出现未申报核活动，全面保障监督协定及其附加议定书构成了较严密的核查监督体制，附加议定书应当成为全面履行条约义务的通用核查标准。因此，《不扩散核武器条约》应对此做出明确规定。

《不扩散核武器条约》保障监督体制存在的另一个问题是其执行的不平衡问题。受国际权力格局和"国际原子能机构"组织架构的制约，条约保障监督体制的执行层面存在严重的"双重标准"和歧视性，该机构对一些国家的保障监督及其结论比较宽松，而对另一些国家则非常严厉。

在这方面，日本和伊朗就形成鲜明对比。作为无核国家，日本和伊朗都与国际原子能机构签署了保障监督协定及其附加议定书，但其实践和结果则大不相同。日本建立了一个庞大且完整的核燃料循环工业体系，是世界上唯一同时拥有大规模铀浓缩和后处理的无核国家。日本拥有可作为核武器用料的分离钚9.9吨、高浓铀650—850千克，至少可制造1200枚核武器，而且日本还在国外拥有34.9吨分离钚。更为严重的是，美国曾秘密让日本保留549.9千克武器级铀，可直接用于制造核武器。[①] 但国际原子能机构和国际社会并未对日本的核扩散问题提出质疑和做相应处理。与此相反，伊朗仅仅建成了初步的核燃料循环体系，具备了铀浓缩能力，就成为西方渲染和炒作的核扩散风险，甚至很多国内学者和媒体也对此加以附和。伊朗所拥有的核材料循环体系、铀浓缩和后处理能力、核材料浓度和数量，与日本相差甚远却被质疑、责难，这是国际原子能机构保障监督体制"双重标准"的典型反映。对此，国际原子能机构应从规则、程序和权力架构上加以修正，以保证防扩散标准的公平、公正和平衡。

3. 无核国家义务存在模糊性

《不扩散核武器条约》第二条规定了无核国家的义务：每个无核武器的缔约国承诺不直接或间接从任何让与国接受核武器或其他核爆炸装置或对这种武器或爆炸装置的控制权的转让；不制造或以其他方式取得核武器或其他核爆炸装置；也不寻求或接受在制造核武器或其他核爆炸装置方面的任何协助。这条规定对无核武器的"无核"义务存在缺陷：它只规定无核国家不发展拥有和接受核武器，但没有规定核国家在其领土和管辖范围内部署和使用核武器，也没有规定其他国家将携带核武器的载体驻留、经由其领土。

如果核国家在无核国家领土和管辖范围内部署和使用核武器，那么，即使核国家拥有对核武器的控制权和使用权，部署核武器的无核国家也已经对核国家核武器的使用提供了便利，也会对核

---

[①] 徐雪峰、田东风、田景梅：《关于日本武器可用核材料问题的分析及建议》，载陈凯主编《国际军备控制与裁军》（2015），世界知识出版社2015年版，第87—93页。

国家行动进行协助甚至参与联合作战，实质上这个无核国家在和平时期就拥有对他国的核威胁，而在战争时期就拥有对他国的核打击能力，这就意味着这个所谓的无核国家就拥有了核武器，就不能称其为无核国家。即使无核国家不部署核国家的核武器，但若允许核国家将核武器在其领土和管辖范围内驻留、经由等，也是对核国家核威慑行动的一种协助，与无核国家义务背道而驰。因此，《不扩散核武器条约》应对无核国家义务进行补充完善，除已规定的义务外，还应将允许在其领土和管辖范围内包括部署、使用、驻留、经由核武器等在内的任何核武器的进入加以禁止，让无核国家做到真正的"无核"。

（二）无核区的扩展

《不扩散核武器条约》第七条规定，本条约的任何规定均不影响任何国家集团为了保证其各自领土上完全没有核武器而缔结区域性条约的权利。这实际上是对建立无核区的鼓励和支持。建立无核区是国际防扩散体制的重要组成部分，其内容除了禁止在本区域范围内的各无核国发展拥有和接受核武器外，还对核国家在本区域内的有关核活动予以禁止和限制，因此，建立无核区对防扩散和维护地区与国际和平与安全具有重要意义。到目前为止，世界上已建立了拉丁美洲无核区、南太平洋无核区、东南亚无核区、中亚无核区和非洲无核区这五个无核区。从防扩散的紧迫性和地缘安全局势的需要看，下一步应推动尽快在中东和东北亚建立无核区，以进一步完善全球范围内的无核区建设、提升防扩散水准、维护地区和国际和平与安全。

1. 建立中东无核区

中东历来是地区安全的火药桶，这里不仅一直充斥着民族、历史、宗教和地缘的严重矛盾，当今现实中也存在叙利亚内战、利比亚内乱、也门危机等地区动荡问题，中东任何一个重大事件或意外的发生，都可能点燃中东战争。更为危险的是，以色列拥有了核武器，伊朗也具有了核能力，而以色列和伊朗处于严重对立对抗中，双方都有军事打击对方的强烈倾向。中东是世界上核扩散最严重、核冲突最危险的地区之一。

近一段时间以来，伊朗核问题一直是国际热点。经过多年的磋商和谈判，2015年7月，联合国五个常任理事国和德国（"六方"）与伊朗达成了"伊核协议"。该协议较为平衡和有效地解决了伊朗核问题：一方面对伊朗核能力发展做出了严格限制，解决了国际社会对伊朗发展核武器的关切，实现了防扩散目的；另一方面，保障了伊朗作为《不扩散核武器条约》成员国应该拥有的和平利用核能的权利，也解除了因核问题纠纷对伊朗的制裁。随后的实践证明，"伊核协议"的达成是解决核问题的成功典范。然而不幸的是，特朗普政府为了美国的地缘政治利益，悍然退出了"伊核协议"，使伊朗核问题风波再起，伊朗核问题再次成为国际社会的关切。同时，美国和以色列提高了对伊朗的军事威胁，声言要以武力解决伊朗核问题。伊朗不甘示弱，声称要对美中东军事基地和以色列进行军事报复。中东核冲突风险再次上升。

要解决伊朗核问题，当然要恢复并严格执行"伊核协议"，但从中东格局、地缘看，要真正全面解决中东的核问题，消除中东的核扩散和核冲突风险，就应实现建立中东无核区的最终目标。实际上，国际社会早就对此有清醒的认知并做出了安排。1995年《不扩散核武器条约》审议大会通过了要求在中东建立无核区的《关于中东的决议》。2010年《不扩散核武器条约》审议大会又通过了包含建立中东无核区五个具体步骤的《最后文件》，并明确要求以色列加入《不扩散核武器条约》。但由于以色列的反对和美国的"双重标准"政策，建立中东无核进程一直没有取得实质性进展。

既然以色列、阿拉伯国家对伊朗的核能力发展抱有戒心，而伊朗等方面也同样对以色列的核威胁持有担心，那么，双方都应实现无核化，消除各自对对方的担心，建立中东无核区正是实现这一目标的根本出路。建立中东无核区的关键是各方要秉持"全面、平衡、有效"的无核化原则。"全面"意味着包括伊朗、以色列在内的所有中东国家都应加入无核区条约，"平衡"意味着各方均应承担对等的义务，"有效"意味着无核区条约应得到切实履行。

## 2. 建立东北亚无核区

朝鲜核问题是伊朗问题之外的另一个国际热点问题。自1992年朝鲜核问题产生以来，半岛曾出现过三次无核化契机，分别是1994年美朝达成《美朝核框架协议》、2005年"六方会谈"发表"9·19共同声明"和2019年美朝在河内峰会几乎要达成的全面无核化协议，但都因美方的有意作梗而失败。从美东亚战略和美朝关系看，朝鲜核问题难以从美朝双边渠道得以解决。

从防扩散的全面平衡性看，在东北亚地区除存在突出的朝鲜核问题外，正如上文"保障监督体制效力不足和不平衡"和"无核国家义务存在模糊性"两节所分析的那样，日本的核扩散问题也是一个值得关注的问题。日本不仅拥有大量可直接用于制造核武器的核材料并拥有较强的铀浓缩和后处理的核能力，而且保持与美国强劲的军事同盟关系并曾部署、驻留过美国的核武器。因此，日本的核问题既是一个防扩散问题，又是一个地区安全问题。对东北亚核扩散问题的关切，不应仅紧盯朝鲜核问题，也应关注日本核问题，应解决包括朝鲜半岛和日本岛在内的整个东北亚地区的核问题，而建立东北亚无核区正是解决这一地区问题的出路。

基于以上分析，为实现东北亚的无核化、消除核对抗风险，当前在着重解决朝鲜核问题的同时，应推动东北亚无核区建设。为此，不仅域内无核国家应凝集共识、做出努力，域外核国家也应承担自己的义务，特别是严禁核武器进入该地区并严格履行防扩散的义务，各方都应本着"全面、平衡、有效"的原则推进东北亚无核区的建设。

### （三）建立处理非法核国家拥核的机制

按照技术标准和实际能力，一个国家只要进行了核试验，这个国家就事实上拥有了核武器，从而成为拥有核武器的国家。但根据国际法，拥有核武器的国家分为合法核国家和非法核国家。《不扩散核武器条约》第9条第3款规定，本条约所称有核国家系指在1967年1月1日前制造并爆炸核武器或其他核爆炸装置的国家。按照这个标准和规定，只有美国、俄罗斯、英国、法国和中国这五个国家是合法核国家，而其他国家都是无核国家，都应该加入

《不扩散核武器条约》。即使它们进行了核试验,事实上拥有了核武器,也只能是非法核国家。因此,已经进行过核试验的印度、巴基斯坦和朝鲜,以及没有进行核试验但事实上也拥有了核武器的以色列,都是非法核国家。

非法核国家拥有核武器对防扩散机制和国际安全都造成了重大而长远的负面影响:一是这是核不扩散体制的重大疏漏,成为国际法外之地,严重影响国际安全秩序;二是这些非法核国家拥有核武器,为其他无核国家履行无核义务树立了负面榜样,会鼓励其他无核国家追求核武器,增加核扩散风险;三是这些非法核国家拥有核武器后,严重刺激了其敌对国家,大大提升了对抗水平,恶化了地缘政治局势,增加了核冲突和核战争风险。

解决非法核国家拥核问题是一个世界性难题,需要从加强国际法律体系、强化防扩散机制和作出针对性制度性安排等方面加以应对和处理。

第一,加强国际法。负有维持国际和平与安全之主要责任的联合国安理会承担应对和处理非法核武器拥核问题的主责。为此,安理会应建立处理这一问题的规范性机制,并就出现的重大事件和问题迅速做出反应,在法理上坚守非法核国家拥核的非法地位,做出安排推动其放弃核武器,维护核不扩散机制的完整性和有效性。①

第二,强化约束机制。联合国及"国际原子能机构"对任何国家与非法核国家进行的国际核合作应做出严格的规范,这既是对非法核国家的惩戒,又是对其核能力发展的限制。实际上,在这一问题上更重要的是防止"双重标准",一些拥有先进核技术的大国出于其政治目的及私利,对与一些非法核国家的核合作反而更加重视并极力推动,这种行为是对国际核不扩散事业的打击,也严重恶化了地区安全形势。

第三,做出制度性安排。《不扩散核武器条约》规定每五年举行一次条约缔约国审议大会,对条约执行情况进行审议,并就下

---

① 按照《联合国宪章》,联合国安理会做出的决议具有强制性法律效力。

一步工作方向和重点做出安排。作为条约一项制度性安排，审议大会在推进核裁军、防扩散与和平利用核能三大目标中发挥了重要作用。但是，《不扩散核武器条约》这一制度性安排只是针对条约缔约国范畴的，而游离于条约之外的国家特别是非法核国家的核扩散问题没有得到应有关注和处理，而且从某种程度上说，这些非法核国家的行为引发的扩散问题远比条约内部的问题严重得多。因此，作为一项防扩散制度安排，《不扩散核武器条约》审议大会应将非法核国家的扩散问题列入大会日程，对此进行讨论并做出针对性安排，敦促这些非法核国家尽早加入条约，严格限制包括条约缔约国在内的国际社会与其核合作。

（四）增加集团性防扩散机制的合法性

从第六章"国际军控与裁军规则"的"防扩散的国际规则"一节中可以看出，《不扩散核武器条约》是国际防扩散的基石，而"核供应集团"、"澳大利亚集团"、《导弹及其技术控制制度》和《瓦森纳协定》，则是针对核物项、生化物项、导弹物项和其他常规物项进行出口控制的规则，这几个专门物项出口控制规则与《不扩散核武器条约》构成现有防扩散的主体框架。然而，这些专门物项出口控制机制在源头、目的和规范、实践上都存在一定问题。

首先，从源头上看，这些专门物项出口控制机制，都是由一些西方国家根据自身的价值标准和利益需要制定的，其性质是集团性组织机制，虽然此后有许多国家囿于自身实力和现实利益需要不得不加入这些机制，但这并没有改变其集团性组织机制的性质。

其次，从目的上看，当年这些西方国家之所以制定这些规则，其目的是凭借它们对武器技术特别是先进技术的优势和垄断地位，控制、限制向除西方国家以外的其他国家的出口，以保持和巩固其对非西方国家的技术优势。

再次，从规范上看，这些组织机制的宗旨、条款等无不体现着西方的价值观、利益需求和针对非西方国家的指向性，其本身存在对立性和歧视性。

最后，从机制实践上看，这些组织机制为西方国家所主导控制，它们不仅控制着机制规则的制定权和解释权，还在实际中控制着组织机制的运行，决定着谁可以参加、谁违反规则、对谁制裁等权力。显然，这些组织机制存在严重的不平衡、不平等。

当下世界已不是20世纪的世界，也与21世纪之初的世界有了很大不同。世界正处于百年之变局，世界格局和国际秩序都处于重大演变中，无论是从其自身陷入无法自拔的困境，还是整个世界的认知看，西方那套价值体系和治理体系都失去了原来所谓的"正统"地位和光环，世界格局正向多极化演进，国际秩序正向公正合理方向发展。因此，源自集团性、带有歧视性和不平等性的"核供应集团"、"澳大利亚集团"、《导弹及其技术控制制度》和《瓦森纳协定》等这些集团性防扩散组织机制，也必须与时俱进地改革调整。

对这些集团性防扩散组织机制的改革调整应有两个方面：一是将这些组织机制纳入联合国体系，让联合国主导这些组织机制及其运行，改变其集团性组织机制的性质，从而使其服务于整个世界的利益而非主要服务于一个集团的利益，提升其合法性；二是秉持和平、合作、共赢理念，基于公正、平等、透明原则，对这些集团性防扩散组织机制从宗旨目标、权力结构、议事规则到具体条款和实施措施等，进行修正、调整和补充、完善，使其变成兼具权威性、普遍性和有效性的全球防扩散机制。

附一：

## 2008年2月12日中国常驻裁军谈判会议代表和俄罗斯联邦常驻裁军谈判会议代表致会议秘书长的信，其中转交中国和俄罗斯联邦提出的"防止在外空放置武器、对外空物体使用或威胁使用武力条约"草案的案文

谨此转交俄罗斯联邦和中华人民共和国提出的"防止在外空放置武器、对外空物体使用或威胁使用武力条约"的草案案文。

谨请将此信及所附该条约草案作为裁军谈判会议的正式文件

分发。

## 《防止在外空放置武器、对外空物体使用或威胁使用武力条约（草案）》

本条约各缔约国，

重申外空在人类未来的发展中起着日益重要的作用，

强调为和平目的自由探索和利用外空的权利，

致力于防止外空成为军事对抗的领域，保证外空的安全和外空物体的安全运行，

认识到防止在外空放置武器和外空军备竞赛能够消除国际和平与安全中的重大危险，

愿确保外空为不放置任何武器的空间，

注意到现有与外空相关的军控和裁军协议，包括双边协议，以及现有外空利用相关的法律制度在探索外空和规范外空活动中起着积极作用，应被严格遵守，尽管它们不能有效防止在外空放置武器和防止外空军备竞赛，

忆及联合国大会关于"防止外空军备竞赛"的决议，该决议除其他外，确认需要考察进一步的措施，以寻求有效、可核查的多、双边协议，从而防止外空军备竞赛。

兹协议如下：

**第一条**

为本条约目的：

（1）"外空"系指地球海平面100公里以上的空间；

（2）"外空物体"系指专为在外空运行而设计的、被发射进入环绕任何天体的轨道，或在任何天体的轨道上运行，或在除地球以外的任何天体上，或离开任何天体的环绕轨道降落该天体，或从任何天体飞向另一天体，或利用任何其他方式被置于外空的装置；

（3）"在外空的武器"系指位于外空、基于任何物理原理，经专门制造或改造，用来消灭、损害或干扰在外空、地球上或大气

层物体的正常功能，以及用来消灭人口和对人类至关重要的生物圈组成部分或对其造成损害的任何装置；

（4）"放置"系指武器如果至少绕地球一圈，或在离开此轨道之前沿这样的轨道运行一段，或被置于外空某个永久基地，则被认为是放置在外空；

（5）"使用武力"或"威胁使用武力"系指针对外空物体采取的任何敌对行动，包括旨在摧毁、破坏以及暂时或永久性地损害外空物体的正常功能，以及蓄意改变其轨道参数，或威胁采取这些行动。

**第二条**

各缔约国承诺不在环绕地球的轨道放置任何携带任何种类武器的物体，不在天体上安置此类武器，不以任何其他方式在外空放置此类武器；不对外空物体使用或威胁使用武力；不协助、不鼓励其他国家、国家集团或国际组织参与本条约所禁止的活动。

**第三条**

各缔约国采取一切必要措施，防止在其领土上或其管辖或控制下的任何其他地方从事任何违反本条约的活动。

**第四条**

本条约不应被解释为妨碍各缔约国根据包括《联合国宪章》、《外空条约》等在内的国际法和平探索和利用外空的权利。

**第五条**

本条约的任何内容不应被认为会妨碍各缔约国根据《联合国宪章》第五十一条行使自卫权。

**第六条**

为保证本条约的条款得到遵守和促进外空活动的透明和建立信任，除非另有协议，各缔约国应在自愿基础上，实行达成的建立信任措施。

对遵约的核查措施可由附加议定书加以规定。

**第七条**

如缔约国间就本条约的适用或解释发生争端，有关各当事方应首先共同商议，通过磋商与合作解决争端。

在双方协商未果的情况下，可将出现的争端连同有关证据提交条约执行机构处理。

各缔约国应在解决争端情况时与本条约的执行机构合作。

**第八条**

为促进实施本条约的宗旨和条款，缔约国应建立条约执行机构，该机构应：

（1）当一个缔约国或一些缔约国有理由认为某一缔约国正在违反本条约时，接受并审议他们的有关询问；

（2）考虑缔约国有关履行条约义务的事务；

（3）组织并与缔约国举行磋商，以便处理有关某缔约国违反本条约的情况；

（4）采取措施以终止任何缔约国的违约行为。

本条约执行机构的名称、地位、具体职能和工作方式应在本条约的一个附加议定书中解决。

**第九条**

政府间国际组织可加入本条约。定义政府间国际组织参与条约的不同形式，以及参与方式的条款应在本条约的一个附加议定书中解决。

**第十条**

任一缔约国可对本条约提出修正。任何修正案应提交保存人，保存人应立即将其分发所有缔约国。如不少于三分之一的缔约国提出请求，保存人应召开缔约国大会审议提出的修正案。

对本条约的任何修正须经缔约国大会成员多数票赞成通过。修正根据本条约的生效程序对所有缔约国生效。

**第十一条**

本条约应无限期有效。

每一缔约国在行使其国家主权时，若断定与本条约主题有关的非常事件已使其最高利益受到危害，应有权退出本条约。退约国应在退出前六个月将此决定书面通知保存人。

**第十二条**

本条约应在纽约联合国总部向所有国家开放签署。本条约生效前未签署本条约的任何国家可在任何时间加入本条约。

本条约须经批准。批准书或加入书应交本条约指定的保存人——联合国秘书长保存。

**第十三条**

本条约应在 20 个国家，包括联合国安理会所有常任理事国交存批准书之日起生效。

对本条约生效后交存批准书或加入书的国家，本条约自其交存批准书或加入书之日起生效。

**第十四条**

本条约正本交存联合国秘书长，其阿拉伯文、中文、英文、法文、俄文和西班牙文文本同等作准。联合国秘书长应将本条约核正无误的副本分送所有签署国和加入国。

附二：

## 2014 年 6 月 10 日中国常驻裁军谈判会议代表和俄罗斯联邦常驻裁军谈判会议代表致会议代理秘书长的信，其中转交中国和俄罗斯联邦提出的"防止在外空放置武器、对外空物体使用或威胁使用武力条约"草案更新的中文和俄文案文

谨此转交"防止在外空放置武器、对外空物体使用或威胁使用武力条约"草案更新的中文和俄文案文。

谨请将此信及所附中俄文件作为裁军谈判会议的正式文件印发。

### 《防止在外空放置武器、对外空物体使用或威胁使用武力条约（草案）》

本条约各缔约国，

重申进一步探索和利用外空在人类发展中起着日益重要的作用，

愿防止外空成为放置武器的新领域，以便消除对国际和平与安全的重大危险，

重申严格遵守现有与外空活动相关的多边协议的重要性，认识到在外空活动中遵守国际外空法原则和规范有助于建立对各国的和平目的的信任，

注意到《关于各国探索和利用月球等天体在内的外空行为原则条约》（以下简称"1967 年外空条约"）规定各缔约国承担不在环地球轨道放置带有核武器或其他类型大规模杀伤性武器的物体，不以任何其他方式在天体上和外空放置此类武器的义务，

认识到尽管现有与外空相关的国际协议及法律制度在规范外空活动中发挥着积极作用，但是不能充分防止在外空放置武器，

忆及联合国大会关于"防止外空军备竞赛"的决议，该决议除其他外，确认需要考察进一步的措施，以寻求有效、可核查的多、双边协议，从而防止外空军备竞赛。

达成协议如下：

**第一条**

为本条约目的：

（1）"外空物体"系指放置在外空、专为在外空运行而设计的任何装置；

（2）"在外空的武器"系指制造或改造的、基于任何物理原理用来消除、损害或干扰在外空、地球表面或空气空间中物体的正常功能，以及用来消灭人口和对人类生存至关重要的生物圈组成部分或对其造成损害的任何外空物体或其组成部分；

（3）一个装置如果至少绕地球一圈，或在离开绕地轨道之前沿该轨道运行一段，或被置于外空当中的任何位置或地球外任何天体上，则视为被"放置在外空"；

（4）"使用武力"或"威胁使用武力"分别系指针对他国管辖和（或）控制下的外空物体采取的蓄意损害行动，或以书面、口头或其他任何形式表达采取这些行动的意图。根据专门协议应他国请求停止请求国管辖和（或）控制下的外空物体失控飞行的行动，不应被视为使用武力或威胁使用武力。

## 第二条

本条约缔约国承诺：

——不在外空放置任何武器；

——不对缔约国外空物体使用武力或以武力相威胁；

——不在国际合作中从事与本条约内容与宗旨不符的外空活动；

——不协助、不鼓励其他国家、国家集团、国际组织、政府间组织或任何非政府组织，包括在本国管辖和（或）控制下的领土上成立、登记或位于该领土上的非政府法律实体，参加与本条约内容和宗旨不符的活动。

## 第三条

本条约不应被解释为妨碍各缔约国根据包括《联合国宪章》、《外空条约》等在内的国际法和平探索和利用外空的权利。

## 第四条

本条约丝毫不得影响《联合国宪章》第五十一条确立的缔约国固有的单独或集体自卫权。

## 第五条

缔约国认识到有需要对本条约各项规定的执行情况采取监督措施，并可在今后的附加议定书中予以规定。

为增进对遵守本条约规定的信任，除非另有协议，缔约国可在自愿基础上，执行商定的透明与建立信任措施。

## 第六条

为促进实施本条约的宗旨和条款，缔约国应建立条约执行机构，该机构应：

（一）考虑与条约的运行与执行相关的事务；

（二）受理一个或多个缔约国关于指称违反条约的询问；

（三）组织并与缔约国举行磋商，以便处理有关某缔约国违反本条约的情况；

（四）如有关指称违反本条约的问题未能得到解决，将争端提交联合国大会或安理会；

（五）组织并举行会议以讨论和通过条约修正案；

（六）制订集合数据共享与信息分析的程序；

（七）收集和散发缔约国提交的作为透明与建立信任措施组成部分的信息；

（八）接收新缔约国加入条约的通知，并提交联合国秘书长；

（九）经缔约国同意，考虑其他程序性和实质性问题。

本条约执行机构的设立程序、工作机构构成、运行程序和工作细则等应在一个附加议定书中规定。

缔约国应与本条约执行机构合作，以协助其履行被赋予的职能。

**第七条**

如一缔约国有理由认为另一缔约国未履行本条约所规定之义务，可请求该缔约国澄清有关情况。被请求澄清的缔约国应尽快予以澄清。

如提出请求的缔约国认为该澄清未能解决其关切，可向被请求的缔约国提出磋商请求，被请求国应立即参与磋商。与磋商结果有关的信息应提交条约执行机构，由执行机构与各缔约国共享。

如磋商未能在适当照顾各缔约国利益的情况下达成一致解决办法，一个或多个缔约国得请求执行机构予以协助，并提交进一步考虑该争端所需的相关证据。执行机构可以召集缔约国举行会议，以审议该争端，决定是否存在违约行为，并根据缔约国提出的解决争端与消除违约的方案准备有关建议。如仍不能解决争端或消除违约情况，执行机构可提请联合国大会或安理会注意该事项，包括有关资料和结论。

如出现涉及1972年《空间物体造成损害国际责任公约》的情况，应适用该公约相关规定。

**第八条**

除第九条至第十三条外，本条约所指国家应涵盖任何在外空开展活动、声明接受本条约义务，且其多数成员为本条约缔约国的政府间国际组织。该国际组织成员国中的本条约缔约国，应采取一切必要措施，确保该组织依照本条规定发表上述声明。

**第九条**

本条约在纽约联合国总部向所有国家开放签署。任何国家如在本条约生效前未签署条约，可在任何时间加入本条约。

本条约须经签署国依照各自国内程序批准。

批准书或加入书应提交作为本条约指定保存人的联合国秘书长保存。

**第十条**

本条约自包括联合国安理会所有常任理事国在内的20个国家交存批准书之日起生效。

对本条约生效后交存批准书或加入书的国家，本条约自其交存批准书或加入书之日起对其生效。

联合国秘书长应向所有签署和加入本条约的国家通报每一次签署条约的日期、每一份批准书或加入书交存的日期、本条约生效的日期、修改条约的建议、出现的争议及其处理情况，以及其他有必要通报的信息。

**第十一条**

任一缔约国可对本条约提出修正。修正案应提交联合国秘书长，以分发所有缔约国。如不少于三分之一的缔约国同意，应召开修约会议。

对本条约的修正经缔约国协商一致接受后生效。

**第十二条**

本条约应无限期有效。

每一缔约国在行使其国家主权时，若断定与本条约调整事项有关的非常事件已使其最高利益受到危害，应有权退出本条约。退约国应在退出前六个月将退约决定书面通知联合国秘书长。通知中应说明退约国视为已威胁其最高利益的非常事件。

**第十三条**

本条约正本交存联合国秘书长，其阿拉伯文、中文、英文、法文、俄文和西班牙文文本同等作准。联合国秘书长应将本条约核正无误的副本分送所有签署国和加入国。

# 附录 A  联合国宪章

## 序言

我联合国人民同兹决心
- 欲免后世再遭今代人类两度身历惨不堪言之战祸，
- 重申基本人权，人格尊严与价值，以及男女与大小各国平等权利之信念，
- 创造适当环境，俾克维持正义，尊重由条约与国际法其他渊源而起之义务，久而弗懈，
- 促成大自由中之社会进步及较善之民生，

并为达此目的
- 力行容恕，彼此以善邻之道，和睦相处，
- 集中力量，以维持国际和平及安全，
- 接受原则，确立方法，以保证非为公共利益，不得使用武力，
- 运用国际机构，以促成全球人民经济及社会之进展，

用是发愤立志，务当同心协力，以竟厥功。

爰由我各本国政府，经齐集金山市之代表各将所奉全权证书，互相校阅，均属妥善，议定本联合国宪章，并设立国际组织，定名联合国。

## 第一章：宗旨及原则

**第一条**

联合国之宗旨为：

一、维持国际和平及安全；并为此目的：采取有效集体办法，以防止且消除对于和平之威胁，制止侵略行为或其他对和平之破

坏；并以和平方法且依正义及国际法之原则，调整或解决足以破坏和平之国际争端或情势。

二、发展国际间以尊重人民平等权利及自决原则为根据之友好关系，并采取其他适当办法，以增强普遍和平。

三、促成国际合作，以解决国际间属于经济、社会、文化及人类福利性质之国际问题，且不分种族、性别、语言或宗教，增进并激励对于全体人类之人权及基本自由之尊重。

四、构成一协调各国行动之中心，以达成上述共同目的。

**第二条**

为求实现第一条所述各宗旨起见，本组织及其会员国应遵循下列原则：

一、本组织系基于各会员国主权平等之原则。

二、各会员国应一秉善意，履行其依本宪章所担负之义务，以保证全体会员国由加入本组织而发生之权益。

三、各会员国应以和平方法解决其国际争端，俾免危及国际和平、安全及正义。

四、各会员国在其国际关系上不得使用威胁或武力，或以与联合国宗旨不符之任何其他方法，侵害任何会员国或国家之领土完整或政治独立。

五、各会员国对于联合国依本宪章规定而采取之行动，应尽力予以协助，联合国对于任何国家正在采取防止或执行行动时，各会员国对该国不得给予协助。

六、本组织在维持国际和平及安全之必要范围内，应保证非联合国会员国遵行上述原则。

七、本宪章不得认为授权联合国干涉在本质上属于任何国家国内管辖之事件，且并不要求会员国将该项事件依本宪章提请解决；但此项原则不妨碍第七章内执行办法之适用。

## 第二章：会员

**第三条**

凡曾经参加金山联合国国际组织会议或此前曾签字于一九四二

年一月一日联合国宣言之国家，签订本宪章，且依宪章第一百一十条规定而予以批准者，均为联合国之创始会员国。

**第四条**

一、凡其他爱好和平之国家，接受本宪章所载之义务，经本组织认为确能并愿意履行该项义务者，得为联合国会员国。

二、准许上述国家为联合国会员国，将由大会经安全理事会之推荐以决议行之。

**第五条**

联合国会员国，业经安全理事会对其采取防止或执行行动者，大会经安全理事会之建议，得停止其会员权利及特权之行使。此项权利及特权之行使，得由安全理事会恢复之。

**第六条**

联合国之会员国中，有屡次违犯本宪章所载之原则者，大会经安全理事会之建议，得将其由本组织除名。

## 第三章：机关

**第七条**

一、兹设联合国之主要机关如下：大会、安全理事会、经济及社会理事会、托管理事会、国际法院及秘书处。

二、联合国得依本宪章设立认为必需之辅助机关。

**第八条**

联合国对于男女均得在其主要及辅助机关在平等条件之下，充任任何职务，不得加以限制。

## 第四章：大会

**组织**

**第九条**

一、大会由联合国所有会员国组织之。

二、每一会员国在大会之代表，不得超过五人。

**职权**

**第十条**

大会得讨论本宪章范围内之任何问题或事项，或关于本宪章所规定任何大会之职权；并除第十二条所规定外，得向联合国会员国或安全理事会或兼向两者，提出对各该问题或事项之建议。

**第十一条**

一、大会得考虑关于维持国际和平及安全之合作之普通原则，包括军缩及军备管制之原则；并得向会员国或安全理事会或兼向两者提出对于该项原则之建议。

二、大会得讨论联合国任何会员国或安全理事会或非联合国会员国依第三十五条第二项之规定向大会所提关于维持国际和平及安全之任何问题；除第十二条所规定外，并得向会员国或安全理事会或兼向两者提出对于各该项问题之建议。凡对于需要行动之各该项问题，应由大会于讨论前或讨论后提交安全理事会。

三、大会对于足以危及国际和平与安全之情势，得提请安全理事会注意。

四、本条所载之大会权力并不限制第十条之概括范围。

**第十二条**

一、当安全理事会对于任何争端或情势，正在执行本宪章所授予该会之职务时，大会非经安全理事会请求，对于该项争端或情势，不得提出任何建议。

二、秘书长经安全理事会之同意，应于大会每次会议时，将安全理事会正在处理中关于维持国际和平及安全之任何事件，通知大会；于安全理事会停止处理该项事件时，亦应立即通知大会，或在大会闭会期内通知联合国会员国。

**第十三条**

一、大会应发动研究，并做成建议：

（子）以促进政治上之国际合作，并提倡国际法之逐渐发展与编纂。

（丑）以促进经济、社会、文化、教育及卫生各部门之国际合作，且不分种族、性别、语言或宗教，助成全体人类之人权及基本自由之实现。

二、大会关于本条第一项（丑）款所列事项之其他责任及职权，于第九章及第十章中规定之。

**第十四条**

大会对于其所认为足以妨害国际间公共福利或友好关系之任何情势，不论其起原如何，包括由违反本宪章所载联合国之宗旨及原则而起之情势，得建议和平调整办法，但以不违背第十二条之规定为限。

**第十五条**

一、大会应收受并审查安全理事会所送之常年及特别报告；该项报告应载有安全理事会对于维持国际和平及安全所已决定或施行之办法之陈述。

二、大会应收受并审查联合国其他大会所送之报告。

**第十六条**

大会应执行第十二章及第十三章所授予关于国际托管制度之职务，包括关于非战略防区托管协定之核准。

**第十七条**

一、大会应审核本组织之预算。

二、本组织之经费应由各会员国依照大会分配限额担负之。

三、大会应审核经与第五十七条所指各种专门大会订定之任何财政及预算办法，并应审查该项专门大会之行政预算，以便向关系大会提出建议。

**投票**

**第十八条**

一、大会之每一会员国，应有一个投票权。

二、大会对于重要问题之决议应以到会及投票之会员国三分之二多数决定之。此项问题应包括：关于维持国际和平及安全之建议，安全理事会非常任理事国之选举，经济及社会理事会理事国之选举，依第八十六条第一项（寅）款所规定托管理事会理事国之选举，对于新会员国加入联合国之准许，会员国权利及特权之停止，会员国之除名，关于施行托管制度之问题，以及预算问题。

三、关于其他问题之决议，包括另有何种事项应以三分之二多数决定之问题，应以到会及投票之会员国过半数决定之。

**第十九条**

凡拖欠本组织财政款项之会员国，其拖欠数目如等于或超过前两年所应缴纳之数目时，即丧失其在大会投票权。大会如认拖欠原因，确实由于该会员国无法控制之情形者，得准许该会员国投票。

**程序**

**第二十条**

大会每年应举行常会，并于必要时，举行特别会议。特别会议应由秘书长经安全理事会或联合国会员国过半数之请求召集之。

**第二十一条**

大会应自行制定其议事规则。大会应选举每次会议之主席。

**第二十二条**

大会得设立其认为于行使职务所必需之辅助大会。

## 第五章：安全理事会

**组织**

**第二十三条**

一、安全理事会以联合国十五会员国组织之。中华民国、法兰西、苏维埃社会主义共和国联盟、大不列颠及北爱尔兰联合王国及美利坚合众国应为安全理事会常任理事国。大会应选举联合国其他十会员国为安全理事会非常任理事国，选举时首先宜充分斟酌联合国各会员国于维持国际和平与安全及本组织其余各宗旨上之贡献，并宜充分斟酌地域上之公匀分配。

二、安全理事会非常任理事国任期定为二年。安全理事会理事国自十一国增至十五国后第一次选举非常任理事国时，所增四国中两国之任期应为一年。任满之理事国不得即行连选。

三、安全理事会每一理事国应有代表一人。

**职权**

**第二十四条**

一、为保证联合国行动迅速有效起见，各会员国将维持国际和平及安全之主要责任，授予安全理事会，并同意安全理事会于履行此项责任下之职务时，即系代表各会员国。

二、安全理事会于履行此项职务时，应遵照联合国之宗旨及原则。为履行此项职务而授予安全理事会之特定权力，于本宪章第六章、第七章、第八章及第十二章内规定之。

三、安全理事会应将常年报告、并于必要时将特别报告，提送大会审查。

**第二十五条**

联合国会员国同意依宪章之规定接受并履行安全理事会之决议。

**第二十六条**

为促进国际和平及安全之建立及维持，以尽量减少世界人力及经济资源之消耗于军备起见，安全理事会借第四十七条所指之军事参谋团之协助，应负责拟具方案，提交联合国会员国，以建立军备管制制度。

**投票**

**第二十七条**

一、安全理事会每一理事国应有一个投票权。

二、安全理事会关于程序事项之决议，应以九理事国之可决票表决之。

三、安全理事会对于其他一切事项之决议，应以九理事国之可决票包括全体常任理事国之同意票表决之；但对于第六章及第五十二条第三项内各事项之决议，争端当事国不得投票。

**程序**

**第二十八条**

一、安全理事会之组织，应以使其能继续不断行使职务为要件。为此目的，安全理事会之各理事国应有常驻本组织会所之代表。

二、安全理事会应举行定期会议，每一理事国认为合宜时得派政府大员或其他特别指定之代表出席。

三、在本组织会所以外，安全理事会得在认为最能便利其工作之其他地点举行会议。

**第二十九条**

安全理事会得设立其认为于行使职务所必需之辅助机关。

**第三十条**

安全理事会应自行制定其议事规则，包括其推选主席之方法。

**第三十一条**

在安全理事会提出之任何问题，经其认为对于非安全理事会理事国之联合国任何会员国之利益有特别关系时，该会员国得参加讨论，但无投票权。

**第三十二条**

联合国会员国而非为安全理事会之理事国，或非联合国会员国之国家，如于安全理事会考虑中之争端为当事国者，应被邀参加关于该项争端之讨论，但无投票权。安全理事会应规定其所认为公平之条件，以便非联合国会员国之国家参加。

## 第六章：争端之和平解决

**第三十三条**

一、任何争端之当事国，于争端之继续存在足以危及国际和平与安全之维持时，应尽先以谈判、调查、调停、和解、公断、司法解决、区域机关或区域办法之利用，或各该国自行选择之其他和平方法，求得解决。

二、安全理事会认为必要时，应促请各当事国以此项方法，解决其争端。

**第三十四条**

安全理事会得调查任何争端或可能引起国际摩擦或惹起争端之任何情势，以断定该项争端或情势之继续存在是否足以危及国际和平与安全之维持。

第三十五条

一、联合国任何会员国得将属于第三十四条所指之性质之任何争端或情势，提请安全理事会或大会注意。

二、非联合国会员国之国家如为任何争端之当事国时，经预先声明就该争端而言接受本宪章所规定和平解决之义务后，得将该项争端，提请大会或安全理事会注意。

三、大会关于按照本条所提请注意事项之进行步骤，应遵守第十一条及第十二条之规定。

第三十六条

一、属于第三十三条所指之性质之争端或相似之情势，安全理事会在任何阶段，得建议适当程序或调整方法。

二、安全理事会对于当事国为解决争端业经采取之任何程序，理应予以考虑。

三、安全理事会按照本条做成建议时，同时理应注意凡具有法律性质之争端，在原则上，理应由当事国依国际法院规约之规定提交国际法院。

第三十七条

一、属于第三十三条所指之性质之争端，当事国如未能依该条所示方法解决时，应将该项争端提交安全理事会。

二、安全理事会如认为该项争端之继续存在，在事实上足以危及国际和平与安全之维持时，应决定是否当依第三十六条采取行动或建议其所认为适当之解决条件。

第三十八条

安全理事会如经所有争端当事国之请求，得向各当事国做成建议，以求争端之和平解决，但以不妨碍第三十三条至第三十七条之规定为限。

**第七章：对于和平之威胁、和平之破坏及侵略行为之应付办法**

第三十九条

安全理事会应断定任何和平之威胁、和平之破坏或侵略行为之是否存在，并应作成建议或抉择依第四十一条及第四十二条规定之办法，以维持或恢复国际和平及安全。

**第四十条**

为防止情势之恶化，安全理事会在依第三十九条规定做成建议或决定办法以前，得促请关系当事国遵行安全理事会所认为必要或合宜之临时办法。此项临时办法并不妨碍关系当事国之权利、要求或立场。安全理事会对于不遵行此项临时办法之情形，应予适当注意。

**第四十一条**

安全理事会得决定所应采武力以外之办法，以实施其决议，并得促请联合国会员国执行此项办法。此项办法得包括经济关系、铁路、海运、航空、邮、电、无线电及其他交通工具之局部或全部停止，以及外交关系之断绝。

**第四十二条**

安全理事会如认为第四十一条所规定之办法为不足或已经证明为不足时，得采取必要之空海陆军行动，以维持或恢复国际和平及安全。此项行动得包括联合国会员国之空海陆军示威、封锁及其他军事举动。

**第四十三条**

一、联合国各会员国为求对于维持国际和平及安全有所贡献起见，担任于安全理事会发令时，并依照特别协定，供给为维持国际和平及安全所必需之军队、协助及便利，包括过境权。

二、此项特别协定应规定军队之数目及种类，其准备程度及一般驻扎地点，以及所供便利及协助之性质。

三、此项特别协定应以安全理事会之主动，尽速议订。此项协定应由安全理事会与会员国或由安全理事会与若干会员国之集团缔结之，并由签字国各依其宪法程序批准之。

**第四十四条**

安全理事会决定使用武力时，于要求非安全理事会会员国依第四十三条供给军队以履行其义务之前，如经该会员国请求，应请其遣派代表，参加安全理事会关于使用其军事部队之决议。

### 第四十五条

为使联合国能采取紧急军事办法起见，会员国应将其本国空军部队为国际共同执行行动随时供给调遣。此项部队之实力与准备之程度，及其共同行动之计划，应由安全理事会以军事参谋团之协助，在第四十三条所指之特别协定范围内决定之。

### 第四十六条

武力使用之计划应由安全理事会以军事参谋团之协助决定之。

### 第四十七条

一、兹设立军事参谋团，以便对于安全理事会维持国际和平及安全之军事需要问题，对于受该会所支配军队之使用及统率问题，对于军备之管制及可能之军缩问题，向该会贡献意见并予以协助。

二、军事参谋团应由安全理事会各常任理事国之参谋总长或其代表组织之。联合国任何会员国在该团未有常任代表者，如于该团责任之履行在效率上必需该国参加其工作时，应由该团邀请参加。

三、军事参谋团在安全理事会权力之下，对于受该会所支配之任何军队，负战略上之指挥责任；关于该项军队之统率问题，应待以后处理。

四、军事参谋团，经安全理事会之授权，并与区域内有关机关商议后、得设立区域分团。

### 第四十八条

一、执行安全理事会为维持国际和平及安全之决议所必要之行动，应由联合国全体会员国或由若干会员国担任之，一依安全理事会之决定。

二、此项决议应由联合国会员国以其直接行动及经其加入为会员之有关国际机关之行动履行之。

### 第四十九条

联合国会员国应通力合作，彼此协助，以执行安全理事会所决定之办法。

### 第五十条

安全理事会对于任何国家采取防止或执行办法时，其他国家，不论其是否为联合国会员国，遇有因此项办法之执行而引起之特殊经济问题者，应有权与安全理事会会商解决此项问题。

**第五十一条**

联合国任何会员国受武力攻击时，在安全理事会采取必要办法，以维持国际和平及安全以前，本宪章不得认为禁止行使单独或集体自卫之自然权利。会员国因行使此项自卫权而采取之办法，应立向安全理事会报告，此项办法于任何方面不得影响该会按照本宪章随时采取其所认为必要行动之权责，以维持或恢复国际和平及安全。

## 第八章：区域办法

**第五十二条**

一、本宪章不得认为排除区域办法或区域机关、用以应付关于维持国际和平及安全而宜于区域行动之事件者；但以此项办法或机关及其工作与联合国之宗旨及原则符合者为限。

二、缔结此项办法或设立此项机关之联合国会员国，将地方争端提交安全理事会以前，应依该项区域办法，或由该项区域机关，力求和平解决。

三、安全理事会对于依区域办法或由区域机关而求得地方争端之和平解决，不论其系由关系国主动，或由安全理事会提交者，应鼓励其发展。

四、本条绝不妨碍第三十四条及第三十五条之适用。

**第五十三条**

一、安全理事会对于职权内之执行行动，在适当情形下，应利用此项区域办法或区域机关。如无安全理事会之授权，不得依区域办法或由区域机关采取任何执行行动；但关于依第一百零七条之规定对付本条第二项所指之任何敌国之步骤，或在区域办法内所采取防备此等国家再施其侵略政策之步骤，截至本组织经各关系政府之请求，对于此等国家之再次侵略，能担负防止责任时为止，不在此限。

二、本条第一项所称敌国系指第二次世界大战中为本宪章任何签字国之敌国而言。

**第五十四条**

关于为维持国际和平及安全起见,依区域办法或由区域机关所已采取或正在考虑之行动,不论何时应向安全理事会充分报告之。

## 第九章：国际经济及社会

**第五十五条**

为造成国际间以尊重人民平等权利及自决原则为根据之和平友好关系所必要之安定及福利条件起见,联合国应促进：

（子）较高之生活程度,全民就业,及经济与社会进展。

（丑）国际间经济、社会、卫生及有关问题之解决；国际间文化及教育合作。

（寅）全体人类之人权及基本自由之普遍尊重与遵守,不分种族、性别、语言或宗教。

**第五十六条**

各会员国担允采取共同及个别行动与本组织合作,以达成第五十五条所载之宗旨。

**第五十七条**

一、由各国政府间协定所成立之各种专门机关,依其组织约章之规定,于经济、社会、文化、教育、卫生及其他有关部门负有广大国际责任者,应依第六十三条之规定使与联合国发生关系。

二、上述与联合国发生关系之各专门机关,以下简称专门机关。

**第五十八条**

本组织应做成建议,以调整各专门机关之政策及工作。

**第五十九条**

本组织应于适当情形下,发动各关系国间之谈判,以创设为达成第五十五条规定宗旨所必要之新专门机关。

**第六十条**

履行本章所载本组织职务之责任,属于大会及大会权力下之经济及社会理事会。为此目的,该理事会应有第十章所载之权力。

## 第十章：经济及社会理事会

**组织**

**第六十一条**

一、经济及社会理事会由大会选举联合国五十四会员国组织之。

二、除第三项所规定外，经济及社会理事会每年选举理事十八国，任期三年。任满之理事国得即行连选。

三、经济及社会理事会理事国自二十七国增至五十四国后第一次选举时，除选举理事九国接替任期在该年年终届满之理事国外，应另增选理事二十七国。增选之理事二十七国中，九国任期一年，另九国任期二年，依大会所定办法。

四、经济及社会理事会之每一理事国应有代表一人。

**职权**

**第六十二条**

一、经济及社会理事会得做成或发动关于国际经济、社会、文化、教育、卫生及其他有关事项之研究及报告；并得向大会、联合国会员国及关系专门机关提出关于此种事项之建议案。

二、本理事会为增进全体人类之人权及基本自由之尊重及维护起见，得作成建议案。

三、本理事会得拟具关于其职权范围内事项之协约草案，提交大会。

四、本理事会得依联合国所定之规则召集本理事会职务范围以内事项之国际会议。

**第六十三条**

一、经济及社会理事会得与第五十七条所指之任何专门机关订立协定，订明关系专门机关与联合国发生关系之条件。该项协定须经大会之核准。

二、本理事会，为调整各种专门机关之工作，得与此种机关会商并得向其提出建议，并得向大会及联合国会员国建议。

**第六十四条**

一、经济及社会理事会得采取适当步骤，以取得专门机关之经常报告。本理事会得与联合国会员国及专门机关，商定办法俾就实施本理事会之建议及大会对于本理事会职权范围内事项之建议所采之步骤，取得报告。

二、本理事会得将对于此项报告之意见提送大会。

**第六十五条**

经济及社会理事会得向安全理事会供给情报，并应安全理事会之邀请，予以协助。

**第六十六条**

一、经济及社会理事会应履行其职权范围内关于执行大会建议之职务。

二、经大会之许可，本理事会得应联合国会员国或专门机关之请求，供其服务。

三、本理事会应履行本宪章他章所特定之其他职务，以及大会所授予之职务。

**投票**

**第六十七条**

一、经济及社会理事会每一理事国应有一个投票权。

二、本理事会之决议，应以到会及投票之理事国过半数表决之。

**程序**

**第六十八条**

经济及社会理事会应设立经济与社会部门及以提倡人权为目的之各种委员会，并得设立于行使职务所必需之其他委员会。

**第六十九条**

经济及社会理事会应请联合国会员国参加讨论本理事会对于该国有特别关系之任何事件，但无投票权。

## 第七十条

经济及社会理事会得商定办法使专门机关之代表无投票权而参加本理事会及本理事会所设各委员会之讨论,或使本理事会之代表参加此项专门机关之讨论。

## 第七十一条

经济及社会理事会得采取适当办法,俾与各种非政府组织会商有关于本理事会职权范围内之事件。此项办法得与国际组织商定之,关于适当情形下,经与关系联合国会员国会商后,得与该国国内组织商定之。

## 第七十二条

一、经济及社会理事会应自行制定其议事规则,包括其推选主席之方法。

二、经济及社会理事会应依其规则举行必要之会议。此项规则应包括因理事国过半数之请求而召集会议之条款。

### 第十一章:关于非自治领土之宣言

## 第七十三条

联合国各会员国,于其所负有或担承管理责任之领土,其人民尚未臻自治之充分程度者,承认以领土居民之福利为至上之原则,并接受在本宪章所建立之国际和平及安全制度下,以充分增进领土居民福利之义务为神圣之信托,且为此目的:

(子)于充分尊重关系人民之文化下,保证其政治、经济、社会及教育之进展,予以公平待遇,且保障其不受虐待。

(丑)按各领土及其人民特殊之环境及其进化之阶段,发展自治;对各该人民之政治愿望,予以适当之注意;并助其自由政治制度之逐渐发展。

(寅)促进国际和平及安全。

(卯)提倡建设计划,以求进步;奖励研究;各国彼此合作,并于适当之时间及场合与专门国际团体合作,以求本条所载社会、经济及科学目的之实现。

(辰)在不违背安全及宪法之限制下,按时将关于各会员国分别负责管理领土内之经济、社会及教育情形之统计及具有专门性质之情报，递送秘书长，以供参考。本宪章第十二章及第十三章所规定之领土，不在此限。

**第七十四条**

联合国各会员国共同承诺对于本章规定之领土，一如对于本国区域，其政策必须以善邻之道奉为圭臬；并于社会、经济及商业上，对世界各国之利益及幸福，予以充分之注意。

## 第十二章：国际托管制度

**第七十五条**

联合国在其权力下，应设立国际托管制度，以管理并监督凭此后个别协定而置于该制度下之领土。此项领土以下简称托管领土。

**第七十六条**

根据本宪章第一条所载联合国之宗旨，托管制度之基本目的应为：

（子）促进国际和平及安全。

（丑）增进托管领土居民之政治、经济、社会及教育之进展；并以适合各领土及其人民之特殊情形及关系人民自由表示之愿望为原则，且按照各托管协定之条款，增进其趋向自治或独立之逐渐发展。

（寅）不分种族、性别、语言或宗教，提倡全体人类之人权及基本自由之尊重，并激发世界人民互相维系之意识。

（卯）于社会、经济及商业事件上，保证联合国全体会员国及其国民之平等待遇，及各该国民于司法裁判上之平等待遇，但以不妨碍上述目的之达成，且不违背第八十条之规定为限。

**第七十七条**

一、托管制度适用于依照托管协定所置于该制度下的以下各种类之领土：

（子）现在委任统治下之领土。

（丑）因第二次世界大战结果或将自敌国割离之领土。

（寅）负管理责任之国家自愿置于该制度下之领土。

二、关于上列种类中之何种领土将置于托管制度之下，及其条件，为此后协定所当规定之事项。

**第七十八条**

凡领土已成为联合国之会员国者，不适用托管制度；联合国会员国间之关系，应基于尊重主权平等之原则。

**第七十九条**

置于托管制度下之每一领土之托管条款，及其更改或修正，应由直接关系各国、包括联合国之会员国而为委任统治地之受托国者，予以议定，其核准应依第八十三条及第八十五条之规定。

**第八十条**

一、除依第七十七条、第七十九条及第八十一条所制定各领土于托管制度下之个别托管协定另有议定外，并在该项协定未经缔结以前，本章任何规定绝对不得解释为以任何方式变更任何国家或人民之权利或联合国会员国个别签订之现有国际约章之条款。

二、本条第一项不得解释为对于依第七十七条之规定而制定委任统治地或其他领土于托管制度下之协定，授以延展商订之理由。

**第八十一条**

凡托管协定均应载有管理领土之条款，并指定管理托管领土之当局。该项当局，以下简称管理当局，得为一个或数个国家，或为联合国本身。

**第八十二条**

于任何托管协定内，得指定一个或数个战略防区，包括该项协定下之托管领土之一部或全部，但该项协定并不妨碍依第四十三条而订立之任何特别协定。

**第八十三条**

一、联合国关于战略防区之各项职务，包括此项托管协定条款之核准及其更改或修正，应由安全理事会行使之。

二、第七十六条所规定之基本目的，适用于每一战略防区之人民。

三、安全理事会以不违背托管协定之规定且不妨碍安全之考虑为限，应利用托管理事会之协助，以履行联合国托管制度下关于战略防区内之政治、经济、社会及教育事件之职务。

**第八十四条**

管理当局有保证托管领土对于维持国际和平及安全尽其本分之义务。该当局为此目的得利用托管领土之志愿军、便利及协助，以履行该当局对于安全理事会所负关于此点之义务，并以实行地方自卫，且在托管领土内维持法律与秩序。

**第八十五条**

一、联合国关于一切非战略防区托管协定之职务，包括此项托管协定条款之核准及其更改或修正，应由大会行使之。

二、托管理事会于大会权力下，应协助大会履行上述之职务。

## 第十三章：托管理事会

**组织**

**第八十六条**

一、托管理事会应由下列联合国会员国组织之：

（子）管理托管领土之会员国。

（丑）第二十三条所列之国家而现非管理托管领土者。

（寅）大会选举必要数额之其他会员国，任期三年，俾使托管理事会理事国之总数，于联合国会员国中之管理托管领土者及不管理者之间，得以平均分配。

二、托管理事会之每一理事国应指定一特别合格之人员，以代表之。

**职权**

**第八十七条**

大会及在其权力下之托管理事会于履行职务时得：

（子）审查管理当局所送之报告。

（丑）会同管理当局接受并审查请愿书。

（寅）与管理当局商定时间，按期视察各托管领土。

（卯）依托管协定之条款，采取上述其他行动。

## 第八十八条

托管理事会应拟定关于各托管领土居民之政治、经济、社会及教育进展之问题单；就大会职权范围内，各托管领土之管理当局应根据该项问题单向大会提出常年报告。

**投票**

## 第八十九条

一、托管理事会之每一理事国应有一个投票权。

二、托管理事会之决议应以到会及投票之理事国过半数表决之。

**程序**

## 第九十条

一、托管理事会应自行制定其议事规则，包括其推选主席之方法。

二、托管理事会应依其所定规则，举行必要之会议。此项规则应包括关于经该会理事国过半数之请求而召集会议之规定。

## 第九十一条

托管理事会于适当时，应利用经济及社会理事会之协助，并对于各关系事项，利用专门机关之协助。

## 第十四章：国际法院

## 第九十二条

国际法院为联合国之主要司法机关，应依所附规约执行其职务。该项规约系以国际常设法院之规约为根据并为本宪章之构成部分。

## 第九十三条

一、联合国各会员国为国际法院规约之当然当事国。

二、非联合国会员国之国家得为国际法院规约当事国之条件，应由大会经安全理事会之建议就个别情形决定之。

第九十四条

一、联合国每一会员国为任何案件之当事国者，承诺遵行国际法院之判决。

二、遇有一造不履行依法院判决应负之义务时，他造得向安全理事会申诉。安全理事会如认为必要时，得做成建议或决定应采办法，以执行判决。

第九十五条

本宪章不得认为禁止联合国会员国依据现有或以后缔结之协定，将其争端托付其他法院解决。

第九十六条

一、大会或安全理事会对于任何法律问题得请国际法院发表咨询意见。

二、联合国其他机关及各种专门机关，对于其工作范围内之任何法律问题，得随时以大会之授权，请求国际法院发表咨询意见。

## 第十五章：秘书处

第九十七条

秘书处置秘书长一人及本组织所需之办事人员若干人。秘书长应由大会经安全理事会之推荐委派之。秘书长为本组织之行政首长。

第九十八条

秘书长在大会、安全理事会、经济及社会理事会及托管理事会之一切会议，应以秘书长资格行使职务，并应执行各该机关所托付之其他职务。秘书长应向大会提送关于本组织工作之常年报告。

第九十九条

秘书长得将其所认为可能威胁国际和平及安全之任何事件，提请安全理事会注意。

第一百条

一、秘书长及办事人员于执行职务时，不得请求或接受本组织以外任何政府或其他当局之训示，并应避免足以妨碍其国际官员地位之行动。秘书长及办事人员专对本组织负责。

二、联合国各会员国承诺尊重秘书长及办事人员责任之专属国际性，决不设法影响其责任之履行。

**第一百零一条**

一、办事人员由秘书长依照大会所定章程委派之。

二、适当之办事人员应长期分配于经济及社会理事会、托管理事会，并于必要时，分配于联合国其他之机关。此项办事人员构成秘书处之一部。

三、办事人员之雇用及其服务条件之决定，应以求达效率、才干及忠诚之最高标准为首要考虑。征聘办事人员时，于可能范围内，应充分注意地域上之普及。

### 第十六章：杂项条款

**第一百零二条**

一、本宪章发生效力后，联合国任何会员国所缔结之一切条约及国际协定应尽速在秘书处登记，并由秘书处公布之。

二、当事国对于未经依本条第一项规定登记之条约或国际协定，不得向联合国任何机关援引之。

**第一百零三条**

联合国会员国在本宪章下之义务与其依照任何其他国际协定所负之义务有冲突时，其在本宪章下之义务应居优先。

**第一百零四条**

本组织于每一会员国之领土内，应享受于执行其职务及实现其宗旨所必需之法律行为能力。

**第一百零五条**

一、本组织于每一会员国之领土内，应享受于达成其宗旨所必需之特权及豁免。

二、联合国会员国之代表及本组织之职员，亦应同样享受于其独立行使关于本组织之职务所必需之特权及豁免。

三、为明定本条第一项及第二项之施行细则起见，大会得作成建议，或为此目的向联合国会员国提议协约。

## 第十七章：过渡安全办法

**第一百零六条**

在第四十三条所称之特别协定尚未生效，因而安全理事会认为尚不得开始履行第四十二条所规定之责任前，一九四三年十月三十日在莫斯科签订四国宣言之当事国及法兰西应依该宣言第五项之规定，互相洽商，并于必要时，与联合国其他会员国洽商，以代表本组织采取为维持国际和平及安全宗旨所必要之联合行动。

**第一百零七条**

本宪章并不取消或禁止负行动责任之政府对于在第二次世界大战中本宪章任何签字国之敌国因该次战争而采取或受权执行之行动。

## 第十八章：修正

**第一百零八条**

本宪章之修正案经大会会员国三分之二表决并由联合国会员国三分之二、包括安全理事会全体常任理事国，各依其宪法程序批准后，对于联合国所有会员国发生效力。

**第一百零九条**

一、联合国会员国，为检讨本宪章，得以大会会员国三分之二表决，经安全理事会任何九理事国之表决，确定日期及地点举行全体会议。联合国每一会员国在全体会议中应有一个投票权。

二、全体会议以三分之二表决所建议对于宪章之任何更改，应经联合国会员国三分之二、包括安全理事会全体常任理事国，各依其宪法程序批准后，发生效力。

三、如于本宪章生效后大会第十届年会前，此项全体会议尚未举行时，应将召集全体会议之提议列入大会该届年会之议事日程；如得大会会员国过半数及安全理事会任何七理事国之表决，此项会议应即举行。

## 第十九章：批准及签字

**第一百一十条**

一、本宪章应由签字国各依其宪法程序批准之。

二、批准书应交存美利坚合众国政府。该国政府应于每一批准书交存时通知各签字国，如本组织秘书长业经委派时，并应通知秘书长。

三、一俟美利坚合众国政府通知已有中华民国、法兰西、苏维埃社会主义共和国联盟、大不列颠及北爱尔兰联合王国、与美利坚合众国以及其他签字国之过半数将批准书交存时，本宪章即发生效力。美利坚合众国政府应拟就此项交存批准之议定书并将副本分送所有签字国。

四、本宪章签字国于宪章发生效力后批准者，应自其各将批准书交存之日起为联合国之创始会员国。

**第一百一十一条**

本宪章应留存美利坚合众国政府之档案库，其中、法、俄、英及西文各本同一作准。该国政府应将正式副本分送其他签字国政府。

为此，联合国各会员国政府之代表谨签字于本宪章，以昭信守。

公历一千九百四十五年六月二十六日签订于旧金山市。

# 附录 B　国际法院规约

国际法院为联合国主要司法机关,根据 1945 年 6 月 26 日在旧金山签署的《联合国宪章》设立,以实现联合国的一项主要宗旨:"以和平方法且依正义及国际法之原则,调整或解决足以破坏和平之国际争端或情势。"

国际法院依照《国际法院规约》及其本身的规则运作。《国际法院规约》是《联合国宪章》的一部分。国际法院于 1946 年开始工作,取代 1920 年在国际联盟主持下设立的常设国际法院。

国际法院具有双重作用:依照国际法解决各国向其提交的法律争端,并就正式认可的联合国机关和专门机构提交的法律问题提供咨询意见。

**第一条**

联合国宪章所设之国际法院为联合国主要司法机关,其组织及职务之行使应依本规约之下列规定。

## 第一章:法院之组织

**第二条**

法院以独立法官若干人组织之。此项法官应不论国籍,就品格高尚并在各本国具有最高司法职位之任命资格或公认为国际法之法学家中选举之。

**第三条**

一、法院以法官十五人组织之,其中不得有二人为同一国家之国民。

二、就充任法院法官而言,一人而可视为一个国家以上之国民者，应认为属于其通常行使公民及政治权利之国家或会员国之国民。

**第四条**

一、法院法官应由大会及安全理事会依下列规定就常设公断法院各国团体所提出之名单内选举之。

二、在常设公断法院并无代表之联合国会员国，其候选人名单应由各该国政府专为此事而委派之团体提出；此项各国团体之委派，准用一九〇七年海牙和平解决国际纷争条约第四十四条规定委派常设公断法院公断员之条件。

三、凡非联合国会员国而已接受法院规约之国家，其参加选举法院法官时，参加条件，如无特别协定应由大会经安全理事会之提议规定之。

**第五条**

一、联合国秘书长至迟应于选举日期三个月前，用书面邀请属于本规约当事国之常设公断法院公断员及依第四条第二项所委派之各国团体，于一定期间内分别由各国团体提出能接受法官职务之人员。

二、每一团体所提人数不得超过四人，其中属其本国国籍者不得超过二人。在任何情形下，每一团体所提候选人之人数不得超过应占席数之一倍。

**第六条**

各国团体在提出上项人员以前，应咨询本国最高法院、大学法学院、法律学校、专门研究法律之国家研究院及国际研究院在各国所设之各分院。

**第七条**

一、秘书位置应依字母次序，编就上项所提人员之名单。除第十二条第二项规定外，仅此项人员有被选权。

二、秘书长应将前项名单提交大会及安全理事会。

**第八条**

大会及安全理事会各应独立举行法院法官之选举。

**第九条**

每次选举时,选举人不应只注意被选人必须各具必要资格,并应注意务使法官全体确能代表世界各大文化及各主要法系。

**第十条**

一、候选人在大会及在安全理事会得绝对多数票者应认为当选。

二、安全理事会之投票,或为法官之选举或为第十二条所称联席会议人员之指派,应不论安全理事会常任理事国及非常任理事国之区别。

三、如同一个国家之国民得到大会及安全理事会之绝对多数票者不止一人时,其中视最高者应认为当选。

**第十一条**

第一次选举会后,如有一席或一席以上尚待补选时,应举行第二次选举会,并于必要时举行第三次选举会。

**第十二条**

一、第三次选举会后,如仍有一席或一席以上尚待补选时,大会或安全理事会得随时声请申请组织联席会议,其人数为六人,由大会及安全理事会各派三人。此项联席会议就每一空缺以绝对多数票选定一人提交大会及安全理事会分别请其接受。

二、具有必要资格人员,即未列入第七条所指之候选人名单,如经联席会议全体同意,亦得列入该会议名单。

三、如联席会议确认选举不能有结果时,应由已选出之法官,在安全理事会所定之期间内,就曾在大会或安全理事会得有选举票之候选人中,选定若干人补足缺额。

四、法官投票数相等时,年事最高之法官应投决定票。

**第十三条**

一、法官任期九年,并得连选,但第一次选举选出之法官中,五人任期应为三年,另五人任期为六年。

二、上述初期法官,任期谁为三年谁为六年,应于第一次选举完毕后立即由秘书长以抽签方法决定之。

三、法官在其后任接替前,应继续行使其职务,虽经接替,仍应结束其已开始办理之案件。

四、法官辞职时应将辞职书致送法院院长转知秘书长。转知后，该法官之一席即行出缺。

**第十四条**

凡遇出缺，应照第一次选举时所定之办法补选之，但秘书长应于法官出缺后一个月内，发出第五条规定之邀请书并由安全理事会指定选举日期。

**第十五条**

法官被选以接替任期未满之法官者，应任职至其前任法官任期届满时为止。

**第十六条**

一、法官不得行使任何政治或行政职务，或执行任何其他职业性质之任务。

二、关于此点，如有疑义，应由法院裁决之。

**第十七条**

一、法官对于任何案件，不得充任代理人律师或辅佐人。

二、法官曾以当事国一造之代理人、律师。或辅佐人、或以国内法院或国际法院或调查委员会委员、或以其他资格参加任何案件者，不得参与该案件之裁决。

三、关于此点，如有疑义，应由法院决定之。

**第十八条**

一、法官除由其余法官一致认为不复适合必要条件外，不得免职。

二、法官之免职，应由书记官长正式通知秘书长。

三、此项通知一经送达秘书长，该法官之一席即行出缺。

**第十九条**

法官于执行法院职务时，应享受外交特权及豁免。

**第二十条**

法官于就职前应在公开法庭郑重宣言本人必当秉公竭诚行使职权。

第二十一条

一、法院应选举院长及副院长，其任期各三年，并得连选。

二、法院应委派书记官长，并得酌情派其他必要之职员。

第二十二条

一、法院设在海牙，但法院如认为合宜时，得在他处开庭及行使职务。

二、院长及书记官长应驻于法院所在地。

第二十三条

一、法院除司法假期外，应常川办公。司法假期之日期及期间由法院定之。

二、法官得有定时假期，其日期及期间，由法院斟酌海牙与各法官住所之距离定之。

三、法官除在假期或因疾病或其他重大缘由，不克视事，经向院长作适当之解释外，应常川备由法院分配工作。

第二十四条

一、法官如因特别缘由认为于某案之裁判不应参与时，应通知院长。

二、院长如认为某法官因特别缘由不应参与某案时，应以此通知该法官。

三、遇有此种情形，法官与院长意见不同时，应由法院决定之。

第二十五条

一、除本规约另有规定外，法院应由全体法官开庭。

二、法院规则得按情形并以轮流方法，规定准许法官一人或数人免予出席，但准备出席之法官人数不得因此减少至少于十一人。

三、法官九人即足以构成法院之法定人数。

第二十六条

一、法院得随时设立一个或数个分庭，并得决定由法官三人或三人以上组织之。此项分庭处理特种案件，如劳工案件及关于过境与交通案件。

二、法院为处理某特定案件，得随时设立分庭，组织此项分庭法官之人数，应由法院得当事国之同意定之。

三、案件经当事国之请求应由本条规定之分庭审理裁判之。

**第二十七条**

第二十六条及第二十九条规定之任何分庭所为之裁判，应视为法院之裁判。

**第二十八条**

第二十六条及第二十九条规定之分庭，经当事国之同意，得在海牙以外地方开庭及行使职务。

**第二十九条**

法院为迅速处理事务，应于每年以法官五人组织一分庭。该分庭经当事国之请求，得用简易程序，审理及裁判案件。法院并应选定法官二人，以备接替不能出庭之法官。

**第三十条**

一、法院应订立规则，以执行其职务，尤应订定关于程序之规则。

二、法院规则得规定关于襄审官之出席法院或任何分庭，但无表决权。

**第三十一条**

一、属于诉讼当事国国籍之法官，于法院受理该诉讼案件时，保有其参与之权。

二、法院受理案件，如法官中有属于一造当事国之国籍者，任何他造当事国得选派人为法官，参与该案。此项人员尤以就第四条及第五条规定所提之候选人中选充为宜。

三、法院受理案件，如当事国均无本国国籍法官时，各当事国均得依本条第二项之规定选派法官一人。

四、本条之规定于第二十六条及第二十九条之情形适用之。在此种情形下，院长应请分庭法官一人，或于必要时二人，让与属于关系当事国国籍之法官，如无各当事国国籍之法官或各该法官不能出席时，应让与各当事国特别选派之法官。

五、如数当事国具有同样利害关系时，在上列各规定适用范围内，只应作为一当事国。关于此点，如有疑义，由法院裁决之。

六、依本条第二项、第三项、及第四项规定所选派之法官，应适合本规约第二条、第十七条第二项、第二十条及第二十四条规定之条件。各该法官参与案件之裁判时，与其同事立于完全平等地位。

**第三十二条**

一、法院法官应领年俸。

二、院长每年应领特别津贴。

三、副院长于代行院长职务时，应按日领特别津贴。

四、依第三十一条规定所选派之法官而非法院之法官者，于执行职务时，应按日领酬金。

五、上列俸给津贴及酬金由联合国大会定之，在任期内，不得减少。

六、书记官长之俸给，经法院之提议由大会定之。

七、法官及书记官长交给退休金及补领旅费之条件，由大会订立章程规定之。

八、上列俸给津贴及酬金，应免除一切税捐。

**第三十三条**

法院经费由联合国担负，其担负方法由大会定之。

## 第二章：法院之管辖

**第三十四条**

一、在法院得为诉讼当事国者，限于国家。

二、法院得依其规则，请求公共国际团体供给关于正在审理案件之情报。该项团体自动供给之情报，法院应接受之。

三、法院于某一案件遇有公共国际团体之组织约章或依该项约章所缔结之国际协约发生解释问题时，书记官长应通知有关公共国际团体并向其递送所有书面程序之文件副本。

**第三十五条**

一、法院受理本规约各当事国之诉讼。

二、法院受理其他各国诉讼之条件，除现行条约另有特别规定外，由安全理事会定之，但无论如何，此项条件不得使当事国在法院处于不平等地位。

三、非联合国会员国为案件之当事国时，其应担负法院费用之数目由法院定之。如该国业已分组法院经费之一部，本项规定不适用之。

**第三十六条**

一、法院之管辖包括各当事国提交之一切案件，及联合国宪章或现行条约及协约中所特定之一切事件。

二、本规约各当事国得随时声明关于具有下列性质之一切法律争端，对于接受同样义务之任何其他国家，承认法院之管辖为当然而具有强制性，不须另订特别协定：

（子）条约之解释。

（丑）国际法之任何问题。

（寅）任何事实之存在，如经确定即属违反国际义务者。

（卯）因违反国际义务而应予赔偿之性质及其范围。

三、上述声明，得无条件为之，或以数个或特定之国家间彼此拘束为条件，或以一定之期间为条件。

四、此项声明应交存联合国秘书长并由其将副本分送本规约各当事国及法院书记官长。

五、曾依常设国际法院规约第三十六条所为之声明而现仍有效者，就本规约当事国间而言，在该项声明期间尚未届满前并依其条款，应认为对于国际法院强制管辖之接受。

六、关于法院有无管辖权之争端，由法院裁决之。

**第三十七条**

现行条约或协约或规定某项事件应提交国际联合会所设之任何裁判机关或常设国际法院者，在本规约当事国间，该项事件应提交国际法院。

**第三十八条**

一、法院对于陈诉各项争端，应依国际法裁判之，裁判时应适用：

（子）不论普通或特别国际协约，确立诉讼当事国明白承认之规条者。

（丑）国际习惯，作为通例之证明而经接受为法律者。

（寅）一般法律原则为文明各国所承认者。

（卯）在第五十九条规定之下，司法判例及各国权威最高之公法学家学说，作为确定法律原则之补助资料者。

二、前项规定不妨碍法院经当事国同意本"公允及善良"原则裁判案件之权。

## 第三章：程序

**第三十九条**

一、法院正式文字为英法两文。如各当事国同意用法文办理案件，其判决应以法文为之。如各当事国同意用英文办理案件，其判决应以英文为之。

二、如未经同意应用何种文字，每一当事国于陈述中得择用英法两文之一，而法院之判词应用英法两文。法院并应同时确定以何者为准。

三、法院经任何当事国之请求，应准许该当事国用英法文以外之文字。

**第四十条**

一、向法院提出诉讼案件，应按其情形将所订特别协定通告书记官长或以请求书送达书记官长。不论用何项方法，均应叙明争端事由及各当事国。

二、书记官长应立即将请求书通知有关各方。

三、书记官长并应经由秘书长通知联合国会员国及有权在法院出庭其他之国家。

**第四十一条**

一、法院如认情形有必要时，有权指示当事国应行遵守以保全彼此权利之临时办法。

二、在终局判决前，应将此项指示办法立即通知各当事国及安全理事会。

**第四十二条**

一、各当事国应由代理人代表之。

二、各当事国得派律师或辅佐人在法院予以协助。

三、各当事国之代理人、律师及辅助人应享受关于独立行使其职务所必要之特权及豁免。

**第四十三条**

一、诉讼程序应分书面与口述两部分。

二、书面程序系指以诉状、辩诉状及必要时之答辩状连同可资佐证之各种文件及公文书送达法院及各当事国。

三、此项送达应由书记官长依法院所定次序及期限为之。

四、当事国一造所提出之一切文件应将证明无讹之抄本一份送达他造。

五、口述程序系指法院审讯证人、鉴定人、代理人。律师及辅佐人。

**第四十四条**

一、法院遇有对于代理人、律师及辅佐人以外之人送达通知书，而须在某国领土内行之者，应径向该国政府接洽。

二、为就地搜集证据而须采取步骤时，适用前项规定。

**第四十五条**

法院之审讯应由院长指挥，院长不克出席时，由副院长指挥；院长、副院长均不克出席时，由出席法官中之资深者主持。

**第四十六条**

法院之审讯应公开行之，但法院另有决定或各当事国要求拒绝公众旁听时，不在此限。

**第四十七条**

一、每次审讯应做成记录，由书记官长及院长签名。

二、前项记录为唯一可据之记录。

**第四十八条**

法院为进行办理案件应颁发命令；对于当事国每造，应决定其必须终结辩论之方式及时间；对于证据之搜集，应为一切之措施。

**第四十九条**

法院在开始审讯前，亦得令代理人提出任何文件，或提供任何解释。如遇拒绝应予正式记载。

**第五十条**

法院得随时选择任何个人、团体、局所、委员会或其他组织，委以调查或鉴定之责。

**第五十一条**

审讯时得依第三十条所指法院在其程序规则中所定之条件，向证人及鉴定人提出任何切要有关之诘问。

**第五十二条**

法院于所定期限内收到各项证明及证据后，得拒绝接受当事国一造欲提出之其他口头或书面证据，但经他造同意者，不在此限。

**第五十三条**

一、当事国一造不到法院或不辩护其主张时，他造得请求法院对自己主张为有利之裁判。

二、法院于允准前项请求前，应查明不特依第三十六条及第三十七条法院对本案有管辖权，且请求人之主张在事实及法律上均有根据。

**第五十四条**

一、代理人律师及辅佐人在法院指挥下陈述其主张已完毕时，院长应宣告辩论终结。

二、法官应退席讨论判决。

三、法官之评议应秘密为之，并永守秘密。

**第五十五条**

一、一切问题应由出席法官之过半数决定之。

二、如投票数相等时，院长或代理院长职务之法官应投决定票。

**第五十六条**

一、判词应叙明理由。

二、判词应载明参与裁判之法官姓名。

**第五十七条**

判词如全部或一部分不能代表法官一致之意见时，任何法官得另行宣告其个别意见。

### 第五十八条

判词应由院长及书记官长签名，在法庭内公开宣读，并应先期通知各代理人。

### 第五十九条

法院之裁判除对于当事国及本案外，无拘束力。

### 第六十条

法院之判决系属确定，不得上诉。判词之意义或范围发生争端时，经任何当事国之请求后，法院应予解释。

### 第六十一条

一、声请法院复核判决，应根据发现具有决定性之事实，而此项事实在判决宣告时为法院及声请复核之当事国所不知者，但以非因过失而不知者为限。

二、复核程序之开始应由法院下以裁决，载明新事实之存在，承认此项新事实具有使本案应予复核性质，并宣告复核之声请因此可予接受。

三、法院于接受复核诉讼前得令先行履行判决之内容。

四、声请复核至迟应于新事实发现后六个月内为之。

五、声请复核自判决日起逾十年后不得为之。

### 第六十二条

一、某一国家如认为某案件之判决可影响属于该国具有法律性质之利益时，得向法院声请参加。

二、此项声请应由法院裁决之。

### 第六十三条

一、凡协约发生解释问题，而诉讼当事国以外尚有其他国家为该协约之签字国者，应立由书记官长通知各该国家。

二、受前项通知之国家有参加程序之权；但如该国行使此项权利时，判决中之解释对该国具有同样拘束力。

### 第六十四条

除法院另有裁定外，诉讼费用由各造当事国自行担负。

## 第四章：咨询意见

**第六十五条**

一、法院对于任何法律问题如经任何团体由联合国宪章授权而请求或依照联合国宪章而请求时，得发表咨询意见。

二、凡向法院请求咨询意见之问题，应以声请书送交法院。此项声请书对于咨询意见之问题，应有确切之叙述，并应附送足以释明该问题之一切文件。

**第六十六条**

一、书记官长应立将咨询意见之声请，通知凡有权在法院出庭之国家。

二、书记官长并应以特别且直接之方法通知法院（或在法院不开庭时，院长）所认为对于咨询问题能供给情报之有权在法院出庭之任何国家或能供给情报之国际团体，声明法院于院长所定之期限内准备接受关于该问题之书面陈述，或准备于本案公开审讯时听取口头陈述。

三、有权在法院出庭之任何国家如未接到本条第二项所指之特别通知时，该国家得表示愿以书面或口头陈述之意思，而由法院裁决之。

四、凡已经提出书面或口头陈述或两项陈述之国家及团体，对于其他国家或团体所提之陈述，准其依法院（或在法院不开庭时，院长）所定关于每案之方式，范围及期限，予以评论。书记官长应于适当时间内将此项书面陈述通知已经提出此类陈述之国家及团体。

**第六十七条**

法院应将其咨询意见当庭公开宣告并先期通知秘书长、联合国会员国及有直接关系之其他国家及国际团体之代表。

**第六十八条**

法院执行关于咨询意见之职务时，并应参照本规约关于诉讼案件各条款之规定，但以法院认为该项条款可以适用之范围为限。

## 第五章：修正

**第六十九条**

本规约之修正准用《联合国宪章》所规定关于修正宪章之程序，但大会经安全理事会之建议得制定关于本规约当事国而非联合国会员国参加该项程序之任何规定。

**第七十条**

法院认为必要时得以书面向秘书长提出于本规约之修正案，由联合国依照第六十九条之规定，加以讨论。

# 参考文献

《马克思恩格斯全集》（第21卷），人民出版社1965年版。
《周恩来外交文选》，中央文献出版社1990年版。
IPCC：《2014：气候变化2014：综合报告》，政府间气候变化专门委员会第五次评估报告第一工作组、第二工作组和第三工作组报告。
《德黑兰、雅尔塔、波斯坦会议记录摘编》，上海人民出版社1974年版。
《国际军备控制与裁军》（2015）、（2016）、（2020），世界知识出版社2015、2016、2020年版。
《全球政治与安全报告》（2018）、（2019）、（2021），中国社会科学院世界经济与政治研究所，社会科学文献出版社2018、2019、2021年版。
戴铁：《联合国集体安全制度改革问题研究》，中国社会科学出版社2014年版。
方连庆：《现代国际关系史料选辑（上）》，北京大学出版社1987年版。
［瑞士］戈德布拉特：《军备控制导论》，军事谊文出版社2004年版。
［美］汉斯·摩根索：《国家间政治》，徐昕等译，北京大学出版社2012年版。
［美］基辛格：《世界秩序》，胡利平等译，中信出版社2015年版。
［美］康灿雄：《西方之前的东亚》，陈昌煦译，社会科学文献出版社2016年版。

［美］肯尼迪：《大国的兴衰》（上、下），王保存等译，中信出版社 2013 年版。

李东燕：《联合国》，社会科学文献出版社 2018 年版。

李少军：《国际安全新论》，中国社会科学出版社 2018 年版。

李铁城：《世纪之交的联合国》，人民出版社 2002 年版。

刘强：《国际安全战略思维史纲》，时事出版社 2016 年版。

刘跃进：《国家安全学》，中国政法大学出版社 2016 年版。

门洪华：《和平的维度：联合国集体安全机制研究》，上海人民出版社 2002 年版。

乔晓阳：《中华人民共和国国家安全法释义》，法律出版社 2016 年版。

石颖主编：《国际多边出口管制集团》，法律出版社 2016 年版。

王帆、卢静：《国际安全概论》，中国人民大学出版社 2016 年版。

王剑刚主编：《防扩散重要文献集》，中国国际战略学会军控与裁军研究中心 2014 年版。

袁明：《国际关系史》，北京大学出版社 2015 年版。

朱晓青：《国际法》，社会科学文献出版社 2005 年版。

Arnold Wolfers, *National Security as an International Relations*, London and New York, 1952.

Barry Buzan, "New Pattern of Global Security in the 21$^{st}$ Century", *International Affairs*, Vol. 67, No. 3, Jul., 1991.

Barry Buzan, People State and Fear: *An Agenda for International Security in the Post-Cold War Era*, 2$^{nd}$ ed. New York: Harvester Wheatsheaf, 1991.

*Commentaire du Pacte de la Socéité des Nations*, Paris: Sirey, 1930.

Harold Brown, *Thinking about National Security*, Boulder: Westview Press, 1991.

Hedley Bull, *The Anarchical Society: A Study of Order in World Politics*, Beijing: Peking University Press, 2007.

Kenneth Waltz, *Theory of International Politics*, Peking University

Press, 2004.

Peter Mangold, *National Security and Relations*, London and New York: Routledge, 1990.

Stanley Hoffmann, Janus and Minerva: *Essays in the Theory and Politics of International Politics Boulder*, CO: Westview Press, 1987.

Walter Lippmann, *US Foreign Policy-Shield of the Republic*, Little Brown and Company, 1943.